Report on the Development of West Coast Economic Zone of Taiwan Strait 2015

海峡西岸经济区发展报告

基于"一带一路"和自贸区的战略背景

2015

洪永淼 主编
刘晔 张传国 郑若娟 郑鸣 副主编

北京大学出版社
PEKING UNIVERSITY PRESS

图书在版编目(CIP)数据

海峡西岸经济区发展报告.2015：基于"一带一路"和自贸区的战略背景/洪永淼主编.—北京：北京大学出版社，2015.12

ISBN 978-7-301-26628-1

Ⅰ.①海… Ⅱ.①洪… Ⅲ.①区域经济发展—研究报告—福建省—2015 Ⅳ.①F127.57

中国版本图书馆CIP数据核字(2015)第298666号

书　　　名	海峡西岸经济区发展报告2015——基于"一带一路"和自贸区的战略背景 HAIXIA XI'AN JINGJIQU FAZHAN BAOGAO 2015
著作责任者	洪永淼　主编　刘晔　张传国　郑若娟　郑鸣　副主编
策划编辑	贾米娜
责任编辑	叶楠
标准书号	ISBN 978-7-301-26628-1
出版发行	北京大学出版社
地　　　址	北京市海淀区成府路205号　100871
网　　　址	http://www.pup.cn
电子信箱	em@pup.cn　　QQ:552063295
新浪微博	@北京大学出版社　@北京大学出版社经管图书
电　　　话	邮购部 62752015　发行部 62750672　编辑部 62752926
印刷者	北京飞达印刷有限责任公司
经销者	新华书店
	850毫米×1168毫米　16开本　27.25印张　475千字 2015年12月第1版　2015年12月第1次印刷
定　　　价	72.00元

未经许可，不得以任何方式复制或抄袭本书之部分或全部内容。
版权所有，侵权必究
举报电话：010-62752024　电子信箱：fd@pup.pku.edu.cn
图书如有印装质量问题，请与出版部联系，电话：010-62756370

前　言

经过一年来的选题策划、分工撰写和编辑修改,在本课题组全体成员的团结协作下,《海峡西岸经济区发展报告2015——基于"一带一路"和自贸区的战略背景》终于和读者们见面了。细心的读者会发现,与《海峡西岸经济区发展报告2012》《海峡西岸经济区发展报告2013》《海峡西岸经济区发展报告2014》相比,本年度报告在选题和体例等方面都发生了较大变化。这些变化的背景,则源于这一年来"一带一路"国家战略的快速推进和中国(福建)自由贸易试验区的设立运作,由此赋予了海峡西岸经济区(以下简称海西区)发展以新的时代内容。"文章合为时而著",本年度报告在选题和体例上的变化正是对海西区发展所面临的新时代要求的呼应。

我们知道,2015年是中国"一带一路"(指"丝绸之路经济带"和"21世纪海上丝绸之路")战略正式付诸实施的起步之年。2015年2月1日,推进"一带一路"建设工作会议在北京召开,会议安排部署了2015年及今后一段时期推进"一带一路"建设的重大事项和重点工作。2015年3月,为推进实施"一带一路",中国政府特别制定并发布《推动共建丝绸之路经济带和21世纪海上丝绸之路的愿景与行动》,明确了以"政策沟通、设施联通、贸易畅通、资金融通、民心相通"为主要内容的合作模式,旨在构建全方位开放新格局,深度融入世界经济体系。在这份纲领性文件中,中央明确"支持福建省建设21世纪海上丝绸之路核心区"。2015年4月,福建省初步拟订了《福建省建设21世纪海上丝绸之路核心区实施方案》的送审稿。在该方案中,福建省提出,支持泉州市建设海上丝绸之路先行区,支持福州市设立福州新区,加快平潭综合实验区等开放合作重点功能区建设,通过发挥福州、厦门、泉州、漳州、莆田、宁德等沿海城市港口优势,积极打造海上合作战略支点。

我们还知道,这一年来还是中国自由贸易试验区快速扩容和全面推进的一年。2014年12月,在中国(上海)自由贸易试验区的基础上,国务院决定增设中国(广东)自由贸易试验区、中国(天津)自由贸易试验区和中国(福建)自由贸易试验区;12月26日,全国人大通过了关于授权国务院在中国(广东)自由贸易试验区、中国(天津)自由贸易试验区、中国(福建)自由贸易试验区以及中国(上海)自由贸易试验区扩展区域暂时调整有关法律规定的行政审批的决定。2015年3月24日,中共中央政治局审议通过广东、天津、福建三个自由贸易试验区总体方案,由此标志着中国(福建)自由贸易试验区的正式成立。2015年4月21日,福建自贸区挂牌成立,其范围总面积118.04平方公里,包括平潭、厦门、福州3个片区。福建自贸区成立以来,通过体制机制创新和深化闽台合作交流,大力促进贸易自由化、投资便利化和金融创新化,至2015年8月,福建自贸区共公布和实施了37项全国首创的创新举措。

乘天时东风,展地利宏图。受益于海上丝绸之路核心区和福建自贸区的政策、体制和机制优势,海西经济区发展和两岸交流合作正处在一个新的历史起点上。为积极服务"一带一路"和福建自贸区建设这一重大国家战略和地方需求,厦门大学经济学科发挥学科和人才优势,主动贴近、主动融入、主动服务。2015年,厦门大学经济学院、王亚南经济研究院协同厦门大学其他相关院系,联合省内外、境内外高校、科研机构与相关政府部门、金融机构和企业共同成立了"中国(福建)自由贸易试验区研究院",着眼于研究"一带一路"和自贸区战略背景下海西区发展的新战略、新机遇和新问题。本年度报告也是这方面的新尝试和新成果之一。

基于上述原因和背景,我们为本年度研究报告加了个副标题,正式定名为《海峡西岸经济区发展报告2015——基于"一带一路"和自贸区的战略背景》,同时选题上也侧重于探讨"一带一路"和自贸区背景下的海西区发展问题。由于本年度选题上的多样化,所以本研究报告在体例上拟不再沿用历年以板块加专题的形式,而是全部采取了专题形式,一共收录了23个专题,并将其分为上、下篇。其中,我们将自贸区和"一带一路"的宏观问题、财政金融内容列入"上篇",其余内容列入"下篇"。本年度报告各专题内容简述如下:

上篇：

专题一《自贸区下的海西区经济社会综合发展指数与发展策略研究》以2015年3月中共中央政治局审议通过广东、天津和福建自贸区的总体方案为背景，并认为自贸区发展战略带的影响是广泛而深远的，广东和福建自贸区对海西区的发展更将具有重要的意义。本专题在计算海西区各城市各年的综合发展指数的基础上，对海西区综合实力和竞争力进行量化测度，以反映海西区各城市的综合实力和竞争力，并分模块分析各城市在经济社会发展中的优势与劣势，最后提出海西区各城市在自贸区战略下的发展策略。

专题二《福建自由贸易试验区建设进展、影响及对策建议》基于福建自贸区建设的六项主要任务和措施（切实转变政府职能；推进投资管理体制改革；推进贸易发展方式转变；率先推进与台湾地区投资贸易自由化；推进金融领域开放创新；培育平潭开放开发新优势）分析认为，福建自贸区的建设将使福建省加大改革力度以及对外开放程度，大大推动海西区的经济发展。福建自贸区的建立也必然会对两岸之间的贸易往来以及金融服务等各方面带来更大程度上的便利。本专题认为，福建自贸区应借鉴上海自贸区的成功经验，结合福建自身特点，探索自贸区建设新模式，顺应开放型经济新要求，推进贸易、投资诸领域自由化进程，重点推进两岸现代服务业合作。

专题三《福建自由贸易试验区之基础设施：现状、问题及对策》认为，建设完善的现代化的基础设施支撑体系是福建自贸区建立、发展以及正常运作的重要保证。随着对外开放的逐步深化、两岸"三通"及海西区的实行以及中央和福建省政府近年来对基础设施建设持续的重视与加大投入，海西区的基础设施取得了长足进展。本专题选取交通运输、能源、邮电通信和科教文卫作为"基础设施"的代表，通过详尽的资料收集与实地调研，以经济学的研究视角着重探讨福建自贸区基础设施的现状及存在的问题，并最终给出应对之策。本专题认为，在"十二五"规划期将满之际，自贸区内各级政府务必贯彻中央和福建省政府关于交通运输、能源、邮电通信、科教文卫等事业的各项规划，始终将基础设施建设视为改革和发展任务中的重中之重。

专题四《福建自由贸易试验区厦门片区境外人民币回流问题探析》认为，金融体制改革与创新是自由贸易试验区的重要任务之一，人民币国际化与境外人民币回流又是金融体制改革的重要内容。目前，大陆境外人民币逐渐增加，台湾地区也积聚了大量的人民币存款，境外人民币回流既有现实基础又有客观需要。本专题在分析历史上美元、日元等国际通行货币回流本国的经验的基础上，总结了其历史发展轨迹和发展机制对境外人民币回流的启示，进而对上海自贸区和深圳自贸区人民币回流经验进行总结。最后,本专题分析了厦门片区吸收台湾地区人民币回流的现实条件,并提出厦门片区吸收台湾地区人民币回流的四条可行渠道:出口跨境贸易人民币结算;跨境人民币融资渠道;合格境外投资者渠道;人民币双向资金池业务。

专题五《厦门建设对台金融合作发展示范基地的研究》通过对厦台金融合作发展历史进行回顾及评价后认为,厦台金融合作面临两地间货币兑换仍存在较强约束、两地新型金融业态合作仍属较浅层次、两地金融基础设施合作仍存在较多障碍、厦台金融合作缺乏跳板机制等多重问题。针对上述问题,本专题在比较分析四大自贸区金融改革创新措施的基础上总结出,厦门建设对台金融合作发展示范基地可从以下六个方面进行:完善厦台金融合作新机制,构建厦台金融改革开放新格局;推动台湾人民币离岸市场建设,谱写厦台人民币合作新篇章;加速推进跨境金融业务创新,提升自贸区金融服务功能;加强厦台金融服务功能合作发展,建设金融业发展制高点;推动厦台产业资本与科技金融合作发展,促进产融更紧密结合;加强厦台金融配套服务合作发展,营造金融生态圈发展新局面等。

专题六《福建自由贸易试验区人民币资本项目可兑换研究》提出,国务院发布的福建自贸区总体方案中要求在自贸区内实现人民币限额内可兑换,这在当前人民币国际化的背景下具有重要意义。本专题首先梳理了人民币资本项目可兑换的发展历程以及当前开放人民币资本账户的条件,而后论述了福建自贸区的发展现状,最后从总体思路、重点领域及分阶段任务三个方面对自贸区人民币资本项目可兑换提出建议,同时提出要通过完善监管、建立双向流通机制、积极参与国际合作来防范风险。

专题七《厦门自贸片区对台金融政策创新路径研究》分别从以下五个方面探讨了厦门片区对台金融政策创新的路径:推动人民币跨境资金流动;对台有序开放境内区外金融市场;建立对台股权投资联通机制;营造金融软环境,促进台资企业总部聚集;金融业对台开放,降低准入门槛。本专题详细分析了这五个方面政策创新的必要性、政策障碍、创新路径、开放目标,以及厦门片区需要争取的主要政策。

专题八《支持福建自由贸易试验区厦门片区发展的财税金融对策研究》认为,自贸区作为新型对外开放的试验区和政府职能转变的创新区,其财税金融政策支持起着举足轻重的重要作用。福建自贸区厦门片区实施方案中对财税金融政策给予了充分重视,但如何创新性地实施政策是一个重要问题。本专题在借鉴新加坡以及我国香港地区、台湾地区和上海等境内外自贸区财税金融政策主要内容基础上,初步探讨了优化财政政策环境,加大财政保障力度的财政对策;促进投资、贸易、功能性业务发展的税收支持政策;促进金融机构集聚发展、金融开放创新、对台金融合作的金融创新与支持政策。

专题九《福建在"21世纪海上丝绸之路"战略中的金融对策》认为,福建在"21世纪海上丝绸之路"战略中具有独特优势,但面临的主要金融问题有:省内各行业存在融资不平衡的情况,融资渠道单一,涉外金融经验不足;金融监管较弱,金融业基础设施建设较为落后;金融服务创新不足,金融结构弹性较小,吸收和平滑风险能力较弱等。基于此,本专题对福建省紧抓"21世纪海上丝绸之路"战略机遇的金融对策建议如下:以"21世纪海上丝绸之路"战略为契机,推进福建外汇管理改革试点,在福建开展服务于"21世纪海上丝绸之路"战略的人民币跨境自由兑换和结算;建立服务于"21世纪海上丝绸之路"战略的金融机构体系,加大对涉及福建"21世纪海上丝绸之路"的相关产业提供金融支持;创新涉及"21世纪海上丝绸之路"战略中的产业融资方式,积极发展互联网金融与供应链金融;深化与"21世纪海上丝绸之路"沿线国家与地区的金融监管合作,完善区域协调机制。

专题十《与台湾对接的福建自由贸易试验区境外人民币资金流动与金融商品规划》专门研究了中央政府对自贸区金融发展的意见与办法。通过融合海西地区对台接轨的特色,本专题对福建自贸区实际可执行的操作方法做了相应规划。在与台湾地区金融高层管理人员座谈并进行实地调研的基础上,本专题首先整理出了台湾地区境外人民币与大陆自贸区区内境外人民币在符合金融规范下对接银行、保险、证券等资金的渠道;其次,详细分析了在资金渠道流动中会涉及的汇兑、利率以及与信用相关的金融商品;最后,更进一步针对各种创新的金融商品,提出福建自贸区应用的方式与发展的进程顺序。

专题十一《福建省融入"一带一路"投资合作研究》认为,福建省在泛珠三角经济区和海西区有良好的投资基础,且在对外贸易、交通网络、运输配送、侨民资源等方面都使建设"一带一路"具有较强的可行性,但也存在来自国家层面和省际层面的问题,如政治紧张、产业政策、地方保护、融入切入点选择等。应对这些问题,本专题一方面选择重庆市作为福建省融入"一带"的切入点,通过消除市场保护、建立工业园区、设定通道优惠、完善投资法规及信息平台等促进福建省与重庆市投资合作;另一方面,选定东盟作为"一路"建设的切入点,认为在投资规模上把握各国优势和省内各区发展重点,扩大投资空间和贸易额;在投资产业上吸引优势产业进入,促进福建省产业升级,转移边际产业,加大高技术性产业发展;在投资方式上以跨国投资为主,依据产业特点结合新建投资和联合企业集团投资方式,为福建省融入"海上丝绸之路"建设初期提供示范作用。

下篇:

专题一《福建自由贸易试验区国际化营商环境的建设与评估研究》认为,国际化营商环境是自贸区对接国际高标准贸易投资规则所需的必要条件。作为自贸区和21世纪海上丝绸之路建设核心区,福建在建设国际化营商环境方面有着更加迫切的要求。本专题旨在一个简单的国际化营商环境分析框架下,探究福建自贸区在国际化营商环境方面的建设成果,并评估其存在的问题。本专题认为,国际一流的营商环境由以下要素构成:自由便利的开放环境,高效透明的政务环境,规范有序的市场环境,公平公正的法治环境,和谐包容的社会环境。福建自贸区在这五个子环境上均取得了一定的成绩,特别是在开放环境和政务环境方面,成绩显著。尽管如此,这五个子环境距离国际一流的水平还存在很大的差距,特别是平潭片区面临的差距最大,厦门片区差距相对较小。福建自贸区还需在上述五个子环境上努力推进,特别是在市场环境和法治环境等方面下大力气。

专题二《"21世纪海上丝绸之路"视角下福建省三大港口发展导向》认为,随着经济全球化和区域经济一体化进程的不断加快,生产经营活动和资源配置在全球范围内展开,港口在国民经济发展中的地位和作用不断提高,人们对港口的认识也不断加深,港口的增值服务和功能不断拓展,港口实现了升级换代。第四代港口是港口发展的最新成果,它适应了工业个性化、敏捷化的发展要求,是对前三代港口功能的集成和提升,由原来的"物流中心"转变成为国际航运中心和综合服务平台。在"21世纪海上丝绸之路"视角下,本专题认为,福建省三大港口的发展战略应着眼于加快港口的升级换代,大力提升综合服务能力。

专题三《"一带一路"背景下海西区旅游业发展研究》认为,"一带一路"战略的实施以及福建自贸区的建立不仅有利于海西区旅游资源的全面整合,还会给海西区旅游发展的各方面建设提供更大的保障。同时,"一带一路"战略的实施,也将会提升海西区旅游的知名度,为海西区旅游业长远持续发展带来了难得的机遇。本专题从旅游资源开发、旅游产品结构、旅游行业结构和旅游业人才等方面分析了海西区发展存在的问题,从推动区域旅游业协调发展、加快人才引进与培养、加快旅游基础设施建设、促进旅游品牌建设与营销等方面为海西区旅游业的发展提出政策建议。

专题四《福建自由贸易试验区下的闽台经贸合作》认为,改革开放以来闽台两岸经贸合作开始逐步发展,但规模较小,且基本以民间合作为主。近几年来,在"三通"、《海峡两岸经济合作框架协议》的支持下,闽台两岸的经贸合作有了较明显的进展,但考虑到两岸的特殊关系,合作中也存在不少问题。2015年4月,福建自贸区挂牌成立,为闽台经贸合作提供了更加自由的平台,将进一步促进闽台经贸合作,使闽台经贸合作迈上一个新台阶。本专题首先分析了闽台合作的现状,其次揭示了自贸区的创新之处以及合作中的问题,最后就自贸区下闽台如何更好地合作提出了一些见解。

专题五《利用自贸区建立福建省医疗旅游中心之研究》认为,随着互联网技术的发展和世界各国交通基础设施日趋完善、医疗价格和医疗质量的差异化等因素,医疗旅游业在20世纪80年代以来快速发展。90年代至今,我国部分省市也开始大力发展医疗旅游业。福建自贸区的成立,加上对接台湾丰富医疗资源的地利优势,为福建省医疗旅游中心构建提供了良好的机遇。本专题运用SWOT分析了作为我国四大自贸区的福建省发展医疗旅游的优势和劣势、机会和威胁,提出了具体的战略设想和思路。

专题六《福建省境内公司负债融资现状与效率研究》对2012年到2014年福建省范围内的103家上市公司和528家非上市公司融资状况与效率进行研究发现:第一,福建省企业平均负债率为46%,非上市公司甚至接近50%,此外,企业负债率稳中有升且一年内到期的短债比重较大,行业特征明显,存在一定的财务风险;第二,企业融资效率不理想,主要原因是企业的规模效率低下,次要原因是纯技术效率的下降,占样本94%的企业属于投入不足。在各类企业中,上市公司的效率高于非上市公司,非国有企业的效率高于国有企业。因此,企业应该致力于控制财务风险、提升综合业务能力,完善企业的管理制度和财务制度,由此可以提高企业融资和价值创造的效率。同时,政府也要加大政策扶持力度,完善资本市场,帮助企业扩大融资规模、提高融资效率。

专题七《福建自由贸易试验区金融服务支持中小企业研究》认为,相对上海、深圳、北京等地,福建省区域与经济特性更有利于中小企业的发展。福建自贸区的设立为金融服务支持中小企业发展创造了新的机遇。本专题从福建省金融服务支持中小企业存在的问题出发,分析了目前中小企业在融资方面的困境。通过对上海自贸区、广东自贸区以及美国、德国、新加坡等国外自贸区的发展特点进行总结对比,本专题探讨了金融服务支持中小企业发展的先进经验。基于福建省的自身优势与自贸区的定位,本专题认为在金融服务和中小企业需求进行有效整合与配对的问题上,福建省中小企业应该率先进行自我改善,提高获得金融服务的信用能力,同时,自贸园区可基于比较优势制定金融服务对象,注重金融开放的顺序,逐步减少负面清单,加快园区内物流行业发展,并完善人才、融资、信用和辅助交流等平台建设。

专题八《"一带一路"下福建自由贸易试验区跨境电商的发展》认为,继2015年7月国家提出"互联网+"行动计划以来,各行各业都在积极探索如何将互联网的特性与传统行业的业务模式相结合,对传统行业进行升级、改造。许多中国的电商企业正在走出国门,形成了一股跨境电子商务热潮。首先,本专题提出跨境电商的概念,对跨境电商的发展特点及趋势等进行了全面描述;其次,本专题分析了跨境电商与"一带一路"相互助力的关系;最后,福建省作为"海上丝绸之路核心区"与对接台湾自由经济示范区的汇合点,本专题在如何根据当前国家的政策发展形势,结合现有的资源、环境,引导跨境电商迅速、健康发展方向上提出了一些观察与对策建议。

专题九《生产性服务业对海西区经济发展的作用》认为,生产性服务业对经济发展有重要意义,且与其他产业生产过程存在紧密的联系。海西区地处我国东南沿海地区,其经济发展水平居全国前列,生产性服务业的发展更显重要。本专题首先对海西区的经济发展现状以及主要城市的生产性服务业发展现状进行分析,并以福建省为重点深入透彻地分析了生产性服务业在福建省整体经济生产中的地位和作用;其次,从投入产出的角度分析了福建省生产性服务业的特点、与制造业之间的产业关联关系、影响力和感应度;最后,在前文分析的基础上,分析了福建省生产性服务业发展存在的问题,尝试提出了促进生产性服务业发展的建议。

专题十《厦门自贸片区文化创意产业发展》认为,厦门具有的独特城市特质非常有利于文化创意产业的发展,但近年来厦门文化创意产业的发展却不尽如人意。2015年福建自贸区厦门片区的成立给厦门文化创意产业的发展带来了新的巨大契机。本专题基于对厦门文化创意产业现状的深入分析,结合福建自贸区厦门片区获批背景,提出了促进厦门文化创意产业进一步发展的相关政策建议。

专题十一《发展海西区文化产业对于推进"一带一路"战略的意义》认为,"一带一路"具有文化意蕴,通过发展文化产业和开展文化贸易,有利于推进"一带一路"战略。海西区文化产业具有地理优势、先发优势、资源优势和人脉优势。通过发展本区域文化产业、加大和提升对外文化贸易有利于拓展本区域市场范围、提高产品附加值、提升产业竞争力和促进区域经济一体化。为此,海西区要从深化高层文化互访、多向展开文化交流、合作举办文化活动、共同开展文化贸易、实现文化资源共享等几个方面发挥本区域文化产业促进"一带一路"战略构想实现的正能量。特别是,要发挥闽籍华人华侨的文化桥梁和本区域特色文化的纽带作用。在海西区内,还应加强文化产业与制造业的关联、同一区域内文化推广的共识,继续深化闽台文化产业合作。

专题十二《海西区资源依赖度与经济增长分析》应用2005—2013年海西区20个城市的统计数据,通过构建面板数据回归模型分析了海西区的能源依赖对经济增长的影响,即"资源诅咒"是否存在的命题,以及该效应的传导机制。通过对回归结果的分析,发现存在经由政府干预、人力资本、个体和私营经济发展以及科技创新等途径产生的"资源诅咒"效应,但是这些因素并没有造成实际后果,即海西区对能源的依赖以及将资源集中投资于高能耗产值比重大的行业并没有引发"资源诅咒"现象。原因在于,对能源使用效率的提高,表现为单位GDP能耗的下降,对经济增长的推动作用要大于对教育和研发等经济上的挤出效应,净效应是对能源的依赖促进了经济的增长。

目 录
Contents

上 篇

专题一　自贸区下的海西区经济社会综合发展指数与发展策略研究 　3

　　一、自贸区下的海西区经济社会综合发展指数　3

　　二、自贸区下的海西区各城市经济社会综合发展分析及策略研究　14

专题二　福建自由贸易试验区建设进展、影响及对策建议 　23

　　一、福建自由贸易试验区建设及进展　23

　　二、福建自由贸易试验区建设对海西区的影响　33

　　三、对策及建议　41

专题三　福建自由贸易试验区之基础设施：现状、问题及对策 　47

　　一、交通运输　47

二、能源　　58
　　三、邮电通信　　66
　　四、科教文卫　　71
　　五、结论　　82

专题四　福建自由贸易试验区厦门片区境外人民币回流问题探析　　84

　　一、境外人民币回流的意义　　84
　　二、国际通用货币回流的经验和启示　　86
　　三、上海和深圳自贸区人民币回流经验总结　　87
　　四、福建自贸区厦门片区开展人民币回流的现实条件　　91
　　五、福建自贸区厦门片区人民币回流机制设计　　93

专题五　厦门建设对台金融合作发展示范基地的研究　　97

　　一、厦台金融合作发展历史回顾与评价　　97
　　二、厦门建设对台金融合作发展示范基地的国内经验借鉴　　102
　　三、厦门建设对台金融合作发展示范基地的实施策略　　104

专题六　福建自由贸易试验区人民币资本项目可兑换研究　　117

　　一、人民币资本项目可兑换的发展现状　　117
　　二、现阶段人民币资本项目可兑换及资本账户开放的条件　　119
　　三、福建自贸区人民币资本项目先行先试　　123
　　四、推进福建自贸区资本项目自由兑换的对策建议　　126

专题七　厦门自贸片区对台金融政策创新路径研究　　129

　　一、推动人民币跨境资金流动　　129
　　二、对台有序开放境内区外金融市场　　131
　　三、建立对台股权投资联通机制　　136
　　四、营造金融软环境，促进台资企业总部聚集　　141

五、金融业对台开放,降低准入门槛　143

专题八　支持福建自由贸易试验区厦门片区发展的财税金融对策研究　145

一、厦门片区建设的试验内容与财税金融政策总体方案　146
二、境内外自贸区财税金融政策的主要内容及启示　148
三、积极探索厦门片区的财税政策支持体系　152
四、扩大厦门片区对外开放的金融政策　156

专题九　福建在"21世纪海上丝绸之路"战略中的金融对策　160

一、"21世纪海上丝绸之路"战略及福建的优势　160
二、福建在"21世纪海上丝绸之路"战略中金融发展面临的问题　166
三、福建在"21世纪海上丝绸之路"战略中的金融对策　171

专题十　与台湾对接的福建自由贸易试验区境外人民币资金流动与金融商品规划　176

一、引言　176
二、境外人民币的资金市场与人民币国际化　177
三、福建自贸区可借鉴的金融商品　178
四、福建自贸区该有的规划　182
五、总结　186

专题十一　福建省融入"一带一路"投资合作研究　187

一、引言　187
二、福建省融入"一带一路"投资合作的现有基础　188
三、福建省融入"一带一路"面临的问题和挑战　192
四、福建省融入"一带一路"投资合作的对策建议　193
五、结论　201

下 篇

专题一 福建自由贸易试验区国际化营商环境的建设与评估研究 ... 205

    一、国际化营商环境的构成要素和评估框架 ... 205
    二、福建自贸试验区国际化营商环境建设的初步成果 ... 206
    三、福建自贸试验区国际化营商环境建设面临的问题 ... 211
    四、加快福建自贸试验区国际化营商环境建设的几点思考 ... 215

专题二 "21世纪海上丝绸之路"视角下福建省三大港口发展导向 ... 219

    一、港口发展演变历史 ... 220
    二、福建省港口发展阶段考察 ... 225
    三、福建省港口发展战略导向 ... 232
    四、结论 ... 237

专题三 "一带一路"背景下海西区旅游业发展研究 ... 238

    一、海西区旅游业发展现状 ... 239
    二、海西区旅游业发展中存在的问题 ... 244
    三、"一带一路"战略给海西区旅游发展带来的机遇 ... 247
    四、"一带一路"战略背景下海西区旅游发展对策 ... 249

专题四 福建自由贸易试验区下的闽台经贸合作 ... 253

    一、闽台经贸合作的现状 ... 253
    二、福建自贸区的定位及其创新之处 ... 258
    三、福建自贸区下闽台合作的问题 ... 261
    四、发挥福建自贸区在闽台经贸合作中的作用 ... 262

专题五　利用自贸区建立福建省医疗旅游中心之研究　270
　　一、文献综述　270
　　二、福建省发展医疗旅游的 SWOT 分析　274
　　三、福建省发展医疗旅游的战略思考　284

专题六　福建省境内公司负债融资现状与效率研究　287
　　一、福建省境内公司负债融资现状分析　288
　　二、福建省境内公司融资效率分析　291
　　三、结论和政策性建议　299

专题七　福建自由贸易试验区金融服务支持中小企业研究　301
　　一、自贸区对于福建省金融发展的重要性　301
　　二、福建省金融服务支持中小企业存在的问题　302
　　三、国内外自贸区金融服务的经验借鉴　305
　　四、对福建省自贸区金融服务支持中小企业的建议　313

专题八　"一带一路"下福建自由贸易试验区跨境电商的发展　319
　　一、跨境电商的概念　319
　　二、"一带一路"与跨境电商的发展　330
　　三、福建自贸区跨境电商的发展现状及对策思考　336

专题九　生产性服务业对海西区经济发展的作用　348
　　一、海西区生产性服务业与经济发展现状　349
　　二、海西区主体——福建省生产性服务业与经济发展　353
　　三、福建省生产性服务业投入产出分析　358
　　四、结论与建议　362

专题十　厦门自贸片区文化创意产业发展　　365

　　一、厦门文化创意产业发展概况　　365
　　二、厦门文化创意产业发展面临的问题　　367
　　三、自贸区带来的机遇　　369
　　四、相关政策建议　　371
　　五、完善法规，保障文化创意产业知识产权　　373

专题十一　发展海西区文化产业对于推进"一带一路"战略的意义　　374

　　一、"一带一路"内在的文化意蕴　　374
　　二、"一带一路"背景下海西区文化产业的优势　　376
　　三、以文化产业发展和文化贸易促进"一带一路"的意义　　379
　　四、海西区文化产业促进"一带一路"战略的措施构想　　380

专题十二　海西区资源依赖度与经济增长分析　　384

　　一、文献综述　　385
　　二、海西区资源依赖度现状　　388
　　三、研究方法与数据来源　　388
　　四、资源诅咒存在性和传导机制分析　　391
　　五、结论与政策建议　　399

参考文献　　404

后记　　415

上 篇

专题一

自贸区下的海西区经济社会综合发展指数与发展策略研究

一、自贸区下的海西区经济社会综合发展指数

(一) 海西区综合评价模型及发展指数

海西区以福建省为主体,涵盖福建省、广东省和浙江省3个省共20个城市。本部分根据《海峡西岸经济区发展报告2013》第一章"海西区发展评价指标体系及综合评价预测模型"中的综合评价模型和方法,来考察海西区各城市各年的综合发展指数,对海西区综合实力和竞争力进行量化测度。指标选取方法是从4个一级指标中选取50个二级指标,其中,经济和生产要素选取20个指标,资源要素选取10个指标,社会要素选取12个指标,人口与环境要素选取8个指标。数据来源于2010—2014年海西区各城市的统计年鉴,数据处理的方法也与之相同。

1. 主成分分析结果

运用STATA软件对处理后的指标进行主成分分析,分析结果显示,前10个主成分的累积贡献率大于85%,且前9个特征根都大于1(第10个成分的特征根也接近1,见表1),符合一般主成分选取标准。因此,我们选取主成分分析结果中

的前10个主成分作为降维结果,分别记为$Z_1—Z_{10}$。各成分的载荷矩阵见表2。

表1 相关系数矩阵的特征值及贡献率

主成分	特征根	累积贡献率
Z_1	19.7919	0.3958
Z_2	6.5524	0.5269
Z_3	4.7374	0.6216
Z_4	3.0932	0.6835
Z_5	2.3255	0.7300
Z_6	1.9495	0.7690
Z_7	1.7351	0.8037
Z_8	1.4654	0.8330
Z_9	1.2191	0.8574
Z_{10}	0.9775	0.8769

表2 各成分的载荷矩阵

	主成分									
	Z_1	Z_2	Z_3	Z_4	Z_5	Z_6	Z_7	Z_8	Z_9	Z_{10}
X_{111}	0.1623	0.0397	0.2697	0.0269	-0.0026	-0.0641	0.0342	-0.0854	-0.0108	-0.1325
X_{112}	0.1670	0.0141	0.2077	0.2057	0.0833	-0.0717	0.0045	0.0505	-0.0776	-0.1049
X_{113}	0.1982	-0.0272	0.0951	-0.0406	0.0632	-0.1150	-0.0207	-0.0230	-0.1221	-0.1455
X_{114}	0.0991	0.1160	0.2765	-0.0333	-0.0582	-0.1515	0.2486	-0.0505	0.1102	-0.0588
X_{115}	0.1969	-0.0242	0.0997	-0.0870	-0.0493	-0.1380	0.0688	-0.1838	0.0477	-0.1082
X_{121}	-0.0533	0.0395	0.1211	0.1675	-0.2967	-0.0970	-0.4198	-0.1616	-0.0184	0.2425
X_{122}	-0.0425	0.2234	0.2418	0.0137	-0.1919	-0.1542	0.1108	0.1138	0.0616	-0.0632
X_{131}	-0.1582	0.1243	-0.0621	0.1070	0.1311	-0.2488	0.1161	-0.0158	0.1861	0.2096
X_{132}	-0.0157	-0.0836	0.1579	-0.0476	-0.3054	0.4562	-0.0693	0.0272	-0.1464	-0.2672
X_{133}	0.1754	-0.0373	-0.1031	-0.0576	0.1882	-0.2279	-0.0441	-0.0126	-0.0336	0.0693
X_{141}	0.1906	0.0854	0.1051	-0.1668	0.0327	0.0467	0.0515	0.1372	-0.0441	0.0524
X_{142}	-0.0355	0.2476	0.0611	-0.2164	-0.1207	0.1315	-0.1268	0.2473	-0.2492	-0.0971
X_{143}	0.1977	-0.0114	0.0423	-0.2104	0.0226	0.0158	-0.0160	0.1442	-0.0132	-0.0093
X_{144}	0.1387	0.0814	0.0655	-0.2269	0.1553	-0.0568	-0.1882	-0.0596	-0.2533	-0.2427
X_{145}	0.0317	0.0195	-0.0208	-0.1008	0.2785	0.1644	0.5339	0.1732	0.0776	-0.0881
X_{151}	0.2106	0.0031	0.0450	0.1425	0.0450	-0.0138	-0.0603	0.0670	0.0017	0.1078
X_{152}	0.1971	0.0148	-0.0489	0.0238	0.0105	-0.0887	-0.0800	0.1786	-0.0208	0.2568
X_{153}	0.1727	-0.0880	0.1290	0.2539	0.0833	0.0154	-0.0668	0.0840	-0.0448	0.0000
X_{154}	0.1676	0.1375	-0.0307	0.2216	-0.0301	0.1337	0.0018	-0.1598	0.0631	0.0056
X_{155}	0.1994	0.0026	0.0573	0.1381	0.0935	0.0518	-0.0509	-0.0188	-0.0319	0.1101
X_{211}	0.2078	-0.0476	-0.0337	0.1519	-0.0140	-0.0165	0.0032	-0.0117	0.0433	-0.0923
X_{212}	-0.0795	0.2886	-0.1407	0.0365	0.0784	-0.2136	0.0177	0.0230	-0.0710	-0.1101

（续表）

	主成分									
	Z_1	Z_2	Z_3	Z_4	Z_5	Z_6	Z_7	Z_8	Z_9	Z_{10}
X_{213}	-0.1091	0.2265	0.0801	-0.1719	0.2765	-0.1047	-0.1331	-0.0416	-0.0572	0.0018
X_{221}	0.1645	0.1315	-0.0455	0.0607	-0.0434	-0.0497	0.0293	-0.3019	0.2369	0.0831
X_{222}	0.1526	0.1792	-0.2134	-0.0524	-0.0726	0.0734	0.0692	0.0627	-0.0498	0.0232
X_{231}	0.1940	0.0446	0.1628	0.0445	0.0573	-0.1514	-0.0299	0.0165	-0.0651	-0.0100
X_{232}	-0.0436	0.1311	-0.0352	0.1952	0.0854	0.2355	0.0077	-0.0073	0.1812	-0.0695
X_{233}	0.0602	0.1889	0.2455	-0.1655	-0.1135	-0.1793	0.0346	0.1364	0.0720	0.1681
X_{241}	0.1898	-0.0051	-0.1012	-0.1931	-0.1363	0.0113	-0.0379	0.0200	0.0557	0.0741
X_{242}	0.2113	0.0632	0.0418	-0.0044	0.0676	0.0357	-0.0404	0.1015	-0.0530	0.0163
X_{311}	0.1162	0.0618	0.0165	0.2807	0.2524	0.1951	-0.0769	-0.1938	-0.2305	-0.0124
X_{312}	0.2055	-0.0725	-0.0718	0.0252	-0.0966	-0.0867	0.0179	0.0188	0.0679	-0.0640
X_{313}	-0.0653	0.2976	-0.2054	-0.0014	0.0757	-0.0647	-0.0165	-0.0366	-0.1249	-0.1089
X_{314}	0.1390	0.1283	-0.1472	-0.1043	-0.1283	0.1372	0.0880	0.0827	0.0662	0.0892
X_{315}	0.0911	-0.2571	-0.1831	-0.0015	-0.1550	-0.0845	0.0487	0.0273	-0.0030	-0.1652
X_{316}	0.1697	-0.1513	-0.0915	-0.1292	0.0407	-0.0119	-0.0586	0.0917	-0.0274	0.0761
X_{317}	0.1692	0.0793	-0.1773	-0.1388	0.1933	0.0726	-0.0375	-0.0392	0.0749	0.0444
X_{318}	0.2068	-0.0436	-0.0982	0.0659	-0.0807	-0.0300	0.0041	0.0477	0.0360	-0.0319
X_{321}	0.0869	-0.1611	-0.0895	-0.2215	0.1161	0.1243	-0.0473	-0.2236	0.0589	0.2453
X_{331}	0.1140	0.2162	-0.2321	-0.0959	-0.1344	-0.0004	0.1024	-0.087	0.0151	0.0277
X_{332}	0.0821	0.2107	-0.2656	0.1873	0.0560	0.0341	0.0375	0.0004	-0.0065	-0.0736
X_{333}	0.2096	0.0302	-0.1050	-0.0108	0.0115	0.0209	-0.0799	0.0668	-0.0491	0.0766
X_{411}	0.0474	-0.1347	0.0854	-0.2132	0.1668	0.0649	-0.1704	-0.0188	0.5858	-0.2020
X_{412}	-0.0817	-0.1995	0.0978	0.1069	0.1297	-0.0747	0.0031	0.4533	-0.0515	0.1898
X_{413}	0.0251	0.0423	0.1518	-0.0732	0.1989	0.2807	0.2471	-0.2702	-0.2381	0.2658
X_{414}	0.0650	-0.1319	0.1737	0.0625	-0.2514	0.0559	0.3539	-0.0774	-0.0620	0.2731
X_{415}	-0.0360	0.2984	0.1024	0.1195	-0.2437	0.0486	0.0842	0.0713	0.0891	0.0311
X_{416}	0.0527	0.1806	0.2360	0.0265	0.1332	0.2123	-0.1424	-0.0299	0.3209	-0.1147
X_{421}	0.0696	0.0748	-0.1048	0.2412	0.0526	0.2064	-0.0814	0.4108	0.1732	0.0376
X_{422}	0.0460	-0.1634	-0.1077	0.1971	-0.1117	-0.2101	0.2154	-0.0409	-0.0745	-0.3828

根据表2，得到主成分线性模型为：

$$\begin{cases} Z_1 = a_{1,1}x_{111} + a_{1,2}x_{112} + \cdots + a_{1,20}x_{155} + \cdots + a_{1,50}x_{422} \\ Z_2 = a_{2,1}x_{111} + a_{2,2}x_{112} + \cdots + a_{2,20}x_{155} + \cdots + a_{2,50}x_{422} \\ \vdots \\ Z_{10} = a_{10,1}x_{111} + a_{10,2}x_{112} + \cdots + a_{10,20}x_{155} + \cdots + a_{10,50}x_{422} \end{cases}$$

其中，$Z_p(p=1,2,\cdots,10)$为主成分；$a_{p,n}$为表2中的载荷矩阵系数（n表示行，p表示列）；X_{ijk}为选取的初始指标。

2. 确定评价指标权重,建立综合评价模型

本专题对得到的载荷系数进行正则化处理,才能用于确定子成分中对各指标的权重。正则化处理通常采用取绝对值、开平方等方式,由于每个主成分的载荷系数满足 $\sum_j a_{ij}^2 = 1$,本专题将权重调整为 $w_{ij} = a_{ij}^2$。

当权重确定后,可根据以下步骤建立综合评价模型:

(1) 根据权重,计算各个主成分综合评价指标的子成分。计算公式为:

$$Z_i = \sum_j w_{ij} Z_{ij}$$

(2) 对我们重新计算得到的每个子成分按主成分分析结果贡献度或者特征值进行加权平均,得到综合评价模型为:

$$Z = \sum_i \frac{\lambda_i}{\sum \lambda} Z_i$$

本专题选用第一主成分的综合评价模型对海西区 20 个城市进行综合评价,见表 3;在进行海西区经济社会综合发展分析时,也将计算 10 个主成分年的综合评价结果,将其用于参照,通过权重结构差异探讨各地区在不同方面的优势和劣势,为海西区的建设提供更为全面的发展建议。

表 3　综合评价模型的权重结构　　　　　　　　　　单位:%

第一主成分的权重结构			
指标	一级权重	二级权重	三级权重
X_{111}			3.204
X_{112}			3.116
X_{113}		16.287	4.151
X_{114}			1.580
X_{115}			4.235
X_{121}		0.296	0.219
X_{122}	51.361		0.076
X_{131}			2.575
X_{132}		5.349	0.004
X_{133}			2.770
X_{141}			3.403
X_{142}			0.022
X_{143}		11.282	3.647
X_{144}			1.382
X_{145}			0.057

（续表）

第一主成分的权重结构			
指标	一级权重	二级权重	三级权重
X_{151}	51.361	18.15	4.422
X_{152}			3.996
X_{153}			2.957
X_{154}			2.770
X_{155}			4.004
X_{211}	23.435	5.953	4.191
X_{212}			0.645
X_{213}			1.117
X_{221}		4.942	2.557
X_{222}			2.385
X_{231}		4.297	3.882
X_{232}			0.483
X_{233}			0.332
X_{241}		7.843	3.448
X_{242}			4.395
X_{311}	25.057	17.765	1.437
X_{312}			3.962
X_{313}			0.385
X_{314}			1.599
X_{315}			0.609
X_{316}			2.978
X_{317}			2.736
X_{318}			4.059
X_{321}		0.810	0.807
X_{331}		6.482	1.371
X_{332}			0.888
X_{333}			4.223
X_{411}	2.920	2.285	0.290
X_{412}			0.777
X_{413}			0.175
X_{414}			0.741

（续表）

第一主成分的权重结构			
指标	一级权重	二级权重	三级权重
X_{415}			0.105
X_{416}			0.196
X_{421}		0.635	0.108
X_{422}			0.527

根据计算结果，发现将数据更新之后，各模块的权重发生了变化，具体表现在，从一级指标来看，第一模块和第四模块变化比较大，第一模块权重加大，第四模块权重变小。从二级指标来看，在第一模块中，除了第二类指标权重变小，其他各类指标权重都不同程度地增大；在第二模块中，除第四类指标权重有较大提高外，其他各类指标权重都略有下降，但总体使得第二模块的权重稍有增加；在第三模块中，第一类指标权重有所提高，其他各类指标权重却略有下调，总体稍有提高；在第四模块中，两类指标权重都大幅度向下调整，使得整个模块权重下调较多。这一变动，可能会影响本年度与上年度计算的评价结果对比，在分析时需要加以注意。

3. 海西区经济社会综合发展指数

根据第一主成分的综合评价模型，计算综合发展指数，得到海西区各城市综合评价结果，见表4。

表4　海西区2009—2013年综合发展指数及排名

城市	综合指数（Z值得分）					年度排名					省份
	2009	2010	2011	2012	2013	2009	2010	2011	2012	2013	
厦门	0.587	0.679	0.751	0.702	0.767	1	1	1	1	1	福建
福州	0.401	0.461	0.519	0.549	0.589	2	2	2	2	2	福建
温州	0.381	0.421	0.474	0.509	0.570	3	3	3	3	3	浙江
泉州	0.312	0.367	0.398	0.419	0.467	4	4	4	4	4	福建
汕头	0.229	0.251	0.296	0.317	0.341	5	5	5	5	5	广东
漳州	0.190	0.216	0.239	0.266	0.293	6	6	6	6	6	福建
赣州	0.178	0.192	0.214	0.253	0.283	7	9	9	7	7	江西
丽水	0.175	0.200	0.222	0.249	0.264	8	7	7	8	8	浙江
龙岩	0.163	0.174	0.199	0.231	0.255	10	10	10	10	9	福建
衢州	0.175	0.200	0.218	0.235	0.255	9	8	8	9	10	浙江

(续表)

城市	综合指数（Z值得分）					年度排名					省份
	2009	2010	2011	2012	2013	2009	2010	2011	2012	2013	
莆田	0.147	0.163	0.183	0.218	0.246	13	13	13	12	11	福建
三明	0.153	0.172	0.194	0.226	0.238	11	11	11	11	12	福建
上饶	0.135	0.153	0.178	0.202	0.224	17	16	15	15	13	江西
梅州	0.150	0.169	0.192	0.207	0.223	12	12	12	13	14	广东
南平	0.146	0.157	0.177	0.203	0.222	14	14	16	14	15	福建
揭阳	0.140	0.154	0.178	0.195	0.214	15	15	14	16	16	广东
宁德	0.125	0.143	0.152	0.180	0.202	18	18	18	18	17	福建
潮州	0.138	0.153	0.174	0.189	0.199	16	17	17	17	18	广东
抚州	0.116	0.127	0.143	0.168	0.191	19	19	19	19	19	江西
鹰潭	0.101	0.115	0.122	0.144	0.158	20	20	20	20	20	江西

可以看出海西区各城市在2009—2013年都有不同程度的发展。从本次综合指数得分来看，排名靠前的几个城市变动不大，排名在后的两个城市也基本没有变动，中间稍有变动；与上年度的指数得分排名对比，结论基本相同。

最后，为了更好地分析海西区各要素的发展现状，我们将在下一节中对海西区各城市的发展趋势进行详细分析。

（二）海西区分模块评价分析实证结果

在本部分，我们先根据指标体系中的模块分部分进行分析，再进行综合分析。由于数据变量个数较多，我们按一级分类指标分块进行主成分分析，以便比较和解释各城市在经济、资源、社会、人口与环境各个方面的发展，并相应地进行城市之间的对比分析。

1. 经济与生产要素评价结果

在经济与生产要素评价中，根据相关系数的特征值及其贡献率，前5个主成分的累积贡献率为84.74%，每个特征值都大于1，符合一般主成分个数选取标准，因此，我们选取5个主成分，分别记为 Z_1、Z_2、Z_3、Z_4、Z_5。然后，计算各成分的载荷矩阵及其表达式，经过分析归纳，第一主成分 Z_1 是反映经济、收入和外贸的规模与发展水平的综合指标；Z_2 侧重于反映全员劳动生产率、人均GDP和居民生活状况（生产和消费）与GDP增长率；Z_3 与经济增长速度负相关；Z_4 主要影响因素产业结构（与第一产业正相关，与第二产业负相关）；Z_5 反映价格水平。据此计算各地区在各个主成分下的得分，见表5。

表5 2013年海西区各城市在经济生产发展方面各成分得分情况

城市	Z_1	Z_2	Z_3	Z_4	Z_5
厦门	11.1697	-1.8754	0.0536	0.4951	-0.0650
福州	5.6330	0.1200	1.1237	1.1357	0.2296
温州	4.7413	-0.6775	2.1720	-1.7647	-1.3193
泉州	3.9733	1.7410	0.5474	-1.8551	0.8329
丽水	1.2478	0.0498	1.9885	-1.6951	-0.7742
龙岩	1.0160	2.9290	1.8702	0.0714	1.4071
漳州	0.9047	0.8910	0.8191	0.9879	0.6458
汕头	0.8940	-1.5366	0.2828	-1.6767	-0.7326
衢州	0.8904	0.2790	1.6907	-1.7070	-0.1343
莆田	0.7849	1.8438	0.5007	-1.0674	1.0840
三明	0.2852	2.8808	1.3453	1.0669	1.6253
潮州	-0.2815	-1.3654	-0.4076	-1.9156	-0.1369
鹰潭	-0.3370	1.8515	-1.4430	-0.6761	2.0209
南平	-0.4048	1.2332	1.3716	2.1283	0.7869
宁德	-0.8109	1.8541	0.7080	0.8349	0.7936
赣州	-0.9463	0.0401	1.3682	0.5555	-0.2014
揭阳	-1.1247	0.4514	-0.6886	-2.4760	0.1547
上饶	-1.2551	0.3059	0.5590	0.0913	0.4912
梅州	-1.4768	-2.5412	1.7610	0.8329	-1.1118
抚州	-2.0507	0.3524	-0.1660	0.1766	0.6580

2. 资源要素评价模型结果

根据相关系数的特征值及其贡献率,前3个主成分的累积贡献率为76.75%,每个特征值都大于1,符合一般主成分个数选取标准,因此,我们选取3个主成分,分别记为 A_1、A_2、A_3。然后,计算各成分的载荷矩阵及其表达式,经过分析归纳,第一主成分 A_1,反映资源要素的综合状况;A_2,主要影响因素是行政区域土地面积、森林覆盖率、贷款增长率、存贷比,可以归纳为反映自然资源与金融信贷规模(两者不相关);A_3,与金融要素负相关,但与教育投入、人力、技术资源正相关。据此计算各地区在各个主成分下的得分,见表6。

表6 2013年海西区各城市在资源方面各成分得分情况

城市	A_1	A_2	A_3
厦门	6.8923	-0.0841	1.9959
福州	5.8032	1.5616	-0.0874
温州	4.9420	0.9488	-2.6270
泉州	3.4646	0.5561	-0.7533
汕头	1.5229	-3.2745	-0.7189
漳州	0.1898	0.2828	0.0158
赣州	0.0755	2.7085	-1.8006
衢州	0.0449	0.2869	0.0473
莆田	-0.1935	-0.5019	0.6009
龙岩	-0.2646	1.5445	-0.0599
丽水	-0.3282	1.2404	-0.4555
上饶	-0.3434	0.4091	-1.2542
揭阳	-0.4956	-1.7145	-0.9028
三明	-0.5447	1.4919	-0.3942
宁德	-0.5690	0.8125	0.4439
抚州	-0.9517	0.0818	-0.3540
鹰潭	-0.9562	-1.5276	-0.3122
潮州	-0.9925	-1.9350	-1.2688
南平	-1.0911	1.1470	-0.6543
梅州	-1.2284	-0.0363	-1.0882

3. 社会发展要素评价模型结果

根据相关系数的特征值及其贡献率,前3个主成分的累积贡献率为79.13%,分别记为B_1、B_2、B_3。然后,计算各成分的载荷矩阵及其表达式,由于社会因素各指标之间的相关性不是太强,主成分分析应用并不明显。B_1综合反映电力、水、通信等市政设施及医疗保险和社会保障各方面的综合影响;B_2主要与公路里程、医院和社会保障正相关,与水、电、气的供应等负相关;B_3主要与人均绿地面积显著负相关。据此计算各城市在各个主成分下的得分,见表7。

表7 2013年海西区各城市在社会发展方面各成分得分情况

城市	B_1	B_2	B_3
温州	7.0012	-0.6113	1.5901
厦门	5.7414	-1.1304	-3.3000
福州	5.0816	1.5002	0.3991
泉州	3.7290	1.9386	0.3524
汕头	3.0408	-2.4597	1.2380
赣州	1.8751	5.6213	0.2580
揭阳	0.6588	-1.0715	-0.2638
漳州	0.2379	0.7528	0.2130
上饶	0.1794	3.1458	-0.3250
梅州	0.0742	0.9101	-0.7019
衢州	-0.5419	-1.2040	0.0290
莆田	-0.5880	-1.0291	1.1871
潮州	-0.8913	-1.7116	-0.6255
丽水	-0.9031	-0.1986	0.2940
抚州	-1.0149	0.8848	0.2545
龙岩	-1.0964	0.5886	0.3742
三明	-1.1854	0.4829	-0.0364
宁德	-1.5997	0.1297	0.8284
南平	-1.6617	0.9039	0.7430
鹰潭	-2.7340	-0.5505	-1.3160

4. 人口与环境发展要素评价模型结果

这一部分各因素之间的相关程度不是很高,特征根大于1,但累积贡献率仅为71.12%,考虑到分析的需要我们选取4个主成分,分别记为C_1、C_2、C_3、C_4。并计算各成分的载荷矩阵及其表达式。C_1综合反映人口与环境要素,主要反映能耗、废水排放达标率,与城镇化率、工业废气排放率负相关;C_2主要反映生活污水、垃圾处理和工业固体废物综合利用率,与人口自然增长率负相关;C_3主要反映工业固体废物综合利用率和废水排放状况(同时与生活污水处理率负相关),可以看作工业排污因素;C_4主要反映城镇化和人口增长率,与工业废气排放负相关。据此计算各地区在各个主成分下的得分,见表8。

表 8 2013 年海西区各城市在人口与环境方面各成分得分情况

城市	C_1	C_2	C_3	C_4
泉州	2.2690	1.0736	0.0831	1.2431
漳州	1.8605	-0.2551	1.2086	1.3718
赣州	1.2820	-0.9467	0.6412	-0.0036
上饶	1.2629	-1.1962	-3.3926	-0.7702
抚州	1.1347	0.6482	-0.0642	-0.7166
鹰潭	1.1284	0.7016	0.1754	-0.7384
福州	1.1049	1.0825	-0.4977	0.9384
三明	0.8992	0.9076	-0.4517	-0.0009
龙岩	0.8156	0.8641	-0.2155	-0.2219
厦门	0.3961	0.6880	0.9731	0.7569
莆田	0.2259	1.0303	0.2867	-1.3575
宁德	-0.0419	0.3705	-0.5523	-0.7239
温州	-0.1682	0.7089	0.7339	-0.2126
丽水	-0.1996	0.9798	0.5352	-1.0065
梅州	-0.5555	1.0121	0.4643	0.0400
南平	-0.5989	0.6295	-1.2967	-0.6936
衢州	-1.0309	1.1979	0.2478	-0.4187
潮州	-1.3084	0.9756	-0.0094	-0.9576
揭阳	-1.3333	0.4772	0.5024	-0.2841
汕头	-3.2972	0.8841	-0.9791	2.0172

根据四个模块的数据结果，可以得到如下结论：一方面，海西区各城市在经济、资源、环境和社会等方面都取得了较大发展；另一方面，海西区各城市在各模块的发展水平各不相同，差距较大。根据各模块主成分分析结果，我们以每一模块的第一主成分为标准进行对比，可以发现，在四个模块中排序各不相同。在第一和第二模块中，厦门、福州名列第一和第二位序；在第三模块中，温州排名超过厦门和福州；在第四模块中，漳州和江西省的三个城市排名提升到第二、三、四、五位。因此，海西区各城市在各方面发展中各有所长，也各有不足之处。

二、自贸区下的海西区各城市经济社会综合发展分析及策略研究

(一)海西区各城市经济社会综合发展分析

2009年以来,海西区以较快的速度发展,综合实力得到较为明显的提升。不仅经济保持较快增长,收入增长显著,地区产业结构也都有不同程度的优化调整,而且其社会、文化科技和生态环境方面,经过近年来的不断改进,也取得不同程度的进步。

1. 海西区各城市都有不同程度的发展,经济社会综合实力得到明显提升

从综合评价结果来看,海西区各城市的综合评价指数总体趋势是逐年提高,而且在2013年,前六名的城市综合评价指标值上升均较为显著,说明经济基础水平和综合实力是城市发展的基本动力。此外,从图1可以看到,海西区各城市基本呈直线上升趋势,说明其经济社会综合发展呈现上升趋势。以GDP增长速度为例,尽管从全国来看,GDP增长速度有所趋缓,但海西区各城市仍然保持了较快的增长速度,大多数城市能够保持9%的增长速度。从2008年到2013年,海西区各城市GDP维持较快的增长势头,扣除价格因素,年均增长速度均在11%以上,宁德、漳州和上饶的年平均增速超过18%。海西区各城市的居民收入,无论城镇还是农村都有所增加。以城镇居民的人均可支配收入为例,从2008年到2013年,其增长率除个别城市、个别年份,均保持在9%以上。

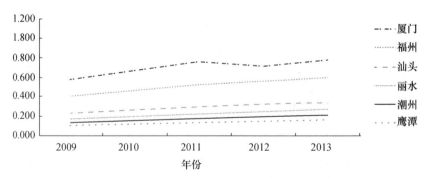

图1 2009—2013年海西区部分城市综合评价指数

海西区在经济、资源、社会和生态环境各个要素方面均有所提升,经济社会

全面发展。近年来,海西区综合实力明显提升,不仅经济保持较快速度增长,生产不断发展,而且在资源、社会和生态环境方面也取得了较大发展。

在资源方面,海西区继续保持其在自然资源方面的优势,同时继续增加对人力资源的投资和公共教育经费支出,其研发投资额也逐年增长,等等。从2009年到2013年,海西区多数城市对教育支出的增长超过其GDP的增长速度,因而其教育财政支出占GDP比重逐年上升(见表9)。从表9中可以看出,2013年,梅州和赣州教育财政支出所占比重超过6%,比2011年增长超过1.4个百分点。

表9 2011年和2013年海西区教育财政支出占GDP比重　　单位:%

城市	2011	2013	城市	2011	2013	城市	2011	2013	城市	2011	2013
梅州	4.77	6.18	汕头	2.73	3.33	温州	2.74	2.91	三明	2.36	2.67
赣州	4.62	6.07	莆田	2.79	3.2	潮州	1.93	2.86	鹰潭	2.37	2.59
上饶	4.68	5.91	衢州	2.95	3.19	宁德	2.96	2.86	福州	1.91	2.31
抚州	4.24	5.05	南平	2.35	2.92	厦门	2.30	2.70	漳州	1.89	2.13
丽水	3.54	3.92	揭阳	2.15	2.91	龙岩	2.30	2.69	泉州	1.64	1.76

资料来源:根据2009—2014年海西区各城市统计年鉴及统计公报汇总计算。

海西区在社会发展方面也取得了较大进步。不仅基础设施建设及配套不断完善,公共安全程度有所加强,而且医疗卫生事业不断进步,卫生服务体系逐步完善。

在社会保障方面,注重改善民生,建立健全各种社会保障制度,如养老保险制度、医疗保险制度和新农合制度等,从城镇扩展到农村。同时,不断加强社会民主与法制建设。2009—2013年海西区医疗机构床位数,从201 860个增长到312 365个,增长了55%。同期,城乡居民参保规模都有不同程度的增加。最低生活保障标准、受保障人数及社会保障和就业补助额在各地都有所增加。到2013年城乡居民各类医疗保险参合率基本覆盖城乡全部居民。

在人口与环境要素方面,海西区劳动力平均受教育水平不断提高,人居环境逐步改善,低碳意识、绿色经济理念得到认可与发展,节能减排方面也取得了较大进步。城市环保基础设施不断完善,污染治理能力继续提高。除汕头外,海西区其他城市的废水排放达标率和生活垃圾无害化处理率均超过90%,其中13个城市的废水排放达标率超过95%,9个城市的生活垃圾无害化处理率达到100%。

可以说,近年来海西区在经济、资源、社会和环境方面都得到了不同程度的发展,海西区综合指数逐年递增,综合实力不断加强。

2. 海西区各城市发展差距较明显,发展速度各不相同

海西区各城市发展差距明显,区域经济一体化进程略显迟缓。从综合评价结果来看,海西区各城市的发展程度各不相同。从表4来看,在2009—2013年的综合评价排名中,厦门、福州、温州、泉州、汕头和漳州一直居于前六名的位置,而且其综合发展指数遥遥领先于其他城市。2013年厦门的综合指数最高,达到0.767,而鹰潭只有0.158,厦门的综合发展指数是鹰潭的4.8倍。这一差距说明两者经济社会综合发展水平差距较大。从综合指数排名来看,厦门、福州和温州的综合指数得分均超过0.5,其余城市除泉州(0.467)和汕头(0.341)外均低于0.3(见图2)。当然,这一结果与经济和生产指标的权重有关。但在海西区经济、政治、文化、社会等各个层面的全面繁荣发展中,经济和生产的发展是各城市发展的基本动力,在其综合评价中应该增加其权重。因此,这一评价结果反映了海西区的发展水平——海西区各城市综合发展差距还较大,区域经济一体化仍需进一步加强。

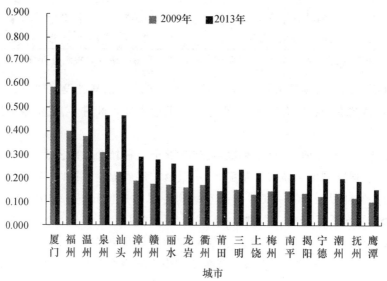

图2　2009年和2013年海西各城市综合发展指数

发展速度各不相同,取得提升的空间亦各不相同。2009—2013年,海西区各城市综合发展提升的空间也不相同。从综合指数变动来看,2013年排名前六位的城市中,虽然其综合指数的排名近几年没有发生变化,但其指数变动幅度却不相同。与2009年的综合发展指数对比,温州、福州和厦门的提升幅度较大,均至少提升了0.18,泉州提升了0.16,而汕头和漳州提升了0.1左右。厦门、福州和温州不仅发展水平较高,提升幅度也较大,因此这三个城市的综合发展指数远远大于其他城市(在图1中厦门和福州的趋势线远远高于其他城市)。另外,从表4中还可以看出,排名在后面的城市,不仅综合发展水平较低,而且近年来提升的幅度也较小,基本按其排名顺序呈现递减趋势。赣州因其综合发展指数提升了0.1,排名在2013年有所提升;龙岩、莆田和上饶提升了0.09左右,所以其排名均有不同程度的提高;鹰潭不仅发展水平较低,其提升空间也最小,因此其排名一直是最后一名。从分模块评价结果来看,其结果也基本类似。在四个模块中,经济与生产、资源要素和社会发展等模块的评价结果的排名基本相同,厦门、福州、温州和泉州一直排名前列,只有在人口和环境要素中,这一结果才有所变动。值得一提的是,在分模块分析中,各模块排名较后的城市都有所不同,说明各城市在发展中的侧重点不同,我们随后将进行分析。

2009—2013年,海西区各城市的发展和增长速度也不相同。从速度指标来看,部分得分排名在中下游的城市近年来在经济、社会、环境等方面都取得了较快的发展速度,但由于其经济发展水平起点相对较低,这些城市的综合发展水平还较低。例如,赣州的综合实力增长要比汕头强劲,汕头在前六个城市中增长较为缓慢,但由于其经济发展的初始水平相对较高,使得其排名仍然处于前列。2009—2013年,宁德、漳州、上饶、揭阳和鹰潭等城市的GDP增长率较高,远远高于温州、厦门和福州。

海西区各城市的发展水平和发展速度各有不同,从而使得各城市的发展程度高低不同,差距较为明显。前面分析中提到,在分模块分析中,前三个模块排名靠前的几个城市变动不大,而排名中下的城市在各模块中的排名都有所变动;第四模块的排名则与前面又有所不同,这表明各城市发展的侧重点不同,各有其发展的优势和劣势。

从海西区总体来讲,在经济生产发展方面最为迅速,无论是生产能力、收入水平,还是消费水平和消费结构、对外贸易等都增长较快,规模总量都得到明显增长;在基础设施、信息化水平和金融资源等资源方面以及人口与环境方面,海西区各城市也都增长较快。但是在社会保障和社会救济覆盖的广度和深度、医疗卫生水平等社会发展方面,以及人力资源、教育科技投入等方面还有所不足,应该更进一步地提高。

从海西区各城市的发展来看,在综合发展评价结果中,排名靠前的几个城市,主要是因为其经济基础比其他城市好一些,但这些城市近年的增长速度却低于其他一些城市;综合发展指数排在最后六位的城市是鹰潭、抚州、潮州、宁德、揭阳、南平,它们受限于人口和其他资源要素,经济发展水平起点相对较低,其中,宁德通过加强对外贸易、经济基础建设等方面,注重资源要素积累,提升了城市的综合实力,使其成为最后六名中增长势头较好的城市;综合评价处于中间水平的城市则在经济发展水平、资源要素、人口环境等方面与平均水平较为接近,且各具特色,综合实力发展略显保守,因此这些城市各年份排名互相交替。

从分模块评价结果来看,各城市的发展优势则更明显。从第一模块来看,第一主成分排名在前的厦门、福州、温州和泉州的经济生产的优势明显,其生产规模、经济、外贸和收入水平(无论人均GDP还是人均可支配收入等)都远远大于其他城市,抚州、梅州、上饶和揭阳排在最后几位,也是因为其经济发展总量水平较低。但是从这一模块第二主成分的排名来看,揭阳、抚州、上饶、三明等地的得分较高,这完全是受这些城市经济增长率较高的影响;而温州、梅州、厦门、汕头、潮州等城市的得分反而相对靠后,其中梅州、汕头和潮州是因为人均固定资产投资率相对较低,人均GDP也不高,厦门和温州则是因为其GDP增长率较低的原因。可见海西区部分城市的发展充分体现出后发优势,综合水平较低的城市发展速度较快。

从第二模块来看,厦门、福州、温州和泉州的资源优势较明显;梅州、南平、潮州、鹰潭、抚州等城市资源要素相对较差。从各主成分得分来看,赣州自然资源优势明显(主要是行政区域面积大,森林覆盖率较高,其在教育和技术资源上也占有优势);福州、龙岩和三明的影响因素是金融规模较大,尤其是贷款规模较大;汕头、潮州、揭阳和鹰潭则是在自然资源方面和金融规模方面相对较差,如汕头土地面积小、森林覆盖率低,而且金融借贷规模相对不大;厦门人均园林绿地面积较大,在人力资源与科技水平方面发展较好;温州的贷款规模相比其他两个城市高出许多,而且其存贷比水平也处于相对高值。

从第三模块来看,在社会要素得分上,B_1得分最高的城市依次为:温州、厦门、福州、泉州、汕头、赣州等;得分最低的依次为:鹰潭、南平、宁德、三明、龙岩、抚州、丽水等。考虑到B_1所包含的指标多是总量指标,以上这些城市的人口相对较少(鹰潭最少),故其电力消费量、供水量、移动电话用户数量会较少,从而使得该主成分得分较低。但是,从第二、第三主成分来看,厦门人口总量相较于抚州相差无几,但其该主成分得分排名第二,与主成分B_3相结合来看(厦门人均绿地面积也排名第一),说明厦门在能源消费、通信、交通、环境、医疗等设施及社会保障支出这一社会发展指标上都有明显优势;温州和汕头人均绿地面积较少。

从第四模块来看,得分最高的前六名是泉州、漳州、赣州、上饶、抚州、鹰潭,表明这些城市在环境、城镇化率和人口方面有其发展优势;得分最低的依次是汕头、揭阳、潮州、衢州、南平和梅州,这些城市能耗、废水排放达标率较差。从这一模块其他主成分得分来看,衢州、福州和泉州的生活垃圾无害化处理率较高,衢州的人口自然增长率较低,漳州的工业固体废物综合利用率和废水排放状况及生活无害化处理率和污水处理率较高。在城镇化率方面,厦门、汕头、福州、温州的城镇化率较高,抚州、赣州和上饶的城镇化率则较低;在环境治理方面,宁德、南平和汕头稍有欠缺,泉州、三明和福州的工业废气排放量位居前列,潮州、莆田和厦门的工业废气排放量较少,不超过 20 千吨;在能耗方面,厦门、汕头、温州、南平的单位 GDP 能耗较大,福州和泉州的能耗较小。

福建省 2004 年提出海西区发展战略,国务院 2011 年正式批准《海峡西岸经济区发展规划》之后,海西区各城市,根据自身条件,增强自身优势的发展,并注重取长补短,以增强各城市的综合实力;2015 年,福建、广东自贸区的建立,也给海西区发展带来新的活力。借力自贸区的建设,借力海上丝绸之路,海西区将得到更长足的发展。

(二) 自贸区下的海西区各城市经济社会综合发展策略研究

自 2011 年国务院正式批准《海峡西岸经济区发展规划》之后,海西区各城市虽然发展程度不同,但都得到了较大发展。然而经过几年的发展之后,海西区在发展中的问题显现,再加上国际国内宏观环境的变化,近两年,海西区各城市的发展速度趋缓。2014 年 12 月福建省申请设立自由贸易区,2015 年 3 月中共中央政治局审议通过广东、天津和福建自由贸易试验区的总体方案。福建、广东自贸区的设立,为海西区注入了新的内容,对于海西区各城市而言,面临新的机遇和挑战。

1. 自贸区下的福建省经济社会综合发展策略分析

福建自贸区分为福州、平潭和厦门三个片区。这三个片区的职能和定位各不相同,但相互补充。福建自贸区从地理位置上讲,贯穿海峡西岸,甚至有人将其称为"海西自贸区"。可以说,福建自贸区的设立,将更有利于两岸的交流与合作,同时也能有效带动海西区各城市的发展。

2015 年 4 月,国务院列出了福建自贸区的六项任务,即切实转变政府职能、推进投资管理体制、推进贸易发展方式转变、推进与台湾地区投资贸易自由、推进金融领域开放创新,以及培育平潭开放开发新优势。福建自贸区的发展战略围绕这六项任务制定。可以想象,未来福建在社会制度建设、经济和产业发展、投资与贸易及金融领域都将有较大的发展。福建利用自贸区的先行先试政策优势,继续发挥其对台优势,使得投资更加自由化、贸易更加自由化、金融更加自由化,并且不断开放以促进更高层次的人才交流和资金交流,从而引进更加先进的管理经验、科学技术,加速实现产业升级、技术进步和制度创新,为福建经济社会的发展谱写新篇章,同时带动整个海西区经济和社会更进一步的发展。

通过上一部分的分析可以看出,海西区各城市的发展各有特色,也各有不足的地方。在福建自贸区背景下,各城市应该充分发挥优势,改进不足之处,借助自贸区政策,实现福建乃至全区的发展。福州、厦门、泉州在福建的经济社会发展中处于领先的地位。在自贸区发展中,它们更应该发挥核心城市的带动作用,利用对台优势及其环境和资源优势,促进旅游业的发展,以促进福建及海西区的发展。例如,在福建自贸区的未来规划中,福建应大力发展港口经济,以福州和厦门为主要港口,辐射泉州、莆田、漳州和宁德等地区性港口的战略布局。这一布局利用福建的地理优势和发展优势,大力发展航运和海运,从而带动对台贸易及对东南亚地区贸易的大力发展。福建自贸区以福州、厦门、泉州为核心城市,大力推进文化旅游和生态旅游;漳州可以利用厦漳泉同城化的发展,在厦门和泉州的带动下,利用其生态和地理优势,加强对台农业交流,建立对台产业合作平台;三明和龙岩继续保持较快的经济发展速度,同时加快在社会制度、文化和科技方面的投入,加大对台文化和产业合作交流;南平和宁德应利用自贸区辐射效应,促进产业结构调整,加强对台合作交流,大力提升其经济发展实力,同时在环境、文化和旅游方面加大投入力度,促进经济和社会的进一步发展。

总之,自贸区的设立,不仅需要政府部门转变思想和职能,在社会制度方面,完善法律体系,促进民主与法制建设,从而为自贸区建设从宏观方面提供良好的发展平台,同时也使得福建能够利用其对台优势,在经济、社会、资源和环境方面取得更大的进步与发展。

2. 自贸区下的广东汕头、潮州、揭阳和梅州经济社会综合发展策略

汕头、潮州、揭阳和梅州在地理位置上处于福建和广东交汇地带。广东和福建自贸区的建立,为这四个城市的发展迎来新的机遇。

广东自贸区立足于内地与港澳经济深度融合,以制度创新促发展为核心,以深化粤港澳合作为重点,从而成为"21世纪海上丝绸之路"的重要枢纽和全国新一轮改革开放的先行地。

汕头在海西区综合发展指数中排名第五位。其经济发展基础较好,但是近年来经济增长速度下滑,人均GDP也较低,而且其存贷比较低,金融资产相对薄

弱,在人口与环境方面表现也较差。因此,汕头应该借助广东和福建自贸区的政策优势,改进其生态环境,促进其金融和外贸的发展与转型,并将之作为其综合发展的重要推动力量,尤其是探索金融合作的新模式,借助广东自贸区的辐射作用,加强与深港及东南亚的贸易往来;借助福建自贸区和海西区发展战略,促进与台湾产业的合作交流,以实现经济的第二次发展。

潮州、揭阳和梅州不仅综合得分较低,在分模块分析中,排名也相对落后,尤其是生产规模、经济、外贸和收入水平方面相对薄弱,人均 GDP 较低,金融规模相对较小,信贷水平和信贷能力较差。在海西区 20 个城市中,存款增速较慢的分别是汕头、梅州和潮州。值得一提的是,揭阳的经济增长速度较快,应该继续保持较快的经济增速,增加经济总量。梅州的经济增长速度相对不快,人均 GDP 不高,三次产业结构相差不大,说明其发展相对落后,应该寻找主导产业,提高劳动生产率,提升经济总实力,从而提高居民收入;梅州的研发投资额总量较小,但其增长速度较快。在教育与科技方面的投入上潮州比汕头低,应该借助两大自贸区的辐射在促进经济与生产更大发展的基础上,加大教育文化和科技的投入,分享新一轮产业转移的红利。

总的来说,广东省的这四个城市(汕头、潮州、揭阳和梅州)在经济和社会的发展上都有较大的提升空间,应该充分发挥处于两大自贸区中间地带的优势,以创新机制体制为前提,制定有针对性的措施和策略,主动承接两大自贸区的辐射,实现经济和社会的全面发展。

3. 自贸区下浙江温州、丽水和衢州经济社会综合发展策略

温州、丽水和衢州处于福建与浙江交接地带,可以通过福建自贸区和上海自贸区的辐射寻求新的发展机遇。总体上,相比其他城市,应该说浙江这三个城市的经济发展水平处于中等,人均 GDP 相对较高,信贷规模都比较大,贷款环境相对宽松。这三个城市中,综合得分最高的是温州,无论在资源总量还是金融信贷能力和信贷规模方面都是最高的,其经济发展水平也是较高的;丽水在土地面积、森林覆盖率等自然资源方面具有一定的优势,但其整体金融状况则与温州相差较远,能源消费、通信、交通、环境、医疗等设施及社会保障支出等社会发展方面相对较弱;衢州的人口自然增长率较低,绿化覆盖率增长速度也较快,但其在生态环境处理上尚存在不足。

国家自贸区发展战略,是以自贸区为核心,辐射到区域甚至全国的发展战略。温州、丽水和衢州虽然不属于自贸区范围内,但可以借助福建和上海自贸区的辐射作用,继续发挥其发展优势,在继续促进经济增长的基础上,改进金融制度,控制金融风险,寻求新的发展机会。

4. 自贸区下江西赣州、上饶、抚州和鹰潭经济社会综合发展策略

江西赣州、上饶、抚州和鹰潭,虽处于中部腹地,但与福建、广东和浙江相连,也可以通过自贸区和海西区的双重辐射取得发展。

从综合指数排名来看,赣州发展得较好,2013年排名第7位,且近年来有上升趋势;上饶排在第13位,也有上升趋势;鹰潭和抚州则一直排在最后。分模块来看,这四个城市的经济和物质生产发展水平起点相对较低,赣州、上饶和抚州的人均GDP仍处于较低水平,劳动生产率也较低,三大产业结构不尽合理;鹰潭的经济发展水平也较低,但因为其人口较少,人均GDP高于其他三个城市,GDP的增速也较快。因此,这四个城市在海西区经济发展中,应该更加注重经济的增长,不断优化产业结果,加强与福建、广东和浙江等省的亲密合作,完善社会与法制建设,开放金融体制,使贸易、投资更加开放和自由。

从社会、资源和生态环境方面来看,赣州、上饶、抚州和鹰潭第四模块排名在第3—6位,鹰潭和抚州在第二模块的排名较低,只有赣州的A_1是正值,其他城市的资源要素均低于平均水平,说明江西这四个城市在海西区内属于资源相对匮乏的城市,鹰潭总体资源要素水平不高,但其在教育和技术要素上的得分并不低。相较而言,抚州则在资源要素上都较弱;在第三模块排名中,鹰潭在第三模块中排名最后,赣州和上饶处于相对中间的位置。因此,在自贸区背景下,这四个城市应该继续加强交通设施建设,改善城乡便利设施,增加教育科技投入,降低能耗水平,增强自身综合实力。

值得一提的是,江西是全国唯一毗邻长江三角洲、珠江三角洲和海西区的省份,具有承东启西、连接南北的独特区位优势。尽管江西经济发展水平相对较低,但在国家自贸区发展战略、"一带一路"国家战略的背景下,有其新的发展机遇,江西各城市应该寻求合适的发展战略,积极参与相关建设,以谋求新的发展。

总之,自贸区发展战略为海西区经济社会的发展带来了新的机遇,同时也提出了新的问题,海西区各城市当前要切实转变政府职能、完善社会民主与法制建设,为更为广泛地引进各方投资、发展国内外贸易提供较好的基础条件,同时推进与对台、港、澳地区的产业、金融和贸易、人才等多方合作,推进金融制度和金融领域的开放创新,扬长避短,进行各城市战略布局,既注重自身的发展优势,又促进各城市的交流合作、协同发展,利用同城化发展战略,提升劳动生产率,加强城市和区域发展的综合实力以促进全区的发展。

专题二

福建自由贸易试验区建设进展、影响及对策建议

一、福建自由贸易试验区建设及进展

（一）福建自由贸易试验区建设总体情况

2014年12月31日，国务院正式批复设立中国（福建）自由贸易试验区。中国（福建）自由贸易试验区从此成为中国境内继上海自贸试验区之后的第二批自贸试验区之一。中国（福建）自由贸易试验区总面积118.04平方公里，包括平潭、厦门、福州3个片区。其中，平潭片区43平方公里、厦门片区43.78平方公里、福州片区31.26平方公里。[①]

1. 战略定位

福建自由贸易试验区（以下简称"福建自贸试验区"）建设围绕立足两岸、

[①] 本专题所用关于中国（福建）自由贸易试验区的相关资料均来自中国（福建）自由贸易试验区官网（http://www.fjftz.gov.cn），之后不再逐一说明。

服务全国、面向世界的战略要求,充分发挥改革先行优势,营造国际化、市场化、法治化的营商环境,把自贸试验区建设成为改革创新试验田;充分发挥对台优势,率先推进与台湾地区投资贸易自由化进程,把自贸试验区建设成为深化两岸经济合作的示范区;充分发挥对外开放前沿优势,建设21世纪海上丝绸之路核心区,打造面向21世纪海上丝绸之路沿线国家和地区开放合作新高地。

按区域布局划分,平潭片区重点建设两岸共同家园和国际旅游岛,在投资、贸易、资金和人员往来方面实施更加自由便利的措施;厦门片区重点发展两岸新兴产业和现代服务业合作示范区、东南国际航运中心、两岸区域性金融服务中心和两岸贸易中心;福州片区重点建设先进制造业基地、21世纪海上丝绸之路沿线国家和地区交流合作的重要平台、两岸服务贸易与金融创新合作示范区。按海关监管方式划分,海关特殊监管区域重点探索以贸易便利化为主要内容的制度创新,开展国际贸易、保税加工和保税物流等业务;非海关特殊监管区域重点探索投资制度改革,推动金融制度创新,积极发展现代服务业和高端制造业。

2. 发展目标

福建自贸试验区建设坚持扩大开放与深化改革相结合、功能培育与制度创新相结合,加快政府职能转变,建立与国际投资贸易规则相适应的新体制;创新两岸合作机制,推动货物、服务、资金、人员等各类要素自由流动,增强闽台经济关联度;加快形成更高水平的对外开放新格局,拓展与21世纪海上丝绸之路沿线国家和地区交流合作的深度及广度;经过三至五年改革的探索,力争建成投资贸易便利、金融创新功能突出、服务体系健全、监管高效便捷、法制环境规范的自贸试验区。

(二)自贸试验区开放内容及改革内容

已出台的《中国(福建)自由贸易试验区总体方案》大致有三个特点:一是以开放促进改革,把为全面深化改革和扩大开放探索新路径、积累新经验作为主要任务及根本目的,把扩大开放与深化改革相结合,培育功能与制度相结合,着力推动政府职能转变。二是立足深化两岸经济合作,结合国家战略需要和福建特点,力求充分发挥福建对台湾地区的优势,推动闽台之间投资贸易自由化和资金人员往来便利化。三是发挥福建对外开放基础条件良好的优势,推动自贸试验区建设服务"一带一路"战略。

总体方案明确了试验区的六项主要任务和措施:一是切实转变政府职能。

二是推进投资管理体制改革。三是推进贸易发展方式转变。四是率先推进与台湾地区投资贸易自由。五是推进金融领域开放创新。六是培育平潭开放开发新优势。而从福建自贸试验区三个片区的开放内容和改革内容来看又大体可以分为四个方面:外资改革、外贸改革、服务贸易开放以及政府改革。

1. 外资改革

对外资方面的改革主要是推进投资管理体制改革,由改革外商投资管理模式和构建对外投资管理体系两个部分构成。

(1) 改革外商投资管理模式

一是探索对外商投资实行准入前国民待遇加负面清单管理模式。对外商投资准入特别管理措施(负面清单)之外的领域,按照内外资一致原则,外商投资项目实行备案制(国务院规定对国内投资项目保留核准的除外),由福建省办理;根据全国人民代表大会常务委员会授权,将外商投资企业设立、变更及合同章程审批改为备案管理,备案由福建省负责办理,备案后按国家有关规定办理相关手续。配合国家有关部门实施外商投资国家安全审查和经营者集中反垄断审查。强化外商投资实际控制人管理,完善市场主体信用信息公示系统,实施外商投资全周期监管,建立健全境外追偿保障机制。减少项目前置审批,推进网上并联审批。二是放宽外资准入。实施自贸试验区外商投资负面清单制度,减少和取消对外商投资准入限制,提高开放度和透明度。先行选择航运服务、商贸服务、专业服务、文化服务、社会服务及先进制造业等领域扩大对外开放,积极有效地吸引外资。降低外商投资性公司准入条件。稳步推进外商投资商业保理、典当行试点。完善投资者权益保障机制,允许符合条件的境外投资者自由转移其合法投资收益。

(2) 构建对外投资管理体系

改革境外投资管理方式,将自贸试验区建设成为企业"走出去"的窗口和综合服务平台。对一般境外投资项目和设立企业实行备案制,属省级管理权限的,由自贸试验区负责备案管理。确立企业及个人对外投资主体地位,支持企业在境外设立股权投资企业和专业从事境外股权投资的项目公司,支持设立从事境外投资的股权投资母基金。支持自贸试验区内企业和个人使用自有金融资产进行对外直接投资、自由承揽项目。建立对外投资合作"一站式"服务平台。加强境外投资事后管理和服务,完善境外资产和人员安全风险预警和应急保障体系。

2. 外贸改革

对外贸方面的改革主要是推进贸易发展方式转变,由拓展新型贸易方式、提升航运服务功能以及推进通关机制创新组成。

(1) 拓展新型贸易方式

积极培育贸易新型业态和功能,形成以技术、品牌、质量、服务为核心的外贸竞争新优势。按照国家规定建设服务实体经济的国际国内大宗商品交易和资源配置平台,开展大宗商品国际贸易。按照公平竞争原则,发展跨境电子商务,完善与之相适应的海关监管、检验检疫、退税、跨境支付、物流等支撑系统。在严格执行货物进出口税收政策前提下,允许在海关特殊监管区内设立保税展示交易平台。符合条件的地区可按政策规定申请实施境外旅客购物离境退税政策。允许境内期货交易所开展期货保税交割试点。推进动漫创意、信息管理、数据处理、供应链管理、飞机及零部件维修等服务外包业务发展。开展飞机等高技术含量、高附加值产品境内外维修业务试点,建立整合物流、贸易、结算等功能的营运中心。扩大对外文化贸易和版权贸易。支持开展汽车平行进口试点,平行进口汽车应符合国家质量安全标准,进口商应承担售后服务、召回、"三包"等责任,并向消费者警示消费风险。

(2) 提升航运服务功能

探索具有国际竞争力的航运发展制度和运作模式。允许设立外商独资国际船舶管理企业。放宽在自贸试验区设立的中外合资、中外合作国际船舶企业的外资股比限制。允许外商以合资、合作形式从事公共国际船舶代理业务,外方持股比例放宽至51%,将外资经营国际船舶管理业务的许可权限下放给福建省,简化国际船舶运输经营许可流程。加快国际船舶登记制度创新,充分利用现有中资"方便旗"船税收优惠政策,促进符合条件的船舶在自贸试验区落户登记。允许自贸试验区试点海运快件国际和台、港、澳中转集拼业务。允许在自贸试验区内注册的内地资本邮轮企业所属的"方便旗"邮轮,经批准从事海峡两岸暨香港、澳门邮轮运输。允许中资公司拥有或控股拥有的非五星旗船,试点开展外贸集装箱在国内沿海港口和自贸试验区内港口之间的沿海捎带业务。支持推动自贸试验区内符合条件的对外开放口岸对部分国家人员实施72小时过境免签证政策。结合上海试点实施情况,在统筹评估政策成效基础上,研究实施启运港退税试点政策。

(3) 推进通关机制创新

建设国际贸易"单一窗口",全程实施无纸化通关。推进自贸试验区内各区域之间通关一体化。简化《内地与香港关于建立更紧密经贸关系的安排》《内地与澳门关于建立更紧密经贸关系的安排》以及《海峡两岸经济合作框架协议》(以下简称《框架协议》)下货物进口原产地证书提交需求。在确保有效监管前提下,简化自贸试验区内的海关特殊监管区域产品内销手续,促进内销便利化。大力发展转口贸易,放宽海运货物直接运输判定标准。试行企业自主报税、自助通关、自助审放、重点稽核的通关征管作业。在确保有效监管前提下,在海关特殊监管区域探索建立货物实施状态分类监管模式。允许海关特殊监管区域内企业生产、加工并内销的货物试行选择性征收关税政策。试行动植物及其产品检疫审批负面清单制度。支持自贸试验区与21世纪海上丝绸之路沿线国家和地区开展海关、检验检疫、认证认可、标准计量等方面的合作与交流,探索实施与21世纪海上丝绸之路沿线国家和地区开展贸易供应链安全及便利合作。福建省作为大陆对台经贸文化交流的主要省份,在海峡两岸经济布局中具有举足轻重的地位。福建自贸试验区,是以与台湾融合发展、服务两岸关系大局、推动两岸经济一体化为使命的。在《中国(福建)自由贸易试验区总体方案》(以下简称《总体方案》)中,福建自贸试验区的一系列改革和开放,将着力点放在了以促进海峡两岸经贸发展、深化海峡两岸产业融合、推动海峡两岸关系进步上。

3. 服务贸易开放

福建自贸试验区在服务业领域的改革措施,主要围绕对台服务贸易的改革与开放,采取"正面清单+负面清单"的模式。

(1) 交通运输、仓储和邮政业

在交通运输、仓储和邮政业,首先通过正面清单扩大交通运输业的开放,其主要开放措施见表1。其次是制定负面清单以扩大福建自贸试验区交通运输、仓储和邮政业的开放,负面清单见表2。

表1 福建自贸试验区交通运输、仓储和邮政业开放措施

	水上运输
开放措施	(1) 允许设立外商独资国际船舶管理企业,放宽在自贸试验区设立的中外合资、中外合作国际船舶企业的外资股比限制。 (2) 允许外商以合资、合作形式从事公共国际船舶代理业务,外方持股比例放宽至51%。 (3) 外资经营国际船舶管理业务的许可权限下放给福建省,简化国际船舶运输经营许可流程。 (4) 加快国际船舶登记制度创新,充分利用现有中资"方便旗"船税收优惠政策,促进符合条件的船舶在自贸试验区落户登记。

(续表)

	水上运输
开放措施	（5）允许自贸试验区试点海运快件国际和台、港、澳中转集拼业务。 （6）允许在自贸试验区内注册的大陆资本邮轮企业所属的"方便旗"邮轮，经批准从事海峡两岸暨香港、澳门邮轮运输。 （7）允许中资公司拥有或控股拥有的非五星旗船，试点开展外贸集装箱在国内沿海港口和自贸试验区内港口之间的沿海捎带业务。 （8）支持推动自贸试验区内符合条件的对外开放口岸对部分国家人员实施72小时过境免签证政策。 （9）结合上海试点实施情况，在统筹评估政策成效基础上，研究实施启运港退税试点政策。

表2 福建自贸试验区交通运输、仓储和邮政业负面清单

道路运输	公路旅客运输公司属于限制类。
铁路运输	（1）铁路干线路网的建设、经营须由中方控股。 （2）铁路旅客运输公司属于限制类，须由中方控股。
水上运输	水上运输公司（上海自贸试验区内设立的国际船舶运输企业除外）属于限制类，须由中方控股，且不得经营以下业务： （1）中国国内水路运输业务，包括以租用中国籍船舶或者舱位等方式变相经营水路运输业务。 （2）国内船舶管理、水路旅客运输代理和水路货物运输代理业务。 （3）船舶代理外资比例不超过51%。 （4）外轮理货属于限制类，限于合资、合作。 （5）水路运输经营者不得使用外国籍船舶经营国内水路运输业务，经中国政府许可的特殊情形除外。 （6）中国港口之间的海上运输和拖航，由悬挂中华人民共和国国旗的船舶经营。外国籍船舶经营中国港口之间的海上运输和拖航，须经中国政府批准。
公共航空运输	（1）公共航空运输企业须由中方控股，单一外国投资者（包括其关联企业）投资比例不超过25%。 （2）公共航空运输企业董事长和法定代表人须由中国籍公民担任。 （3）外国航空器经营人不得经营中国境内两点之间的运输。 （4）只有中国指定承运人可以经营中国与其他缔约方签订的双边运输协议确定的双边航空运输市场。
通用航空	（1）允许以合资方式投资专门从事农、林、渔作业的通用航空企业，其他通用航空企业须由中方控股。 （2）通用航空企业法定代表人须由中国籍公民担任。 （3）禁止外籍航空器或者外籍人员从事航空摄影、遥感测绘、矿产资源勘查等重要专业领域的通用航空飞行。

(续表)

道路运输	公路旅客运输公司属于限制类。
民用机场与空中交通管制	(1) 禁止投资和经营空中交通管制系统。 (2) 民用机场的建设、经营,须由中方相对控股。
邮政	(1) 禁止投资邮政企业和经营邮政服务。 (2) 禁止经营信件的国内快递业务。

(2) 信息传输、软件和信息技术服务业

在信息传输、软件和信息技术服务业,福建自贸试验区正面清单的扩大开放措施见表3。相应地,通过制定相应的外商投资准入特别管理措施,促进福建自贸试验区信息传输、软件和信息技术服务业开放,负面清单见表4。

表3 福建自贸试验区信息传输、软件和信息技术服务业开放措施

	电信和传输领域
开放措施	(1) 允许台湾服务提供者在自贸试验区内试点设立合资或独资企业,提供离岸呼叫中心业务及大陆境内多方通信业务、存储转发类业务、呼叫中心业务、国际互联网接入服务业务(为上网用户提供国际互联网接入服务)和信息服务业务(仅限应用商店)。 (2) 允许台湾服务提供者在自贸试验区内直接申请设立独资海员外派机构并仅向台湾船东所属的商船提供船员派遣服务,无须事先成立船舶管理公司。 (3) 对台湾投资者在自贸试验区内设立道路客货运站(场)项目和变更的申请,以及在自贸试验区内投资的生产型企业从事货运方面的道路运输业务立项和变更的申请,委托福建省审核或审批。

表4 福建自贸试验区信息传输、软件和信息技术服务业负面清单

电信传输服务	电信公司属于限制类,限于中国入世承诺开放的电信业务,其中:增值电信业务(电子商务除外)外资比例不超过50%,基础电信业务经营者须为依法设立的专门从事基础电信业务的公司,且公司中国有股权或者股份不少于51%。
互联网和相关服务	(1) 禁止投资互联网新闻服务、网络出版服务、网络视听节目服务、网络文化经营(音乐除外)、互联网上网服务营业场所、互联网公众发布信息服务(上述服务中,中国入世承诺中已开放的内容除外)。 (2) 禁止从事互联网地图编制和出版活动(上述服务中,中国入世承诺中已开放的内容除外)。 (3) 互联网新闻信息服务单位与外国投资者进行涉及互联网新闻信息服务业务的合作,应报经中国政府进行安全评估。

(3) 金融业

福建自贸试验区金融业领域的开放创新措施,在延续上海自贸试验区以发展资本项目可兑换和金融服务业开放方面内容的基础上,重点突出了两岸金融合作先试先行方面的创新举措。表5详细列出了金融业开放创新措施,表6列出了相应的负面清单。

表5 福建自贸试验区金融业开放措施

扩大金融对外开放	(1) 建立与自贸试验区相适应的账户管理体系,完善人民币涉外账户管理模式,简化人民币涉外账户分类。 (2) 自贸试验区内试行资本项目限额内可兑换,符合条件的自贸试验区内机构在限额内自主开展直接投资、并购、债务工具、金融类投资等交易。 (3) 深化外汇管理改革,将直接投资外汇登记下放银行办理,外商直接投资项下外汇资本金可意愿结汇,进一步提高对外放款比例。 (4) 提高投融资便利化水平,统一内外资企业外债政策,建立健全外债宏观审慎管理制度。 (5) 允许自贸试验区内企业、银行从境外借入本外币资金,企业借入的外币资金可结汇使用。探索建立境外融资与跨境资金流动宏观审慎管理政策框架,支持企业开展国际商业贷款等各类境外融资活动。 (6) 放宽自贸试验区内法人金融机构和企业在境外发行人民币和外币债券的审批和规模限制,所筹资金可根据需要调回自贸试验区内使用。 (7) 支持跨国公司本外币资金集中运营管理。 (8) 探索在自贸试验区内设立单独领取牌照的专业金融托管服务机构,允许自贸试验区内银行和支付机构、托管机构与境外银行和支付机构开展跨境支付合作。 (9) 构建跨境个人投资者保护制度,严格投资者适当性管理。强化风险防控,实施主体监管,建立合规评价体系,以大数据为依托开展事中事后管理。
拓展金融服务功能	(1) 推进利率市场化,允许符合条件的金融机构试点发行企业和个人大额可转让存单。 (2) 研究探索自贸试验区内金融机构(含准金融机构)向境外转让人民币资产、销售人民币理财产品,多渠道探索跨境资金流动。 (3) 推动开展跨境人民币业务创新,推进自贸试验区内企业和个人跨境贸易与投资人民币结算业务。在完善相关管理办法、加强有效监管前提下,允许自贸试验区内符合条件的中资银行试点开办外币离岸业务。 (4) 支持自贸试验区内法人银行按有关规定开展资产证券化业务。 (5) 创新知识产权投融资及保险、风险投资、信托等金融服务,推动建立知识产权质物处置机制。

(续表)

拓展金融服务功能	(6) 支持自贸试验区内设立多币种的产业投资基金,研究设立多币种的土地信托基金等。 (7) 支持符合条件的自贸试验区内机构按照规定双向投资于境内外证券期货市场。在合法合规、风险可控前提下,逐步开展商品场外衍生品交易。 (8) 支持厦门两岸区域性金融服务中心建设。 (9) 支持境内期货交易所根据需要在平潭设立期货交割仓库。
推动两岸金融合作先试先行	(1) 在对台小额贸易市场设立外币兑换机构。 (2) 允许自贸试验区银行业金融机构与台湾同业开展跨境人民币借款等业务。 (3) 支持台湾地区的银行向自贸试验区内企业或项目发放跨境人民币贷款。 (4) 对自贸试验区内的台湾金融机构向母行(公司)借用中长期外债实行外债指标单列,并按余额进行管理。 (5) 探索自贸试验区金融服务业对台资进一步开放,降低台资金融机构准入和业务门槛,适度提高参股大陆金融机构持股比例,并参照大陆金融机构监管。 (6) 支持在自贸试验区设立两岸合资银行等金融机构。 (7) 探索允许台湾地区的银行及其在大陆设立的法人银行在福建省设立的分行参照大陆关于申请设立支行的规定。 (8) 支持两岸银行业在自贸试验区内进行相关股权投资合作。 (9) 研究探索台湾地区的银行在自贸试验区内设立的营业性机构一经开业即可经营人民币业务。 (10) 在《框架协议》下,允许自贸试验区内大陆的商业银行从事代客境外理财业务时,可以投资符合条件的台湾金融产品。 (11) 允许台资金融机构以人民币合格境外机构投资者方式投资自贸试验区内资本市场。 (12) 研究探索放宽符合条件的台资金融机构参股自贸试验区证券基金机构股权比例限制。 (13) 研究探索允许符合条件的台资金融机构按照大陆有关规定在自贸试验区内设立合资基金管理公司,台资持股比例可达50%以上。 (14) 研究探索允许符合设立外资参股证券公司条件的台资金融机构按照大陆有关规定在自贸试验区内新设立两家两岸合资的全牌照证券公司。 (15) 支持符合条件的台资保险公司到自贸试验区设立经营机构。 (16) 支持福建省股权交易场所拓展业务范围,为台资企业提供综合金融服务。 (17) 加强两岸在金融纠纷调解、仲裁、诉讼及金融消费者维权支持方面的合作,健全多元化纠纷解决渠道。

表6 福建自贸试验区金融业负面清单

银行业股东机构类型要求	境外投资者投资银行业金融机构,应为金融机构或特定类型机构。具体要求: (1)外商独资银行股东、中外合资银行外方股东应为金融机构,且外方唯一或者控股/主要股东应为商业银行; (2)投资中资商业银行、信托公司的应为金融机构; (3)投资农村商业银行、农村合作银行、农村信用(合作)联社、村镇银行的应为境外银行; (4)投资金融租赁公司的应为金融机构或融资租赁公司; (5)消费金融公司的主要出资人应为金融机构; (6)投资货币经纪公司的应为货币经纪公司; (7)投资金融资产管理公司的应为金融机构,且不得参与发起设立金融资产管理公司; (8)法律法规未明确的应为金融机构。
银行业资质要求	境外投资者投资银行业金融机构须符合一定数额的总资产要求,具体包括: (1)外资法人银行外方唯一或者控股/主要股东、外国银行分行的母行; (2)中资商业银行、农村商业银行、农村合作银行、农村信用(合作)联社、村镇银行、信托公司、金融租赁公司、贷款公司、金融资产管理公司的境外投资者; (3)法律法规未明确不适用的其他银行业金融机构的境外投资者; (4)境外投资者投资货币经纪公司须满足相关业务年限、全球机构网络和资讯通信网络等特定条件。
银行业股比要求	境外投资者入股中资商业银行、农村商业银行、农村合作银行、农村信用(合作)联社、金融资产管理公司等银行业金融机构受单一股东和合计持股比例限制。
外资银行	除符合股东机构类型要求和资质要求外,外资银行还受限于以下条件: (1)外国银行分行不可从事《中华人民共和国商业银行法》允许经营的"代理发行、代理兑付、承销政府债券""代理收付款项""从事银行卡业务",除可以吸收中国境内公民每笔不少于100万元人民币的定期存款外,外国银行分行不得经营对中国境内公民的人民币业务; (2)外国银行分行应当由总行无偿拨付营运资金,营运资金的一部分应以特定形式存在并符合相应管理要求; (3)外国银行分行须满足人民币营运资金充足性(8%)要求; (4)外资银行获准经营人民币业务须满足最低开业时间要求。
期货公司	期货公司属于限制类,须由中方控股。

（续表）

证券公司	(1) 证券公司属于限制类,外资比例不超过49%。 (2) 单个境外投资者持有(包括直接持有和间接控制)上市内资证券公司股份的比例不超过20%;全部境外投资者持有(包括直接持有和间接控制)上市内资证券公司股份的比例不超过25%。
证券投资基金管理公司	证券投资基金管理公司属于限制类,外资比例不超过49%。
证券和期货交易	(1) 不得成为证券交易所的普通会员和期货交易所的会员。 (2) 不得申请开立A股证券账户以及期货账户。
保险机构设立	(1) 保险公司属于限制类(寿险公司外资比例不超过50%),境内保险公司合计持有保险资产管理公司的股份不低于75%。 (2) 申请设立外资保险公司的外国保险公司,以及投资入股保险公司的境外金融机构(通过证券交易所购买上市保险公司股票的除外),须符合中国保险监管部门规定的经营年限、总资产等条件。
保险业务	非经中国保险监管部门批准,外资保险公司不得与其关联企业从事再保险的分出或者分入业务。

4. 政府改革

通过深化行政管理体制改革,切实转变政府职能。按照国际化、市场化、法治化要求,加快推进政府管理模式创新,把福建省能够下放的经济社会管理权限,全部下放给自贸试验区;依法公开管理权限和流程;加快行政审批制度改革,促进审批标准化、规范化;建立健全行政审批目录制度,实行"一口受理"服务模式;完善知识产权管理和执法体制以及纠纷调解、援助、仲裁等服务机制;健全社会服务体系,将原由政府部门承担的资产评估、鉴定、咨询、认证、检验检测等职能逐步交由法律、会计、信用、检验检测认证等专业服务机构承担。

二、福建自由贸易试验区建设对海西区的影响

与上海自贸试验区不同,海西区除了以对外开放促对内改革的意义外,还被赋予了"服务全国发展大局和祖国统一大业"的战略意义,海西区开放有望开启对台战略新篇章。加快海西区开放开发,有利于闽台经济融合不断加强,海峡区域合作取得突破性进展,基本形成两岸共同发展的新格局。

自古以来,福建省对两岸关系发展的作用就尤为重要。而福建自贸试验区

的建立也必然会对两岸之间的贸易往来以及金融服务等各方面带来更大程度上的便利。福建自贸试验区从筹备开始便定位清晰，即以两岸经贸合作为核心，打造21世纪海上丝绸之路经贸合作前沿平台。从功能设计来看，对台和海上丝绸之路是其最重要的两个焦点。

（一）福建自贸试验区建设对海西区经济发展的意义

福建自贸试验区的建立对海西区的发展无疑是一大利好消息。具体而言，福建自贸试验区的建设对于海西区具有以下意义：

第一，海西区将成为两岸经济深度融合的试验区。即：产业深度对接，创新对外投资服务机制，打造两岸货物贸易中心、两岸企业对接平台，建设大陆企业走向世界、台湾企业拓展国际市场的总部经济区。

第二，海西区将成为服务贸易政策创新的先行区。积极探索服务贸易发展政策，加快实行自由港、免税岛政策，将厦门、平潭打造成全国服务外包示范城市和两岸现代服务业创新合作示范基地。

第三，海西区将成为离岸型产业体系的聚集区。实施离岸业务税制改革，大力发展国际中转及转口贸易、国际配送、国际采购、国际融资租赁、研发外包、数据服务等离岸型功能，加快打造跨国公司地区总部基地。

第四，海西区将成为金融改革创新的引领区。放宽金融机构和金融业务准入门槛，吸收各类金融机构在自贸试验区集聚发展。深化试点外汇管理开放政策，探索建立外汇交易市场。

第五，海西区将成为海外投资总部经济的先导区。充分利用国内国际两个市场、两种资源，吸引境内外企业设立地区总部，使自贸试验区成为大陆民营企业集聚示范基地。

（二）福建自贸试验区建设对海西区产业发展的影响

自贸试验区的建设将使福建省加大对内改革和对外开放程度，大大推动福建省乃至海西区的整体经济发展。

1. 有利于倒逼改革实现对外贸易和投资自由化

首先，自贸试验区的建设有利于福建省倒逼自身改革，推进体制机制创新。建设自贸试验区不仅是争取特殊优惠政策的洼地，更重要的是倒逼自身改革，营造一个市场化、法制化、国际化的营商环境，实现对外贸易和投资便利化。目前福建省的产业结构仍以劳动密集型产业为主，产业转型、经济发展方式转变仍然具有较大瓶颈。出于自身改革发展的需要，福建省在申报设立自贸试验区前,就遵循自贸试验区建设的宗旨,加大改革开放力度,率先复制推广上海自贸试验区实施的创新制度,如海关监管中的加工贸易工单式核销、智能卡口自动核放、仓储企业联网监管、区外保税展示交易、融资租赁、集中汇总纳税、简化无纸化通关随附单证、简化统一进出境备案清单、内销选择性征税、期货保税交割、"自主报税、自助通关、自动审放、重点稽核"等。这些倒逼改革的新举措,为福建自贸试验区建设打下了良好的基础。

其次,自贸试验区的设立同样将有助于自贸试验区内企业的发展。如果建立了自贸试验区,相当于扩大了本国、本地区市场的规模,在整个自贸试验区内企业都享有国民待遇,无论进出口还是投资都能得到巨大的便利。根据关税同盟理论,企业将获得更廉价的生产资料、更广阔的消费市场,从而实现更大的利润;并且在扩大生产规模的过程中,实现规模经济。2010年,中国—东盟自贸试验区正式全面启动。福建自贸试验区的建立,使得两岸之间的贸易和投资也能像中国与东盟之间一样便利,甚至比后者更加便利,生产要素将在两岸之间实现最优配置,两岸企业可以从中获得巨大的发展机遇。

2. 有利于促进海西区产业优化升级

我国正在由制造型大国向创造型大国转变,产业升级是国家经济发展重要的内容。同时,台湾地区正处于经济发展、转型的关键时期,开始进一步发展以金融服务、高科技、信息产业等为主导的第三产业,因此,海西区在自贸试验区建设以对接台湾产业过程中必须着力发展第三产业。

然而,当前海西区第三产业所占比重还比较低。以福建省为例,2014年福建省生产总值24 055.76亿元,其中第一产业占8.4%,第二产业占52%,第三产业占39.6%,产业分布如图1所示。

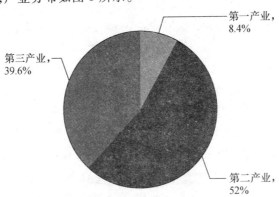

图1 2014年福建省产业分布结构

海西区第三产业所占比重较低，产业亟待升级优化。福建自贸试验区离岸金融市场建立有利于海西区金融服务业发展，拓宽资金融通渠道，促进第三产业发展。自贸试验区离岸金融有利于利用境外资本开发高新产业，离岸金融发展将更好地服务实体经济发展。境外金融机构进入将带动相关服务行业发展，进而促进福建产业结构不断升级优化。

3. 有利于海西区金融服务业的发展

在金融服务领域，福建自贸试验区的扩大开放措施借鉴了上海自贸试验区"正面清单+负面清单"的模式，在此基础上，突出了对台金融合作创新等方面的内容。

这一系列的对外金融开放的举措，不仅有利于促进海西区金融服务业的发展，而且对海峡两岸的经贸合作有广泛深远的影响。福建自贸试验区一系列扩大金融开放和促进两岸金融合作的举措，能加快海西区以银行业为代表的金融服务业的改革和发展。

一方面，我国银行业垄断程度比较高，大部分是国家控股并且限制较多，国有银行得到了国家的政策支持和信用保障，并且掌握着金融领域大部分的资源，把控着金融命脉的操作运行，然而，手续烦琐、信贷严格、竞争力不足等问题制约了银行业的发展。另一方面，在互联网金融的冲击下，传统的银行经营业务受到了前所未有的挑战。如何突破传统的发展路径，在发展中不断增添改革元素与色彩，是海西区银行业改革发展、厦门区域金融中心建设无法回避的问题。

福建自贸试验区提出的扩大金融开放和两岸金融合作的各项措施，对海西区银行业的自由竞争、业务形式的多样化、要素价格的市场形成机制都起到了促进和改善的作用。福建自贸试验区支持在区内设立两岸合资银行等金融机构，允许台湾地区的银行及其在大陆设立的法人银行在福建省设立的分行参照大陆关于申请设立支行的规定，这为台资银行进入福建自贸试验区提供更多的金融服务提供了宽松的准入规定，这一政策为海西区银行业注入了活力，促进了传统中资银行业务的转轨，优化了贷款程序，加大了对服务贸易的人民币结算和融资支持，推动了银行业的创新和中间业务的发展，因此能够为公众提供更高质量的金融贸易服务。

除了鼓励支持台资银行在自贸试验区的发展，一系列支持台资涉足自贸试验区的证券、保险、基金等行业的措施，如支持符合条件的台资保险公司到自贸试验区设立经营机构，允许符合条件的台资金融机构按照大陆有关规定在自贸试验区内设立合资基金管理公司等，也是深化两岸金融合作、促进两岸金融一体化的有益尝试。

一方面,台资在自贸试验区内开展证券、保险、基金等业务,能够扩展海西区企业的融资渠道,让自贸试验区金融改革惠及实体经济;另一方面,台资进入自贸试验区证券、保险、基金等行业,能够与陆资保险公司、证券公司等形成良性竞争,共同促进海西区非银行金融机构的繁荣发展。更为重要的是,台资参与证券、保险、基金等行业,将能够大大推进海峡两岸金融一体化进程,凸显厦门作为区域性金融中心的地位与作用。

基于此,两岸金融合作的一系列措施,更显现出非凡的意义和影响。

4. 有利于促进海西区离岸金融市场发展

国际货币基金组织(IMF)定义的离岸金融是指银行及其他机构吸收"非居民"资金向非居民提供的各种金融服务。离岸金融市场的发展需要相对自由的环境,福建自贸试验区作为境内关外的特殊区域,享有众多的优惠政策,跨国企业相对聚集,资金交易频繁,适合发展离岸金融。离岸金融市场的形成有利于提高自贸试验区内企业资金融通效率,促进贸易便利化,推动自贸试验区繁荣发展。

福建自贸试验区设立离岸金融市场,有利于海西区商业银行国际化。一方面,商业银行在自贸试验区内设立,相对于在海外设立,可以节约经营成本。另一方面,能够为境外企业提供更多的国际银行服务,创造收益。福建自贸试验区开展离岸金融业务,有利于商业银行降低成本、提高收益,为商业银行国际化创造良好的环境。

福建自贸试验区设立离岸金融市场,有利于投资便利化。福建自贸试验区离岸金融的设立有利于聚集"非居民"的资金,同时也为"非居民"资金融通提供渠道,实现投资便利化。自贸试验区放宽对企业设立的限制条件,开放资本投资管理项目,实施优惠的税收政策,使投资更加便利。

福建自贸试验区设立离岸金融市场,有利于两岸经贸关系的发展。台湾是福建自贸试验区的主要承接对象之一,自贸试验区离岸金融的建立有利于两岸的经济交流,在互惠互助的环境下成长。通过离岸金融开发创新,为两岸经济发展提供契机,共同构建两岸的金融体系;根据两岸的实际情况,引进先进的金融理念,创新金融产品。创新金融产品不仅可以丰富金融市场,而且有利于解决台湾企业在大陆"融资难"的问题,实现两岸金融业的对接,推动两岸经贸合作的新发展。

福建自贸试验区设立离岸金融市场,有利于人民币国际化。梳理世界离岸金融中心的影响力问题,可以发现离岸金融中心在一国货币国际化进程中扮演着重要角色。随着中国经济的发展,人民币国际化是必然趋势。我国的贸易额不断上升,跨境人民币结算业务的推广有利于降低贸易成本。同时,福建自贸试验区离岸金融的发展为境外投资主体提供获得人民币的渠道,推动人民币结算业务的发展,增强人民币在国际金融市场的地位。福建自贸试验区离岸金融市场的建立为境外金融机构间人民币拆借等交易行为提供了运营平台,有利于推动人民币利率市场化。此外,人民币国际化也有利于减轻国际社会对人民币升值的压力,促进我国经济的发展。

5. 有利于促进海西区航运服务业发展

厦门东南国际航运中心是继上海、天津、大连之后我国第四个国际性航运中心。东南国际航运中心的建设,是厦门打造世界级港口和区域航运物流中心的核心。福建自贸试验区的成立以及一系列惠及海西区航运服务业的开放措施,大大加快了东南国际航运中心的建设步伐。

在福建自贸试验区平台下,允许设立外商独资国际船舶管理企业,允许外商以合资、合作形式从事公共国际船舶代理业务,允许自贸试验区试点海运快件国际和台、港、澳中转集拼业务,以及允许在自贸试验区内注册的大陆资本邮轮企业所属的"方便旗"邮轮,经批准从事海峡两岸暨香港、澳门邮轮运输等措施,能够提升东南国际航运中心的国际航运服务能级,特别是促进对台航运服务的发展。

从国家层面上看,在福建自贸试验区平台下发展航运服务业,可以通过形成可复制、可推广的经验,发挥对全国港口航运发展的示范、带动作用。而以开放促改革,建立融入世界新格局、新规则的"倒逼"机制,能够促使我国现代航运服务业的体制逐步形成。

(三)福建自贸试验区建设对两岸经贸合作的影响

福建作为对台交流合作的前沿平台,是呈现大陆改革开放成果的最直接的窗口,在福建建设自贸试验区对进一步深化两岸经济合作,推进两岸关系和平发展有着重要而深远的意义。很显然,福建自贸试验区之所以被批准设立,主要也是看重了其对台的优势,寄希望于福建自贸试验区的建成在推动两岸经贸合作方面所起的重要作用。

福建自贸试验区深化两岸经贸合作主要体现在五个方面:一是探索闽台产业合作的新模式,包括合作研发创新、合作打造品牌、合作参与制定标准等。二是扩大对台服务贸易的开放。在《海峡两岸经济合作框架协议》下,进一步扩大通信、运输、旅游等领域的对台开放,进一步降低台商投资的准入门槛,鼓励台胞到自贸试验区创业发展。三是推动闽台货物贸易自由化,积极创新监管模式,建立闽台通关合作机制。四是推动两岸金融合作的先行先试,进一步加强两岸金融业跨境人民币的业务合作;降低台资经营机构的准入和业务门槛,进一步扩大台资金融机构的营业范围。五是促进两岸往来,实施更加便利的台湾居民和专业技术人员入出境的一些相关政策。

福建自贸试验区在促进两岸经贸合作方面,最大的不同在于制度创新,而不是仅仅依靠单纯政策上的优惠措施。福建自贸试验区的整个制度建设都是以上海自贸试验区制度建设为学习对象,然后结合其主要对台的地方特色。制度创新主要包括四个方面:投资管理制度、贸易监管制度、金融制度和综合监管制度。可以看到,福建自贸试验区建设的这一系列制度创新,势必会改变过去两岸经贸合作的减税、台商到大陆特有领域投资这样单一的低水平形式。同时,自贸试验区的制度创新建设,是导致两岸经贸合作发生根本性改变的最重要因素。

1. 创新投资管理制度,加快引进台资

福建自贸试验区在资本市场上更为常见的名称是"海西自贸试验区"。从"海西"(即海峡西岸)这两个字不难看出,资本市场对于该自贸试验区的解读重点放在了"对台"这一层含义上。福建和台湾的历史渊源深厚,"血缘"相亲、"地缘"相近、"文缘"相通、"商缘"相交,并且闽台经贸合作起步早,涉及领域广,融合程度高。建立福建自贸试验区对于深化两岸经贸合作、促进两岸协同发展具有重大意义。福建自贸试验区的对台优势,无疑将为其吸引更多台资银行入驻,实现陆资银行与外资银行的对接。这既有利于海峡两岸的交流与合作,也能有效带动作为福地的海西区的发展。

(1) 创新外商投资管理制度

在外商投资管理制度方面,主要采用的是负面清单管理制度,凡是没有列入负面清单的投资项目,均是允许外商投资的领域,并且这些允许投资的项目由过去的核准制改为备案制。从而台商在福建的投资领域有较大范围的扩大,只要不是负面清单范围内的项目都是允许的投资领域。

(2) 探索闽台产业合作新模式

福建自贸试验区总体方案中提出的改革措施有:在产业扶持、科研活动、品牌建设、市场开拓等方面,支持台资企业加快发展;推动台湾先进制造业、战略性新兴产业、现代服务业等产业在自贸试验区内集聚发展,重点承接台湾地区产业转移;取消在自贸试验区内从事农作物(粮棉油作物除外)新品种选育(转基因除外)和种子生产(转基因除外)的两岸合资企业由大陆方面控股的要求,但台商不能独资;支持自贸试验区内品牌企业赴台湾投资,促进闽台产业链深度融合;探索闽台合作研发创新,合作打造品牌,合作参与制定标准,拓展产业价值链多环节合作,对接台湾自由经济示范区,构建双向投资机制,促进合作新机制的建立。

(3) 促进台资企业转型升级

截至2014年年底,大陆是台湾投资最大的目的地。如加上台商经第三地的转投资,台商在大陆累计投资将近1 100亿美元①台商现约3/4的海外投资集中在大陆,大陆也已成为台湾最大的贸易伙伴。福建自贸试验区的建设推动两岸放宽人流和资金流管制,两岸从生产制造合作转向研发合作、技术转移,相互投资培养新企业,发展新产品和服务,有效促进台资企业转型升级。这一系列改革措施使得两岸投资更加频繁,同时将有效解决两岸中小企业融资难的问题。

2. 放松对台货物贸易监管,推动两岸货物贸易自由

从贸易看,台湾是大陆第七大贸易伙伴和第四大进口来源地,大陆是台湾最大的出口市场和贸易顺差来源地;台湾是福建第二大贸易伙伴,以及第一大进口市场。福建自贸试验区建设提出的一系列改革措施将大大推动两岸货物贸易自由。

(1) 贸易监管制度创新及一系列改革措施

在贸易监管制度方面,采用创新监管模式,促进自贸试验区内的货物、服务等要素自由流动。因而自贸试验区内将放松贸易监管措施,最大限度地让台湾的商品和服务通过自贸试验区迅捷地转往大陆其他地区。

同时,总体方案明确了推动对台货物贸易自由这一项任务与措施。具体的改革措施有:建立闽台通关合作机制,开展货物通关、贸易统计、原产地证书核查、"经认证的经营者"互认、检验检测认证等方面的合作,逐步实现信息互换、监管互认、执法互助;完善自贸试验区对台小额贸易管理方式;支持自贸试验区发展两岸电子商务,允许符合条件的台商在自贸试验区内试点设立合资或独资企业,提供在线数据处理与交易处理业务(仅限于经营类电子商务),申请可参照大陆企业同等条件;检验检疫部门对符合条件的跨境电商入境快件采取便利措施;除国家禁止、限制进口的商品,以及废物原料、危险化学品及其包装、大宗散装商品外,简化自贸试验区内进口原产于台湾的商品的有关手续;对台湾输

---

① 王子晖(2013),"台商在大陆投资累计近1 100亿美元",http://news.xinhuanet.com/fortune/2013-09/08/c_117278329.htm。

往自贸试验区的农产品、水产品、食品和花卉苗木等产品试行快速检验检疫模式;进一步优化从台湾进口部分保健食品、化妆品、医疗器械、中药材的审评审批程序;改革和加强原产地证签证管理,便利证书申领,强化事中事后监管。

(2) 创建更加国际化的贸易市场

福建自贸试验区使两岸的贸易更加自由,使货物通关更加便利。更多的台湾商品将进入福建,而福建的对台大陆免税市场将会吸引大量台企进驻福建。以水果市场为例,厦门已经成为台湾的水果集散中心,从厦门将台湾的水果运往大陆各地。

3. 为两岸经贸合作开拓更加广阔的空间

自贸试验区的建设为两岸经贸合作将开辟更加宽广的渠道和更加广阔的发展空间。尤其自贸区的建设借鉴国际通行的基础规则和成熟经验的典范,致力于促进投资贸易和创新的体制机制,培养国际化和法制化的营运空间。自贸试验区建设推进两岸经贸合作的新模式,如果现行合作能够顺利进行,将来两岸经贸合作的内容和形式将会进一步丰富。采取开放、积极、包容的合作态度,发挥自贸试验区的特色,可以挖掘出两岸经贸合作更加广阔的空间。在试点方面,厦门融入自贸试验区后,其深度和广度都将有所提升。目前,正在进一步实施美丽厦门战略规划,进一步扩大对台现行先试措施,加快建设两岸对台贸易平台;在原有较好的对台合作各项设施基础上,进一步结合自贸试验区的特色与要求,逐步统一与完善,在两岸经贸合作中发挥先锋作用。有了自贸区的建设作为基础,两岸经贸合作的广度和深度都将产生一个飞跃。

三、对策及建议

(一) 对自贸试验区总体的政策建议

1. 借鉴上海自贸试验区的成功经验,建设特色自贸试验区

福建自贸试验区建设在我国还处于起步阶段,唯一可以学习的对象就是刚刚试运行不到两年的上海自贸试验区。福建自贸试验区在规划、人员配置、管理体制等方面,都应该参考上海自贸试验区的先进经验。福建自贸试验区应秉承上海自贸试验区"贸易便利化、投资自由化、金融国际化"的理念,学习、评估和论证以负面清单管理为核心的投资管理制度、以贸易便利化为重点的贸易监管制度、以资本项目可兑换和金融服务业开放为目标的金融创新制度、以政府

职能转变为导向的事中事后监管制度等上海自贸试验区制度创新的内容和成果,从直接复制推广、逐步复制推广、建章立制后复制推广等三个层次上进行甄别、消化和吸收,从而实现与国际规范接轨,与台湾自由经济示范区对接合作,建立一个与国际高标准开放体制接轨和相容的高效管理体制。

2. 结合福建自身特点,探索自贸试验区建设新模式

作为对台经贸合作的重要平台,福建自贸试验区必须用足自身优势,顺势而为,大胆创新,在要素禀赋、经济结构、产业和市场等方面加强闽台互补与协同,力求在园区模式创新、监管制度改革、贸易投资促进和产业转型升级诸方面实现新突破、取得新成就。台湾自由经济示范区采取的是"一区多园"的协同发展模式,主要采取的经济政策是负面清单制度,旨在推动"自由贸易岛"建设,争取对外签署更多的自由贸易协定(FTA),为加入《跨太平洋战略经济伙伴协议》(TPP)创造条件,其实质是台湾的生存策略问题。大陆虽然也采取"一区多园"的协同发展模式,但创新试验负面清单制度,目标在于提升经济自由化程度,其实质是国家开放型发展战略问题。福建自贸试验区建设的核心关注的应该是以制度创新推动技术、产业、市场机制的创新,进一步完善法律制度,建成与经济全球化最新发展趋势相兼容的开放型经济体制,构建闽台协同经贸圈,促进两岸经贸繁荣发展。

3. 顺应开放型经济新要求,推进贸易、投资诸领域自由化进程

在贸易自由化方面,采取"一线"完全放开,简化贸易手续,建立"一次申报、一次查验、一次放行"的监管制度,加强事中、事后的监管能力,推动福建自贸试验区监管由管货物向管企业转变,由申报制向备案制转变,由物理封关向信息围网转变,提高进出口贸易效率。在投资自由化方面,投资服务业、生态环保业、旅游业、海洋产业、高新技术产业等与台湾对接的各类企业,可不受股权比例、经营范围等的限制;实施自由登记制度,优化商事登记体制和监管体制,积极推进"先照后证"的登记制度改革。

(二)对各片区的政策建议

福建自贸试验区三个片区各具特色,可对应台湾不同区域的自由经济区,开展区对区交流合作的前景广阔。

福州片区可突出"两岸""海上丝绸之路"特色,建成两岸经济、人文融合示范区和"海上丝绸之路"建设先行区,以两岸经贸合作为核心,加强闽台投资、贸易、金融、航空、旅游、农业等领域的先行先试;加快建立、完善权责清单制度和行政审批目录制度,整合福州保税港区资源,推动与台湾电子口岸平台对接,推

动两岸双方检验检疫、认证公证、知识产权的互动互认,建立完善的服务体系。厦门片区可充分发挥"深化两岸交流合作综合改革试点城市"和建设"厦金生活圈"的区位优势,建成"投资环境国际化实验区"和"两岸投资贸易便利化的先行区",加快制度创新,加强吸引台资和对台投资、吸引外资和对外投资,培育发展保税物品销售、融资租赁、文化保税、大宗商品交易等新业态,激发市场活力。平潭片区可确立建设自由港和国际旅游岛的目标,按照自由港模式,探索建立投资、贸易、金融、航运、人员往来便利化的新型体制和机制。

总之,福建自贸试验区的三个片区都可把对台经济合作作为优先选项,契合台湾自由经济示范区建设和发展的需求,为两岸自贸试验区对接带来机遇。通过两岸自贸试验区的对接合作,构建具有两岸特色的经济合作新模式,不仅可以促进两岸要素的自由流动、资源的高效配置、市场的高度融合,推动两岸自贸试验区的协同发展,而且可以借助两岸自贸试验区合作,探索建立两岸更紧密的经济社会联系,为全面推进两岸关系积累互信,为推动两岸关系和平发展开辟新渠道。

(三)加强两岸服务业合作

在福建自贸试验区"一区三片"的发展模式中,从发展定位角度来讲,福州、厦门、平潭三个片区的职能和定位各不相同,但相互补充。其中,就厦门而言,可以利用自身作为区域金融中心的优势主攻金融领域;平潭近年开始发展物流、旅游等服务业,因此服务贸易行业应是平潭的发展方向;福州是福建省传统的加工制造业的中心,并且具有较为雄厚的工业基础,因此,在对接台湾产业的战略中,福州应发挥优势,积极发展对接台湾制造业。两岸在福建自贸试验区平台下开展服务业的产业合作,重点应该放在厦门区域服务中心和平潭对台通商口岸建设上。

1. 加强平潭综合实验区与台湾的对接合作

根据国家战略发展要求以及当前的环境背景,平潭综合实验区将被建为对接台中、台北、高雄的通商口岸。福建在建设平潭综合实验区时可以充分利用平潭已有的关税特殊监管区等政策优势,积极加快对接台中港、台北港、高雄港等,进而建设成环海峡的跨境自由贸易试验区。平潭综合实验区的建立将是区域性产业合作的又一个大幅度创新之举。同时,平潭在综合贸易试验区的建设方向上应抓住台湾自由经济示范区建设的时机,有重点、有步骤地加快与台湾的对接合作。

第一,在福建自贸试验区成立伊始的环境背景下,平潭综合实验区应紧随政策,抓紧推进以产业发展区、商贸合作区、现代物流港区、高新技术产业开发区、国际旅游景点区、城市中心区等为重点的建设。平潭应瞄准台湾产业发展态势,重点发展信息产业、电子产品、高科技、新能源等科技含量高、绿色环保、利润率高的产业,通过招商引资带动当地产业发展。除此之外,还应当积极发展软件产业和信息服务业,加强新能源领域的对台合作,共同研究、发现、开发新能源。同时,在双方港口战略合作方面,平潭可以与基隆港、高雄港等港口加强合作,展开在仓储、国际物流、高新科技、农业和水产等方面的增值服务合作。而在短期合作重点中,除了传统贸易外,平潭还可以与台中港在物流运输、海产品、服装、农产品加工、产品代销等方面加强合作;与台北港在景点旅游、港口物流、仓储等方面进行深入交流与合作。

第二,由于平潭的发展定位是自由贸易港,这就要求除发展离岸金融业务外,还需设立更多的台湾商品贸易区。就平潭自身而言,可以积极发展台湾特色农产品、电子产品等,在本地区设立台湾电子产品专卖区。同时,作为海峡两岸暨香港、澳门商品运输的中转站,平潭应当加快港口设施建设,发展港口物流,逐步实现由大型贸易港口到自由港的转变。

第三,加快海上直航和空海物流的对接合作。随着平潭的不断开发以及国家对平潭的战略布局的不断落实,平潭在海运、空运方面得到了快速发展。在平潭与台湾原有的基础上,应进一步加强以下方面的合作:首先,在投资物流方面提升合作水平。双方在开展物流业务时,可以通过建立合资公司来开展相关的物流业务,以实现物流行业的合作与发展。此外,为便于双方的货物往来和贸易,可以在重要港口设立相应的仓储、运输、加工平台。其次,针对平潭综合实验区的发展特点和区位特点,将其建设成区域性物流中心和商品贸易中心,建立为现代化电子信息、计算机、高科技产业、电器产品、机械制造、船舶工程、海洋等产业服务的综合物流园区、大型仓储中心和中转站。最后,在自贸试验区背景下可重点拓展保税物流、保税加工等服务体系;在此基础上,逐步打造以平潭为中心、立足福州、以江阴港和长乐空港为两翼,辐射海西区的海峡物流走廊。

2. 打造厦门自由港策略

厦门片区的目标定位和发展方向是兼具进出口贸易、航运港口物流、保税物流园区、包装加工、流通加工、配送、外包服务、大宗商品交易等现代临港产业一体的自由港;构建节能低碳、高效畅通的物流网络,优质的物流服务,以及具有完善功能的现代航运服务体系,成为立足海峡西岸、服务双边、面向世界,具有大容量航运资源运输能力的亚太地区重要的集装箱枢纽中心,并在此基础上发展成为台湾与大陆贸易的商品运输中转站。

"厦门自由港"对台湾的跨境发展,应当与地理位置上至关重要的金门展开交流合作,以建设成为开放性的多功能综合型"厦金自由经济区";最大限度地利用厦金两地海、空港方面的优势以及其他能够利于商品、货物流通周转的手段,使之成为海峡两岸商品贸易运输的重要渠道,从而为促进两地贸易往来提供便利。此外,厦门可以与金门方面进行探讨、交流,建立"厦金关税同盟",这样可以促使"厦金共同市场"的快速形成,一旦"厦金共同市场"形成就可以实现两地资金、资源、劳动力的自由流动、合理使用。

3. 加快东南国际航运中心建设

从国外自贸试验区发展以及福建自贸试验区建设情况来看,现代航运服务业发展贯穿其中。以自贸试验区为平台,加快厦门东南国际航运中心建设,主要需在以下两个方面有所作为:

一是提升国际航运服务能级。探索形成具有国际竞争力的航运发展制度和运作模式;积极发展航运金融、国际船舶运输、国际船舶管理、国际航运经纪等产业;加快发展航运运价指数衍生品交易业务;推动中转集拼业务发展,允许有条件地发展沿海捎带业务;利用中资"方便旗"船税收优惠政策,促进符合条件的船舶在福建落户登记;简化国际船舶运输经营许可流程,形成高效率的船籍登记制度。

二是增强航运金融服务功能。如支持开展人民币跨境再保险业务,培育发展再保险市场,保证航运服务业发展有金融服务的支撑。

(四) 促进海西区金融服务业发展

1. 福建自贸试验区金融服务业开放建议

福建自贸试验区一系列关于金融服务业的开放措施,主要突出了对台金融合作的特点。但是受限于两岸政治、经济的实际情况,必须在确保大陆金融安全的提前下进行有限度的开放。具体应做到以下几点:

第一,在维护金融安全的基础上加大金融服务业开放力度。过快地开放金融服务业将会导致整个国家金融经济体系波动过大,而过分地强调金融安全将会束缚海西区金融市场的发展速度,限制其发展活力。因此,必须在保证金融安全的前提下加大海西区金融服务业开放力度。

第二,提高海西区内金融机构的国际竞争力。在对台资金融机构进行一定程度限制的同时,还必须扶持海西区原有的金融机构,提高其国际竞争力。

第三,对台资金融机构进行全方位管理。对台资金融机构进入福建自贸试验区以及海西区金融市场,不能仅仅重视事前的市场准入,还需要重视事中和事后的管理。主要可以通过准入管理、股份管理、业务管理和风险管理来实现。

2. 福建自贸试验区离岸金融发展建议

福建自贸试验区虽已具备发展离岸金融的条件,但与上海建设国际离岸金融中心相比,福建的金融业尚待完善。福建自贸试验区离岸金融建设应避免与上海离岸金融建设同质化,而应立足于福建实际情况,充分利用"侨乡""毗邻台湾""海上丝绸之路起点"等优势,发展离岸金融业务,吸引国际资本,从而提升福建以及海西区的整体竞争力。具体应做到以下几点:

第一,建设对台的离岸金融。福建自贸试验区应该加强与台湾的联系,在自贸试验区内打造对台的离岸金融平台。首先,放宽两岸货币的兑换范围。授权自贸试验区内的商业银行,允许两岸企业商贸活动自由选择人民币或台币作为结算工具。其次,建立两岸货币清算机制。中国人民银行可以在对台离岸金融市场建立统一的新台币兑换人民币的实时全额支付清算系统,提供实时最终清算服务,建立安全、畅通、高效的资金汇划渠道,为两岸经济融合发展提供重要的金融基础设施。

第二,引进优质金融机构。福建自贸试验区离岸金融的发展需要具有活力的金融机构,引进优质的金融机构有利于提升福建自贸试验区金融的整体实力。福建应该充分发挥毗邻台湾的优势,吸引更多台商深耕福建。按照同等优先、适当放宽的原则,优先批准台资银行、保险、证券等金融机构在离岸金融市场设立营业性机构。台资银行业也积极回应福建自贸试验区的建设,纷纷申请进驻福建。其中,台湾华南商业银行福州分行、彰化商业银行福州分行、合作金库商业银行福州分行均已获得中国银监会批准筹建并取得批文,实现福州乃至福建台资银行零的突破。

第三,推动自贸试验区离岸金融市场自由化。离岸金融市场自由化,首先表现在推进利率市场化的改革深化上。政府引导金融机构建立最优贷款利率机制,逐步培养商业银行的自主定价能力。同时,构建存款保险制度,降低政府信用对银行存款风险的隐形担保,逐步增大存款利率上限并最终实现存款利率市场化。其次,政府放宽准入限制,通过牌照管理逐步放开中资银行离岸业务。同时,福建自贸试验区离岸金融可以借鉴香港三级银行牌照管理方法,即全牌照、部分牌照和接受存款公司的管理经验,通过在离岸金融市场实行牌照管理代替目前的行政限制,扩大离岸市场业务范围,统一规范管理境外机构境内外汇业务和中资银行离岸市场业务,有序地推进离岸金融市场自由化。

专题三

福建自由贸易试验区之基础设施：现状、问题及对策

一、交通运输

基础设施（Infrastructure），是指为社会生产和居民生活提供公共服务的基本条件，包括交通运输、邮电通信、能源动力、环保水利、住宅或商用建筑、仓储等物质性基础设施，以及科学技术、教育、文化、医疗卫生、体育、制度保障等社会性基础设施。基础设施是国民经济各项事业发展的先决条件，建设完善的现代化的基础设施支撑体系是海西自贸区[①]建立、发展以及正常运作的重要保证。本专题依据"基础设施"概念在学术文献或国家政策法规文件中被最频繁使用的内涵，选取交通运输、邮电通信、能源和科教文卫作为"基础设施"的代表，分析福建省在这四个方面发展的现状，进而发现其存在的问题，最终提出应对之策。

---

① "海西自贸区"与"海西经济区"覆盖的地理范围是不同的。"海西自贸区"仅限于福建省，而"海西经济区"覆盖了福建全省、粤东（汕头、潮州、梅州、揭阳）、赣东南（赣州、抚州、鹰潭、上饶）和浙南（温州、丽水、衢州）。因此，本专题对"海西自贸区"基础设施的分析本质上是聚焦于福建省的。

海西自贸区背靠大陆,东扼台湾海峡这一亚太地区极其重要的海上交通要道。但是,由于山地、丘陵约占福建省总面积的90%,加之海西自贸区位于国防前线,长期以来该地区交通运输建设滞后。随着对外贸易逐渐发展、国家实行"两岸三通"、中央和福建地方政府加大了对基础设施建设的投入,海西自贸区的交通运输事业取得了长足的进展,基本实现了从严重滞后向基本完善阶段的转变,初步建立起由公路、水路、铁路和民航等多种运输方式共同构成的综合交通体系。交通运输业是国民经济和社会发展的基础性产业,加快构建适度超前、功能配套、高效便捷的现代化综合交通运输网络,建设服务中西部发展的新的对外开放综合通道,是海西自贸区建设进程中不可贻误的一项重要任务。

(一)海西自贸区交通运输之现状

1. 公路

俗话说"要想富先修路",公路作为经济建设的先行官,是现代化综合交通运输网络中最基本而普遍的组成部分,具有灵活机动的特征。海西自贸区内公路的建设深受福建省自然地理环境的制约,当然,一旦公路建设先行一步,当地经济也会受益匪浅。

(1)普通公路

1992年8月,福建省实施"公路先行工程";到1996年年底,已经初步形成以国省干线为主骨架、城乡沟通、四通八达的公路网;2003年12月,"年万里农村路网"工程正式启动;截至2008年年底,全省已建成4万公里农村硬化公路。同步实施的"村通客车"工程、渡改桥和陆岛交通码头建设,缓解了较大岛屿居民"出行难"的问题。

(2)高速公路

1994年6月4日,福建第一条高速公路——泉厦高速公路破土动工,此后全省高速公路建设一直快马加鞭。"两纵四横"主骨架网基本形成,超过9成的县通高速,并已建成11个高速公路出省通道,与周边省份实现全面对接。全省每个县都有至少一条国道和二级公路,到2012年年底全省已通三级及以上干线公路的乡镇803个,实现75%以上的乡镇通干线公路。[①]

截至2014年年末,全省公路总里程101 189.60公里,比上年年末增加1 654.92公里,增长10.7%;公路密度83.35公里/百平方公里,比上年年末提高1.36公里/百平方公里。全省等级公路里程82 907.10公里,比上年年末增

---

① 福建省交通运输厅,《2007—2012年福建交通运输发展成就》,2013年10月30日。

加 1 998.40 公里;等级公路占公路总里程的 81.5%,比上年年末提高 0.6 个百分点。其中,二级及以上公路里程 14 020.46 公里,比上年年末增加 356.04 公里;占公路总里程的 13.9%,比上年年末提高 0.1 个百分点。各行政等级公路里程分别为:国道 5 163.82 公里,省道 6 998.23 公里,县道 16 973.23 公里,乡道 40 985.86 公里,专用公路 121.65 公里。全省高速公路里程 4 053.02 公里,比上年年末增加 117.60 公里,增长 3.0%。全省农村公路里程 88 905.90 公里,比上年年末增加 1 506.61 公里。全省公路桥梁 23 790 座、全长 165.47 万米,分别比上年年末增加 116 座、5.94 万米。① 图 1 反映的是近五年来福建省公路发展情况。

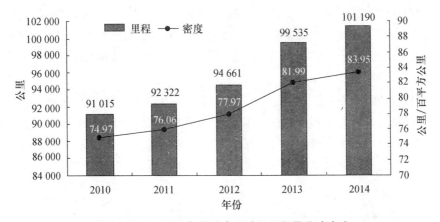

图 1 2010—2014 年福建省公路总里程及公路密度

此外,2014 年福建省新增、更新公交车 1 464 辆,新增公交线路 95 条,延长、优化公交线路 160 条,建设公交站场 23 个,新增、更新农村客车 520 辆,1 400 多辆县域公交延伸至农村,建制村通客车率提高到 96.49%。公交系统主动对接铁路、民航部门,各高铁站 1 公里范围内建成汽车客运站 2 个、公交站 15 个,对接客运线路 21 条、公交线路 75 条;对接机场客运线路 29 条。全省新增、更新出租汽车 4 633 辆。②

2. 铁路

由于地形多山并长期处于战备状态,从 1954—1957 年修建了第一条铁路(鹰厦铁路)与第二条铁路(外福铁路)到 20 世纪结束,福建省的铁路发展一直处于落后状态。进入 21 世纪前十年以来,借国家大力支持高速铁路建设的东风,福建铁路发展迅猛,逐渐形成了两纵两横铁路网(峰福、鹰厦、赣—龙—厦、

---

① 福建省交通运输厅,《2014 年福建省交通运输行业发展统计公报》,2015 年 5 月 28 日。
② 福建省交通运输厅,《2014 年福建省道路运输发展情况报告》,2015 年 6 月 3 日。

温—福—厦）。到2014年，福建省已有赣龙（江西）、梅坎（广东）、峰福（江西）、鹰厦（江西）、温福（浙江）、昌福（江西）、厦深（广东）7条出省铁路通道。

除了普通铁路，福建省也持续大力地推进闽西、闽北高速铁路建设，至"十二五"期间已形成较为完善的两纵五横快速铁路网。从2004年12月起，铁道部多次与福建省签署会议纪要，支持海西铁路网的规划和建设。纪要提出"构筑快速通道，完善区域路网，改造既有线路，配套港口支线"的海西铁路发展总体规划思路，铁道部将福建作为全国铁路《中长期铁路网规划》中一个独特而重要的区域予以规划布局，并从政策上予以支持。计划用10年时间，投资1000亿元以建设温福铁路、福厦铁路、厦深铁路、龙厦铁路等"一纵两横"福建快速铁路网。在2004—2008年的4年中，福建省境内5条高速铁路全部开工，创下中国铁路建设史上的新纪录；2009年，温福铁路、福厦铁路相继通车，京福高铁开建，海西高铁时代正式来临。

根据福建省铁路建设规划，"十二五"期间，福建省新开工铁路项目总里程1200公里，到2015年年末福建全省铁路网规模争取达到4800公里。截止到2014年年底，福建省铁路营业总里程为2759.1公里，比上年增长0.6%①；衢宁铁路、福州和厦门地铁2号线等159个项目开工建设。②

3. 水路

（1）内河航道

福建内河航道繁多，截至2014年年末，全省内河航道通航里程3245.28公里。其中，等级航道1268.65公里，占总里程的39.1%。各等级内河航道通航里程分别为：一级航道107.84公里，二级航道20.25公里，三级航道52.05公里，四级航道263.66公里，五级航道204.57公里，六级航道46.18公里，七级航道574.1公里。各水系内河航道通航里程分别为：闽江水系1972.8公里，九龙江水系454.43公里。

（2）港口

福建沿海可用建港岸线全长468.8公里，其中，深水岸线长210.9公里，自北向南有沙埕港、三都澳港、可门港、马尾港、江阴港、湄州港、泉州港、厦门港、漳州港9处可大规模开发建设5万吨级以上泊位的深水港湾，可建设20万至30万吨超大型深水码头岸线，港口和海岸资源堪称全国之最。独特的资源优势

---

① 福建省统计局，《2014年福建省国民经济和社会发展统计公报》，2015年2月17日。
② "关于福建省2014年国民经济和社会发展计划执行情况及2015年国民经济和社会发展计划草案的报告"，《福建日报》，2015年2月6日。

和区位优势,是海西自贸区扩大对外开放、全面参与经济全球化的重要战略资源。

截至 2014 年年末,全省港口拥有生产用码头泊位 558 个,比上年年末减少 5 个(新增 20 个,报废 25 个)。其中,沿海港口生产用码头泊位 472 个,比上年年末减少 5 个;内河港口生产用码头泊位 86 个,与上年持平。全省港口拥有万吨级及以上泊位 154 个,比上年年末增加 9 个。全省万吨级及以上泊位中,专业化泊位 83 个,通用散货泊位 31 个,通用杂货泊位 17 个,比上年年末分别增加 4 个、3 个、1 个。① 全年沿海港口新增货物通过能力 3 968 万吨;沿海港口完成货物吞吐量 4.92 亿吨,比上年增长 8.1%。其中,外贸货物吞吐量 2.10 亿吨,比上年增长 13.1%;集装箱吞吐量 1 270.71 万标箱,比上年增长 8.7%。②

4. 民航

福建省现有 5 座正在运营的机场,其中包括:厦门高崎机场(4E 级)、福州长乐机场(4E 级)2 座纯民用机场与泉州晋江机场(4D 级)、南平武夷山机场(4C 级)、连城冠豸山机场(4C 级)3 座军民合用机场。2011 年,国家民航总局出台《中国民用航空发展第十二个五年规划》,福建 9 个机场项目列入其中,包括:厦门高崎机场被定位为区域枢纽机场,改扩建老机场、研究建设新机场;长乐、晋江、武夷山、连城 4 个既有机场列为"十二五"改扩建项目;三明机场(4C 级)、莆田机场(4C 级)列为新建项目;漳州机场列为前期研究项目。截止到目前,福建航空港总共开辟国内航线超过 125 条,国际及台、港、澳航线超过 25 条。

2014 年,福建省民用机场旅客吞吐量完成 3 382.05 万人次,同比增长 5.2%;货邮吞吐量完成 47.11 万吨,同比增长 4.5%。其中,福州机场完成旅客吞吐量 935.34 万人次,同比增长 4.8%,完成货邮吞吐量 12.14 万吨,同比增长 10.1%;厦门机场完成旅客吞吐量 2 086.38 万人次,同比增长 5.6%,完成货邮吞吐量 30.64 万吨,同比增长 2.3%。③

表 1 和表 2 显示的是 2014 年福建省各种交通运输方式的客运量与货运量。④ 并且,2014 年福建省公路、水路交通投资累计完成 835.47 亿元,同比增长 0.2%。其中,高速公路完成 361.14 亿元,同比下降 14.3%;普通公路完成

---

① 福建省交通运输厅,《2014 年福建省交通运输行业发展统计公报》,2015 年 5 月 28 日。
② 福建省统计局,《2014 年福建省国民经济和社会发展统计公报》,2015 年 2 月 17 日。
③ 福建省交通运输厅,《2014 年全省民用机场吞吐量情况良好》,2015 年 1 月 14 日。
④ 福建省统计局,《2014 年福建省国民经济和社会发展统计公报》,2015 年 2 月 17 日。

335.42亿元,同比增长22.7%;水运工程完成101.85亿元,同比下降7.0%;运输场站完成13.41亿元,同比增长21.7%;公共运输配套设施完成20.45亿元,同比增长29.0%;交通支持系统完成3.20亿元,同比增长38.4%。总之,全省公路、水路交通投资逐年增长。①

表1 2014年各种运输方式完成货物运输量情况

指标	单位	绝对数	比上年增长(%)
货运量	万吨	111779.00	15.6
铁路	万吨	3403.17	-7.0
公路	万吨	82573.37	18.2
水运	万吨	25781.54	11.3
民航	万吨	20.92	9.0
货物周转量	亿吨公里	4783.48	21.3
铁路	亿吨公里	149.80	-9.1
公路	亿吨公里	974.80	18.7
水运	亿吨公里	3655.72	23.7
民航	亿吨公里	3.15	12.3

表2 2014年各种运输方式完成旅客运输量情况

指标	单位	绝对数	比上年增长(%)
旅客发送量	万人	60754.37	6.7
铁路	万人	8344.86	28.4
公路	万人	48579.66	3.6
水运	万人	1794.20	4.8
民航	万人	2035.65	9.6
旅客周转量	亿人公里	900.90	14.8
铁路	亿人公里	284.91	36.2
公路	亿人公里	334.95	1.3
水运	亿人公里	2.87	0.9
民航	亿人公里	278.17	14.8

---

① 福建省交通运输厅,《2014年全省公路水路交通投资保持逐年增长态势》,2015年1月14日。

(二)海西自贸区交通运输事业存在的问题

海西自贸区的交通运输事业在进入 21 世纪后发展迅猛。特别是,"十一五""十二五"规划期是海西自贸区基础设施建设的重要战略机遇期。然而,我们也应该清楚地认识到:碍于地理环境较劣、发展基础较差、技术人才缺乏等原因,海西自贸区综合交通体系仍存在若干尚待解决的问题。

1. 高速公路建设方面存在的问题

(1) 规模依然不足

2014 年,福建省 GDP 达到 24 055.76 亿元,约占全国的 3.78%;而同时,福建省高速公路总里程为 4 053.02 公里,占全国的 3.56%。从公路交通与社会经济的对比关系可以反映出,福建省高速公路还不能适应全面建设小康社会、率先基本实现现代化的发展要求,网络覆盖性和通达性有待提高。

接下来,我们采用横向比较分析法,选取山东、江苏、浙江、广东等 4 个与福建区位相似的省份,设定系数 $K = L/Q$,即以单位陆地面积(Q)上的高速公路通车里程数(L)作为横向比较指标进行分析,如表 3 所示。

表 3 2014 年五省高速公路通车里程、陆地面积及相应 K 值

省份	通车里程 (L,万公里)	陆地面积 (Q,万平方千米)	K 值
福建	0.4053	12.40	0.03269
山东	0.5200	15.67	0.03318
江苏	0.4443	10.26	0.04330
浙江	0.3702	10.18	0.03637
广东	0.6280	17.98	0.03493

资料来源:中国交通运输部网站数据库。

由表 3 可知,福建省的 K 值为 0.03269,在 5 个省中名列最后。再联想到其他 4 个省的 GDP 及经济增速,相比之下,福建省的经济发展无论是总量还是增速均处于下风这个事实也就不难理解了。

(2) 没有形成布局合理的高速公路网络

从目前已通车的高速公路网络来看,福建省尚未完全形成一个规模适当、布局合理的高速公路网络,规模效益没有得到充分发挥。更有甚者,其省际及相邻市县之间普遍存在断头路,影响了省际及区域间的合作与交流(周雅珍等,2012)。

(3) 不能满足全省物流发展需要

目前福建省一些重要的机场、港口和旅游地区尚无高速公路连接,制约了物流和客流的畅通。按照促进海西自贸区发展和两岸直接三通的要求,全省港口、机场、铁路等综合交通体系建设将发生变化,特别是在港口布局方面,福建省将形成与闽江口、厦门湾、湄洲湾等产业集中区域相衔接,对应海西自贸区北部、中部、南部的福州港、湄洲湾、厦门港等三大主要港口。临港重化工业的快速发展,要求加快港口集疏运通道的建设,以提高港口的集聚和辐射能力,而现有高速公路联络线远不能满足港口集疏运的需要。

2. 港口建设方面存在的问题

(1) 港口建设滞后,资源利用不够充分

截至2010年年底,福建省只有尚厝一个码头靠泊能力为30万吨级;截至2012年年底,全省10万吨级以上泊位也才达到22个,而全国2008年就已经有很多港口具有接纳30万吨级船舶靠泊的能力,这与福建省丰富的建港资源形成极大反差。在福建省6个沿海港口中,只有厦门港成为亿吨港。2014年厦门港吞吐857.24万个标准集装箱,名列全国十大港口第8位;而吞吐量只有2.05亿吨,在全国二十大沿海与内河港口中排名第17位,这与福建省社会经济发展在全国的地位不相称(见表4)。其原因不外乎:福建省港口的辐射范围小、功能单一,这严重制约着福建省港口的集中化、规模化发展。

表4 2014年国内十大港口集装箱吞吐量情况

名次	港名	集装箱吞吐量(万TEU)	增速(%)
1	上海港	3528.50	4.96
2	深圳港	2403.00	3.23
3	宁波—舟山港	1945.00	12.10
4	青岛港	1662.44	7.10
5	广州港	1616.00	5.54
6	天津港	1405.00	7.98
7	大连港	1012.76	1.12
8	厦门港	857.24	7.05
9	营口港	576.82	8.81
10	连云港港	500.54	-8.79

注:万TEU是集装箱数量的标准统计单位。
资料来源:2014年各省份统计年鉴。

(2) 港口分工不够合理,内耗严重

在"以港兴市"的发展战略下,很多地方纷纷在行政区划内加快开发港口资源,然而在实际运营中各港口的定位不够明确,未能形成合理的分工。并且,各港口资源缺乏统一规划,致使各地大力扩建港口,形成多个大小不一的港口各自发展的局面。恶性开发、港口资源重复建设问题十分普遍,造成极大的资源浪费。尤其因为腹地有限、货源相近,有些港口为了竞争,压低运价,甚或发生地方保护主义,导致区域内港口做不大、做不强、内耗大量资源,最终成为其他省份港口兼并的对象。

(3) 配套设施建设落后,投入不足

港口的建设需要完善的配套基础设施,特别是对于一些刚刚起步的港口来说,要进行基础建设势必要投入大量资金。"十一五"期间,福建全省共投入297亿元用于港口建设,而天津港同期投入367亿元,深圳港同期投入370亿元,可以看出,外省(市)一个港口的资金投入就相当于甚至超过福建全省用于港口建设的投入总额,因此海峡西岸港口群的设施设备水平明显落后于长三角港口群和珠三角港口群,继而导致船舶装卸效率和港口服务水平也低于周边港口群,甚至造成部分货源和客户的流失,港口的吞吐量自然下降。

3. 民航建设方面存在的问题

如前所述,目前福建省投入运营的机场仅有5座,其中有3座机场还是军民合用的。如福建省民航局副局长张志南所言:"海西地区在民航基础设施建设方面存在严重的短板。"①厦门高崎机场、福州长乐机场的客货运输能力位居全国前30位。2014年,厦门高崎机场以2 086.4万人的旅客吞吐量位居全国机场旅客运量的第11位,以30.64万吨的货物吞吐量位居全国机场货运量的第10位。厦门高崎机场2012年的客运量也仅为排名第一的北京首都机场的25%左右,货运量更是仅为排名第一的上海浦东机场货运量的10%。由此可见,海西自贸区机场不仅数量偏少,更缺乏具备超大吞吐能力的全国性航空枢纽港,在日益激烈的航空运输竞争中处于不利地位。

(三) 应对之策

既然海西自贸区的交通基础设施存在以上问题,我们就要实事求是地解决问题。海西交通的发展布局要按照"大通道、大网络、大枢纽"的基本思路,建设"以港口发展为龙头,以高速公路、快速铁路为骨架,以福州、厦门两大国家级综

---

① "全力推进福建省机场建设",《中国民航报》,2014年3月5日。

合交通枢纽为核心,以区域内重要城市为中心,沟通沿海和内地,连接周边省区相应运输方式的综合交通网络系统"①。

1. 着力推进高速铁路建设

高速铁路建设是近年来国家支持力度最大,也是发展成效最为显著的交通运输方式,相信在不久的将来,高速铁路将成为社会经济发展中最主要的交通运输方式。2008年,铁道部和福建省政府明确了"构筑高速铁路,加强出海通道,贯通区域线路,完善海西路网"的海西高速铁路发展思路,确定了海西高速铁路建设重大项目规划布局,争取2012年至2020年在福建境内新增铁路里程1 900公里以上。

海西自贸区地处长江三角洲与珠江三角洲两大经济带的连接处,海西高速铁路网的建成,将形成一条以省会城市福州,经济特区厦门、泉州、莆田、漳州、龙岩、三明、南平、宁德等次中心城市为核心的海西经济带。这将缓解海西交通运输的紧张局面,改善沿线的投资和人居环境,促进沿线土地升值,加速经济增长,加快沿线的城市化进程,提前实现城市化(郭光照、孙章,2010)。

海西高速铁路网的建设,将珠江三角洲经济带和长江三角洲经济带紧密连接起来,有利于东部地区周边省份发挥各自资源优势,优化生产力布局,增强对浙南、赣东南、粤西北及湘、鄂等周边地区、中西部地区乃至全国的经济辐射与带动效应。因此,海西高速铁路网建设,对促进海西与长三角、珠三角、中西部地区更紧密高效的交流合作,以及对推动两岸"三通"都具有重要的战略意义。

2. 推进综合交通网络建设

重点扩充"两纵四横"综合运输通道能力,提高区域运输网密度,密切综合交通网络与全国综合运输大通道的联系,通过优化布局,合理配置通道资源,有效联系主要经济中心、城市密集带和资源富集地,提高交通网的通达度,构建由海西区国家级综合交通骨干网、省级综合交通网和县市级综合交通网组成的功能明确、层次清晰的海西区综合交通运输网络(陈金富、罗锋华,2008)。

(1)公路方面

加快推进以厦门、福州、湄洲湾(南、北岸)、宁德等港口为龙头,向内地省份纵深推进的四条通道建设,拓宽海西港口群经济腹地;着力推进县城连接高速公路、十大品牌旅游区和红色旅游景区连接干线公路、国道与省道路面改造等工程;扎实稳步地改善新农村建设中的交通基础设施条件,形成高速公路、国

---

① 福建省人民政府,《福建省"十一五"海峡西岸综合交通体系建设专项规划》,2007年8月7日。

道、省道、农村公路、枢纽站场配套完善的公路网络体系(周雅珍等,2012)。

(2) 铁路方面

大力推进铁路网建设,强化与国家干线铁路的联系,使福建从国家铁路网络的末梢变为重要通道和交通枢纽。加快建设由温厦、福厦、厦深和漳潮汕铁路构成,连接长三角、珠三角的沿海快速铁路通道;加快建设连接中西部地区的龙厦快速铁路通道和连接中北部地区的向莆快速铁路通道;加快改造提升鹰厦、外福、漳龙和漳泉等现有铁路的等级。尽快实现全面覆盖、沟通内外的综合铁路网建设(林学斌等,2007)。

(3) 水路方面

加快海西港口群发展,将海西港口群作为一个整体,提升港口群整体的竞争力,在与长三角、珠三角的合作及抗衡中求发展。在港口发展定位上,必须实施"差异化发展战略",众多海港的定位必须有所区别,避免内耗。加强集疏运体系建设,拓展腹地辐射范围;加强港口信息化建设,提高通关效率;加快临港工业区建设,提升港口功能;加强一体化管理体制建设,协调港口发展。同时,以两岸"三通"不断深化为契机,借助独特区位优势,迅速形成两岸航运快速通道。预计2015年福建全省将完成水路货运量2.5亿吨,年度货物周转量2 450亿吨公里,"十二五"期间年均增长分别为8.3%和7.9%;闽台两岸直航集装箱年运量将达到80万TEU,货物直航年运量达到1 200万吨。①

(4) 民航方面

构筑以厦门高崎机场和福州长乐机场为核心的对外快速交通通道,积极拓展航空网络和民航市场,开拓国内国际航班航线,加快构筑区域内城市与长三角、珠三角及台湾地区中心城市的空中巴士,以及国内与东南亚地区主要城市的空中快线。增开国内外新航线,扩大服务区域;合理布局支线机场,推进三明机场建设,开展宁德、莆田、漳州等新建、迁建机场的相关工作,形成以福州、厦门国际机场为主的干支线机场相结合的空港布局。② 争取国家支持,新增对台旅游直航点,成为对台"三通"的空中桥头堡,逐步提升海西航空运输的综合竞争力。

3. 推进综合交通枢纽建设(厦漳泉)

以福州、厦门两个国家级综合交通枢纽建设为重点,同时,积极推进泉州、莆田、宁德、漳州、三明、南平和龙岩等区域性综合交通枢纽建设,整合资源,完

---

① 福建省交通运输厅,《福建省道路水路运输"十二五"专项规划》,2011年7月。
② 国家发展和改革委员会,《海峡西岸经济区发展规划》,2011年3月。

善管理,努力实现"客运零换乘"和"货运无缝衔接",从而提高整个综合运输交通网络的运行效率和总体服务水平。

(1) 强化国家级综合交通枢纽建设

重点建设和完善福州南客站、厦门西客站综合交通枢纽,努力协调好各种运输方式接入枢纽的形式。优化枢纽内铁路、公路、港口等各种基础设施布局,注重区域综合交通与城市干道、城区和城际轨道交通等城市交通系统的紧密衔接,提高枢纽的运行效率。

(2) 突出区域性综合交通运输枢纽建设

海西区域性综合交通枢纽,包括泉州、莆田、三明、宁德、漳州、南平和龙岩等7个城市,"十二五"规划期间,应重点配合中心城市建设,协调运输枢纽设施的布局,并与城市交通系统紧密衔接,加快区域性综合交通枢纽的建设。

随着海西交通基础设施发展布局的加快实施,海西交通运输将会实现新的跨越式发展,基本形成以港口发展为龙头,以高速公路、快速铁路为主体,以航空运输为补充,以厦门、福州两大国家级综合交通枢纽为核心,以区域内重要城市为中心,各种运输方式合理分工、协调发展的综合交通基础设施网络。

二、能源

所谓能源,一般包括常规能源(如煤炭、石油、天然气等)和新能源(如太阳能、风能、地热能、生物能、核聚变能等)。能源是一个地区经济发展的动力支撑,更是关系到人民生活水平的重要基础设施。

(一) 海西自贸区能源动力之现状

1. 能源储量现状

福建省是一个少煤、无油、无天然气且常规能源短缺的省份,沿海一些城市石油依赖外省输入;煤炭资源保有储量仅居全国第 24 位,且品种单一。全省已探明的煤炭储量,按 2009 年的生产能力仅能开采 15—20 年,发电所需的煤炭大都从省外、国外调入。福建省水资源主要来自降水,500 千瓦以上的水力资源,已开发的占 70% (伍长南、黄继炜,2010)。

福建省所处的纬度低,属亚热带季风气候,夏长冬短。因此,太阳能资源比较丰富。全年全省太阳能储量为 1 150—1 550 千瓦时/平方米,日照时间大部分达 1 670—2 450 小时;每平方厘米面积上接受太阳辐射能量在 100—130 千卡之间,相当于170—200千克标准煤燃烧所发出的热量;年太阳辐射量在4 200兆焦耳/平方米以上,日照百分率为38%—54%。

由于福建戴云山脉与台湾中央山脉接近于平行排列,造成夹在中间的台湾海峡"狭管效应"明显,加之福建省是典型的亚热带季风气候,其风能资源十分丰富。全年全省陆地风能资源总储量达4 131万千瓦,技术可开发面积内的风能资源储量为607万千瓦,占全国陆地风能总储量的1/6。全部技术可开发量集中在占全省总面积2.51%的海岛和半岛上。

福建省地热资源丰富,有良好的资源禀赋和开发前景。福建省能源研究会地热专业委员会最新统计,福建省高于30摄氏度的天然温泉露点有193处,列云南、西藏、广东之后,居全国第4位。全省现有的水热异常区总面积为77平方公里,预计可能水热异常区总面积560平方公里。经粗略测算,福建省地热资源储量在200米深度以内可达$50 000 \times 10^{18}$焦耳,相当于17 000亿吨标准煤的发热量;目前具有开发利用价值的地热资源约为339×10^{18}焦耳,相当于115亿吨标准煤的发热量(朱四海,2009)。

海西自贸区生物能源产业已经投入运营且发展迅速,已有沼气、生物乙醇、生物柴油和生物垃圾发电(林国庆、林馨,2010)。其中,生物质气化发电项目运行多年,有着良好的产业基础。海西自贸区潮汐能源主要集中于三都澳、福清湾、兴化湾和湄洲湾,装机容量、年发电量分别占全国可开发能源的47.8%和45.9%,开发潜力巨大(刘叶志,2006)。

2. 能源发展现状

(1) 煤炭

由于福建省煤炭储量极为有限,省内自产煤总量极少,福建省的煤炭消耗主要依赖于从省外调入以及从国外进口。以2013年为例,全省煤炭需求达8 500万吨,省外净调入煤约6 900万吨,余下缺口全靠进口。2014年前10个月,福建省进口煤2 649万吨,比上年同期增加26.8%。[①]

鉴于缺煤的现实情况,福建省政府在煤炭产业发展政策上极为谨慎。2014年5月初省政府出台《关于促进煤炭行业平稳运行的实施意见》,提出:严格煤矿安全准入门槛,严格新建、扩建煤矿准入标准。停止核准新建低于30万吨/年、扩建低于9万吨/年的煤矿建设项目,在2015年年底前淘汰年产6万吨以下的煤矿,2018年年底前淘汰年产9万吨以下的煤矿。福建省政府明确提出支持省属煤炭企业发展,"十二五"期间将延续相关政策优惠,如每年给予矿井共计

---

① "2014年1—10月福建省煤炭进口情况统计分析",中商情报网,2014年12月8日。

3 000万元补助等。《福建省"十二五"煤炭生产开发规划》指出,"十二五"期间,该省煤矿产能控制在2 500万吨/年左右,煤炭产量控制在2 300万吨/年左右。① "十二五"期间,福建省将关闭煤矿17处,淘汰落后产能60万吨以上。到"十二五"期末,福建省小煤矿数量将严格控制在290处以内,煤矿企业总数控制在196个以内;煤矸石综合利用率达80%以上,矿井水综合利用率达65%以上。②

(2) 石油

福建是个不产原油的省份,石油产业主要依靠从国外进口,泉州口岸是全省唯一的原油进口口岸。福建省检验检疫局统计,2014年,该局辖区共检验监管进口原油132批次、1 649.61万吨、121.41亿美元,同比分别增长28.16%、56.36%、45.99%。泉州是国家规划的九大炼油基地之一。2014年以来,中化泉州石化有限公司1 200万吨/年炼油项目顺利投产,福建联合石油化工公司乙烯"脱瓶颈"改造项目已竣工投产,炼油能力从1 200万吨/年提高到1 400万吨/年,两大石化国家重点项目总炼油能力从上年的1 200万吨提高到今年的2 600万吨,由此带动了进口原油量的大幅增长。③

(3) 天然气

福建是个不产液化天然气的省份,位于莆田市湄洲湾的LNG接收站,是全省唯一的液化天然气进口口岸。目前,福建省主要从印度尼西亚、也门、卡塔尔、俄罗斯、赤道几内亚、尼日利亚、阿尔及利亚等国进口天然气,广泛用于发电、工业助燃、家用能源、汽车动力等多个领域。2012年以来,福建省LNG接收站用户需求量呈大幅上涨态势。④ 2014年1—10月,福建省液化天然气进口209万吨,比上年同期增加1.4%。⑤

(4) 电力

2014年,福建省累计发电1 870.5亿千瓦时,而总用电量是1 855.78亿千瓦时,略有剩余。其中,总用电量比上年同期增长9.1%,增速较上年提高1.4个百分点。全省用电最高负荷为2 980万千瓦(发生在8月8日),同比增长6.4%。⑥

---

① "福建将停建年产量30万吨以下煤矿",《东南快报》,2014年5月23日。
② "十二五福建省煤炭年产量控制在2 300万吨左右",新华网,2012年3月14日。
③ "2014年福建口岸原油进口量增长56%",中国金融信息网,2015年1月12日。
④ "福建液化天然气需求旺盛,进口稳步增长",中国新闻网,2012年8月9日。
⑤ "2014年1—10月福建省液化天然气进口情况分析",中商情报网,2014年12月7日。
⑥ 福建省电力行业协会,《2014年12月福建省电力供需及电网建设情况》,2015年1月27日。

(5) 新能源

新能源是指通过现代科技开发利用的可再生资源,如风能、太阳能、生物质能、核聚变能等,它是21世纪新技术革命的杰出代表,是人类社会能源可持续发展的必然选择。福建省在新能源储量上得天独厚。2014年,福建省莆田、建瓯、南安等3个城市入选国家第一批创建新能源示范城市名单,全省在利用新能源发电上业绩显著。

(6) 风电

2014年,福建省风力发电量达38.35亿千瓦时,同比增长5.76%;风电平均利用小时数达2576.4小时,连续三年居全国第一。"十二五"期间,福建省风电快速发展,装机容量从2010年的55.77万千瓦增长到2014年年底的155.55万千瓦,增长179%。目前全省还有17个在建风电项目,总装机容量为70.5万千瓦。[①]

(7) 太阳能光伏发电

截止到2013年年底,福建省光伏发电装机量为2.63万千瓦,全年发电量为166万千瓦时。鉴于省内林多、山多的地理环境,福建省严格控制地面式光伏电站的建设,重点发展分布式光伏发电。根据国家能源局公布的《2014年各地光伏发电年度新增建设规模规划》,福建省2014年分布式光伏发电新建规模可达30万千瓦,从新增规模上看,在全国排名第5位。这意味2014年的新建规模是福建省现有光伏发电装机量的13倍,测算下来,2014年屋顶光伏发电的商机超过了30亿元。[②]

(8) 核电

目前已部分投产的福建宁德核电1号机组2013年累计上网电量69.48亿度;2号机组已于2014年上半年投入商运;3、4号机组将于2015年前后投产发电。2014年宁德核电预计实现上网电量125亿度,相当于福建省2013年全社会用电量的7.26%。4台机组全部建成后,预计全年发电量300亿度,相当于福建省2012年全社会用电量的18%;与同等规模的燃煤电站相比,相当于减少标准煤消耗约980万吨,减少二氧化碳排放约2400万吨,减少二氧化硫排放约23万吨,减少氮氧化物排放约15万吨。[③] 2014年11月,中国自主研发的第三代核电技术"华龙一号"落地福建省福清核电站。福清核电站规划建设6台百

[①] "福建风电利用小时数连续三年居全国第一",福建省发展和改革委员会网站,2002年2月8日。

[②] "2014年福建光伏发电新装机或增12倍",中国新能源网,2014年2月21日。

[③] "福建宁德将打造新能源千亿元产业集群",新华网,2014年3月3日。

万千瓦级压水堆核电机组,其中 1 号机组已并网发电,2 号机组于 2015 年 10 月投入商运,3、4 号机组分别计划于 2016 年 4 月、2017 年 3 月投入商运,5 号机组计划于 60—70 个月内并网发电。① 通过表 5,我们可以大致了解一下福建省电力发展状况。

表 5　2014 年 12 月福建全省及主要电厂发电情况

	期末装机容量 (万千瓦)	本月发电量 (亿千瓦时)	累计发电量 (亿千瓦时)	比上年同期 (%)	利用小时 (小时)
全省总计	4 449.0	158.52	1 870.5	4.5	4 332
其中:清洁能源	1 782.3	41.71	593.16	16.4	3 575
可再生能源	1 456.0	17.38	451.39	3.6	3 119
新能源	521.9	30.85	194.34	59.8	5 021
水电	1 288.5	12.06	412.98	3.4	3 205
火电	2 666.3	116.81	1 277.26	-0.2	4 795
核电	326.7	24.34	141.80	91.4	7 256
风电	159.4	5.24	37.92	5.1	2 478
水口水电厂	140.0	1.65	65.40	15.3	4 671
棉花滩电厂	420.0	18.43	208.57	-3.3	4 966
华阳后石电厂	140.0	5.83	64.46	-11.8	4 604
华能福州电厂	76.8	4.00	42.47	-4.7	5 403
湄洲湾火电厂	120.0	4.88	62.86	1.5	5 239
嵩屿电厂	194.0	10.59	106.05	8.5	5 466
南埔电厂	252.0	16.74	133.40	4.0	5 294
大唐宁德电厂	240.0	10.22	1 30.73	-8.0	5 447
可门电厂	120.0	6.37	69.17	5.2	5 764
江阴电厂	154.4	3.75	41.43	-22.8	2 683
前云 LNG 电厂	114.6	4.05	42.68	-21.8	2 793
石圳 LNG 电厂	78.6	0.77	20.99	-19.1	2 671
新店 LNG 电厂	60.0	3.55	36.03	0.3	6 005
龙岩雁石电厂	132.0	5.98	74.79	1.7	5 666
华能福州二厂	120.0	5.66	65.56	-4.1	5 464
鸿山热电厂	217.8	24.34	141.80	91.4	7 256

① "'华龙一号'落地福清核电 5、6 号机组",福建省发展和改革委员会网站,2014 年 11 月 13 日。

（续表）

	期末装机容量 （万千瓦）	本月发电量 （亿千瓦时）	累计发电量 （亿千瓦时）	比上年同期 （%）	利用小时 （小时）
宁德晴川核电	108.9	8.11	15.49	—	8 773
地方电厂	660.4	6.79	234.01	20.6	3 544
水电	620.7	5.38	217.74	20.4	3 508
自备电厂	170.5	6.53	73.77	68.1	4 327

（二）海西自贸区能源事业存在的问题

1. 常规能源储量极度缺乏，过度依赖外省或进口

如前所述，福建省的自产煤数量严重不够自用，发电所需的煤炭绝大部分从省外调入或从国外进口。福建省内目前依然存在数目不小的石化、钢铁、机械、化工等重工业企业以及服装、鞋帽等需要使用常规能源的产业，这无疑加剧了福建省的能源供求矛盾。并且，目前福建省配套的常规能源储备还不完善。由于国内市场煤炭安全生产监管制度的逐渐加强与完善，以及国际市场上影响煤炭、原油、天然气等价格的诸多不确定因素的影响，常规能源的外部供给并不稳定，供需矛盾的解决很难得到保证。

2. 新能源开发利用中存在的问题

常规能源资源缺乏，能源供给缺口大，外购依存度高，因此新能源开发利用变得日趋重要。但是，福建省的新能源开发还处于起步阶段，存在一些制约瓶颈。第一，新能源的开发与利用需要在前期大量的科研投入以及较长的试产摸索期，一般个人或企业缺乏进入新能源产业的动力，因此新能源产业的成长是举步维艰的。目前新能源产业成长、维系主要依靠的是政府的扶持。以太阳能光伏产业为例，分布式光伏发电每千瓦时可补贴0.42元，但从目前情况看，多数入网的个人投资者都还满足不了自用，所以从总体看，个人投资回收成本还要10年左右。[①] 第二，已经投产的新能源产业规模小、基础薄弱，承受国内外市场竞争压力以及国内外政策形势波动的能力很弱。第三，新能源企业创新能力有限，专业技术人才短缺。比如，福建省核电技术人员不足，监督人员的素质、专业知识以及监督手段的水平，满足不了需求，核安全监管方面面临较大挑战。第四，缺乏核心技术，导致产品成本偏高，尚不具备与传统的能源市场竞争的能

---

① "2014年福建光伏发电新装机或增12倍"，中国新能源网，2014年2月21日。

力。受制于新能源产品价格和电网接入等问题,新能源发电的电价较传统能源高。例如,风电发电成本是煤电的1.5倍左右,太阳能光伏发电成本则是煤电的5倍以上,且电压不稳定,难以大规模推广应用。

3. 电力发展存在的问题

首先,电力结构不尽合理,电力规划滞后。在福建省电力构成中,水电、火电、新能源装机比例约为36.2∶62∶1.8。火电装机占装机总量的62%,且大部分是用煤做燃料;水电装机占装机总量的36.2%,与巨大的水电资源相比,明显偏低;火力发电的小火电机组仍占有一定比例。目前,福建省电力行业的规划指导性与权威性不强,电源规划与电网规划之间、电源结构规划之间、传统能源规划与新能源规划之间、输煤计划与输电规划之间缺乏统一性、协调性与科学性。现代化电网管理技术仍处于启动阶段,电力工业尚未进入大机组、大电厂、大电网、超高压和自动化阶段。城乡配电网基础薄弱,设备落后、老化,线损率高,造成有电输不出、有电用不上的局面。

其次,电价形成机制不合理,开发建设面临难题。煤电价格联动机制执行不到位,电力资源配置不合理,在厂网不分、供大于求的形势下,发电环节没有公平竞争的规则,而是垄断经营:一方面用户没有购电选择权,另一方面电价脱离供求关系。同时,电力开发建设的环境和社会压力加大,发展困难增大。征地拆迁、水土保持、植被保护、移民诉求等成本大幅提升,有的已超过了电力企业的承受能力。

(三) 应对之策

1. 能源储备建设之对策

(1) 能源供应向多元化、低碳化和基地化方向发展

按照能源来源多元化、建立能源安全保障体系的要求,以电力建设为中心,提升清洁能源比重,推进能源结构优化调整,多渠道开拓资源,提高能源保障能力,努力建立企业储备、商业储备、国家战略储备相结合的海峡西岸能源储备体系。比如重点建设闽江口、湄洲湾、汕头煤炭中转储备基地等。

(2) 增强海陆油气运输能力

建立稳定的石油、天然气进口渠道,完善储运系统。陆路通道在调进能源中起辅助作用,在特殊时期将发挥基本供给的保障作用,在将来可发展成为内陆省区从国外引进能源的便捷通道。重点建设沿海铁路、向莆铁路、龙厦铁路

和一批疏港铁路支线,促进形成连通海港口与全国铁路干线网的能源运输大通道。①

2. 新能源开发建设之对策

由于新能源开发利用的前期资金与技术投入比较大,相对于常规能源开发利用的风险性更大,因此,在实际开发利用之前要加强新能源资源调查和评价,优先开发技术比较成熟、可规模化发展和产业化前景比较好的新能源。

(1) 大规模开发利用风能发电

风能属于绝对无污染的清洁可再生能源,风力发电的投入成本低、有"一本万利"的效益。但是,风力发电在发展初期与常规能源相比产业规模小、获利能力低,需要政府给予一定的支持和相应的扶持政策。要把风能发展纳入政府能源建设计划,增加资金渠道,加大投资力度,制定优惠税收、电价补贴等政策。同时,加快推进沿海风电规模化开发,要按规划分期有序开发条件较好的沿海陆地大型风电场,同时,开展近海风能资源评价、开发利用规划,开展海上风电场建设的试点示范,为大规模开发海上风能资源做准备。积极推动风能规模化开发,加快推进莆田平海湾、宁德霞浦、漳浦六鳌、温州洞头、瑞安凤凰山等海上风电示范项目,建设一批海上风能基地。

(2) 谨慎规划与科学开发核电

核电是常规一次能源,属于不可再生的清洁能源发电。同时,也必须意识到核能的开发过程及其结果带来的安全隐患。中国正处于改革发展的关键时期,工业化和城镇化在加速,对能源尤其是电力的需求不断增加。而风电、太阳能等暂时无法大规模替代煤电或新增电力装机缺口,核电自然成为当前主要的清洁替代能源。应该讲,中国目前对核电的迫切性很强。② 因此,福建省乃至整个海西自贸区要认准核电的重要性,在谨慎规划、科学开发、安全至上的前提下最大限度地发挥核电对缓解当前电力供求矛盾的作用。具体来讲,福建省目前要进一步完善核电厂选址的前期工作,加快推进宁德、福清核电等项目建设。

(3) 大力扶持太阳能光伏发电项目

与风能一样,太阳能属于绝对无污染的清洁可再生能源,取之不尽。福建省得天独厚的日照时间为太阳能发电提供了绝佳的自然条件。但是利用太阳能发电要比风能发电投入的成本高(重点是光伏产品的投入),也需要政府在其初期发展阶段给予扶持。为此,首先需要设立"光伏发电专项基金",专门用于

---

① 国家发展和改革委员会,《海峡西岸经济区发展规划》,2011 年 3 月。
② "核电发展正在踩刹车?",北极星核电网,2014 年 10 月 29 日。

对光伏并网发电电价、光伏发电示范工程进行补贴。其次,要实施"太阳能屋顶计划",通过在福州、厦门等核心城市建立光伏住宅示范工程,将"光伏发电"产品推进千家万户(朱四海,2009)。最后,要强化产学研结合,依托福建省内高校的相关科研能力和技术条件,光伏企业也要增强自身的创新与投产能力。

(4) 推进生物质能源的生产

海西自贸区要紧密结合社会主义新农村建设,因地制宜,重点是推广发展农村生物质发电、种植能源作物和能源植物,开发新型农村能源产业;发展沼气、生物质固体成型燃料和生物质气化,开发新型农村能源产业;发展生物燃料乙醇和生物柴油,为石油替代开辟新的渠道;规模化开发生物质能源,实现产业化发展;继续结合农村畜牧养殖业污染治理,大力发展沼气,促进生物质能开发利用。

3. 电力发展建设对策

(1) 合理规划火电、水电等电源点建设

以市场为导向,按"就近平衡,分散接入"的电源布局原则,结合资源情况、运输条件、电力需求等因素,合理规划电源项目建设。"合理布局沿海大型煤电,加快列入规划的超临界、超超临界大型燃煤火电项目建设和前期工作。规范水能资源开发利用,合理布局抽水蓄能电站,推进仙游、衢江、梅州、五华等抽水蓄能电站建设和前期工作。"①

(2) 构建海峡西岸现代化电网

大力加强电网建设,构建进出顺畅、安全可靠的电网支撑系统。推进福建与华东联网第二通道及与南方联网前期工作,加快构筑"省内环网、沿海双廊"的 500 千伏超高压电网,实现多通道、大容量的跨省联网;加强 220 千伏及以下输配网和智能电网建设,提高供电能力和安全可靠性。② 提高电网在更大区域范围内,优化配置电力资源的能力,为核电和大型火电提供市场空间。

三、邮电通信

邮电通信是指邮政、电信以及与邮政、电信相关联的业务。邮电通信业是国民经济不可缺少的组成部分,它同交通运输业一样,对经济建设起着重要的

---

① 国家发展和改革委员会,《海峡西岸经济区发展规划》,2011 年 3 月。
② "核电发展正在踩刹车?",北极星核电网,2014 年 10 月 29 日。

承载作用。特别是在信息化时代,邮电通信业逐渐成为国民经济发展新的增长点。不夸张地说,无论从近代历史,还是从改革开放至今的三十多年来看,海西自贸区的邮电通信基础设施建设在全国范围的比较中不落下风。改革开放之后,"以 1982 年的 F-150 全套万门程控交换系统开通为开端,海西自贸区的邮电通信业开始进入高起点、跳跃式、大规模、高阶段的发展阶段。福建省成为我国通信现代化的开路先锋,创造了邮电通信史上十几项全国第一"。进入 21 世纪后,海西自贸区传统业务(如邮政函件、报纸杂志、邮政储蓄、电报长话、固定电话等)有了新的突破,而新的业务(如移动电话和互联网等)也逐渐进入千家万户。

(一)海西自贸区邮电通信之现状

1. 邮政发展之现状

现代意义上的邮政业务既包括传统的函件、包裹和报刊等服务业务,也包括快递业务。海西自贸区作为对外开放、协调发展、全面繁荣的经济综合体,人员及物资的流动非常频繁,这对邮政服务业有着极大的需求。就总量来讲,海西自贸区邮政行业的业务量和营业收入近年来每年都以较大的比例增长,如图 2 所示。

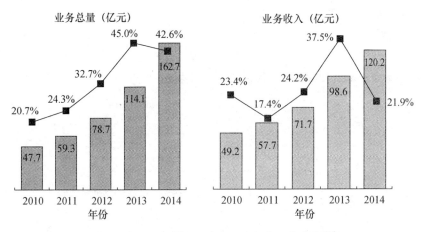

图 2　2010—2014 年福建省邮政全行业业务发展情况

然而,从具体的业务形式和内容来看,快递业务快速发展,而传统的邮政服务业务江河日下。这种现状或趋势与时代的发展(如电子商务的强势兴起)以及人们的生活或工作的快节奏密切相关。以 2014 年为例,传统的函件、包裹和报刊等服务业务全部下滑,全年函件业务量完成 18 030.17 万件,同比下降

16.21%；全年包裹业务量完成154.24万件，同比下降13.04%；全年订销报纸业务完成73 124.44万份，同比下降0.54%；全年订销杂志业务完成3 751.29万份，同比下降9.87%。

相比之下，快递业务增长迅猛。第一，全年快递服务企业业务量完成6.54亿件，同比增长46.89%，占全国快递业务量的4.7%；快递业务收入完成81.08亿元，同比增长31.71%，占全国快递业务收入的4%。第二，快递业务收入在行业中占比继续提升。快递业务收入占行业总收入的67.45%，比上年提高5.03个百分点。第三，同城快递业务持续增长。全年同城快递业务量完成9 490.28万件，同比增长39.22%；实现业务收入7.21亿元，同比增长38.97%。第四，异地快递业务快速增长。全年异地快递业务量完成54 599.9万件，同比增长47.9%；实现业务收入55.13亿元，同比增长27.56%。第五，国际及港澳台快递业务稳定增长。全年国际及港澳台快递业务量完成1 327.12万件，同比增长65.3%；实现业务收入13.13亿元，同比增长21.85%。①

2．电信发展之现状

自改革开放之后，海西自贸区电信业的建设稳扎稳打。1995年以来，福建省电信业务总量基本保持着每年以较大幅度增长的态势，如图3所示。

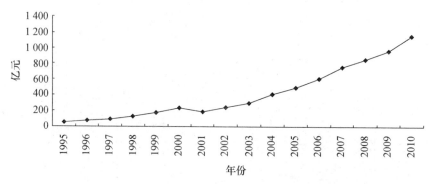

图3　1995—2012年福建省电信业务总量变化趋势折线图
资料来源：福建省统计局网站。

截止到2014年年末，福建省电话用户总数达5 210万户，其中，固定电话用户933万户，移动电话用户4 277万户，如图4所示。全省3G电话用户1 512万户，累计净增186万户；4G电话用户318万户。全省互联网用户3 859万户，净

---

① 福建省邮政管理局，《2014年福建省邮政业统计公报》，2015年5月22日。

增 287 万户,其中,固定宽带用户 899 万户,净增 64 万户。移动电话基站 13.9 万个,增长 41.8%。全省电话普及率为 137.7%,互联网普及率为 102.3%。①

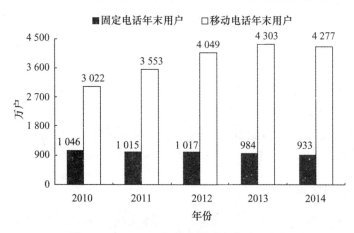

图 4　2010—2014 年年末福建省电话用户数

2014 年 10 月 23 日,福建省互联网年会召开。会议以"4G 时代下的机遇与挑战"为主题,突出了互联网发展的新趋势、新要求;以主题演讲、开放式对话等形式,为参会代表架设了思想碰撞和理念沟通的桥梁。20 年来,福建省互联网行业实现了从小到大、从弱到强、从跟随模仿到创新驱动的跨越式发展,多项业务指标位居全国前列,互联网已广泛渗透到经济、社会的各个领域、各个方面,有力地推动了福建省的科学发展、跨越发展。②

(二) 海西自贸区邮电通信事业存在的问题

1. 宽带建设面临制度壁垒和障碍

虽然"宽带中国"战略已经开始实施,但目前福建省的宽带建设和发展仍然存在诸多问题。福建省内众多的农村和山区宽带建设仍然滞后,市场动力不足,电信行业亟待政府财政支持及跨部门协调。宽带建设通行权难以保障,网络设施规划、改造与城建、土地利用规划脱节,面临接入难、进入难、穿行难、用地难等突出问题。

2. 新业务、新应用的发展给电信监管带来巨大挑战

在互联网特别是移动互联网快速发展的今天,新业务不断涌现,给新业务、

---

① 福建省统计局,《2014 年福建省国民经济和社会发展统计公报》,2015 年 2 月 17 日。
② "2014 福建省互联网年会召开",福建省通信管理局网站,2014 年 10 月 23 日。

新应用的分类监管带来了较大挑战,电信行业面临的竞争将更为激烈,融合转型成为主流。对电信市场规范方面的监管政策、法律法规等的需求将越来越多,新的监管体系还应该能够较为灵活地对市场情况做出反应,面临的挑战巨大。

3. 增值互联网产业发展中仍然存在较多突出问题

一是互联网产业规模较小,大企业引领示范作用不突出;二是可持续的良性发展尚未形成,市场更多地集中于先进企业;三是良好的市场竞争秩序仍未建立。互联网市场不正当竞争行为频发,个别互联网企业出于商业利益,不遵循行业管理和行为规范,采用高技术手段侵害用户权益,排挤竞争对手。

(三)应对之策

首先,以落实"宽带中国"战略为龙头,促进信息消费,全面推进光纤宽带网络建设,大力发展宽带小区和商务楼宇,推进城市百兆光纤工程建设;统筹3G和4G建设,实现城市、地区、县城的4G网络覆盖;推动海西自贸区全面进入4G时代;理顺、规范宽带市场秩序,对驻地网商、房产商、物业等进入电信业的行为进行规范管理,建立有效的宽带市场竞争秩序。

其次,鼓励基础电信运营商的运作方式由提供纯粹接入式服务向提供智能管道转变,推进基础运营商和互联网企业有效合作,实现双赢;鼓励和引导电信业务经营者创新业务,并对促进电信技术、服务发展的新型电信业务给予财政补贴和税收优惠政策,合理促进有利于国民经济增长和电信行业发展的新型业务的创新与发展。

最后,组织实施民间资本进入移动通信转手业务、接入网业务试点;建立健全新形势下电信业务监管体系;理顺电信业务分类原则,并采取措施激励运营企业、互联网企业等市场参与者有效竞争,对不正当行为加以监督和制止。

福建省既具有得天独厚的经济发展优势,又有从中央到地方各级政府的政策支持,社会经济的整体发展前景良好,因此对于邮电通信业务的需求也会不断增加。在需求过剩的前提下,只要生产能够持续增加,邮电通信业的经济效益就会高歌猛进。虽然尚存若干问题未能解决,但是相信只要政府与相关企业协同努力,福建省邮电通信业的快速增长势头就会一直持续下去。

四、科教文卫

基础设施不仅包括交通运输、能源资源、邮电通信等物质性基础设施(Physical Infrastructure),而且涵盖科教文卫等社会性基础设施(Social Infrastructure)。在21世纪,科学技术和教育事业对经济发展具有强大的引擎作用这一观点已经演化为一种常识或事实;而文化和卫生事业是经济发展不可或缺的支持条件,也是经济发展成果反馈于社会的直接表现,其重要性也是不言而喻的。前国务院总理温家宝就曾指出,"科教文卫体事业的发展事关人民福祉和国家未来。"[①]甚至笔者以为,从时代特征来看,科教文卫等社会性基础设施甚至比物质性基础设施对海西自贸区建设的作用更大。总而言之,海西自贸区科教文卫等事业的发展情况将直接关系到自贸区建设的前景。

(一)海西自贸区科教文卫事业之现状

1. 科技事业持续进步

在"十二五"期间,福建省依照《福建省中长期(2006—2020年)科学技术发展规划纲要》的要求和指导,大力推进科教兴省和人才强省,充分发挥科学技术在加快建设海西自贸区与全面建设小康社会中的支撑和引领作用,扎实推进创新型省份建设,科技与经济发展、社会进步结合得更加紧密,区域科技进步水平和自主创新能力继续位居全国先进行列。[②]

2014年,福建省全年研究与试验发展(R&D)经费支出预计360亿元,比上年增长14.6%,占全省生产总值的1.50%。福建省围绕12个科技重大专项,新增26个省级企业重点实验室、2个国家级工程技术研究中心、89个省级企业工程技术研究中心、26个科技企业孵化器,新引进国内外重大研发机构5个,新布局建设18个省级产业技术重大研发平台和22个产业技术公共服务平台。截至2014年年底,福建省有国家级、省级创新型(试点)企业904家,高新技术企业1779家,重点实验室147个(其中,国家重点实验室8个)、工程技术研究中心410个(其中,国家级7个)、科技企业孵化器76家(其中,国家级10家);新认定省级企业技术中心43家;新认定国家级企业技术中心2家。福建省专利

---

① "温家宝:科教文卫体事业的发展事关人民福祉和国家未来",新华网,2011年2月12日。
② 福建省人民政府,《福建省"十二五"科技发展专项规划》,2011年5月。

申请受理58 075件,专利授权37 857件,分别比上年增长8.2%和0.9%。其中,发明专利申请12 529件,同比增长26.8%;发明专利授权3 426件,同比增长16.5%。截至2014年年底,福建省共拥有有效发明专利13 057件,比上年增长25.2%;每万人口发明专利拥有量3.460件,比上年增加0.677件。2014年,福建省共登记技术合同3 797项,技术合同成交金额50.83亿元。①

2014年,福建省共评出804个名牌产品,福建名牌产品累计达1 395个。截至2014年年末,福建省共有产品检测实验室758个,国家产品质量监督检验中心20个;独立认证机构1个、分支机构12个,累计获得28 771张产品及管理体系认证证书;法定计量技术机构69个,全年强制检定工作计量器具136.9万台(件)。全年制修订国家标准32项、行业标准56项、地方标准87项,累计共制定国家标准956项、行业标准947项、地方标准1 489项。图5呈现的是福建省近五年来R&D经费支出情况。

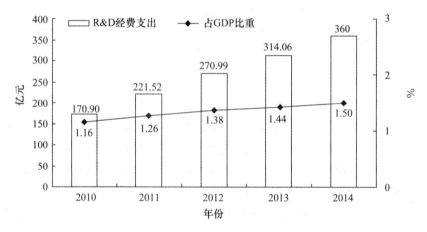

图5　2010—2014年R&D经费支出及其占GDP比重

2. 教育事业稳步前进

根据《福建省中长期教育改革和发展规划纲要(2010—2020年)》(简称《纲要》),福建省立志在"十三五"到期之前率先基本实现教育现代化,率先基本形成学习型社会,进入教育强省和人力资源强省行列。《纲要》提出:到2015年,福建省学前三年毛入园率将达93%,全面实现"双高普九"目标,初步实现义务教育均衡发展的区域扩大到68个县(市、区),高中阶段毛入学率达90%,基本建立起与福建省产业体系相适应的现代职业教育体系,高等教育毛入学率达

---

① 福建省统计局,《2014年福建省国民经济和社会发展统计公报》,2015年2月17日。

40%,基本形成终身教育体系;20—59岁劳动人口平均受教育年限达10.5年,新增劳动力平均受教育年限达13.3年;"教育强县"达40个左右。①

2014年,福建省全日制研究生教育招生1.25万人,在学全日制研究生3.93万人,毕业生1.09万人。普通高等教育招生21.91万人,在校生74.85万人,毕业生19.01万人。高校毕业生就业率为94.1%。中等职业教育(不含技工校)招生14.09万人,在校生43.76万人,毕业生15.21万人。成人高等教育招生6.07万人,在校生16.08万人,毕业生4.12万人。全省普通高中招生20.86万人,在校生62.91万人,毕业生22.73万人。全省普通初中招生37.17万人,在校生112.57万人,毕业生34.31万人。普通小学招生52.95万人,在校生274.63万人,毕业生37.89万人。特殊教育在校生2.51万人。幼儿园在园幼儿145.63万人。② 图6反映的是福建省近五年来各类学校招生人数情况。

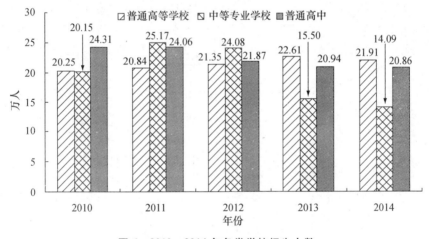

图6　2010—2014年各类学校招生人数

3. 文化事业不断进步

截至2014年年底,福建省文化系统共有艺术表演团体74个、公共图书馆88个、文化馆96个、博物馆98个。文化系统各类艺术表演团体演出1.02万场,2014年度首演剧目158个,观众858.21万人次,其中,政府采购公益性观众233.60万人次;各级公共图书馆组织各类讲座2 120次,书刊文献外借2 036.91万册,总流通人数1 965.81万人次;各级文化馆组织举办展览856个,组织文艺

---

① "福建省中长期教育改革和发展规划纲要(2010—2020年)",《中国教育报》,2011年2月16日。

② 福建省统计局,《2014年福建省国民经济和社会发展统计公报》,2015年2月17日。

活动2 935次、培训班4 789期、公益性讲座445次,共有591.86万人次参加;博物馆共举办288个基本陈列和466个展览,共有1 954.85万人次参观,其中,未成年人参观706.04万人次。

福建省共有影院160个,银幕746块,2014年度电影票房9.81亿元;广播电台7座,电视台7座,广播电视台66座,教育电视台1座;有线电视用户718.40万户,有线数字电视用户598.33万户。截至2014年年末,广播节目综合覆盖率为98.3%,电视节目综合覆盖率为98.7%。

2014年度出版图书3 793种,总印数0.68亿册;报纸42种(不含校报),总印数11.58亿份;期刊176种,总印数0.46亿册;音像电子出版物57.01万盒(张)。截至2014年年末,福建省共有各级各类档案馆114个。①

4. 卫生事业不断进步

如图7所示,截至2014年年底,福建省共有各级各类医疗卫生机构7 716个,其中,医院556个、卫生院879个;共有卫生技术人员19.6万人,其中,医生7万人、注册护士8.2万人、乡村医生和卫生员2.7万人;共有医疗机构床位16.4万张。②

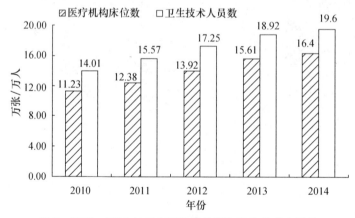

图7 2010—2014年卫生机构床位数和卫生技术人员数

(二)福建省科教文卫事业发展存在的问题

1. 科技事业发展存在的问题

第一,研发投入依然不足,低于全国平均水平。2014年,中国R&D经费支

---

① 福建省统计局,《2014年福建省国民经济和社会发展统计公报》,2015年2月17日。
② 同上。

出13 312亿元,比上年增长12.4%,R&D经费投入强度(与国内生产总值之比)为2.09%;而福建省全年R&D经费支出预计360亿元,比上年增长14.6%,R&D经费投入强度(与全省生产总值之比)为1.50%。可以发现,福建省的R&D经费投入强度低于全国平均水平。此外,福建省的综合科技进步水平指数仅为2.56%,也低于全国平均水平,在全国仅列第23位。

第二,高水平高等院校数量较少,科研院所实力相对薄弱。福建省仅有一所985院校、一所211院校,科研技术能力相对较低,相关学科建设还不完善,难以培养出大量的高水平、高技术人才。同时,高等院校和科研院所的科研活动仍然把科研成果与职称、奖金相挂钩,没有引进现代化评价指标。缺乏足够的高水平高等院校的智力支持,这直接导致了福建省科研队伍规模不大,每万人口拥有专业技术人才数量低于全国平均水平;能带动学科发展,具备国内外领先水平的科技领军人才短缺,关系国计民生的重要领域掌握的自主知识产权不多,科技成果转化率不高。

第三,科技基础条件和持续创新能力相对薄弱,以企业为主体、市场为导向、产学研相结合的创新体系有待健全完善。社会资本没有和科学技术很好地结合,民间资本介入不够,科研活动得不到社会资本的有效投入,导致不能形成科研与社会资本相互促进的良好机制。同时,相关部门没有发挥应有的作用,因此企业与科研院所、大学之间的联系薄弱,合作与交流欠缺,企业和科研院所在技术引进、消化吸收和创新方面无法形成有效配合;反之,科研机构和大学承担的政府科研任务,企业也没有渠道参与其中。知识、信息流动不畅,科学技术由科研院所和大学向企业的流动功能被这种分割体制限制了,难以实现顺利的转化。大型研究设施、信息数据系统不能对社会全面开放,难以形成健全有效的共享制度,妨碍了各创新主体间的真诚互动和沟通,增加了创新的难度(李小稳、黄灿灿,2011)。

第四,政府部门的科技发展体制十分不完善,政府科技管理部门之间的"部门分割"现象仍然存在,缺少合理的统筹分配,部门间重复浪费现象严重,在一定程度上阻碍了科技的发展,使得科研成果难以有效转化。这些行政上的不足也在一定程度上影响了科技资源的有效投入,影响了研发能力和产业技术水平的健康发展及持续提高。

这些问题既是提高自主创新能力的制约因素,也是今后科技发展需要重点解决的薄弱环节。

2. 教育事业发展存在的问题

"十一五"以来,福建省教育事业呈现出蓬勃发展的态势。但是,必须清醒地认识到,福建省教育与经济社会发展水平和人民群众接受良好教育的期盼还不相适应;教育观念相对落后,素质教育推进困难,人才培养模式不适应时代发展和学生成长的需要;优质学前教育资源不足,义务教育发展不够均衡,职业教育吸引力不强,高等教育总体水平不高,教育服务经济社会发展的能力较弱;教育体制机制不够完善,教育结构不尽合理,投入总体不足,优先发展的战略地位尚未得到完全落实。因此,迫切需要着力解决突出问题,推动教育事业又好又快地发展。

3. 文化事业发展存在的问题

从国家范围来看,当前和今后一个时期,我国文化建设面临的主要矛盾是相对落后的文化生产力与人民群众日益增长的精神文化需求之间的矛盾。从福建省文化建设的实际情况来看,文化建设投入不平衡,公共文化服务基础比较薄弱;文化产业整体实力不强,产业规模化、集约化程度不高,缺少有竞争力的骨干文化企业和有影响力的文化品牌;产业发展的结构性问题仍然突出,文化体制改革步伐有待进一步加快;文化人才队伍结构不尽合理,高层次复合型人才比重偏低,城镇居民文化消费能力和水平不高,文化创新能力有待进一步提高。

4. 卫生事业发展存在的问题

第一,疾病防控任务艰巨。多重疾病负担带来严峻挑战,重大公共卫生安全事件时有发生。人禽流感、霍乱等重大新、老传染病流行形势依然严峻(如登革热),是危害人民健康和社会稳定的主要因素。慢性非传染性疾病、精神疾病等造成居民社会负担沉重。食品安全风险隐患凸显,各类食品安全、药品安全、医疗安全、环境污染、饮用水污染和职业危害事件时有发生。

第二,卫生资源供需矛盾突出。福建省卫生资源总量不足,配置不合理,医疗卫生服务能力建设亟待提升。一是卫生资源总量低于全国平均水平,无法满足日益增长的居民医疗卫生服务需求。2014年全省千人均医疗机构床位数仅4.31张,低于全国4.77张的平均水平;千人均卫技人员5.15人,低于全国5.40人的平均水平。二是卫生资源配置不合理,地区之间、城乡之间、学科之间发展不平衡。全省医疗机构服务网络层次划分不够清晰、功能定位不够明确、结构不尽合理。医疗机构重点学科和特色学科优势不够突出,高层次学科带头人明显不足。三是疾病预防控制机构、卫生监督机构和妇幼保健机构人员偏少,基础设施、实验室设备配备以及服务能力建设方面与国家标准相比尚有较大差距。四是公共卫生安全预防和应急处置体系有待加强。

第三,卫生发展模式亟须转变。卫生工作存在重临床医疗、轻预防保健的现象,公共卫生工作仍然以防治传染病为中心,医疗保障机构对医疗服务的引导和约束机制有待完善。各级各类医疗卫生机构之间以维护群众健康为中心的分工协作机制仍不健全,影响卫生资源的整体配置效率。

第四,医疗卫生体制改革中面临一些亟待解决的问题。一是各级财政卫生投入稳定增长机制尚未形成,一些地区转换运行机制和增加卫生投入没有同步进行,影响改革效果。二是卫生人才队伍总体规模不足、人员结构失衡,基层特别是农村卫生人员数量少、业务素质较低。高层次人才和学科技术带头人缺乏,高层次人才培养和引进机制尚未健全。三是公立医院改革深层次矛盾逐步显现,改革难度逐步加大。四是医疗保障筹资水平总体有限,保障水平有待提高。五是社会资本办医步伐不快,上规模、上水平的民营医院较少,多元化办医格局尚未形成。

(三) 应对之策

1. 对科技发展问题的对策

(1) 增加对科技的投入,深化科技体制改革

首先,政府应增加对科技的资金投入,建立持续的资金投入机制。为使R&D经费投入占全省生产总值的比重增长到全国的平均水平2.09%,政府可通过减免税收等方式鼓励企业加大R&D投入,同时鼓励社会资本与科技发展相结合,形成以政府为引导,以企业为主体,适应社会主义市场经济和科技发展规律的多层次、多渠道、全方位科技投入体系。其次,政府应继续加强科技宏观决策调控体系建设,继续完善省、市、县的统筹协调作用,在产学研合力攻坚的科技协作和资源配置方面发挥应有的作用,整合优势资源推动产业结构优化升级和促进区域科技进步;再次,政府应强化科技工作联席会议制度对重大科技活动、重大科技项目的审议、决策和执行监督功能,打破部门壁垒分割,加强科技厅与科技局间的协调合作,加速实现科技资源的优化布局、统筹配置和高效共享。最后,建立对以政府财政补助为主的科技项目实施招标制度,对以企业投入为主的科研成果实施以奖代补办法,提高科技资源配置效益(李小稳、黄灿灿,2011)。

(2) 强化企业技术创新主体地位,扶优扶强发展大企业、大集群

面向市场、面向产业、面向企业,加大扶持力度,发挥企业技术创新的主体作用,加强产学研结合,攻克产业发展中的关键共性技术,延伸产业链,构建现代产业技术体系。围绕推进传统产业高端化、高新技术产业化、新兴产业规模

化和促进工业化与信息化深度融合,培育一批专业特色鲜明、品牌形象突出、服务平台完备、劳动力素质高的现代产业集群,构建"企业、园区、集群"的高新技术产业发展新格局,为促进10个超千亿元产值产业集群(基地)、16个500—1 000亿元产值产业集群(基地)的形成和发展提供强大的科技支撑。[①] 围绕重点产业发展和传统产业改造升级,重点攻克产业发展中的关键共性技术,解决产业发展技术瓶颈;支持开展信息、生物医药、新材料、新能源、海洋等领域重大科技联合攻关,研制一批具有国家先进水平的重大科技产品;在电子信息、装备制造、石油化工等具有比较优势的产业领域,推动建立一批产业技术联盟、协作突破核心技术瓶颈;在建材、纺织等传统优势产业领域,加强技术联合研究开发,提高传统优势产业的核心竞争力。[②]

(3) 大力发展科技服务业,支撑现代服务业快速发展

推进与现代服务业相关的网络技术、智能标签、智能终端以及卫星定位系统和地理信息系统等关键技术研发及应用,优先发展现代物流、软件与外包服务和研发服务、文化创意等知识及技术密集型产业,积极培育福建省现代服务业。加快智能交通和港口信息化建设,推进现代物流信息整合及过程优化技术的综合应用;建立一批电子政务、电子商务、企业信息化、家庭网络、远程教育、远程医疗等应用示范平台;借助高新技术提升工业设计、文化创意水平,开发高附加值创意产品,加强知识产权的创造和运用,培育具有创造财富和就业潜力的创意服务产业。

(4) 调整区域创新格局,加强区域创新和产业集群的布局与指导

虽然福建省在培育区域性自主创新方面不断得到增强,但与台湾地区、长三角、珠三角的创新能力、资源条件及灵活的运行管理体制相比,差距非但没有缩小,反而有所扩大。主要集中表现在区域创新资源的配置不平衡,福州、厦门的科技创新投入位于全省前列,其R&D经费投入约占全省投入的七成,全省六成的科技活动人员和七成的R&D活动人员集中在这两个城市,而宁德、龙岩、三明等地市所占有的创新资源不及10%。创新资源的投入不足和配置缺陷,直接影响到战略高技术的研究开发、产业共性技术和竞争前技术的开发,直接削弱了开展自主创新活动的运作根基。对此,福建省应重视区域间的协调、互动发展,在各地市之间加强协作和科技资源共享,形成区域经济新增长极(王明唐,2008)。

---

① 福建省人民政府,《福建省"十二五"科技发展专项规划》,2011年5月。
② 国家发展和改革委员会,《海峡西岸经济区发展规划》,2011年3月。

2. 对教育发展问题的对策①

(1) 大力推动教育体制改革

第一,深化教育管理体制改革。以转变政府职能和简政放权为重点,完善政事分开、权责明确、统筹协调、规范有序的教育分级管理体制。综合应用立法、拨款、规划、信息服务、政策指导和必要的行政措施,减少不必要的行政干预。完善高等教育中央、省、市三级办学,分级管理、省市共建的管理体制。

第二,推进公办学校办学体制改革。坚持教育的公益性原则,推进公办学校办学形式多样化,引导社会资金以多种方式进入教育领域,与公办高校在学科、教材、实训基地、创新平台、师资队伍建设等方面开展合作。制定高等学校、职业院校校企合作管理制度,探索建立鼓励、促进、规范校企合作的有效机制。发挥优质公办学校和优秀校长的作用,在公办学校之间、民办学校与公办学校之间组建一批教育集团,改造薄弱学校,扶持新建学校发展。

第三,促进民办教育健康发展。制定实施进一步促进民办教育健康发展的意见,为民办教育健康发展提供政策保障。依法保障民办学校师生合法权益。民办学校学生在转学、助学贷款、国家奖助学金、就业等方面,教师在职称评审、科研立项、先进表彰等方面,与公办学校师生享有同等权利。民办学校必须为教职工办理社会保险,鼓励为教职工购买商业补充保险。逐步建立民办学校分类管理体系,将非营利性民办教育纳入公共教育体系。设立民办教育专项资金,用于资助其发展,奖励和表彰有突出贡献的集体和个人。

第四,推动现代大学制度建设。高等学校依法制定章程,依照章程管理学校。深化学校人才工作体系改革,创新学校人才引进、培养、评价、使用、表彰奖励和服务保障机制;建立重实绩、重贡献、向高层次人才和一线教学岗位倾斜的绩效分配制度。加强教职工代表大会、学生代表大会建设,规范学校发展规划、年度工作报告和重要决策须经民主审议的制度,拓宽师生参与学校民主管理的途径。尊重学术自由,营造宽松的学术环境。在厦门大学、福州大学等开展试点工作,完善现代治理结构,建立完善各类学术组织结构及运行机制,在有条件的高校探索建立高等学校理事会或董事会,健全社会支持和监督学校发展的长效机制。建立科学、规范的评估制度。建立高等学校质量年度报告发布制度。

第五,改革考试招生制度。改革中考内容和方法,依据国家课程标准,注重考查学生的基础知识、基本能力和运用知识分析解决问题的能力,实施多样化

---

① 福建省人民政府,《福建省人民政府关于印发福建省"十二五"教育发展专项规划的通知》,2011年7月20日。

的录取形式。中等职业学校实行自主招生或注册入学。逐步完善初中、高中学业水平考试和评价,注重综合素质评价结果的运用。

(2)完善教育经费保障机制

第一,大幅度增加教育投入。科学测算、分解落实各级政府的财政教育投入,把教育作为财政支出重点领域予以优先保障,建立教育经费稳定增长机制。年初预算以及预算执行中的超收收入分配要体现法定增长要求,并根据中央核定福建省的比例,合理划分省、市、县(市、区)财政教育经费占财政支出的比例,确保财政教育拨款增长明显高于财政经常性收入增长,并使按在校学生人数平均的教育费用逐步增长。

第二,拓宽教育经费筹措渠道。税务部门要统一内外资企业教育费附加征收,地方教育附加征收比例从现有的1%增加到2%,专项用于教育事业。各地土地出让金收入要有一定比例用于教育设施建设。新建住宅小区必须按规划配套建设中小学、幼儿园。对各级各类学校校舍建设实行规费减免。在重大建设和科研项目经费中应安排部分经费用于人才培训。提高企业职工培训经费的提取比例。引导企业和社会组织的人才发展资金投入教育事业,支持企业在学校设立人才基金。完善非义务教育培养成本测定办法,合理确定政府、家庭分担比例,适时调整学费(保教费)标准。支持民间资本兴办学校。进一步鼓励和引导华侨捐资兴学。加强各级各类教育基金会建设。完善社会捐赠教育的激励机制,落实企业、个人教育公益性捐赠支出在所得税前扣除的规定。

第三,完善各级各类教育助学体系。继续做好农村义务教育阶段寄宿生补助生活费工作,适当提高补助标准,改善学生的营养状况。完善特殊教育学校学生生活补助政策。对农村家庭经济困难和城镇低保家庭子女接受学前教育予以资助。健全完善普通高中助学金制度。建立健全研究生教育收费制度,完善资助政策,设立研究生奖学金制度,逐步提高博士研究生奖学金标准。以生源地信用助学贷款为重点,推进普通高校助学贷款工作的开展。

第四,加强经费管理。坚持依法理财,严格遵守财政法规和财经纪律。建立和完善教育经费基础信息库,设立高等教育拨款咨询委员会。强化重点项目建设和经费使用全过程审计,确保经费使用规范、安全、有效。建立经费使用绩效评价制度,加强重大项目经费使用考评。健全学校财务管理制度,加强内部稽核和内部控制。在高等学校试行设立总会计师职务,公办学校总会计师由政府委派。加强学校国有资产管理,建立健全学校国有资产配置、使用、处置管理制度。完善学校收费管理办法,规范收费行为和收费资金使用管理。

(3) 加快教育信息化进程

加强教育资源开发与应用。整合、新建、引进一批优质网络教学资源,建立数字图书馆,建设各级各类教育和全民学习资源库。建设职业教育网上教学、实训平台,推进模拟仿真实训软件等教学资源的开发应用,建设高等学校主要课程数字化网络平台。完善农村远程教育工程应用服务体系,实现多媒体教学"班班通",使农村师生共享优质教育资源。广泛开展网络教研活动。推广远程教育有效教学模式和典型经验。建立教师培训课程资源中心和专家库,大力开展教师远程培训。提高教师应用信息技术能力,构建信息化环境下的教学新模式。

3. 对文化发展问题的对策

一方面,按照公益性、基本性、均等性、便利性的要求,以政府为主导,以公益性文化单位为平台,鼓励全社会积极参与。健全覆盖全社会的公共文化服务体系,保障人民群众看电视、听广播、读书看报、进行公共文化鉴赏、参加公共文化活动等基本权益。政府应该提供以下公共服务:向全民免费开放基层公共文化设施,如公共图书馆、文化馆、博物馆、美术馆等;为全民免费提供基本的广播电视收听、收看和突发事件应急广播服务;为农村居民免费提供文化信息资源共享、电影放映、送书送报送戏等公益性文化服务;为全民共有、共享文化遗产提供保护和服务。

另一方面,按照加大力度、加快进度、巩固提高、重点突破、全面推进的要求,进一步深化改革,构建充满活力、富有效率、更加开放、有利于文化科学发展和跨越发展的体制机制,即创新公共文化服务运行管理机制、健全完善文化宏观管理体制。

4. 对卫生发展问题的对策

(1) 完善公共卫生服务体系

增加重大公共卫生服务项目,逐步实现基本公共卫生服务均等化。健全公共卫生服务体系,提升重大疾病预防控制和慢性治疗与管理水平;提高卫生监督执法能力,健全食品安全风险评估、监测预警和饮用水卫生监督体系;提高突发公共事件紧急医学救援和应急处置的能力,构建与福建省人民健康需求相适应的公共卫生服务体系。

(2) 完善医疗服务体系

落实医疗机构设置规划,优化医疗资源布局和结构,推进医疗资源整合;进一步完善医疗卫生服务体系,健全城市医院与社区卫生服务机构分工协作机制,逐步形成基层首诊、分级诊疗、双向转诊的格局,努力实现"大病不出县""小病不出社区"。加快推进基层医疗卫生机构综合改革和公立医院改革,鼓励和引导社会资本兴办医疗机构,形成多元化办医格局,改善基本医疗服务可及性,提高医疗资源配置效率和医疗服务水平,满足居民多层次医疗服务需求。

(3)进一步提高医疗保障水平

第一,完善基本医疗保障制度,实现以基本医疗保障为主体,以医疗补助和商业医疗保险等其他多种方式为补充,覆盖全省城乡居民的多层次医疗保障体系。第二,巩固完善新型农村合作医疗制度。根据各级政府财力状况和农民收入增长情况及承受能力,探索建立稳定可靠、合理增长的筹资机制,实现新型农村合作医疗政府补助标准增长1.5倍以上,确保新农合参合率稳定在98%以上,政策范围内住院费用报销比例提高到70%以上。第三,做好重大疾病医疗救助工作。进一步提高重大特大疾病医疗保障水平,在提高农村儿童白血病和先天性心脏病保障水平试点的基础上,逐步扩大大病保障病种范围。

(4)加强医学科技教育和卫生人才培养

加大福建省重点医学学科建设和卫生人才培养的力度,完善医学教育体系,健全住院医师规范化培训制度和全科医生培养制度。尽力培养出一批医学领军人才、学科带头人、优秀青年医学人才,促进福建省医学科研和应用整体水平的提升,大幅提高全省医疗卫生人才队伍的技术水平和服务能力。

五、结论

基础设施是国民经济各项事业发展的先决条件,建设完善的现代化的基础设施支撑体系是海西自贸区建立、发展以及正常运作的重要保证。本专题选取交通运输、邮电通信、能源和科教文卫作为"基础设施"的代表,分析福建省在这四个方面发展的现状。随着改革开放事业逐步深化、两岸"三通"和"海西经济区"的实行以及中央、福建地方政府近年来对基础设施建设持续的重视与加大投入,海西自贸区的基础设施事业取得了长足进展。当然,在进步面前我们也应该清醒地认识到存在的问题,因为只有清醒地认识现状才能更加明确前进的道路,而发现问题之后就要努力去解决。在"十二五"规划期将满之际,福建省各级政府务必贯彻中央和福建省人民政府关于交通运输、能源、邮电通信、科教文卫等事业的各项规划,始终将基础设施建设视为改革和发展任务的重中之重。第一,持续推动海西自贸区地区性交通枢纽、高速铁路和综合交通网络的建设。第二,能源储备向多元化、低碳化和基地化方向发展;重点研究与开发风能、太阳能、生物能、核聚变能等新能源;构建海西自贸区现代化电网。第三,促进信息消费,全面推进光纤宽带网络建设;建设快速、便捷的多层次电信网络;鼓励和引导电信业务经营者创新业务。第四,按照"服务于民、助推经济"的宗旨,加快各项社会事业的改革,推动科学技术、教育、文化、卫生等社会性基础设施的可持续发展。

专题四

福建自由贸易试验区
厦门片区境外人民币回流问题探析

一、境外人民币回流的意义

伴随着全球化进程及中国参与国际贸易和国际分工的程度逐渐深入,人民币在国际市场上的影响力不断增强,亦成为某些国家的储备货币,国际市场上人民币存量越来越大。一方面,不少国际贸易业务开始采用人民币进行结算;另一方面,境外企业在对外贸易和对外投资中开始使用人民币,人民币在全球的使用范围持续扩大。与此同时,中国政府陆续推出各项措施推进人民币国际化,如2012年在深圳前海地区开启了跨境人民币贷款业务,2013年和2015年分别在上海、福建、广东、天津设立了自由贸易试验区。

2014年人民币跨境贸易结算发展迅猛,全年银行办理的跨境结算业务累积额达到6.55万亿元,同比增长42%,人民币跨境收支占本外币跨境收支的比重上升至23.6%。① 截至2014年12月底,人民币成为全球第二大贸易融资货币、

---

① 中国人民银行,《2014年第四季度货币政策执行报告》。

第五大支付货币、第六大外汇交易货币。① 自 2009 年跨境人民币业务启动以来,人民币出境步伐加快,境外人民币规模快速扩大。香港金管局的统计数据显示,截至 2014 年 12 月,香港人民币存款余额为 10 035.57 亿元,其中,定期存款为 8 265.90 亿元。新加坡金管局的统计数据显示,截至 2014 年 12 月,新加坡人民币存款余额为 2 770 亿元,较上年同期增长 42%。境外人民币的大量存在为人民币回流提供了现实基础,由于境内外存在较大的借贷利差,境外人民币回流亦有强烈的现实需求。境外人民币回流对国际资本市场和中国企业资金融通都有巨大益处,在降低企业融资成本、促进人民币跨境结算、发展多层次资本市场等方面都具有重要意义。

首先,境外人民币回流可以降低中国企业的融资成本,规避境外融资的制度障碍。中国企业融资的贷款利率约为 6%,而境外人民币融资的协议利率水平约为 4% 甚至更低。境内外金融市场利率差较大,且境外人民币借款实行市场化利率,加之中国宏观经济发展平稳,企业经营状况良好,中国企业的人民币借款风险较小,因而人民币借款利率较低。这就使得中国企业在国际金融市场上可以获得成本较低的且优质的人民币贷款。并且,跨境人民币贷款业务拓宽了中国企业的融资渠道,规避了境外融资的制度障碍,因为中国企业到海外融资需要符合一定的法律法规和监管条件,跨境人民币贷款业务条件相对宽松,贷款效率较高。

其次,境外人民币回流可以促进人民币跨境结算。在跨境结算中,流畅的人民币回流机制会促使海外贸易商更愿意接受人民币结算,因为对他们而言,运行良好的人民币回流机制更方便外商在中国进行贸易和投资,快速实现资产增值,避免不必要的制度障碍。因此,建立完善的人民币回流机制能够从程序上协调经常账户与资本账户的匹配关系,从而促进人民币跨境结算。

最后,境外人民币回流可以助推资本市场的多层次发展。境外人民币大幅增长必然引发海外机构和个人投资者对中国资产的大量需求,中国的 QFII 模式可能难以解决资金回流的压力,随着未来人民币进一步回流,中国在逐步开放资本项目的条件下,将会进一步放宽国内金融市场,开放新的投资模式,实现资本市场的多层次开放和发展。

---

① 中国人民银行,《人民币国际化报告(2015)》。

二、国际通用货币回流的经验和启示

美元、欧元和日元都是全球通行货币,这些货币向各自国家的回流问题早已出现过,货币主权国在货币回流过程中采取了各种措施避免货币回流对国内金融市场的影响。这些国家在货币回流过程中的成功经验可以为福建自贸区所借鉴,福建自贸区厦门片区可以根据这些经验总结探索出一条适合自身发展的境外人民币回流之路。

(一)美元回流机制及启示

全球化时代,境外美元回流是同美国的产业政策变化、贸易政策转向以及金融市场的产品创新等方面密不可分的。从美元的输出来看,美国通过对中、日、韩等亚洲国家的贸易逆差获得商品和资源;从美元的回流来看,美国通过发行金融产品来收回美元。这种通过虚拟产品兑换实体商品并让其他国家为美国经常账户的赤字买单来促使美元回流的方式存在不少问题。首先,美国是通过持续的外部融资来促进经济繁荣的,这种方式必然对其国内储蓄造成不良影响,过度依赖国际融资从而导致国内外储蓄不均衡,而一旦美国没有实力继续获得国际融资,就很有可能引发金融危机。其次,通过贸易逆差和长期积累的债务来推动经济发展也缺乏可持续性。

尽管美元的回流机制存在不少问题,但是美元回流的相关经验对福建自贸区厦门片区构建人民币回流机制还是具有一定的启示作用。

国内金融市场的建设对建立人民币回流机制至关重要。货币可以通过贸易和资本两种渠道实现回流。在美元回流的初期,美国是通过贸易逆差这种方式来实现回流的,而随着美元回流需求的扩大,美国又创新了各种金融工具来促进美元回流。可见,单纯的贸易只能在一定程度上促进美元回流,要想实现回流规模质的飞跃还需要完善的金融市场和各种金融工具。因此,福建自贸区厦门片区除了要采取促进对外贸易的相关政策外,还需要不断拓展金融市场和金融工具才能进一步实现境外人民币回流。

要加强对境外人民币回流的监控,引导回流资金流入实体经济,促进经济发展。境外人民币回流要优先支持实体经济的中小企业发展,这也是中央政府鼓励人民币回流的重要政策目标。监管当局要采取措施避免境外人民币流向金融市场、房地产市场等虚拟经济领域,避免境外资金助长金融资产泡沫。

（二）日元回流机制及启示

第二次世界大战后，日本经济获得快速发展，日本的经济总量在20世纪70年代初就已经位居世界第二，此时日本对外投资和对外贸易迅速增长，日元亦开始走向国际化。日本政府采取了一系列措施促使日元国际化。但是，在日元国际化进程大力推进的同时，日本经济却因为房地产泡沫破灭而陷入了长期低迷，这种长期低速增长甚至是负增长的状态在某种程度上也是因为未能处理好日元回流问题而造成的。一方面，日元的升值导致资本大量外流，很多日本企业都到海外进行投资，扩张规模；另一方面，大量的日元没有很好的投资渠道引导回流，长期滞留在外，因而汇率波动幅度大增，而汇率大幅波动又使得相应的经济和金融政策无法保持稳定。

中国的经济发展路径与日本有较大的相似性，中国和日本一样都是典型的"贸易国家"，进而成为债权国，因此中国在推进人民币国际化和建立海外人民币回流机制的时候，应该吸取日元陷入"迂回流动"困境导致国际化失败的经验和教训。福建自贸区厦门片区可以在以下三个方面做出尝试和努力：

首先，加强对回流资金的监控，这同时也是美国货币史给我们的启示。可以在福建自贸区厦门片区建立有效的监控系统和指标体系，对海外人民币流入流出总量及净额、对离岸市场的人民币负债、资本项目下各渠道流入情况等指标进行实时的监控，根据情况及时调整相关政策，跟踪出现的异常流动状况，并有针对性地加以管控。

其次，应该大力发展和创新离岸人民币金融衍生产品，增强海外市场上以人民币计价的金融产品的竞争力和影响力，同时，扩大离岸人民币市场资金池，鼓励人民币在境内和离岸市场的第三方使用。

最后，推动在岸与离岸人民币市场协同发展，注重国内金融市场的建设和开放应与回流机制的建设同步，建立国际化结算和清算系统，早日实现国内结算和清算系统与国际并轨。

三、上海和深圳自贸区人民币回流经验总结

（一）上海自贸区人民币回流经验总结

1. 上海自贸区人民币回流机制

上海自贸区的人民币回流渠道主要有以下几条：

第一条渠道是境外人民币贷款,即允许区内非银行金融机构和企业可以从境外借入人民币资金。其中最有特色的是上海银行办理的境外人民币银团贷款,以自贸区分行为中间人,协调三家在台湾、香港的银行组成银团,为区内企业提供直接贷款,融资成本仅有5%,比境内的融资成本低15%。上海银行用这样的办法信用贷款给外高桥股份3 000万元,企业无抵押,境内银行无担保,风险由境外银行承担。但目前这样做的前提是借款企业例如外高桥股份作为自贸区开发主体的企业有强大的信用资本。上海自贸区成立以来,境内外人民币贷款的利率差在缩小,对降低企业借款成本有明显效果。

第二条渠道是跨境人民币双向资金池,即自贸区内的企业,以区内账户为主账户,实现境内人民币资金池与境外人民币资金池的双向流通,且跨境流动回流资金不受额度限制。这项业务特别适合跨国公司,有利于企业进行全球资金的统筹调配和有效监控,节约财务和经营成本,同时进一步拓宽了人民币资金回流的通道。截至2015年5月底,146家企业开展跨境双向人民币资金池业务,资金池收支总额1 657.87亿元。①

第三条渠道是自由贸易账户体系,即FT账户,对境内企业来说是一个可以和境外资金自由汇兑的账户,对境外企业来说则意味着可以按准入前国民待遇原则获得相关金融服务。其可进行相应的资金跨境投融资创新,办理经常项目下和直接投资项目下的跨境资金结算等业务,实现了人民币资本项目可自由兑换。2015年4月,在充分试点的基础上,上海自贸区将自由贸易账户的企业境外融资杠杆率从原来的资本的1倍,提高到2倍或以上;原来仅对非金融机构的融资许可,也扩大到了金融机构;原来单一的融资条件,扩大调整到对不同的业务实施不同的融资条件和管理。未来,划入FT账户内的海外资金有望直接投资国内市场符合标准的证券品种,资金结算后再原路返回至FT账户内。FT账户可成为海外人民币以境外融资和证券投资方式回流国内的一条便利途径。

2. 上海自贸区人民币回流相关政策

首先,《关于金融支持中国(上海)自由贸易试验区建设的意见》(即"金融30条")提出了鼓励人民币贷款和建立人民币双向资金池的相关政策:(1)根据经营需要,注册在试验区内的中外资企业、非银行金融机构以及其他经济组织(以下简称区内机构)可按规定从境外融入本外币资金,完善全口径外债的宏观审慎管理制度,采取有效措施切实防范外债风险。(2)区内金融机构和企业可从境外借用人民币资金,借用的人民币资金不得用于投资有价证券、衍生产

---

① 引自上海自贸区管委会政策研究局向《南方周末》提供的数据。

品,不得用于委托贷款。(3) 区内企业可根据自身经营需要,开展集团内双向人民币资金池业务,为其境内外关联企业提供经常项目下的集中收付业务。

其次,《关于支持中国(上海)自由贸易试验区扩大人民币跨境使用的通知》(以下简称《通知》)对人民币借款数额做了相关规定:(1) 区内非银行金融机构和企业可以从境外借用人民币资金,但数额不得超过实缴资本倍数乘以宏观审慎政策参数,其中,区内企业的实缴资本倍数为1倍,区内非银行金融机构的实缴资本倍数为1.5倍。从境外借用的人民币资金可调回境内,但须存放在上海地区的银行为其开立的专用结算账户,用于区内生产经营、区内项目建设和境外项目建设。试验区启动前已经成立的区内外商投资企业,可以自行决定按"投注差"或者按《通知》规定借用境外人民币资金。(2) 开展集团内跨境双向人民币资金池业务,需由集团总部指定一家区内注册成立并实际经营或投资的成员企业(包括财务公司),在上海地区的一家银行开立一个人民币专用存款账户,用于办理集团内跨境双向资金池业务。资金由被归集方流向归集方为上存,由归集方流向被归集方为下划。参与上存与下划的人民币资金应为企业产生自生产经营活动和实业投资活动的现金流,融资活动产生的现金流暂不得参与归集。

3. 上海自贸区人民币回流监管措施

上海自贸区的金融改革试验一直坚持"一线放开,二线管住,有限渗透"的原则和"负面清单"管理模式,其中,跨境人民币业务从开办之初就积极主动落实简政放权和深化行政管理体制改革的要求,在制度设计、管理原则、监管方式等方面都体现了适应开放经济和市场条件的根本要求。在微观管理上,一方面,取消了已实现货币可兑换项目的事前行政审批、备案、许可、登记等程序;另一方面,积极探索更加市场化的事中和事后监督管理的新模式,实行事后监管和"负面清单"式的管理。由银行依法自主进行真实性和合规性审核,在有效防范风险的同时,简化流程和手续,大幅降低银行和企业经营的成本与时间。在宏观管理上,建立了人民币跨境流动宏观审慎管理框架,以人民币账户为切入点,建立人民币跨境收付信息管理系统,全面监测分析评估资金流动状况,关注潜在的系统性风险,注重从宏观政策着眼维护整体稳定。

在金融审慎管理方面,上海自贸区坚持风险可控、稳步推进的原则,适时有序组织试点。一是中国人民银行上海总部与上海自贸区管委会建立信息共享平台;二是中国人民银行上海总部根据全国信贷调控需要,对于区内非银行金融机构和企业境外人民币借款规模,通过设定和调整宏观审慎政策参数进行调控;三是上海地区银行、区内金融机构、企业和个人在开展跨境人民币业务及提供相关金融服务时,按国家有关规定切实履行反洗钱、反恐融资和反逃税义务及职责。

(二)深圳前海人民币回流经验总结

1. 深圳前海人民币回流机制

深圳自贸区的人民币回流渠道主要有以下几条:

第一条渠道是跨境(香港)人民币贷款。2012年12月24日,中国人民银行总行批准,所有注册在前海的企业都有资格向香港银行申请贷款,贷款利率由双方自行商定。其与上海自贸区的不同之处在于,上海自贸区有规模限制并设定了宏观风险系数,最初在上海自贸区跨境贷款金额不能超过企业净资本或风险资本金,融资租赁公司的最大倍数也不得超过1.5倍。但在前海申请的跨境人民币贷款没有规模限制也不局限于前海范围内使用,可以在全国范围内使用。对内地企业而言,香港地区的银行的人民币贷款利率水平与国际挂钩,低于内地银行的贷款利率水平;此外,内地企业借入人民币贷款,不必像香港企业或外国企业那样承担汇率风险。2013年1月28日,由中国人民银行深圳中心支行、深圳市金融办、前海管理局主办的前海跨境人民币贷款签约仪式在深圳市民中心举行,参与方包括15家在香港的银行分支机构和15家在前海注册的企业,共签约前海跨境人民币贷款项目26项,协议总金额约20亿元人民币,贷款协议利率水平为3.5%—4%。①

第二条渠道是前海企业赴港发行债券。2015年年初,国家外汇管理局批复《深圳前海深港现代服务业合作区外债宏观审慎管理试点方案》,这为前海企业到香港发行人民币债券、募集资金调回内地使用提供了更加便利的审批措施,也有助于香港人民币资金的回流。广东自贸区挂牌当日,前海金融控股有限公司首次赴港发行人民币债券10亿元,50%的资金可回流。首次发行的10亿元离岸人民币债券,年期两年半,投资机构多达142家,获得逾130亿元人民币认购、12倍超购,创近年来离岸人民币债券市场超购倍数最高纪录。

第三条渠道是外商股权投资(QFLP)试点。前海深港合作区成立以来,外商对直接以股权投资企业方式进入前海表现出浓厚的兴趣。2013年3月,前海外商投资股权投资企业试点工作正式启动,外商投资或内资的股权投资企业在前海合作区均可设立,但外商投资的股权投资企业只能在前海合作区设立。根据2013年2月6日颁布的《深圳市外商投资股权投资企业试点工作操作规

---

① 《21世纪经济报道》。

程》,外国企业在取得深圳市外商投资股权投资企业试点工作领导小组的认定,且达到相应条件后,即可参与设立外商投资股权投资企业。截至2015年6月,参与企业已达63家,境外募集并回流资金35亿元人民币。①

2. 深圳前海人民币回流机制经验启示

与上海相比,深圳前海的金融创新更具活力和开放性,相对应的监管机制建设比上海更灵活也面临更多的挑战。前海在监管方法上突出风险和问题导向,加快推动向加强事中事后监管、实施全程监管转变。在金融审慎监管方面,前海主要依靠"国际收支申报系统""人民币跨境收付信息管理系统"和"深圳市借款企业风险预警系统"等几个系统联动监控跨境资金的流动。

上海自贸区辐射全球,而广东自贸区对接香港,这与福建自贸区对接台湾的定位具有一定的相似性。上海自贸区在跨境人民币业务的制度设计和金融审慎管理方面较为全面,而深圳前海并没有背负着"可复制、可推广"的期待,在税收优惠以及金融创新方面的一些举措反而更加开放。当然,深圳前海的人民币回流机制还是存在某些问题。一是现有政策过于保守,离岸人民币只能流回前海,但前海面积有限,能容纳的企业规模有限,现阶段大多数贷款只能投向前海的房地产建设,这样反倒会造成风险的累积。二是相关法律与制度还不完善,容易造成法律和制度风险,比如同一件抵押品可能由于法律适用度不同,造成在香港和深圳的银行认同度不一致。三是这种机制会造成人民币套利,但这一问题并未得到有效解决。因此,福建自贸区厦门片区在设计人民币回流机制时应主要以上海自贸区的做法为参照,同时在相似性的基础上适当借鉴深圳前海具有创新特色的回流机制与监管措施。

四、福建自贸区厦门片区开展人民币回流的现实条件

(一)台湾离岸人民币市场发展迅速

自2008年以来,大陆和台湾地区的经贸往来日益频繁,两岸经济关系进入新的发展阶段,两岸贸易与投资活动对人民币产生了巨大的需求,开展人民币离岸业务成为海峡两岸加强经贸联系的迫切需求。同时,台湾地区逐步放宽大陆居民赴台旅游,台湾地区的人民币存量逐步攀升。2012年12月,中国人民银

---

① http://www.gd.chinanews.com。

行授权中国银行台北分行负责台湾地区人民币的清算业务,这标志着台湾地区人民币离岸市场正式启动。中国银行台北分行先后开展了台湾地区人民币清算服务、两岸人民币现钞调运及收付服务、发行"宝岛债"等业务。随着一系列离岸人民币业务的开展,我国台湾地区的离岸人民币存量不断扩大,且其增长速度超过了我国香港地区和新加坡。台湾有关方面公布的数据显示,截至2015年6月底,包括外汇指定银行(DBU)及国际金融业务分行(OBU)在内合计人民币存款余额3 382.18亿元,台湾地区已成为仅次于香港地区的全球第二大离岸人民币市场。①

台湾地区的离岸人民币市场不仅在规模上快速发展,同时在跨境人民币金融产品方面也不断创新。目前,在台交易的人民币商品主要包括存款、放款、债券、债券基金、人民币保单和人民币拆借业务等。台湾金管会也将"建构台湾成为离岸人民币中心"列为施政重点。台湾地区离岸人民币市场不断扩大的市场规模和不断提升的市场功能,为离岸人民币回流提供了有效需求。同时,厦门与台湾地理位置最为接近、经贸关系最为紧密,厦门吸收台湾人民币回流具有现实基础与经济动力,厦门将成为吸收台湾人民币回流的重要基地。

(二)福建自贸区厦门片区将重点发展金融综合服务

福建自贸区厦门片区的范围涵盖东南国际航运中心海沧港区域和两岸贸易中心核心区,并根据先行先试推进情况以及产业发展和辐射带动需要,拓展试点政策范围,旨在形成与两岸新兴产业和现代服务业合作示范区、东南国际航运中心、两岸贸易中心和两岸区域性金融服务中心建设的联动机制。与国内其他自贸区相比,福建自贸区最大的特点就是具有对台优势。

福建自贸区的金融服务改革和创新将主要在厦门片区展开。在产业布局方面,厦门片区将重点培育跨境人民币合作先行区,开展跨境人民币贷款业务和双向资金池业务,建设两岸货币清算中心。厦门片区将积极发挥两岸人民币现钞调运中心和两岸人民币清算中心作用,着重推动海峡两岸货币合作探索创新和两岸金融同业定期交流会晤,积极推进厦门两岸区域性金融服务中心成为两岸金融合作先行先试示范区。目前,厦门已全面启动对台跨境人民币业务并首先开展了对台跨境人民币贷款业务。在首批跨境人民币贷款业务中,共有12对厦门企业、台湾银行机构和厦门银行机构达成12项跨境人民币贷款三方合作意向协议,协议金额11.72亿元;完成4笔跨境人民币贷款备案,备案金额

---

① 新华网,http://news.xinhuanet.com/fortune/2015-07/16/c_128024204.htm。

8 000万元;完成3笔跨境人民币贷款提款,提款金额6 000万元。① 随着福建自贸区厦门片区支持金融创新、建设区域性金融中心等一系列举措的实施,台湾地区人民币回流的诸多限制正在被逐渐突破,福建自贸区厦门片区将成为离岸人民币回流的便利平台。

(三) 闽台金融合作基础良好

近年来,闽台金融合作已经取得显著成效,主要体现在台湾金融机构进驻大陆、海峡两岸完善了现钞兑换服务并搭建了金融机构交流平台等诸多方面。2010年,厦门两岸区域性金融服务中心获准建立,这是大陆首个也是唯一冠以"两岸"名号的区域性金融服务中心;中国人民银行总行先后授予厦门分行开展两岸人民币现钞直接调运、授权厦门分行负责台湾人民币参加行铺底资金额度管理、授权厦门分行负责台湾清算行联络和台湾人民币市场监测等。截至2013年年底,厦门两岸区域性金融中心已落户项目169个,在办项目40个,在谈项目166个,总投资额预计达611亿元人民币。②

在福建自贸区挂牌之后,两岸金融合作将有更进一步的发展。随着福建首家全台资银行——台湾合作金库商业银行的开业,大陆银行与台资银行的业务合作渠道不断扩宽。福建省商务厅2015年7月的统计数据显示,台湾地区的24家银行已与厦门的16家银行签订人民币代理清算协议,并开设40个人民币代理清算账户,累计清算357亿元人民币。同时,大陆的一些银行在其厦门分行的对台业务以及与驻台机构的联动不断增加。如中国建设银行、中国农业银行、平安银行等三家银行的总行已分别在厦门成立"对台人民币清算中心"。两岸金融机构的良好互动必将为台湾人民币回流创造更多条件。

五、福建自贸区厦门片区人民币回流机制设计

(一) 可行渠道设计

1. 出口跨境贸易人民币结算

跨境贸易人民币结算是指在跨境贸易中以人民币计价,并以人民币进行结

---

① 新华网,http://news.xinhuanet.com/fortune/2015-07/29/c_1116082850.htm。
② 《金融时报》,http://www.ftchinese.com/。

算。出口跨境人民币结算是经常项目下人民币回流的主要方式,也是人民币回流的一个重要渠道。在自贸区的政策优势和福建的区位优势下,随着跨境电商的大力发展,福建的对外贸易水平和对台贸易额都将会有大幅度的提高。因此,厦门片区内的商业银行在中国人民银行所规定的政策范围内可直接为区内企业提供跨境贸易(电子商务)人民币结算的相关服务,如出口信用证、托收、汇款等。厦门片区内的银行可以与区内依法取得"互联网支付业务许可"的支付机构或分支机构合作,为在区内注册的跨境电子商务运营机构直接提供基于真实跨境电子商务的跨境人民币结算服务。厦门片区内的监管机构和商业银行也应出台相应措施促进跨境贸易人民币结算业务的便利化,从而使得更多境内外企业选择人民币进行跨境贸易的计价和结算。

2. 跨境人民币融资渠道

厦门片区内的企业可通过跨境融资的渠道引导人民币进行回流,其中,跨境融资的方式主要包括赴境外发行债券和境外人民币贷款两种方式。

境外人民币融资的第一条渠道是赴台发行人民币债券。近年来,我国的离岸人民币债券市场已经发展成为备受关注的新兴债券市场。海外债券市场的融资成本更低,期限也更长。目前,离岸人民币债券的发行主体主要是企业和国内外金融机构,并且以中短期债券交易为主。根据路透社的统计,2015年1—6月台湾地区已经发行159.49亿元人民币债券,"宝岛债"的发行总额为473.49亿元人民币。与其他离岸人民币债券市场如中国香港、欧洲相比,"宝岛债"的规模较小,但基于利率和佣金等因素考虑,其拥有广阔的市场前景。因此,可以在厦门片区内为资信良好和信用评级符合要求的企业及金融机构搭建海外发债的平台,平台的试点可从台湾地区开始。首先,平台可为有意愿在台湾地区发债的企业提供相关咨询和评估服务,平台可引入或建设信用增强机构,为市场提供全方位的信用增强服务,以扩大跨境业务规模。其次,平台应主动对接台湾地区金管部门,为区内企业赴台发债争取更便利的审批程序和更高的额度。最后,平台的建设需要引入债券发行过程中涉及的评级机构、承销商和外汇管理局等监管部门,适当提高债券的回流比例并在发债用途上进行控制。随着平台建设的逐渐成熟,自贸区可争取自主发债,让企业直接在自贸区的交易平台上发行债券并引入海外资金(离岸人民币)参与平台交易。

境外融资的另一条渠道是境外人民币借款。商业银行可为在厦门片区内注册的企业开展跨境人民币借款业务,允许在区内实际经营或投资的企业和金融机构,以及参与区内重点项目投资建设的福建省辖区内企业,从台湾地区或其他海外银行借入人民币资金。境外人民币贷款的期限和利率可由借贷双方在合理范围内自主确立,但区内相关金融机构应在资金使用区域和投资范围上根据借贷主体的具体情况给予一定的限制,并结合福建自贸区建设发展的资金需求和台湾离岸人民币市场的发展情况,确立跨境人民币贷款业务的总规模并进行余额管理。

3. 合格境外投资者渠道

这个渠道的人民币回流方式主要包括人民币外商直接投资(RFDI)、人民币合格境外投资者、人民币合格境外有限合伙人等。福建自贸区与上海、天津和广东自贸区共享一张负面清单,对于负面清单中没有规定的行业领域,离岸人民币均可以FDI的方式直接投资于区内企业。由于《海峡两岸服务贸易协议》的签订受阻,与该协议挂钩的台湾人民币境外投资者的进程也进入停滞阶段,虽然台湾地区已有四家金融机构获得大陆外汇管理局审批的总计1 000亿元的投资额度,但其实际并没有进入大陆市场进行投资。若两岸能同意两岸金融早期接受开放清单项目与服务贸易脱钩,单独形成两岸金融早期接受开放清单并允许为福建自贸区内符合条件的金融机构办理合格境外投资者的审批和额度发放工作,将为台湾离岸人民币的回流开辟新的途径。

人民币合格境外有限合伙人(RQFLP),是指持有离岸人民币的投资机构可以直接用手中的人民币在上海设立外商股权投资企业(QFLP)。这是继跨境人民币外商直接投资(RFDI)、人民币合格境外投资者(RQFII)之后,海外人民币回流的又一渠道。RQFLP有别于以往RQFII只能投资股市、债市,而是可投资未上市企业和上市企业的非公开交易股权、可转换债券、产业基金等。厦门片区可参考前海的相关做法,在区内设立股权投资母基金,并开展境外投资基金试点工作,允许经认定的合格境外投资者申请资本金结汇,用人民币投资于其发起设立的股权投资企业(PE/VC),并为优秀的境外投资机构在区内设立股权投资基金提供落户政策、税收奖励和住房支持等方面的优惠,以吸引更多知名的台湾和海外投资人在自贸区内开展创业投资活动,并为被投资企业提供专业的管理咨询服务。

4. 人民币双向资金池业务

上海自贸区的人民币双向资金池业务目前已经发展得非常成熟,并成为区内最受企业欢迎的业务。厦门片区可借鉴上海自贸区的相关做法,为区内的跨国公司开展人民币双向资金池业务,跨国公司可指定其在区内设立的公司总部或分公司在厦门片区的一家银行开设人民币专用存款账户,以区内账户为主账户、境外账户为子账户,主账户和子账户之间可实现资金的自由流动。通过这一业务,台资企业可实现大陆与台湾两地资金的跨境统筹调配和集中收付管理。

(二) 风险控制和监管机制设计

厦门片区在开展跨境人民币业务时可采用"先境外借款,后债券融资,再股权投资""试点一项、成功一项、推广一项"的顺序和原则进行。

在跨境贸易人民币结算监管方面,由于该渠道具有真实的贸易背景,因此是最直接服务于实体经济的途径。在监管时只需在真实贸易发生的基础上就跨境贸易人民币结算业务所引起的存量和流量信息变化上报国际收支信息统计系统。

在境外融资监管方面,根据自贸区事后监管的原则,可取消境外融资的前置审批,取而代之地用风险转换因子和余额管理等新的管理方式优化境外融资结构。区内的监管部门应对回流人民币的使用进行规定,企业境外融资所得资金应用于自身的生产经营活动、区内及境外项目建设,并符合国家和试验区产业宏观调控方向;金融机构通过自贸区办理的境外融资应用于分账核算业务、跨境人民币业务等与自贸区金融服务有关的经营活动;根据有限渗透的原则,境外融资所得资金也可用于境内区外,其具体使用需要根据具体情况做出更细致和严格的规定。同时,厦门片区可构建"区内企业境外借款风险预警系统",根据不同借款企业的经营情况、信用水平和资金用途,通过期限、类别风险转换因子确定该笔贷款的境外贷款宏观审慎参数,并按照片区内企业的融资需求和偿债能力对整个片区内的境外借款进行余额管理。

在境外投资者监管方面,可对外商直接投资进行事后监管和负面清单管理,对合格境外股权投资者根据"审慎、择优"的原则进行事前审批,对申请的境外投资人的自有资金规模、管理资金规模、基金管理牌照和机构的排名声誉等进行全面的审核与评估。同时,可参照上海自贸区的做法,建立"人民币跨境流动宏观审慎管理框架",以区内所有企业的人民币账户为切入点,建立人民币跨境收付信息管理系统,即时进行数据更新和信息管理,全面监测分析评估资金流动状况,从而采取措施预防可能发生的金融风险。

专题五

厦门建设对台金融合作发展示范基地的研究

一、厦台金融合作发展历史回顾与评价

随着"一带一路"、建设中国(福建)自由贸易试验区等国家战略的陆续实施,作为21世纪海上丝绸之路的核心枢纽城市、福建自贸区中面积最大的片区以及拥有对台特殊性地理位置的地区,厦门对台湾的经贸金融往来合作必将进入到一个新阶段。在海峡西岸经济区战略和《海峡两岸经济合作框架协议》实施下由两岸经贸发展带动的两岸金融合作的逐步推进、《两岸金融监管合作备忘录》的签订等为两岸金融的进一步合作发展奠定了深厚的实践基础。厦门建设对台金融合作发展示范基地还将为人民币国际化打开一个突破口,也为台湾建设离岸人民币中心提供了一个人民币双向流通渠道。此外,从长远意义上来讲,厦门建设对台金融合作发展示范基地还将为中国—东南亚金融合作发展提供很好的合作平台和流通渠道。因此,无论是从战略意义还是现实意义上来讲,厦门建设对台金融合作发展示范基地都将具有极大的实践价值。所以,对厦台金融合作发展历程进行客观回顾以及对厦台金融合作发展现状进行正确分析无疑具有十分重要的现实意义。

（一）厦台金融合作发展历史回顾

厦门地处福建省东南部，是离台湾最近的大陆城市。一直以来，厦门与台湾的金融合作都走在大陆前列，随着《海峡两岸经济合作框架协议》（以下简称 ECFA）以及《两岸金融监管合作备忘录》（以下简称 MOU）的签订，厦台金融合作更是取得了迅猛的发展。

1. ECFA 之前的发展

自 1980 年国务院正式批准厦门设立经济特区以来，厦门与台湾的金融合作交流就进入了快速发展阶段。1988 年，厦门国际银行率先开通了台湾与大陆之间的汇款路线；1993 年，东亚银行厦门分行率先展开了两岸对公通汇和信用证往来业务；1998 年，中国银行厦门分行在大陆首批获准开办新台币兑换人民币业务试点等。在法律政策方面，厦门市人大更是于 1994 年制定了《厦门市台湾同胞投资保障条例》，成为大陆第一部地方性保护台胞投资的法律。

此外，从台湾方面来看，自 2001 年 8 月起，台湾便开始实施分阶段开放岛内本土银行的国际业务分行办理两岸金融业务。在此阶段，厦门积极与台湾银行建立通汇代理关系，以中国银行厦门分行为例，该银行当时就与台湾 22 家银行建立了代理关系，实现了台湾全岛的基本覆盖。2008 年，随着台湾当局推行的一系列政策的陆续展开，海峡两岸间的政治障碍逐渐消除，进一步促进了厦台金融合作。2008 年 11 月 17 日，台湾富邦金融控股股份有限公司旗下的富邦银行（香港）有限公司获准参股厦门银行，成为首家间接投资大陆银行业的台湾金融机构；同年 12 月，台湾最大的寿险公司——台湾人寿股份有限公司与厦门建发股份合资设立了君龙人寿保险有限公司；台湾统一证券、富邦证券也相继获批在厦门设立了代表处。

从上述发展历程来看，在 ECFA 签署之前厦台之间就进行了诸多方面和形式的金融合作，但是合作层次较浅，大多仍处于互设代表处或签署代理合作关系阶段。

2. ECFA 之后的发展

2010 年 6 月 29 日，两岸签订了 ECFA 协议，涵盖了海峡两岸之间的主要经济活动。ECFA 的签署大大促进了厦台金融合作的发展。

从银行业方面来看，2010 年，厦门银行获批开办人民币与新台币双向兑换业务，成为第一家获此资格的台资参股银行；中国银行厦门分行为台湾"国宾"国际股份有限公司开立了首个人民币 NRA 基本存款账户。2012 年，台北富邦银行与厦门银行签署了人民币清算结算协议书,在厦门银行开立人民币同业往来账户,该账户成为台湾地区银行金融机构在福建省金融机构开立的第一个人民币同业往来账户。2015年,台湾第一商业银行厦门分行正式开立,成为厦门首家全台资银行。此外,从人民币结算清算方面来看,厦门作为大陆首个提出建立对台人民币结算清算群的城市,人民币代理行清算群粗具规模。截至2014年年底,厦门对台人民币结算量达到734亿元,占全省的份额近八成,并且已有23家台湾地区银行金融机构在厦门开立38个人民币代理清算账户,初步形成区域性两岸货币清算中心。

从保险业方面来看,截至2014年年底,进入大陆的5家台资保险机构已有"国泰"人寿保险、君龙人寿保险、富邦财产保险、"国泰"财产保险等4家在厦门落户,设置营销服务部8个,经营范围涵盖人身保险、财产保险,注册资本金达12亿元。其中,由台湾富邦产物保险公司与富邦人寿合资的台资全资保险机构富邦财产保险公司获准成立;来闽设立的第一家台资保险法人机构——厦门君龙人寿保险公司和大陆第一家台资金融机构参股的银行——厦门银行更是扩大了业务范围,跨出厦门,在福州分别设立了福建分公司和分行。

从证券业方面来看,跨境人民币代理结算清算业务的扩展,推动了辖区内银行代理台湾人民币参加行开展海峡人民币证券投融资业务,促进了厦台证券业的发展。如厦门银行代表银行间债券市场结算代理人,积极协助台湾日盛国际商业银行进入银行间债券市场展开债券交易,开立了厦门首个境外参加行人民币特殊账户。2014年2月24日,由厦门金圆集团和台湾永丰金控合资的证券投资基金管理公司——圆信永丰基金管理公司在厦门正式开业,这是厦门首家证券投资基金管理公司。

从上述ECFA签署之后厦台金融合作发展情况来看,两地金融合作的程度和深度都有所增强,但同时可以看出,目前厦台的金融合作主要集中于传统金融领域,在促进产融进一步结合的新型金融业态及相关金融基础设施建设和配套金融服务领域合作较少。

(二)厦台金融合作的发展评价

鉴于没有一组全面的数据可以完全地描述厦台金融合作的发展趋势,因此本专题对厦台金融合作发展的评价方法将采用主成分分析法。

结合厦台目前的金融合作状态,本专题将主要选择以下几个变量:

一是反映两岸资本流动的变量。本专题将采用厦门每年实际利用台资数据作为两岸资本流动的变量,数据来源于《厦门市统计年鉴》。

二是反映两岸银行业交流的变量。本专题将采用厦门市辖区办理的新台币兑换量和厦门市对台人民币结算量两组数据作为两岸银行业交流的两大变量,数据来源于《厦门市统计年鉴》。

三是反映两岸保险业交流的变量。因为厦门市保险业发展较为完善,且台资保险机构绝大多数都在厦门设立了总公司或分公司等,本专题将纳入反映两岸保险业交流的变量——在厦门设立分支机构的台资保险机构在厦门的保费收入总和。

由于厦门和台湾间的证券业交流不多,直至 2014 年 2 月 24 日厦门才设立了首家台资合资证券投资基金管理公司,之前也仅是设立了 3 个证券公司代表处,实际数据获得可能性低,因此,本专题并不添加反映两岸证券业交流的变量。

本专题设定的考察区间为 2009—2014 年,对此期间上述 3 个变量的取值做 KMO 检验后得到的主成分分析结果如表 1 所示。

表 1 解释的总方差

成分	初始特征值			提取平方和载入		
	合计	方差占比(%)	累积(%)	合计	方差占比(%)	累积(%)
1	2.001	51.214	51.214	2.542	63.544	63.544
2	1.108	27.458	78.672	1.376	34.388	97.931
3	0.722	15.304	93.976			
4	0.172	6.020	100.000			

由表 1 可以看出,通过主成分分析法可提取出两个因子,各自的方差占比为 63.544% 和 34.388%,可按照方差占比的加权平均法求得这两个因子的加权平均值作为厦台金融合作的发展情况,如图 1 所示。

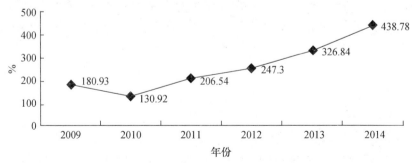

图 1 2009—2014 年厦台金融合作指标趋势图

从图 1 可以看出,除 2010 年厦台金融合作发展有所放缓外,其后各年均取得了较为稳定的增速。总体来说,厦台金融合作呈平稳上升的态势。

(三)厦台金融合作发展存在的问题

1. 厦台两地间货币兑换仍存在较强约束

虽然厦门目前已成为首批可兑换新台币的城市之一,且率先开通了两岸银行间首个人民币同业往来账户,打通了两岸人民币的直接清算渠道,但是,由于总量控制和多数银行存在现钞不足的原因,人民币直接清算数额仍然较小,使得两地结算业务仍然主要是以美元作为结算和支付的手段,使得汇兑过程中的结算成本居高不下,不便于厦台两地的深入交流。

2. 厦台两地新型金融业态合作仍属较浅层次

目前,厦台两地的金融合作主要集中于传统金融领域(如银行业、证券业、保险业等),在促进产融进一步结合的私募股权投资、风险投资、金融租赁等方面以及台湾发展较好的金融配套专业服务方面尚未展开实质的、广泛的合作。考虑到厦台两地的经济产业结构特点以及目前厦台金融合作面临的前所未有的机遇,可探索厦台两地在产业资本和科技金融等方面的合作。

3. 厦台两地金融基础设施合作仍存在较多障碍

从上述历史回顾中可以看出,厦台两地现在还未在金融基础建设如金融监管、金融行业标准统一以及金融配套专业服务等方面展开深入合作。因此,厦门可在自由贸易试验片区这个先行先试的试验环境中综合利用制度条件、国际条件以及技术条件等突破上述障碍,实现厦台经贸和金融的进一步合作发展。

4. 厦台金融合作缺乏跳板机制

目前,厦台两地的金融合作虽然取得了诸多方面的发展,但由于两岸特殊政治关系的缘故,厦台两地的金融合作仍存在很多障碍,开放程度也随着两岸政治关系的变化时高时低,这都表现出在厦台两地金融合作发展进程中缺乏一个很好的"跳板机制",即厦门可先与两地都同意充分开放的地区(如金门)展开合作,而后再延伸至整个台湾地区。

5. 台资金融机构对大陆的投资重心出现偏移

虽然厦门是离台湾最近的大陆城市,但随着近几年长江中下游地区等地的发展和同样具有一定地理优势的海西区的内部竞争,台资机构对大陆的投资重心出现偏移,开始集中在上海、浙江以及福建其他地区。因此,厦门有待进一步提高自身的发展水平,并积极促进厦台金融合作的进一步发展。

二、厦门建设对台金融合作发展示范基地的国内经验借鉴

本部分将对比分析我国四大自贸试验区金融政策取向,以为厦门建设对台金融合作发展示范基地提供基本的借鉴意义。

(一)上海自贸试验区金融领域开放创新举措

从上海自贸试验区金融改革的内容和发展历程来看,其经历了三个阶段:2013年9月,国务院印发《中国(上海)自由贸易试验区总体方案》,上海市会同"一行三会"据此出台了支持自贸试验区建设的"金改51条",确立了金融支持自贸区建设的总体政策框架,将加快金融制度创新、增强金融服务功能作为上海自贸试验区金融改革的重点试点内容;2014年5月,央行上海总部建立的自由贸易(FT)账户系统正式投入使用,围绕贸易和投资便利化金融改革政策全面实施,以自由贸易账户为核心的强大风险管理系统正式投入运行;在上述基础上,上海自贸试验区金融改革在围绕上海国际金融中心建设的主题下,试图在一些关键领域取得突破,如使资本项目可兑换得到全面有序实施,利率市场化全面推进,金融监管的负面清单管理全面实施,以FT账户系统为标志的强大的事中事后风险管理和金融安全系统全面到位,等等。从上述金融改革的路径来看,上海自贸试验区的金融改革主要在于进一步深化对内改革和对外开放,打通境内外的资金流通渠道,推进我国资本项目可兑换,等等。

(二)广东自贸试验区金融领域开放创新举措

从广东自贸试验区总体方案来看,其金融改革的目标主要是以下四个方面:推动跨境人民币业务创新发展,重点推进粤港澳之间双向人民币投融资、跨境人民币证券产品发行、银行间信贷产品的交易和转让、非银行金融机构跨境人民币业务以及人民币海外投贷基金的设立等;推动适应粤港澳服务贸易自由化的金融创新,重点在金融产品互认、传统金融领域业务门槛、外资金融机构设立股权投资和创投基金资质、新型金融业态以及金融业务创新等方面进行探索;推动投融资便利化,主要是通过本外币账户管理模式、跨境投融资业务以及外债管理制度等方面的创新来推动投融资的便利化;建立健全自贸试验区金融风险防控体系,主要通过构建自贸试验区金融宏观审慎管理体系、建立金融监管协调机制、建立本外币一体化管理机制以及完善跨行业跨市场金融风险监测

评估机制等来加强对重大风险的识别和系统性金融风险的防范。

从上述广东自贸试验区金融改革的举措来看,其发展重点在于,在做好金融风险防控体系的情况下,通过各项金融创新尤其是跨境人民币业务创新和账户管理创新来推动投融资便利化。此外,广东自贸试验区金融改革最具特色的是立足于粤港澳紧密的三角区位优势和港澳服务产业优势,积极推动适应粤港澳服务贸易自由化的金融创新。

(三) 天津自贸试验区金融领域开放创新举措

天津自贸试验区金融目标也主要为以下四个方面:推进金融制度创新,主要开展利率市场化、人民币资本项目可兑换试点、深化外汇管理、自由贸易账户以及跨境投融资方面的改革创新等;增强金融服务功能,重点推进外币离岸业务、动产融资业务、商业保理业务以及跨境再保险业务等创新型服务业务;提升租赁业发展水平,这是天津自贸试验区金融改革的核心所在,主要进行租赁业政策制度的创新,包括设立中国金融租赁登记流转平台,统一内外资融资租赁企业准入标准、审批流程和事中事后监管,允许融资租赁企业开展主营业务相关的保理业务和付费业务等;建立健全金融风险防控体系,主要涉及的是完善对持有各类牌照金融机构的分类监管机制,探索建立跨境资金流动风险监管机制,以及强化外汇风险防控等。

从上述天津自贸试验区金融改革的举措来看,其发展重点在于,在做好金融风险防控体系的情况下,通过推进金融制度创新和增强金融服务功能来推动贸易投融资便利化。通过上述内容我们还可以看出,天津自贸试验区将融资租赁作为其金融改革的重头戏,以适应天津本身的港口型经济。

(四) 福建自贸试验区金融领域开放创新举措

目前福建自贸试验区在总体方案中制定的金融改革目标为:扩大金融开放,主要涉及建立与完善涉外账户管理模式,试行资本项目限额内可兑换,提高投融资便利化水平以及强化风险防控等;拓展金融服务功能,主要包括探索金融机构金融资产的对外交易与转让,推动开展跨境人民币业务创新,创新风投、信托等金融服务,拓展自贸试验区内融资租赁业务的经营范围和融资渠道,支持设立产业投资基金等;推动两岸金融合作先行先试,主要涉及人民币与新台币的兑换、跨境借贷款、台资金融机构准入和业务门槛等方面。

从上述福建自贸试验区金融改革的描述可以看出,在扩大金融开放、拓展金融服务功能等方面其与沪、粤、津的金融改革内容相差无几,其核心点在于对台,期望通过上述举措可以进一步加深两岸金融合作。

(五) 小结

通过上述四个自贸试验区金融改革举措的描述可以看出:上海自贸试验区主要致力于解决国内金融改革发展尚存的痼疾,以及推进资本项目开放,打通国内国际的双向资金通道。广东自贸试验区金融改革的主要特色是面向港澳,积极推动适应粤港澳服务贸易自由化的金融创新,为粤港澳一体化发展奠定金融基础;此外,广东自贸试验区金融改革的另外一个特色是大力推进金融创新,其丰富的金融创新产品不仅满足和优化了各类型企业的融资需求,甚至还引致企业对于金融产品的供给性需求。天津自贸试验区则将融资租赁作为其金融改革的支柱金融产业,以更好地发展其港口型经济。根据福建自贸试验区厦门片区产业发展规划以及厦门自身的情况来看,国际贸易、航运物流、金融服务、专业服务、高端制造等产业集群应该成为厦门未来的发展重点,再加上台湾拥有丰富的高科技企业投融资经验,因此厦门还可将产业资金、科技金融、融资租赁、跨境电商以及互联网金融纳入示范基地的建设中去。

三、厦门建设对台金融合作发展示范基地的实施策略

2015 年 4 月,国务院通过的《中国(福建)自由贸易试验区总体方案》中提出,要推进金融领域开放创新,具体包括扩大金融对外开放、拓展金融服务功能以及推动两岸金融合作先行先试三个方面。基于此文件,我们将从更广的范围和更深的层次来说明厦门如何构建对台金融合作发展示范基地。

(一) 完善厦台金融合作新机制,构建厦台金融改革开放新格局

1. 扩大金融合作领域

在本部分中,我们认为厦台两地扩大金融合作的形式包括四个方面:一是厦台两地可在福建自贸试验区这个国家战略制高点以及人民币国际化的大趋势下开展人民币与新台币之间的自由兑换,推动台湾人民币离岸市场的建设以及跨境人民币业务的大发展。二是厦台两地在突破股权占比限制下可以在包括银行业、证券业、保险业、期货业、信托业等传统金融机构,包括存贷款、证券交易、保险销售等传统金融业务,以及包括资本市场融合和多层次发展等方面展开合作;也可以进一步探索台湾独资设立上述金融机构的可能性与具体实

践。此外，厦台两地还可在金融租赁、跨境电商、第三方支付、互联网金融等新型业态或新式服务方面进行合作，以使两岸金融业共同实现创新式、服务型发展和产融的更紧密结合。另外，厦台除在上述经典金融领域开展合作外，还可在比如房地产业、大宗商品交易、股权投资(VC/PE)等大型资产配置方面进行合作，以推动厦台整个投融资领域的大结合和大发展。三是厦台还可在金融配套服务或专业服务领域展开合作，比如会计师事务所、律师事务所、征信业服务机构以及人才交流中心等。四是为了给上述金融合作设置一道安全的金融防火墙，厦台还应加强金融监管合作，以排除合作过程中的外溢效果与市场失灵。

2. 加强金融监管

加强两岸的金融监管可从建立两岸金融业联合监管框架着手。具体来说，两岸可以组成金融业联合监管小组，该小组的职能既包括制定相关的交易制度和市场准入准则，也包括透过一定的平台对市场监管进行协调。平台的制定可以针对不同的金融业态有不同的参考标准。比如说，银行业可以在 Basel Ⅲ 的标准下展开监管合作；证券业的监管可在 GATS、WFE 和 IOSCO 等框架协议下进行合作；保险业可在 WTO、IAIS 和 ICP 等框架下进行监管合作。在上述框架内，制定好统一标准的法律法规，规范好两岸各自的权利义务，进而再探讨具体事务中的监管措施和方法。但目前两岸联合金融监管的一个问题在于，台湾金融业由金管会进行统一监管，而大陆对于金融业的监管则分散于"一行三会"之中，如何协调两岸的金融业监管部分将面临很大的挑战。我们认为，可以借助于厦门片区的先行先试机会，先来探索厦门市"一行三会"的职能融合乃至最后的统一，进而推动厦台两地金融监管机构的深入合作。

3. 进一步深化两岸货币清算机制

厦门在建立对台金融合作发展示范基地的过程中需要将两岸货币清算制度在设计上进一步细化，可将货币汇兑流通、清算平盘、金融监管、风险管理等协议的签署纳入两岸的金融合作规划中去，将资金流动监测制度纳入两岸信息交换制度设计中，并在两岸的支付制度方面有所创新。另外，厦门在建立对台金融合作发展示范基地的过程中还需要在两岸货币清算机制的技术设计上有所发展，包括强化厦门现有的间接代理行清算机制，进一步开发利用厦门现有的银行分支机构进行两岸货币的直接清算，扩大现钞现汇的兑换地域范围，将新台币纳入大陆外币支付系统清算货币等。

4. 建立厦台金融合作的"跳板机制"

由于两岸特殊政治关系的缘故，厦台两地的金融合作仍存在很多障碍，开放程度也随着两岸政治关系的变化时高时低,这都表现出在厦台两地金融合作发展进程中缺乏一个很好的"跳板机制"。据悉,金门自2015年5月起在积极申报离岛自由经济示范区,以与厦门片区相呼应,因此,一旦此项公投通过,厦门可先与金门开展金融方面尤其是资金跨境流通方面的合作,以此为跳板而后延伸至整个台湾地区。

(二) 推动台湾人民币离岸市场建设,谱写厦台人民币合作新篇章

1. 探索厦台人民币资本项目可兑换

虽然我国经常项目已经开放多年,但资本项目的开放却经历了一个漫长的过程,至今尚未完全开放。中国人民银行行长周小川指出,尽量在2015年实现我国资本项目的完全开放。目前来看,这个目标在年内实现的可能性在降低,但我们可以通过自贸试验区的试验功能加速我国资本项目的开放,厦台人民币资本项目可兑换的进程可借鉴上海自贸试验区相关的措施。从上海自贸试验区关于资本项目的开放措施来看,其主要分为手续简化、专户专用、管理放款三个方面。在手续简化方面,主要包括简化直接投资外汇登记手续,直接投资外汇登记及变更登记下放银行办理,区内台商投资企业的外汇资本金实行意愿结汇。在专户专用方面,台商投资企业应在外汇资本金账户开户银行开立一一对应的人民币专用存款账户——结汇待支付账户,用于存放资本金结汇所得人民币资金,按照正式交易原则通过该账户办理各类支付手续;银行应报送人民币结汇待支付账户的开户及收支余信息,并通过境内收付款凭证,报送人民币结汇待支付账户与其他境内人民币账户之间的收付款信息。在管理放款方面,放宽区内企业境外外汇放款管理,将区内企业境外外汇放款金额上限调整至其所有者权益的50%;确有需要超过该比例的,由外汇管理局按个案集体审议方式处理,将境外直接投资债券登记纳入境外外汇放款登记管理;区内企业提供对外担保,可自行办理担保合同签约,无须到外汇管理局申请办理事前行政审批手续。

2. 构建合理的在台人民币回流渠道

(1) 贸易结算。厦门片区可简化人民币跨境贸易结算流程,通过税收优惠等手段,引导对台进出口企业以人民币进行贸易结算,并鼓励台湾企业或个人将持有的人民币以存款、投资等形式投入厦门或者整个福建自贸试验区中。另外,还应鼓励金融机构从事人民币跨境贸易融资业务,提高融资上限和规模,创新信贷产品,为扩大人民币跨境贸易结算规模提供资金基础,争取将厦门片区

对台的人民币跨境贸易结算业务做广、做深。

（2）存/贷款渠道。鼓励台湾企业或个人将所持通过在自由贸易、投资等活动中获得的人民币存入在自贸区内银行开设的人民币专用账户。另外，允许厦门片区内有资格的银行开展对台人民币离岸市场业务。同时，鼓励区内企业从台湾人民币离岸市场贷款，一方面促进离岸人民币的回流，另一方面刺激台湾离岸人民币市场的发展，增加离岸人民币的流动性，为未来人民币国际化奠定基础。具体回流方式如图 2 所示。

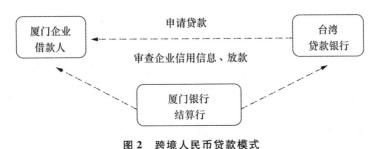

图 2　跨境人民币贷款模式

（3）对外直接融资渠道。允许并鼓励境内机构及企业在台湾发行人民币债券（宝岛债）。在债券种类方面，逐步实现以政府债券为主，金融债、企业债等金融创新类债券为辅的多样化离岸人民币债券市场；同时，放宽对区内发债主体的审批及限制，政策性支持并鼓励中小企业积极增加信用评级，拓宽融资途径，在适当的时刻也可在台湾发放人民币债券。允许符合条件的台湾人民币机构投资者投资大陆证券市场，在区内经济发展到一定程度后，可允许境外符合条件的机构及企业运用在贸易或融资活动中合法获得的境外人民币资金，购买区内企业的股票。

（4）直接投资。目前，人民币 FDI 已经发展成为人民币回流的主要渠道之一。2011 年公布的《外商直接投资人民币结算业务管理办法》为境外企业、经济组织和个人提供了政策支持，扩大了使用人民币投资者的范围，减弱了人们因人民币不能快速流通而产生的忧虑和犹豫。为了加快境外人民币回流投资内地市场，我国又修订了《外商直接投资人民币结算业务管理办法》，进一步完善了人民币回流的制度保障。我们建议厦门片区在外商直接投资管理办法的框架下进一步积极引导台资企业以直接投资的方式到区内设厂或开立公司，并适当给予更多的税收优惠和产业扶持，以此实现人民币的回流。

（5）RQFII。2011 年 8 月，中国政府首次允许 RQFII 可以直接投资境内股票债券市场，起步金额不能低于 200 亿元，其中，投入股市的比例不能超过

20%。2013 年,中国证监会出台办法,提出 RQFII 不再受投资 A 股市场资金比例 20% 上限的束缚,投资公司也不再局限于基金证券公司,允许在香港设置子公司的商业银行和保险公司参与投资,且国内监管层新增 RQFII 额度达到 2 000 亿元。RQFII 逐渐成为在港人民币回流的有效渠道,在活跃内地 A 股市场的同时为境外的人民币投资者提供了更好的投资内地市场的政策支持。我们认为可借鉴香港 RQFII 运营方式(主要包括资质认定、额度审批两个环节)开放台湾基金公司以 RQFII 方式投资大陆股票债券市场。在具体的操作过程中,我们建议可适当给予台湾较多的额度,在活跃大陆资本市场的同时积极引导在台人民币的回流,以促进台湾离岸人民币中心建设。

(6) QFLP。我们建议厦门片区应积极引进台湾合格境外有限合伙人,将新台币等兑换为人民币资金,投资于国内的 PE 以及 VC 市场,可借鉴深圳 QFLP 条件、要求以及办理流程。具体来说,在设立条件上,台资股权投资企业认缴出资不得低于 1 500 万美元,台资股权投资管理企业认缴出资不得低于 200 万美元。在业务范围上,台资股权投资企业可以全部自有资金进行股权投资,包括新设企业、向已设立企业投资、接受已设立企业投资者股权转让等,为所投资企业提供管理咨询。台资股权投资管理企业可发起设立股权投资企业、受托管理股权投资企业的投资业务、提供股权投资咨询等。

(7)"厦台通"。近年来,直接融资在整个中国融资体系中的作用越来越大,但直接融资的多层次区域性融资体系建设尚未完善,鉴于此,我们建议厦门片区可建立一个区域性股权交易市场,第一步可鼓励台湾投资者投资该股权交易市场,并支持大陆投资者在厦门建设投资通道投资台湾的兴柜、上柜市场;第二步可尝试与台湾兴柜、上柜市场融合,建立区域股权交易市场的"厦台通",进而促进人民币的"走出去"与"流回来"。

(三)加速推进跨境金融业务创新,提升自贸区金融服务功能

1. 为境内外资金汇划和汇兑提供便利

厦门片区可借鉴上海自贸试验区关于境内外资金汇划和汇兑便利方面的规定,达到"一线放开""二线管住"和"有限渗透"。具体来说,"一线放开"是指自贸试验区内企业和境外企业可开立自由贸易账户,办理跨境结算、融资、担保等业务,账户内本外币资金可自由兑换。"二线管住"是指自由贸易账户与非自由贸易账户之间产生的资金流动视同跨境业务处理。"有限渗透"是指区内主体的自由贸易账户与其开立的非自由贸易账户之间,因经常项目下业务、偿还贷款、实业投资以及其他符合规定的跨境交易需要可办理同户名资金划转。自

贸试验区自由贸易账户运行如图3所示。

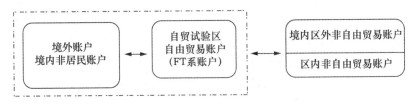

图3 自由贸易账户运行图示

此项创新措施允许企业集团境内外成员之间办理跨境人民币借款和放款业务,但办理跨境人民币借款业务的境内主体必须是在特定区域内注册成立且实际经营或投资的企业,境外放款主体必须是同一企业集团的成员。境内成员用于放款的资金,应来源于生产经营活动和实业投资活动产生的现金流,不得拆借银行资金用于放款业务。

2. 拓展跨境双向人民币融资业务

具体来说,允许并支持区内金融机构和企业从境外借用人民币资金(不包括贸易信贷和集团内部经营性融资),以所有者权益为基准实行宏观审慎政策参数管理。具体可参照上海自贸试验区相关业务标准,即区内企业借用人民币资金规模(按余额计)的上限不得超过实缴资本$\times 1 \times$宏观审慎政策参数;区内非银行金融机构借用境外人民币资金规模(按余额计)的上限不得超过实缴资本$\times 1.5 \times$宏观审慎政策参数。在业务发展成熟的基础上,可逐渐增大相关乘数直至最后达到自由借用外债的目标。允许区内金融机构之间或与台湾金融机构之间开展人民币资产跨境双向转让业务,鼓励跨境资产转让使用人民币计价和结算;允许区内陆资、台资或者陆台合资企业在区内设人民币合格境外合伙人跨境人民币股权投资基金和母基金,开展人民币跨境双向投资业务;允许区内企业和金融机构赴境外发行人民币债券并回流使用,用于支持区内的开发建设等。

3. 试点推进新台币现汇结算清算业务

支持厦门以"限制区域、限制机构、限制对象、限制金额"等有限试点方式推进新台币现汇结算清算业务。具体来说,福建自贸试验区厦门片区内的金融机构、企业和个人可在从大往小的不同的定额内开展新台币现汇的结算清算业务,具体以业务需要和实际用途为参考依据。鼓励厦门银行机构和个人开立新台币账户,积极推进新台币区域性银行间市场交易和人民币/新台币直接兑换。

4. 为境内外投融资提供便利

可允许自贸试验区内企业组建一个跨境资金池,此资金池可综合运用境内、境外两个市场进行投融资。具体来说,自贸试验区内企业既可在境内融资也可在境外融资,融通的资金放进该企业在自贸试验区内设立的跨境资金池,跨境资金池内的资金的投资地域既可在境内也可在境外。运用到厦台之间就是,允许厦门片区内的企业在该片区内设立一个跨境资金池,鼓励企业到台湾融资然后投资大陆,也允许企业将在大陆融入的资金投资台湾,还允许进行交叉投融资等,如图4所示。

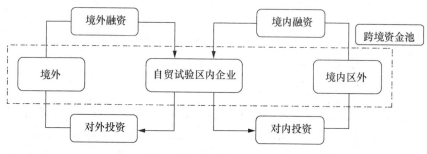

图4　跨境资金池运作图解

5. 支持区内跨国公司开展跨境双向人民币资金池业务

支持集团境内外成员企业之间的双向资金归集业务,允许企业集团境内外成员之间办理跨境人民币借款和放款业务,但办理跨境人民币借款业务的境内主体必须是在特定区域内注册成立且实际经营或投资的企业,境外放款主体必须是同一企业集团的成员。境内成员用于放款的资金,应来源于生产经营活动和实业投资活动产生的现金流,不得拆借银行资金用于放款业务。具体操作模式如图5所示。

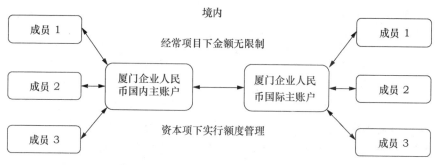

图5　跨境人民币资金池业务操作模式

（四）加强厦台金融服务功能合作发展，建设金融业发展制高点

1. 金融机构合作

（1）银行业、证券业、保险业、期货业。允许下放台资投资性公司等值10亿美元（含）以下的设立审批权给厦门，降低投资租赁公司的台商投资者总资产门槛至100万美元，租赁公司注册资本不低于500万美元。将在区内设立分行的台湾地区金融机构的资产规模由200亿美元降至60亿美元。支持银行业金融机构入区发展，简政放权，允许部分机构、高管、业务准入事项适用报告制。允许台湾地区银行不经代表处即可设立营业性机构，允许区内台资银行经营性机构一经开业即可申请经营最大范围的人民币业务。允许区内台资银行在福建省内开设异地分支机构不受年度规划限制，并将相关准入审批权限下放给属地银监局。在符合审慎经营的前提下，支持台湾地区金融机构在区内设立法人银行业金融机构。允许自贸试验区内银行业金融机构在计算存贷比指标时将境外金融机构一年期以上人民币资金存放净额纳入存款口径、对区内及境外企业项目发放的贷款在贷款口径中给予扣除。支持厦门银行业法人机构赴台设立分支机构。台湾地区服务提供者在区内设立的合资证券公司可以申请在境内从事各项证券业务。允许在区内就业并符合条件的境内个人，通过自由贸易账户在区内证券期货市场投资；在符合规定的条件下，可投资境内区外证券期货市场。允许区内符合条件的境内个人，投资境外证券期货市场。允许区内符合条件的境外个人，作为证券期货经营机构的客户，通过自由贸易账户在区内证券期货市场投资；按规定投资境外、区外的证券期货市场。允许在区内设立全国性外资网络保险专业代理机构。取消区内保险分公司高管人员任职资格的事前审批，由当地保监局实施备案管理。允许自贸试验区保险机构引进台湾地区保险产品，由当地保监局实施审批或备案管理。开展融资租赁资产证券化和资产流转试点。支持境内期货交易所根据需要在区内设立期货交割仓库。

（2）基金业。目前，大陆的政策虽然允许外资、合资基金公司设立，但存在许多门槛限制。比如，依照大陆《外资参股基金管理公司设立规则》，外资在基金公司参股比例最高不超过49%，且合资基金公司主要管理层也大多是委任或指定人选，外资参股基金管理公司的境外股东实收资本不少于3亿元人民币（相当于15亿元新台币）的等值自由兑换货币等，台湾符合以上条件的投信公司数量有限。因此，两岸合资设立基金管理公司，可以考虑争取在厦门片区内，给予合资方台资金融机构超过49%的持股比例，更重要的是降低股东的资格条件。

两岸签订 MOU 后，QDII 与 QFII 成为直接投资两岸证券市场的正式渠道。但是，大陆申请 QFII 资格的门槛同样较高，台湾能达到要求的证券机构数量有限。考虑到台资证券机构的现状，在推进两岸资本市场合作中，可以考虑降低台资申请 QFII 投资大陆的门槛，以便让更多的台资基金公司能够投资大陆证券市场。此外，还应将 RQFII 纳入两岸基金业的合作中去，一方面可降低台湾基金公司开展 RQFII 的进入门槛，另一方面可给予台湾方面 RQFII 更多的额度，从而不仅促进两岸金融业的合作发展，也通过增加人民币回流渠道促进了人民币国际化。

（3）探索台湾金融控股模式。有台湾学者研究表明，非金融控股下的台湾证券业、银行业、保险业会存在效率损失，无法发挥金融业的规模经济效应，而台湾金融控股模式会使台湾地区金融业的整体效率值逐年提高。我们建议可在厦门片区内试验台湾的金融控股模式，允许台湾在厦门片区内以金融控股的方式下辖证券业、银行业、保险业等多个金融业态，以探索更有效率的金融业发展模式。具体来说，考虑到各金融控股模式的优劣性以及发展经验，我们认为可在厦门设立纯粹的金融控股公司（即母公司控股、子公司分业经营的模式），这种纯粹的金融控股公司一般来说有着明晰的所有权、经营权和决策权，在资本运作、战略管理等方面拥有明显的比较优势和专业优势，并可以有效防止不同金融行业风险的相互传递。在模式选定的基础上可参照台湾制定暂行的金融控股公司法规或条例，用以规范金融控股公司内各子公司的业务权限关系。另外，虽然金融控股公司在发展的过程中可发挥很大的行业集聚效应，但同时也成为风险集聚中心，为了防范金融控股公司风险，厦门片区在试验的过程中可参照台湾金融防火墙的制定办法，形成法定防火墙和自律防火墙两相互补的制度。在法定防火墙方面，主要涉及法人防火墙、信息防火墙、人事防火墙、业务防火墙以及资金防火墙等方面的规范制定。在自律防火墙制度方面，主要包括业务防火墙和信息防火墙两个方面的规范制定。

2. 金融业务开拓与创新

此项内容主要涉及的是在放宽各类型金融机构入区条件的基础上进一步放宽各金融机构开展金融业务的范围限制。具体来说，厦门片区可支持陆资或台资机构或个人在符合一定条件的基础上在自贸试验区内申设汽车金融公司、消费金融公司、金融租赁公司；支持符合条件的中资银行在区内开展离岸银行业务，区内银行分行以下机构、高管和业务准入由事前审批改为事后报告；在风险可控的前提下，鼓励银行业金融机构创新业务品种，重点加大对高新技术产业、战略性新兴产业和未来产业的信贷支持力度等。

3. 资本市场合作

根据国际证券业融合发展的经验,并结合两岸资本市场和宏观经济的发展现状,两岸资本市场合作与往来、融合与发展,应遵循循序渐进、逐层递进的发展过程,大致经历"市场开放—机构合作—跨地上市交易"三个相互联系又逐层递进的发展阶段。

(1) 可在厦门片区试验放宽台资机构的QFII制度资格,台湾也应进一步放宽厦门资本投资台湾证券市场的限制。在逐步开放两岸货币完全可兑换的同时,可以同时放开两岸的相互投资限制,降低进入门槛,促进资金在彼此资本市场上的流动。加快跨市场产品的开发,特别是通过香港市场向台湾投资者推出沪深指数ETF,未来也应允许直接投资台湾的ETF在大陆A股市场挂牌;反之亦然。另外,可以允许两岸证券业考试准入或牌照互认。两岸证券期货业在经营模式上存在许多差异,应该加强两岸同业间的交流与互访,彼此了解、互相学习,促进双方业务合作的机会。

(2) 厦门可设立一个区域性股权交易中心,并考虑引进台湾上柜、兴柜交易制度,构建上柜交易平台、兴柜交易平台、产权交易平台等三大平台。按照进场门槛由低到高划分:产权市场可交易标的最广,只要权属清晰即可,所有的权益均可在这一平台实现交易,普及率最高;兴柜对标的企业虽无盈利能力要求,但需有两家以上证券商为其推荐,与上柜交易一样,交易品种必须是标准化了的股权;上柜对标的企业均有一定的条件要求,但其门槛条件又大大低于主板市场,从而构建起层次鲜明、门槛各异、相互联系与相互促进的多层次区域性的资本市场体系,为主板提供新的基础性的平台。此外,还应在三个平台内部建立健全的转板机制,促进企业不断提升上市层次,不断提高流动性和融资能力,并进一步探索和完善与主板市场对接机制,帮助优质企业在两岸主板市场实现转板交易。

(3) 通过厦门对台金融合作示范基地的衔接作用,实现两岸主板融资平台的对接(T股市场和A股上市)。具体来说,可以从以下三个方面展开:一是放宽大陆公司直接赴台上市的限制,同时允许大陆注册的公司(尤其是台资企业)可以直接回台湾上市,建议允许从海西区内的台商投资企业先行先试。二是允许台湾注册的公司来大陆A股上市。三是设立两岸联合交易平台。具体来说,两岸交易所可以按照互惠对等的原则,在其内部互设交易代理平台,允许大陆A股上市公司和台湾上市公司股票通过该联合交易平台交易。通过主板融资平台的对接,打造海峡资本市场,利用双方的比较优势,相互补充、互利双赢,相关企业可以因地制宜,根据自身的融资需求选择成本最低的融资方式,也为两岸证券经营机构的合作提供更多的机会。

(五) 推动厦台产业资本与科技金融合作发展,促进产融更紧密的结合

1. 产业基金

近年来,两岸都面临着产业转型升级的问题,因此两岸可在产业基金方面进行合作。支持设立各类产业母基金,充分发挥其引导带动社会资本和鼓励大众创业的功能;积极争取国家新兴产业创投计划参股厦门市创业投资基金,加大对各类新兴产业的投资支持。在具体的合作过程中,发起人既可以是大陆基金公司,也可以是台湾基金公司;大陆和台湾的基金公司既可以合作成立产业基金,也可以单独设立;既可以面对大陆投资者发起基金,也可以面向台湾投资者发起基金;既可以投资大陆市场,也可以投资台湾市场。此外,也可以将新式基金的试点运营放在厦门片区内,比如允许在厦门的两岸贸易中心核心区设立房地产信托投资基金(REITs)等新式融资工具。另外,厦门可借鉴台湾地区"中小企业发展基金"的运作与管理经验,建立健全"国家中小企业发展基金"的运作与管理制度,以引导地方、创业投资机构及其他社会资金支持处于初创期的小型、微型企业等。

2. 风险/天使投资

由台湾地区经验可知,风险投资在中小企业直接融资中发挥重要作用。因此,厦门在建设对台金融合作发展示范基地的过程中应鼓励台资风险投资、天使投资等投资区内的高科技企业,以为区内企业带来成本较低的资本金以及国际化的管理、技术、市场和其他需要的专业技能。具体来说,第一,要加强宏观调控与引导,厦门市政府有关部门应加紧制定相关政策、法规,扶植和鼓励建立风险投资公司,建立完备的风险投资平台,改善风险投资环境,明确商业性风险投资与政策性风险投资的职能分工,逐渐将目前风险投资公司中的国有股份转让给民间资本。第二,大力倡导和鼓励进行风险投资和利用风险资本进行技术创新、产品研发和高新科技成果向生产力转化,使更多的人投身到现代风险投资领域。第三,构造风险投资项目遴选机制,当务之急是要在借鉴台湾地区或海外先进经验的基础上,针对我国高科技投资项目的特点,从技术特性、企业能力和宏观环境等方面建立起成熟、系统的项目评价指标体系和基本的评审、遴选模型,以作为国内风险投资机构项目投资决策的依据。第四,要加强风险投资运作中对知识产权的保护,完善《专利法》《技术合同法》等法律法规,强化执法力度,从根本上维护风险投资者的合法权益。第五,大力引进台湾风险资金、

天使资金入场,以使片区内的风投资金更加丰富和多元化。第六,要促进风险投资的发展,对现行高新技术产业和风险投资者的优惠政策进行整合,加大建立统一的鼓励风险投资发展的税收政策法规。在税赋减免方面,对风险投资公司实行减免营业税和所得税的优惠政策,对参与风险投资的个人、企业或其他机构从高新技术企业分回的股息、红利所得免税,向投资人分配所持证券收益时免征资本收益税;在高新技术企业发生亏损时,应允许个人、企业或其他机构投资者按其在高新技术企业投资中所占的比例计算的亏损冲抵其他所得,让其享有"税盾效应"带来的好处;对风险投资公司的投资损失给予"退回补偿",规定风险投资项目在出售股份时所产生的全部损失,由投资者在其他课税中抵扣等。第七,为了拓宽各类私募金融产品的投资、交易和退出渠道,厦门还应积极推进区域性股权交易中心和多层次资本市场,这方面要与资本市场合作部分配套进行。

3. 融资租赁

从厦门整个融资租赁产业的发展来看,一是鼓励在厦门进行融资租赁、商业保理、贸易"三合一"牌照试点。目前,厦门金圆融资租赁有限公司已成为首家获准开展"三合一"混业经营的企业。二是支持区内融资租赁公司开展对台离岸租赁业务,发展融资租赁、商业保理等混业经营非银行金融业务。三是通过税收优惠、财政支持等措施积极引导台湾金融租赁公司来厦门发展。四是允许台湾服务提供者以独资、合资或合作方式从事融资租赁或商业保理业务。五是在业务经营范围以及融资租赁标的上,可采用负面清单制度,除某些核心领域外其他均可进行融资租赁业务。上述为厦门融资租赁产业层面的政策建议。此外,除在厦门进行船舶、飞机、港口设施方面的融资租赁试点外,鉴于厦门产业链仍处于台湾产业链的下端,厦门目前也在积极推动几大千亿级产业集群的发展,因此我们建议可通过融资租赁的方式将符合厦门产业规划的台湾整条产业链或者某些环节迁到厦门,这样一方面完成了台湾产业集群的向外扩散和合理转移,另一方面丰富了厦门产业集群的多样化融资渠道,以此来打造对台产业性融资租赁示范区。

4. 互联网金融

互联网金融作为一种新型金融业态,融会贯通了投、融、保三个资金融通核心点,极大地简化了金融服务流程和扩大了金融服务广度。在互联网金融方面,对台金融合作发展示范基地主要开展了两个方面的工作:一是把厦门互联网金融产业做优做强;二是探索如何通过互联网金融对接台湾方面的资金。在第一个方面,我们建议厦门市政府鼓励互联网融资担保、村镇物业反担保等融资担保业务模式创新,推动融资担保机构为小微企业、个体工商户提供低成本担保服务;支持设立专门为"走出去"中小企业提供跨境担保服务的担保公司;引导建立互联网金融行业协会,推动制定 P2P(网络借贷平台)、股权众筹等自律公约和行业标准,探索构建各部门联动配合的互联网金融监管协作机制;鼓励利用互联网金融发展普惠金融。在第二个方面,我们建议厦门可专门做一个针对台湾的双向互联网金融产品销售平台,在此平台上既可以将大陆金融产品销往台湾,也可将台湾金融产品引入大陆。在此平台上销售的金融产品不仅包括传统意义上的证券、基金、保险类产品,更鼓励将 P2P、股权众筹等新型融资方式放在平台上去做,进一步丰富厦门中小企业和高新技术类企业的融资渠道。此外,厦台两地还可在互联网支付方面进行合作,可在真实交易(无论是货物交易、服务交易,还是金融交易)的前提下实现自由转账,既可作为自由贸易账户的一种结算清算方式,还可为跨境电商提供一条通畅的资金往来通道。

(六)加强厦台金融配套服务合作发展,营造金融生态圈发展新局面

厦台金融配套服务合作主要包括专业服务领域(如会计师事务所、律师事务所等)、征信保理等金融外延服务领域,以及金融人才的交流与合作等。具体来说,在专业服务领域,积极引进台湾会计师事务所或律师事务所等到区内注册营业,认可台湾会计师和律师同等资质从业经验,允许台湾会计师或律师在取得大陆相应资格证的情况下在大陆开展业务。在金融外延服务领域,鼓励台湾征信保理等金融机构与大陆征信企业开展相关领域的合作,起初可允许陆台两地征信机构在信用信息收集、共享、合力开发等方面进行合作,而后可允许台资征信保理金融机构以合资甚至独资等形式在区内设立征信评级公司,并依法在区内开展评级业务。此外,在人才交流与合作方面,探索进行资格互认,鼓励台湾从业人员来厦门就业,积极引导台湾创客来厦门进行创业等。

专题六

福建自由贸易试验区人民币资本项目可兑换研究

一、人民币资本项目可兑换的发展现状

2011年,十一届人大四次会议通过了《中华人民共和国国民经济和社会发展第十二个五年规划纲要》,其中,"人民币资本项目逐步实现可兑换"在纲要中再次被提及。

央行行长周小川2012年撰文指出"中国并不抵触资本项目可兑换,只是现阶段还未实现""资本项目可兑换不是指对外债管理放任自由,也并非对跨境金融交易放弃管控"。

从国际社会上资本项目开放的经验教训来看,并不存在资本项目百分之百地完全自由兑换,无规矩不成方圆,所有国家的资本项目多少都还会存在一定的管制。目前,在国际货币基金组织列出的全部40个资本子项目中,我国对相关项目的管制现状如表1所示。

在所有40个子项目中,没有任何子项目能够实现"完全可兑换";有14个子项目"基本可兑换",主要包含直接投资、个人资本交易、信贷工具交易以及直

接投资清盘等类别；有22个子项目"部分可兑换"，主要包含个人资本交易、房地产交易及股票和债券交易等类别；有4个子项目"不可兑换"，主要包含非居民参加衍生品交易、国内货币市场以及基金信托市场。

表1 我国人民币资本项目管制现状

状态	资本和货币市场工具交易	衍生品及其他工具交易	信贷工具交易	直接投资	直接投资清盘	房地产交易	个人资本交易	合计
不可兑换	2	2	—	—	—	—	—	4
部分可兑换	10	2	1	1	—	2	6	22
基本可兑换	4	—	5	1	1	1	2	14
完全可兑换	—	—	—	—	—	—	—	0
合计	16	4	6	2	1	3	8	40

资料来源：中国人民银行调查统计司。

2013年11月，《中共中央关于全面深化改革若干重大问题的决定》（以下简称《决定》）在中国共产党十八届三中全会上审议通过，其绘制了我国深化改革的宏伟蓝图。根据《决定》，中国政府将结合全球经济的运行情况，采取一系列措施着力推进各领域的改革。其中，金融领域的改革主要包括汇率定价机制改革、利率市场化和资本账户开放等内容。

2013年10月，环球银行金融电信协会（SWIFT）发布的报告显示，占市场交易份额1.49%的人民币已经成为全球第八位最活跃的交易货币。随着金融改革领域的境内人民币海外投资、沪港通以及跨境人民币贷款业务等政策的逐步推进落实，人民币资本流动限制已基本放开，同时，资本流动的时效与规模都有显著的提升和改善。国内第一个QDII（合格境内投资者）跨境套利账户于2013年11月成立，为境内金融机构参与全球金融市场的投机、套利与对冲交易提供了便利渠道。中国证监会于2014年4月批准了沪港股市交易互通互联机制的试点并于2014年11月17日正式启动沪港通，这也代表着我国资本账户改革在证券市场开放方面实现了重大历史突破。此外，汇率制度改革也取得重要进展，人民币兑美元汇率中间价的浮动幅度逐步扩大至2%，人民币汇率定价机制的市场性显著增强；截至2014年年底，人民币已实现对新西兰元、美元、韩元、澳元、欧元、英镑和日元的直接交易，针对一篮子货币的有管理的浮动汇率制日益完善。利率市场化改革方面，在同业拆借利率Shibor的基础之上，央行大力推动人民币利率互换业务的发展并于2013年7月宣布全面放开金融机构贷款利率管制；国务院于2014年12月11日公布《存款保险条例（征求意见稿）》，此举意味着酝酿20多年的存款保险制度即将建立;2015年8月25日,央行宣布放开一年期以上定期存款利率浮动上限,利率市场化进入加速通道。

英国财政部于2014年10月9日宣布允许3家银行发行人民币国债,这意味着英国的外汇储备将首次出现人民币,也是人民币国际化取得突破性进展的重要标志,同时这也对我国放开资本账户的改革提出了更加迫切的要求。

纵观人民币资本账户开放的历程,自1993年首次提出资本账户可兑换目标至今,已有20多年的时间。在这一过程中,所有的改革措施都体现了综合性与渐进推动的思路。虽然其间的两次国际性金融危机都在一定程度上阻碍和放缓了人民币资本账户开放的进程,但这也为我国资本账户开放的政策制定与时机选择提供了宝贵的经验借鉴,并且管理层对人民币资本账户开放的进度与内涵也有了更加理性、深刻的认识。

二、现阶段人民币资本项目可兑换及资本账户开放的条件

(一) 宏观经济条件

雄厚的宏观经济条件是增强国内市场应对跨境资本冲击防御能力的前提和基础;而经济的可持续增长能够保障国内市场在开放环境下对资本的吸引力和容纳力,减小经济下滑导致的资本外逃等风险。如图1所示,2007年我国经

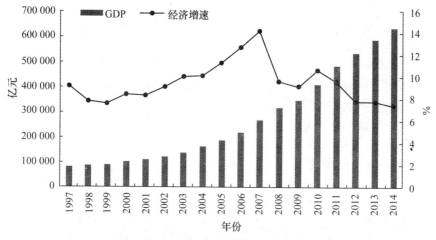

图1 中国国内生产总值(GDP)规模与增速(1997—2014年)
资料来源:国家统计局;CEIC中国宏观数据库。

济增长速度达到最高值14.2%。2008年发生金融危机,我国积极出台刺激政策恢复经济增长,并积极进行经济结构调整,全面深化改革,经济发展由注重量向注重质慢慢转变,经济增长速度也由此回落至7.5%附近。即便如此,2014年我国国内生产总值仍达到63.65万亿元人民币,增速达7.4%,在全球经济低迷的大环境中表现抢眼,并被一致认为是带动全球经济走出低迷的主动力。

由图2可以看出,我国的经济结构调整已取得明显效果,外贸依存度呈逐年下降趋势,并在2014年回落至41.53%的水平,这也说明"三驾马车"中消费与投资慢慢成为经济增长的新动力。从财政收支的角度看,我国历来维持较低的财政赤字水平,以2013年为例,财政赤字只占国内生产总值的1.87%。由此说明,我国财政稳健,赤字风险较小。

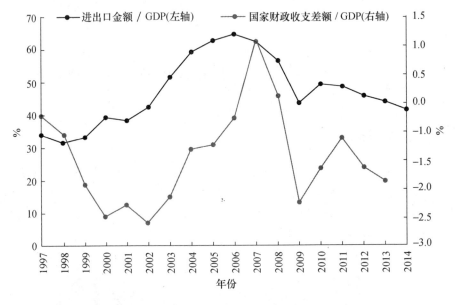

图2　中国外贸依存度与财政收支状况(1997—2014年)
注:因数据可得性缘故,国家财政收支差额/GDP序列样本期为1997—2013年。
资料来源:国家统计局;国家外汇管理局;CEIC中国宏观数据库。

(二) 金融发展状况

一国金融市场的结构、规模与发展水平,是确保实现资本账户平稳开放的关键要素,并决定了国内金融市场承受国际资本流动的风险冲击能力。如图3所示,近年来我国货币供应量M2快速增长,货币化率M2/GDP在2014年达到1.98,极大地促进了国内投融资市场的兴盛。同时这也带来了一些隐患,如在经济领域存有泡沫资产、运营效率低及落后产能过多、贫富差距越来越大等。但市场的各个投资主体仍保持良性预期,经济发展仍然潜力巨大。从社会融资总额角度看,2014 年全年新增额达 16.41 万亿元,仍然延续了下降趋势,金融支持实体经济的力度有所减弱。

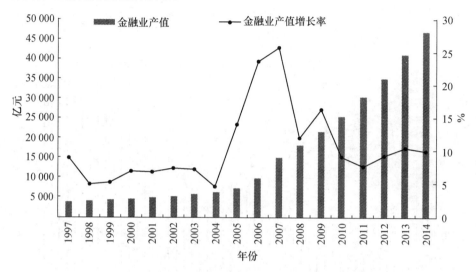

图 3　中国金融业发展状况(1997—2014 年)
资料来源:国家统计局;CEIC 中国宏观数据库。

图 3 列示了我国金融业的发展水平,从中我们可以看出我国的金融业产值增长速度之快。虽然 2008 年的金融危机对金融业的发展造成了一定影响,但是近几年的增长速度都在 10% 左右,仍高于经济增长速度,反映了金融业的整体实力越来越强。2014 年,中国金融业产值达到 4.7 万亿元人民币,比 2013 年增加 10.2%,在第三产业中位居榜首。国内金融市场发展规模的扩大及发展水平的提升,使国内金融机构的风险管理、资金实力以及业务水平都有很大提升,能够很好地应对人民币资本项目自由兑换及开放等带来的挑战。

(三) 外部风险水平

众所周知,一国爆发金融危机的风险大小与该国面临的短期外债水平紧密相连。若一国外债负担较重且外汇储备有限,那么开放资本账户就会使本国货币遭到国际资本做空,汇率下降导致外汇成本迅猛上升,进而引发金融危机。如图 4 所示,我国外汇储备呈现稳定增加趋势,并于 2006 年 2 月超过日本成为全球外汇储备最多的国家,到 2014 年年底,外汇储备总额已达到 38 430 亿美元,比上年增加217亿,其中以美元资产为主。从外债角度来看,到2014年第三季度,我国外债总量为8 948.35亿美元,其中,短期外债为7 089.55亿元,占79.23%。相对于我国外汇储备总量来说,短期外债占比上升至18.24%,但总体来看,短期外债相对于我国的外汇储备总量还是处于较低的水平,放开资本账户可能引致的债务风险并不会对国内市场带来太大冲击,因为外汇储备足以吸收缓冲汇率波动导致的债务变化。

图4 中国外汇储备规模与短期外债水平

注:因数据可得性缘故,图中短期外债/外汇储备序列样本期为2003年第一季度至2014年第三季度。

资料来源:国家外汇管理局;CEIC中国宏观数据库。

从宏观经济水平、金融发展程度以及外部风险水平三个方面来看,我国目前的经济条件能够支持人民币资本账户的进一步开放,国内金融市场基本能够应对由账户开放引致的金融风险的冲击。改革开放近四十年积累的经济发展基础与市场改革经验,为新常态背景下全面深化金融改革开放提供了坚实的后盾,人民币资本项目自由兑换及开放可以适时地选择从谨慎渐进模式走向全面整体开放模式。

三、福建自贸区人民币资本项目先行先试

中国(福建)自由贸易试验区于 2015 年 4 月 21 日在福州挂牌。根据《中国(福建)自由贸易试验区总体方案》(以下简称《总体方案》),福建自贸区的战略定位是:立足两岸、服务全国、面向世界,要建设成为制度创新的试验田、深化两岸经济合作的示范区以及建设 21 世纪海上丝绸之路沿线国家和地区开放合作的新高地。

福建自贸区的主要任务是:切实转变政府职能;推进投资管理体制改革;推进贸易发展方式转变;率先推进与台湾地区投资贸易自由;推进金融领域开放创新;培育平潭开放开发新优势。

《总体方案》有三个显著特点:一是用开放带动改革,其主要任务和根本目的是扩大开放程度、积累经验、探索新途径以及全面深化改革。坚持两个相结合,即培育制度与功能相结合,深化改革与扩大开放相结合,以此来切实推进政府职能转变。二是以深化海峡两岸经济合作为立足点,贴合国家大战略需求和福建自身特点,充分发挥对台优势,力求推进两岸之间资金、人员往来便利化和投资贸易自由化。三是充分发挥福建良好的对外开放基础条件的优势,推动自贸区为建设"一带一路"战略服务。

福建自贸区自 4 月 21 日挂牌以来,区内基础设施建设不断推进,"物理"变化不断发生,管理理念、体制机制、金融改革领域等方面也在不断发生"化学"反应。福建自贸区正朝着更加高效、更加大胆、更加开放的方向前进。

(一) 福建自贸区对台金融开放

深化闽台经济合作是福建自贸区的最大特色,《总体方案》从人员往来、产业合作、金融合作、货物贸易、服务贸易等 5 个方面提出了 82 项对台创新和扩大开放举措,从投资管理制度、贸易管理制度、金融管理制度、事中事后监管制度、人员往来便利化制度等 5 个方面提出了创新举措,也进一步体现了福建自贸区两岸金融合作先行先试的特色。

为进一步扩大对台金融开放,促进人民币资本项目自由兑换,要设立外币兑换机构以服务对台小额贸易市场;允许台湾银行业机构与自贸区银行业金融机构开展跨境人民币借款等业务,支持台资银行对自贸区内企业或项目发放人民币贷款等;放宽并简化金融市场准入条件,减少吸收大陆居民存款限制;自贸

区内放宽金融产品创新限制及要求，放松外债管理，扩大人民币国际化试点，提供税赋优惠；放宽融资准入，引入台湾信保制度，开放大陆个人赴台投资台股及加速推动"台沪通"机制，进一步推进海峡两岸暨香港四大证券交易市场的互联互通机制；降低台资金融机构准入和业务门槛；建立自贸区金融改革创新与两岸金融中心建设联动机制；探索闽台经济合作新模式，积极开展跨境人民币双向资金池业务、台湾银行委托贷款业务和对台资产转让业务；探索在自贸区内设立单独领取牌照的专业金融托管服务机构，允许自贸区内银行和支付机构、托管机构与境外银行和支付机构开展跨境支付合作。

（二）福建自贸区与离岸市场

现阶段，国内已有招商银行、平安银行、浦发银行、交通银行四家法人银行获准试点开办离岸银行业务。要积极争取已取得离岸银行业务资格的中资商业银行总行授权自贸区分行开办业务。

根据原有政策，离岸银行业务的权限仅在商业银行总行级别。而在新的政策框架下，中资商业银行总行有离岸银行业务资格的可向自贸试验区分行进行授权开办离岸银行业务，以进一步提升金融机构的金融创新能力，扩大对外开放程度，切实推进银行业机构的转型与改革。

在建立健全相关规章制度、实施有效监管的前提下，允许自贸区内符合条件的陆资银行试点开办外币离岸业务，为自贸区内企业在台湾地区的转口贸易和离岸贸易服务。紧紧围绕区内各种类型的交易中心，依托交易中心对企业信息流、资金流和物流进行控制，设计各类供应链金融产品，向对台的大宗商品贸易业务提供有效服务。

（三）福建自贸区与人民币利率以及汇率市场化

人民币跨境使用先行先试，这意味着除了以人民币为主的对外支付手段迅速发展外，包括跨境贸易、离岸贸易、转口贸易等在内以及以人民币计价的各种投融资工具也将得到迅速发展，未来的资产交易的金融中心和全球人民币重要的国际贸易结算中心必定会在自贸区，人民币国际化进程也因此大大提速，而由于自贸区内外汇和人民币的交易流通受到的管制较少，因而也会形成一个更为市场化的汇率和利率体系，进而在一定程度上倒逼国内汇率和利率市场化改革的推进。

自贸区内要为金融企业打造更宽松、自由的经营环境。如银监会要对商业银行流动性等指标的监管要求和计算口径进行优化调整，这意味着因自贸区内更自由的资金交易与流通环境,将会对区内银行机构实行较为宽松的存款准备金率等监管指标,这无疑有益于银行结合自身经营情况并在更为自由化的金融环境中对各类金融资产进行定价,我国金融机构也可以借此提前适应今后利率和汇率市场化后的经营挑战。

允许符合条件的金融机构试点发行个人大额可转让存单,探索研究自贸区内金融机构(含准金融机构)向境外转让人民币资产、销售人民币理财产品,多渠道探索跨境资金流动。

(四) 人民币资本项目可兑换的风险

《总体方案》提出,要经过两至三年的改革试验,加快推进自贸区内人民币资本项目自由兑换,也就是说,当前人民币资本项目的很多汇兑限制将会被逐步解除,本外币在区内与境外将高度自由流动。这一方面提高了资本运用及资本配置效率,另一方面提高了资本冲击的风险。

1. 金融系统不稳定,系统性风险提高

实现人民币资本项目可自由兑换,国内宏观经济必定会受到影响,甚至金融体系的稳定性也会受到冲击。当前我国的利率市场化并没有完全实现,单一的市场供求情况并不能完全决定资金价格,这在一定程度上扭曲了国内金融要素和资本市场价格。在这种背景下,如果实现资本项目可兑换以及放开本币对外负债,资本必然会受扭曲的利率误导而大幅流入或流出,无法实现资源配置的优化。更进一步,市场的波动放大了系统性风险,从而对金融体系的稳定性造成冲击。同时,当过大或过快的资本跨国流动时,也会加剧国内银行业的存贷款风险,因而进一步加剧金融体系的不稳定。

2. 短期资本流动过大风险

虽然境内企业通过短期资本可以降低获得国外短期资金的成本,提高短期的市场流动性,增强短期内企业的筹资能力,但大量的短期资本跨国流动也会产生很多风险,如市场波动性增大、国际市场对国内市场的影响程度加大等。特别是国内资本市场会受到较大的冲击,外汇、债券、股票、房地产等高收益的货币市场和资本市场会受到短期逐利资本的大量追捧,楼市、股市,甚至整个经济体系会出现短期的阶段性的过度虚假繁荣。资本的流入会通过衍生产品市场的杠杆效应得以放大,最终产生的效应会是实际资金量的数倍,进而国内经济环境会受到严重的不良影响。

3. 对汇率稳定以及货币政策的独立性产生冲击

根据蒙代尔"三元悖论"理论,固定汇率制与货币政策独立性必然会因资本的流动而产生冲突。作为经济大国的中国,必须要保持货币政策的独立性,这是至关重要的。我国的货币政策因内部平衡以及经济高速发展的需要,其主要是为国内经济发展服务,而人民币汇率会因资本流动的自由度上升而加剧波动,因此,制定一个灵活的汇率制度是必要而紧迫的。故必须平衡放开人民币资本项目与汇率制度,找到其均衡点,以此来避免重蹈当年亚洲金融危机的覆辙。

四、推进福建自贸区资本项目自由兑换的对策建议

(一) 福建自贸区人民币资本项目可兑换的总体思路

在福建自贸区先行先试资本项目限额内可兑换的基础上,借鉴国际经验,推进资本项目自由兑换的总体思路是:以国家层面的金融改革大方向为引导,以服务推进实体经济发展为目标,以提高贸易和投资便利化水平为核心,以防范系统性和区域性风险为底线,合理使用资本流动管理工具,推进资本项目自由兑换与汇率、利率市场化改革协同发展,强化金融服务功能,最终实现自贸区资本项目的自由兑换。

(二) 福建自贸区人民币资本项目可兑换的重点领域

进一步推动金融管理创新、体制创新和产品创新,扩大金融服务范围,建立海峡两岸区域性金融服务中心与自贸区金融改革创新建设的联动机制。扩大人民币在两岸的清算业务,允许服务贸易、货物贸易以及直接投资领域的人民币购售业务,推进跨境双向人民币借款业务的开展。要进一步支持推进新台币现汇结算清算业务,推进区域性银行间市场交易新台币和新台币/人民币直接兑换。

推进落实海峡两岸金融合作先行先试。推动设立外币兑换机构以服务于对台小额贸易市场。推动自贸区内以各家大陆银行特别是兴业银行总行为主体为自贸区重点项目赴台发行宝岛债进行融资。继续加大力度对接台湾地区金融机构、国内大型国有企业,力争使中国证监会批准在自贸区内设立一家闽台合资证券公司。

加快推动外资、合资或台资独资的金融机构和类金融机构在福州片区内以及海西现代金融中心区范围内的设立。在发展互联网金融、金融服务业进一步开放、人民币资本项目可兑换、人民币跨境使用等方面先行先试。继续深化对外开放和资本市场改革，积极促进跨货币、跨境的投资管理，积极引导和鼓励自贸区内企业到境外开展投融资业务，继续拓宽企业直接融资渠道，提升区内证券、期货、基金服务业开放与服务水平。

（三）推进福建自贸区资本项目可兑换的路径

在借鉴国际上资本项目自由兑换先进经验的基础上，推进福建自贸区资本项目自由兑换的基本路径是：先长后短，即先放开长期资本项目，后放开短期资本项目；直接投资于证券投资方面，先放开直接投资，后放开证券投资；金融产品层面，先债券，后股票，再衍生产品，一步步地推进；先机构投资者，后个人投资者。额度方面，先小再大。具体可分为三步走：近期（2016年年底以前）主要实现区内直接投资、直接投资清盘可兑换，实现对台自由兑换，建设海峡两岸金融合作中心；中期（2017年年底前）进一步扩大区内资产组合投资的双向开放力度，不再审批外债额度；远期（2018年年底前）在自贸区内人民币资本账户基本实现完全可兑换和实现自由贸易账户人民币汇率的市场化，基本实现对台金融的完全开放。

（四）福建自贸区人民币资本项目可兑换的分阶段任务

现阶段要继续推进落实相关部门出台的政策，切实有效推进有关自由贸易账户的设立和业务开展，对分账核算管理体系进行完善，深化已经开放的项目内容；对区内企业直接在银行办理跨境直接投资所涉及的资金收付、汇兑等流程进行精简，不再与前置核准挂钩；进一步采取措施向境内企业对境外机构或个人提供人民币或外币信贷及融资担保提供便利，提升服务水平。

中期来看，要稳步实现本外币在自由贸易账户的自由兑换，对自由贸易账户人民币汇率进行监控，建立健全相关监控机制，进一步放宽自由贸易账户人民币汇率的弹性；降低区内个人对外直接投资的门槛限制，采用人民币直接投资备案管理模式；继续放松对人民币贸易信贷的限制与管控，提高人民币跨境贷款的额度，扩大其使用范围；适度放开证券投资管制，限制区内居民外币短期债券以及货币市场工具的发行额度，控制区内个人金融投资的额度；不再对外债额度进行审批，而是按照区内主体的资产负债、期限匹配以及币种情况调控管理外债规模。

长远来看,要完全实现自由贸易账户人民币汇率的市场化;人民币资本账户项目下,完全放开直接投资;除衍生金融工具和货币市场工具外,证券投资中居民(金融机构除外)到国际市场发行、购买和出售以及非居民在国内市场的发行、购买和出售不受限制。只对贷款中的短期外债实行严格监控。

(五)人民币资本项目可兑换的风险防范

1. 建立健全资本项目兑换监管体系,进一步推进建设资本项目自由兑换平台

由于当前人民币离岸市场规模不大、国际金融市场上以人民币计价的金融产品供应相对不足,进而放缓了人民币国际化的进程。现阶段,我国应抓住在全球经济中一枝独秀的契机,建立外管局、央行、商务部以及自贸区管委会协同合作的监管体系,完善监测国际收支异常风险的实时动态信息平台,及时有效地汇总发布监测数据,完善应急预案,一旦出现资本冲击,立即实行应急管制,确保在出现资本冲击的情况下可采取相关应急性管制措施,确保自贸区内金融改革方案顺利执行。探索建立境外融资与跨境资金流动宏观审慎管理政策框架。

2. 对放开资本项目的重点进行调整,建立资本项目的双向流通机制

以资本市场作为资本项目可兑换以及资本项目开放的重点。对证券期货经营机构,要大力鼓励和引导其创新发展;对 QFII 进入自贸区参与资本市场的可以适当降低"门槛",扩大证券投资项目下可兑换项目,提升交易量。此外,为进一步推进资本项目自由兑换及资本项目开放,要逐步建立资本双向流通机制,注重吸引境外长期资金,简化对自贸区内投资机构的审核流程,增加区内投资机构的数量和额度,减缓短期资本大量流出与人民币汇率波动的风险压力,加速资本项目自由兑换进程。

3. 积极与国际经济社会合作,减缓国际经济及市场走向与缓解国内宏观政策的冲突

在当今国际形势下,中国应积极参与国际经贸合作,积极分析我国与其他国家宏观政策的相互作用和影响,探寻有利于我国经济社会发展的国际环境。此外,要特别注意外汇储备、外债、汇率等外向性经济指标变量,警惕不同国家间因宏观经济环境及政策差异性导致的外溢效应,进一步推进经济结构调整与全面深化改革,努力恢复良好的国内经济形势,缓解国际经济政策与国际社会(如美国加息)的政策走向的冲突。

专题七

厦门自贸片区对台金融政策创新路径研究

一、推动人民币跨境资金流动

(一) 推动人民币跨境资金流动的必要性

两岸金融中心是厦门片区建设的重要目标,将在推动人民币国际化、促进资本项目开放,以及加快两岸金融和经济融合等诸多方面发挥特殊重要的作用。尽管上海自贸区在金融改革方面力度很大,但福建自贸区厦门片区在对台方面具有优势,将从两岸金融市场开放角度为中国金融业的市场化与国际化探路,为中国金融业参与国际竞争积累经验。

跨境贷款应该是厦门片区在金融方面首先要突破的。人民币在厦门片区实现或基本实现跨境流动,实际上就是资本项目开放的突破。人民币跨境贷款将是厦门片区的重大突破口,必须以此为契机,加快厦门片区建成两岸跨境资金流动中心,争取走在金融改革先行先试的最前列。

(二) 推动人民币跨境资金流动的现有政策障碍

推动人民币跨境资金流动存在的政策障碍主要有:首先,目前我国资本账户处于半管制状态。其次,境外人民币通过资本项目回流限制多。

目前,跨境人民币贷款及 RQFLP(人民币合格境外有限合伙人)途径人民币回流数额较小。其原因在于人民币回流的限制较多,管理部门通过投资者资格限制、投资额度限制、投资产品限制、投资产品结构限制等多方审批制度,限制了资本账户下人民币资金回流的规模和速度。

(三)推动人民币跨境资金流动的路径

厦门片区应借鉴深圳前海和上海自贸区经验,充分利用福建自贸区总体方案中的优惠政策以及对台优势,以跨境贷款为突破口和重心,加大对台湾市场的开放,为两地资金跨境投融资提供便利。

在初期可设定跨境贷款额度上限,随着厦门片区的发展,取消跨境贷款额度目标,并为跨境资金的流动提供更多途径,多渠道促进厦门片区人民币跨境资金中心建设。逐步扩大对台跨境人民币流动的试点范围,尽快通过多途径提高跨境流动额度及方式。厦门片区跨境人民币贷款业务将为厦门片区的开发建设提供重要的金融支持。

第一步,为跨境贷款开放更多路径。首先,鼓励对台资企业试行在一定额度内允许向境外关联企业提供跨境人民币贷款;其次,允许台湾银行在大陆利率市场进行有限额度拆借;最后,在离岸人民币业务创新方面加大力度,大力推进厦门片区企业赴台湾发债。

第二步,放开金融机构投资于境内金融市场。允许国有商业银行、股份制商业银行、大型保险公司将其境外分支机构收益投资于境内的股市和债市。

第三步,为跨境资本提供风险对冲机制。部分企业进行跨境人民币贷款时,需要在离岸利率市场进行对冲,建议允许进行这方面的交易,并允许银行在厦门片区的分公司设立境内及境外账户,而两个账户的资金额度可流通。

(四)推动人民币跨境资金流动需要争取的政策

目前境外人民币回流的主要瓶颈是贸易结算回流渠道不通畅与投资回流渠道匮乏。扩大境外人民币跨境流动需要争取的政策有:

1. 推动人民币离岸债券发行

在市场化的原则下,允许境内不同类型的工商企业加入到债券发行的行列中,使发债主体多元化。考虑在境外不同市场发行人民币债券,引导人民币回流。进一步扩大人民币离岸债券的发行规模以及完善其收益率曲线,从而更好地满足境外投资者的不同投资需求及提高人民币跨境储值功能。

2. 建立人民币离岸票据市场

可利用台湾自由经济示范区政策下的银行从事离岸金融业务所拥有的制度、设施和人才基础，允许厦门片区企业赴台发行短期商业票据。这一方面有助于人民币回流大陆，另一方面可以完善人民币离岸金融市场，增强境外人民币资产的流动性，为境外人民币持有主体提供更完善的流动性管理工具，并进一步增强人民币作为跨境贸易结算货币的吸引力。

3. 加大境内证券市场对境外人民币的开放度

证券市场是金融投资活动最重要的领域，且证券市场对境外人民币的容纳能力也是其他渠道所无法比拟的。在当前资本账户有限开放的背景下，应当进一步加大RQFII（人民币合格境外投资者）的推进力度，实质性地扩大额度和投资范围，有效增强人民币对境外持有主体的吸引力。

4. 允许境外人民币以私募股权基金形式回流境内

可以采取资格认证和额度控制的方式，在风险可控的前提下允许境外人民币以私募股权基金（PE）形式参与厦门片区创业风险投资和房地产投资。采取这一做法能显著地增强境外人民币的投资功能，满足不同投资者的风险偏好。

二、对台有序开放境内区外金融市场

（一）对台有序开放境内区外金融市场的必要性

从国家赋予自贸区的战略定位出发，作为国家改革开放与金融改革创新试验田，厦门片区具备先行先试的政策优势及创新空间。根据福建自贸区总体方案，厦门片区的建设重点之一是"两岸区域性金融服务中心"，明确指出"支持符合条件的自贸区内机构按照规定双向投资于境内外证券期货市场。在合法合规、风险可控前提下，逐步开展商品场外衍生品交易""推动两岸金融合作先行先试"等。如何进一步做好大陆金融业对外开放的实验，尤其对台湾的开放，以及创新性金融机构及相关业务等都是需要厦门片区去创新解决的问题。

逐步开放境内区外金融市场的核心目标是为资本项目下可兑换奠定基础，从而为人民币国际化排除障碍。目前，在资本项目下开放的通道有QDII、QFII、RQFII以及RQFII公募和RQFII ETF等。上海自贸区的银行已为境外人民币股权投资试点企业提供了境内股权投资服务，RQFLP境内投资业务也顺利落地。

这些制度和探索，进一步开放了资本账户，也促进人民币汇率更加平衡和市场化。由于自贸区的规则与国际接轨，这意味着区内与境外将打通。区内与区外境内，则是"有限打通"。厦门片区也可以利用政策先行先试优势在风险可控前提下，逐步对台开放境内区外金融市场。

（二）对台开放境内区外金融市场的政策障碍

目前我国对外资开放境内金融市场存在的主要政策障碍有：首先，境外机构进入境内金融市场现有渠道有限；其次，离岸人民币产品体系不完善；再次，清算结算中心在满足跨境业务便利性和风险控制上仍待加强；最后，境内区外金融市场建设仍需进一步加强。

（三）对台开放境内区外金融市场的主要目标

对台开放境内区外金融市场的主要目标有：

1. 构建在岸与离岸资本隔离账户体系

通过账户隔离控制资本进出，通过金融基础设施实现资金流动及流量的实时监控，实现总量合理控制，便于国家金融风险防控。在提升投融资便利化效率的同时，注重市场机制的有效发挥，强调事后管理和严格监管。

2. 建立台湾及海外投资中心

开发丰富人民币投资产品，探索拓宽人民币回流渠道；建设厦门片区期货交易场所，尝试开展境内外金融衍生品投资业务，为境内区外金融市场开放提供途径；开展跨境资本市场合作，争取在台湾发行以人民币计价的IPO，引导开放厦门片区金融机构进入境内区外。

3. 构建与大陆支付系统相对独立的跨境人民币支付系统

主要用于处理包括进出口贸易、外汇交易和证券交易等跨境人民币支付业务，为不同时区之间的境外银行提供 7×24 小时的人民币清算和结算服务，提供境内外银行之间的跨境人民币清算和结算。为金融风险控制、跨境人民币清算结算便利化提供基础。

（四）对台开放境内区外金融市场的路径

第一步，解决"风险可控"是对台开放境内区外金融市场的前提。首先，应建立境外人民币投资境内区外流动监测制度，开展跨境清算结算中心建设和跨境投资账户体系建设；其次，建立台湾人民币离岸资金池，放缓人民币回流冲击,提升货币政策和汇率政策的可适应性;最后,通过账户隔离控制资本进出,实现总量合理控制,便于金融风险防控。

第二步,拓宽境外机构与资金进出境内金融市场渠道和投资领域。首先,用好现有 QDII、QFII、RQFII 额度,突破投资额度与领域管制限制,适度调整对投资方向的金额比重规定;其次,对厦门片区内符合条件的企业和个人逐步开放包括证券投资在内的各类境内境外投资;再次,开展跨境资本市场合作,与台湾建立联合产权交易所、金融资产交易所等机构及要素交易平台,探索厦门片区金融机构既可经营境内业务又可经营境外业务;最后,建设台湾及海外投资中心,丰富人民币定价产品,通过跨境人民币(贷款、债券等)产品、供应链金融、创业投资基金、绿色信贷、金融衍生品等产品扩展开放渠道。

第三步,通过外汇管理、金融后台建设等实现跨境投资、外资结汇等投资便利化。首先,对厦门片区注册的总部型企业开放境内金融市场,境外的人民币可以通过厦门片区注册金融机构及基金公司投资境内金融市场;其次,调整外资股权投资企业在资本金结汇、投资、基金管理等方面的管控模式,放宽境外股东减持股份所得人民币资金直接汇出的管制;再次,开展外资股权投资基金及股票减持结汇投资便利化试点,可在厦门片区试行境外股东减持股票后所得人民币资金直接汇出;最后,设立创新型金融机构与要素市场,大力发展期货交易所市场,也可与台湾期货交易所合作,为台资进入境内区外提供通道,鼓励设立投资银行、融资租赁公司、国际保理公司、再保险公司等创新型金融机构。

第四步,通过对台境内区外的开放,实现利用台湾人民币资金及外资,支持厦门市战略新兴产业、高新技术产业和现代服务业发展。

(五)对台开放境内区外金融市场需要争取的政策

1. 逐步对注册在厦门片区的总部型企业开放境内金融市场

在厦门片区注册的台资企业可参与境内股市、股权交易中心的投资交易活动,且放宽境外股东减持股份所得人民币资金直接汇出。境外的人民币可以通过在厦门片区注册金融机构及基金公司投资境内金融市场。

2. 开展外资股权投资基金及股票减持结汇投资便利化试点

在厦门片区试行境外股东减持沪深交易所股票后所得人民币资金直接汇出。给予厦门片区的合格境外有限合伙人一定的投资额度,允许其直接通过托管账户办理结汇,将外币换成人民币在国内进行投资,提高外资股权投资企业的收益时效性,吸引更多的外资股权投资基金进入厦门片区。

3. 用好现有 QDII、QFII、RQFII 额度，探索放宽相关管制额度

对注册在厦门片区的证券经营机构批准专项 QDII、QFII、RQFII，并允许其将额度分配给个人或机构使用，用于投资台湾市场、大陆市场。允许目前的 QDII、QFII、RQFII 将未有效利用的额度转给在厦门片区注册的证券经营机构使用，充分盘活已审批的额度，拓宽机构投资者的盈利渠道，也为个人投资者提供投资境内外资本市场的机会。

4. 建设台湾及海外投资中心

可借鉴上海自贸区金融机构已获准开展的相关业务，在厦门片区大力发展对应产品，建设台湾及海外投资中心，充分开展大宗商品贸易融资、全供应链贸易融资、离岸船舶融资、外保内贷等跨境融资业务，以及跨境并购贷款和项目贷款、跨境资产管理和财富管理、房地产信托投资基金等跨境投资金融服务。

可与台湾自由经济示范区对接，进一步丰富台湾的离岸产品，包括存款证、贷款、汇率、人民币交易产品、基金信托产品、人民定价黄金等一系列产品。通过境内区外的开放，实现利用跨境人民币资金及外资，支持厦门战略新兴产业、高新技术产业和现代服务业发展。

尽快设立立足厦门、福建或全国性的海外投资中心。逐步开放境内区外金融市场，可以针对国内金融服务供给不足的现状，引入更多的外资银行与投资机构，通过两岸金融中心、股权交易中心等平台，扩大中国金融服务业的整体供给。厦门片区要推动私募及场外市场的建设，通过构建投资服务平台直接向国际金融机构伸出橄榄枝，同时依托台湾离岸和在岸金融市场，推动大陆金融市场的进一步开放。

5. 跨境资本市场合作

一方面，要争取在台湾发行以人民币计价的 IPO，加快外国投资者以境外人民币投资于大陆资本市场的步伐，为实现人民币在资本账户下自由兑换提供基础。另一方面，把厦门片区打造成大陆和台湾对接的纽带，探索厦门片区金融机构既可经营境内业务又可经营境外业务。

另外，可在厦门片区建立联合资产交易所，为各类企业的股权转让、资产合约交易、股权投资基金份额交易、高新技术成果或科技项目转让等，提供交易信息、交易场地、项目挂牌、政策咨询、交易鉴证等综合服务，加快各类要素资源的流动和整合，为境内区外金融市场开放提供基础。

6. 设立创新型金融机构与要素市场

借鉴上海自贸区外资参与期货交易的相关政策，厦门片区应大力发展期货

交易所市场,也可与台湾期货交易所合作,为台资、外资进入境内区外提供通道;鼓励设立投资银行、融资租赁公司、国际保理公司、货币经纪公司、外币兑换公司、消费金融公司、证券投资咨询公司、再保险公司等创新型金融机构,创新金融服务。

建立金融资产交易所,为金融机构的股权转让、信贷资产及理财产品的合约交易、股权投资基金份额交易搭建市场平台。探索建立衍生交易市场,为厦门片区企业套期保值、对冲风险、提高交易效率创造条件。

7. 建设清算结算中心

清算平台应当高起点设计,但功能实现和系统建设可以分步实施。在功能实现方面,目前可以先开发跨境人民币支付功能,解决跨境人民币支付的时差问题。待条件成熟后再开发 DVP(券款对付)和 PVP(款款对付)等业务功能。在系统建设方面,清算平台建成后可以先实现台湾和境外人民币业务清算行的接入。以后随着跨境人民币业务的发展,将清算平台逐步推广到东南亚乃至整个海外地区,构建覆盖面更广的国际人民币清算和结算体系,为跨境投资清算结算提供便利。

8. 加强风险控制

首先,应建立境外人民币投资境内区外流动监测制度。允许以境外人民币在我国境内直接投资涉及的外汇管理内容包括:一是出资方式。建议在相关法规中增加境外人民币作为外商直接投资的出资方式。二是资本金账户。由于境外汇入的资金为人民币,因此无须开立外汇资本金账户,但鉴于该部分资金的性质特殊,同时为便于监管部门的有效监测,建议专门设立人民币资本金专用账户,用于反映外国投资者投入的人民币资金及账户支出情况。三是验资询证。办理人民币资本金的验资询证业务时,一方面,需要审核会计师事务所出具的《外国投资者出资情况询证函》信息与人民币资本金专用账户核准开户及到账情况是否一致;另一方面,需要审核人民币投资款汇入汇款凭证中的投资人与资金性质是否正确。四是撤资。以人民币投资的外国投资者若发生先行回收投资、清算、转股、减资等从所投资企业获得的财产,应以人民币形式对外支付,防止因套汇支付对冲资本项目下汇兑监管效果。五是系统问题。目前直接投资外汇管理业务系统全面地反映了外商投资企业从设立到注销的整个存续过程,因此一旦开放人民币境内投资,涉及出资方式的各个业务模块和统计分析模块都应据此进行相应的调整,以满足业务和统计分析需求。

其次,建立台湾人民币离岸资金池,放缓人民币回流冲击。可以考虑在台湾设立试行的、限额管控的离岸人民币资金池,联合发改委、商务部等部门,协调台湾金管会、在台银行、证券交易所共同维护资金池的运行。同时,可考虑通过契约控制流动阀门:当资金池蓄存量不足时,关闭阀门继续蓄存,并鼓励人民币债券、固定利息产品、房地产投资信托产品、保险与再保险产品、ETF基金(即交易型开放式指数基金)等金融产品创新;当资金池蓄存量达到限额时,打开阀门,让回流人民币沿着政策渠道进入境内,放缓其对货币政策、汇率制度的冲击。

最后,通过账户隔离控制资本进出。在厦门片区的金融机构可以设立两本账,一本是对内运作的在岸账,一本是对外运作的离岸账;有两个资产负债表,两个现金流量表。从操作上看,在岸账记录的是企业和境内机构发生的业务,货币符号是CNY;离岸账记录的是企业在境外发生的业务,货币符号是CNH。两本账之间从账户到资金都是分开的,不能相互平账。厦门片区的金融机构一方面对台湾开放,另一方面对大陆进行正常的运作模式,而外汇管理局可以根据外汇管制的政策就两本账跨境业务的试验给予一些特殊的政策,规定何种情况下可以跨账,让资金在境内外流动有一定的额度限制。境内外两本账的制度设计方式较为灵活,可以由监管当局决定两个账户资金流动的条件。通过这种办法可以解决资金两个账户的转移,从而保证金融市场安全,防范资金境内外流动产生的金融风险。

三、建立对台股权投资联通机制

(一)建立对台股权投资联通机制的必要性

近年来,我国在资本市场上进行了一系列的对外开放改革,在投资性开放中,QFII和QDII的推行实现了一定程度上国内与国际证券市场的联通机制。相应地,在股权投资市场同样需要打通境内外(对台)人民币资金双向投资渠道。一方面,通过QFLP(合格境外有限合伙人)政策的推出,允许建立境内人民币私募股权基金,这样既可以规避国家对于外资并购的限制,又可以充分利用台湾离岸金融市场充裕的人民币资金和基金管理经验,帮助境内企业实现融资多途径、产业结构升级和高新技术发展等作用;另一方面,境内资金要走出去也存在诸多限制,通过QDLP(合格境内有限合伙人)政策的推出,可以为这部分想走向海外的资金提供机会。

目前,上海、北京、天津等地都已陆续获批并启动了 QFLP 和 QDLP 试点。但在试点运行过程中,在如何正确引导外资投向、投资规模等问题上依然需要继续探索。这些地方的发展经验将成为厦门片区进一步推动创新的重要基础。

(二)建立对台股权投资联通机制的主要障碍

1. QFLP 政策运行方面的障碍

首先,法律基础障碍。对于外资私募来说,合资基金的外资进入中国因受到外汇管理局的管制,同时合资基金所投资的项目因被视为外资,受《外商投资产业指导目录》的限制,还要经过商务部门的审批。其次,资金募集障碍。国家外汇管制制度禁止外商投资企业将其用外汇缴付的注册资本用于对国内企业的股权再投资。最后,退出方式单一。

2. QDLP 政策实施的障碍

按上海自贸区的规定,参与 QDLP 试点的境外对冲基金需在上海注册一只联络基金,由这只联络基金完成募资并结汇美元,再将资金委托给境外对冲基金,投向境外二级市场。所以,投资者除了面临着对冲基金投资的收益风险外,也面临着双重征税、结汇效率、汇率风险等困扰。

(三)对台股权投资联通机制的建设目标

厦门片区对台股权投资联通机制的建设目标有三个:

一是吸收上海等地 QFLP 推行的经验,通过在结汇、投资、基金管理等方面的创新,进一步扫清台资 PE 投资境内企业的障碍;

二是引导人民币私募股权基金投向战略型新兴技术产业,支持本地实体经济发展;

三是通过推行 QDLP 政策,吸引台湾对冲基金来厦门片区注册登记,丰富厦门片区私募基金双向投资渠道,使得厦门片区成为对接台湾私募投资基金的中转站。

(四)建立对台股权投资联通机制的路径

为实现人民币私募股权市场的双向开放,具体发展路径如下:

第一步,在吸引合格境外有限合伙人"走进来"方面,从对台资股权投资企业的相关审查、引导制度方面入手,在当前资本项目有限开放背景下,进一步探索和完善有关外资结汇、投资、基金管理等方面的新制度。例如,严格按照产业政策管理外资 PE，鼓励其投资厦门市急需发展的行业，如生物与新医药、新材料、软件业、IC 产业等，控制台资私募股权投资基金变相投资禁止类和限制类产业。

第二步，在鼓励合格境内有限合伙人"走出去"方面，在不突破现有外汇管制规定的基础上，应积极探索台资基金境内募集人民币并投资境外资本市场的创新运作模式，如"联络基金"模式等，进一步拓展境内资金间接投资海外私募股权市场的渠道。

第三步，通过开放实践，配合国家法律机构逐步建立和完善专为私募股权投资市场对外开放的相关法律体系。与股权投资市场对外开放相关的法律、法规和规章组成，应是一个完整统一而又层次分明的整体。同时，由于私募在国内发展属于摸索阶段，在建构相关法律体系时应具有前瞻性，即部分立法应具有阶段性，为我国私募股权投资市场逐步对外开放后续立法预留空间。

第四步，重构人民币私募股权基金的监管思路。对于股权基金的监管不仅涉及多部门牵头，同时根据基金性质的不同，监管模式也很难采用"一刀切"的模式。我们应改变监管理念和思路，针对股权投资基金的不同类别和性质采取分类、差别化的监管模式，并与行业企业自律、社会监督相结合，走向市场化运作道路。

（五）建立对台股权投资联通机制需要争取的政策

1. 关于 QFLP 的政策

（1）关于 QFLP 合格投资者的资格认定。引入合格境外合伙人的目的之一，就是吸引境外有经验的机构投资者（如境外主权基金、养老基金、捐赠基金、慈善基金、FOF 以及保险公司、银行、证券等 PE 行业主要机构投资人）参与到人民币母基金的投资与管理中来。厦门片区在推动台资 LP（有限合伙人）投资人民币母基金时应先行先试，对于 QFLP 合格投资者的资格认定，可以参考 RQFII 制度，具体细化到注册资本数量、财务状况、经验期限、是否有违规违纪记录等考核标准，以选择具有较高资信和实力、无不良营业记录的机构投资者，严格把关机构投资者的资格认定。

（2）关于结汇投资审批问题。可先给予符合条件的台资 PE 基金试点资格，当后者需要项目投资结汇时，相关部门再根据拟定的新兴战略产业扶持政策，给予结汇额度。该办法突出了按当地新兴战略行业扶持政策进行投资项目集中审批的结汇投资模式，为探索引导资金投向和额度闲置问题提供了新的参考方向。放松外资结汇额度的限制。为引导台湾投资者更多地成为人民币基金的普通合伙人,并参与人民币基金的管理,可在比例上将台资合伙型人民币基金的外汇资金出资限制在5%的范围以内,或者规定为1%—3%。

(3) 关于 QFLP 外汇监管。监管机构应该区分不同类型的私募基金及其管理的监管内容和方向;最重要的是设定金融风险控制的重点,且应建立完善的信息披露机制和风险提示要求,保护当事人的合法权利和投资者利益。

第一,监管方式。建议参考分类监管方法,对一般的私募股权基金简单备案即可,备案内容包括投资规模、资金方式、基金的投资期限以及其他重要事项的变更等。对涉及国家经济安全的重点行业领域,可通过专门的审查机构进行专项审查。

第二,监管手段。由于外汇管理局资本项目下对账户的监测标准是监测账户余额,很难监测到该账户的资金流入流出情况,即资本项目下的账户资金流动情况将超出外汇管理局管辖范围,而台资私募股权基金或可借 RQFII 额度,在海外募集美元,并在国内募集人民币后,通过该外汇账户,进行货币兑换,实现资本流动。从外汇管理局的监管角度来看,账户余额仍是该额度,实则大量美元、人民币的兑换已完成了交易,并至少赚取了当日汇率波幅的收益。因此,建议对于认可的合格投资者的外汇监管,可以采用两种不同手段:一种是采取强制方法,限定资金汇入、汇出的时间和额度;另一种是税收手段,对不同资金的汇入、汇出时间与额度征收不同的税,从而限制外资、外汇的流动。当然,具体监管要求可相应细化调整,如延长试点方案中对外资换汇灵活度的时间周期,并可要求不是一次性汇兑,将其一次性换汇额度降低,分为多次到位。

第三,监管渠道。可以依托托管银行和境内有限合伙人来监管资金流向。首先,托管银行应定期向联席会议办公室及联席会议有关单位上报台商投资股权投资试点企业托管资金运作情况、投资项目情况等信息;其次,每个会计年度结束后,向联席会议办公室上报台商投资股权投资试点企业各方核对一致的上一年度境内股权投资情况的年度报告;最后,监督台商投资股权投资试点企业的投资运作,发现其投向违反国家法律法规或托管协议的,不予执行并立即向联席会议办公室报告,并履行联席会议规定的其他监督事项。

同时,可以通过重点监管有限合伙人来控制资金流向。人民币私募股权基金的普通合伙人若为台湾私募股权投资机构,主营业务在境外,则监管较为困难。而有限合伙人多是国内大型机构投资者,虽不承担主要的经营管理义务,但仍有一定的对基金事务的管理权限。因此,有限合伙人可以通过召开合伙人会议等形式对人民币基金的资金流向进行监督,同时使得基金的运作更有效率。

（4）关于完善境外人民币私募股权基金管理流程。可以建立基金信息库，完善人民币私募股权基金管理流程。为保证对被投私人股权投资基金筛选的准确性，应该建立历史被投基金信息库，储备被投基金信息。同时建立历史档案，包括与GP（一般合伙人）接触的流程、内容与问答提纲，基金和基金管理人筛选标准，基金历史业绩分析方法，投资以后的监控报告流程等，进而完善外资人民币私募股权基金管理流程。

（5）关于税收政策问题。如果按照外国股东从境内基金管理企业分得的股息或分红将适用10%的预提所得税，该税率依双边税收协定或可降低至5%；而如果该报酬被视为管理费，则将对其征收较高的营业税和企业所得税。建议厦门对片区内专业从事股权投资的各类合格境外投资者，从其投资的基金中取得的收益，按照股息、红利所得计算，减按10%的税率征收个人所得税。

2. 关于QDLP的政策

（1）探索新的运作模式避免政策障碍。上海自贸区在QDLP中采用"联络基金"运作模式，对批准海外对冲基金设置了一定的门槛，实质上是替国内投资者在选择GP时把第一道关。该模式的核心工作集中在对市场风险的考核方面，一方面要考虑到市场风险，另一方面更要考虑到潜在的政治风险，以避免对冲基金可能会在实行境内募集资金后做空中国进行套利。当然，该操作模式下也带来了双重税收、结汇等问题。实际上，厦门片区也可以探索一些新的QDLP试点模式，例如，由中资机构作为GP发起设立一只私募股权基金，外资的资产管理机构作为LP参与其中。基金的投向同样是台湾地区及其他境外二级市场，甚至为了规避投资风险，还可以加以具体（如以何种方式、投向哪个市场等）限定。

（2）针对投资回报特征灵活调整税收机制。实际上，同样是有限合伙制基金，QFLP通过投到国内人民币基金获得最终收益分配，资金离开中国时要被征收10%的预扣所得税；而QDLP和QFLP虽是方向相反的过程，但也面临境内出资人被双重征税（海外投资缴纳利得税，资金返回国内缴纳20%的所得税）的问题。所以，应建立有效的税收征管体系。要完善鼓励企业"走出去"和"引进来"的税收优惠措施，启动税务相互协商程序避免这样的双重征税，加大关联企业反避税工作力度。运行初期，也可以参考上海的做法，即允许对厦门片区内符合条件的境外对冲基金，将从事离岸业务的收入也按15%的税率征收企业所得税，以此降低境内出资人的税负，吸引更多境内机构参与投资。

（3）积极参与所投基金的公司治理。通过QDLP等间接方式到台湾或其他境外市场投资的,人民币境外基金应注意通过市场力量发挥台湾或其他境外金融中介市场的作用,包括评级机构、投资顾问、律师事务所的作用。因为它们熟悉当地市场,可以减少投资上的信息不对称和熟悉当地市场的"时间成本"。

（4）重视汇率风险安排。对于人民币基金跨境支付和收入所产生的汇率风险,在基金设立之初就应该在合同和框架中进行考虑。在境外基金运作实践中,通过金融工具,例如汇率掉期安排或者其他汇率工具锁定风险等。

四、营造金融软环境,促进台资企业总部聚集

（一）营造金融软环境,促进台资企业总部聚集的必要性

总部经济一直是厦门力争的一块蛋糕。厦门片区的资本项目可兑换、外汇管理体制改革和投资贸易便利化等举措会对很多台资企业非常有吸引力。如建立自贸区金融改革创新与厦门两岸金融中心、台湾自由经济示范区离岸金融市场的联动机制,不仅将有效降低台资企业甚至其海外关联公司的融资成本,还能更具主动性、灵活性地推动其在海内外的投资与业务发展,这会直接促使有海外业务的台资企业更愿意将总部尤其是财务中心、运营中心和营销中心等功能性的企业总部放到厦门,使得厦门片区的总部经济集聚。

（二）促进台资企业总部聚集的主要障碍

厦门片区促进台资企业总部聚集的障碍主要有：一是与上海、广东、天津等自贸区相比并无明显优势；二是金融体系发展滞后。

（三）营造金融软环境,促进台资企业总部聚集需要争取的政策

决定跨国公司选址的资源性因素主要是基础性资源（包括地理位置、基础设施、市场、商业环境等）和创造性资源（包括完善的法制、高效的金融体制等）,而地区总部看中的是创造性资源,因此,厦门片区应充分利用现有先行先试政策,实现总部经济集聚效应。

首先,充分利用厦门片区税收优惠政策,发挥集聚总部经济的比较优势。

其次,提高行政审批效率,营造总部经济金融软环境。厦门片区不能依靠优惠政策来发展,而应以政府职能转变、提高行政效率为突破口,提供高效透明

的行政服务,在市场化、去行政化上占据制高点。过多的条条框框,将增大企业的运行成本,不利于台资企业地区总部发挥应有的功能,因此,应简政放权,确实实行负面清单管理。

再次,加快总部经济基础设施建设,建立境内外企业(包括金融机构)地区总部平台。建立企业总部"资金中心"和"结算中心"的账户平台,将境内台资企业总部分布在各省市和境外国家或地区的外汇结算业务、资金池业务、外债和境外放款业务集中至厦门片区总部,将给厦门片区带来巨大的金融资源聚合效应。以上海为例,上海自贸区一期建设项目由跨国公司地区总部平台、亚太分拨中心平台、专业物流平台、高端现代服务业平台和功能性贸易平台五大平台,合计30个子项目构成;计划建设30栋高标准的办公楼、大型物流仓库、定制厂房、展销中心等物业及配套基础设施等。

最后,学习上海自贸区,加快金融制度创新,提高金融自由度。增强台资企业(金融机构)在厦门片区设立国际性或全国性管理总部、业务运营总部的吸引力。

(1)推进人民币资本项目可兑换。我国资本项目开放遵循"先流入后流出、先中长期后短期、先直接投资后证券投资"的顺序。厦门片区应向上海自贸区政策靠拢,尝试资本项目可兑换,概括地说,即区内自由、区内与境外打通、区内与境内区外视同跨境同时有限打通。

(2)推动人民币跨境使用便利化。主要有:银行可根据区内企业提供的收付款指令,直接办理经常项目下结算及相关的汇兑业务;区内企业可根据自身经营需要,为境内外关联企业提供经常项目下集中收付;区内符合条件的第三方支付机构可为跨境及国际电子商务提供跨境人民币结算服务;区内企业开展对外直接投资和外商区内直接投资项目下的资金跨境收付与前置核准脱钩,可直接到银行办理;区内企业可根据自身经营需要,开展集团内对外放款及双向资金池业务;等等。

(3)进行外汇管理改革制度创新。主要有:允许总部功能企业进行境内外资金归集以及按照订单流与资金流相一致的原则办理经常项目外汇收支、轧差净额结算;改进中资企业短期外债管理;简化直接投资项目下外汇登记;鼓励开展境外租赁业务,便利融资租赁货款支付、租金收取;支持银行开展面向企业的大宗商品衍生品的柜台交易;等等。开展跨国公司总部资金集中运营管理,将企业跨境资金归集从逐单报备变成总量限额下的事后报备,从而提高资金结算速度,降低资金成本,提高企业的现金收益。

(4)稳步推进利率市场化。在有效隔离区内外资金套利行为和完善微观审慎监管制度的基础上,在厦门片区逐步推进利率市场化改革。主要有:对区内 FTA-NRA 本外币账户和 FTA 本外币账户实行利率市场化;允许有条件的金融机构发行一定规模、市场化定价的大额可转让存单;逐步放开区内小额外币存款利率上限;逐步扩大区内人民币存款利率上限,赋予区内金融机构更多的主动负债定价权。

五、金融业对台开放,降低准入门槛

在框架协议下,研究探索厦门片区金融服务业对台资进一步开放,降低台资金融机构准入和业务门槛,适度提高参股大陆金融机构持股比例,并参照大陆金融机构监管。按照国家区域发展规划,为厦门片区内台资法人金融机构在大陆设立分支机构开设绿色通道。

(一) 保险业对台开放

积极支持符合资格的台资保险公司在厦门片区内注册,并经营交通事故责任强制保险业务。

(二) 银行业对台开放

第一,厦门片区商业银行从事代客境外理财业务时,可以投资符合条件的台湾金融产品。

第二,符合条件的台湾的银行可以按照现行规定申请在厦门片区发起设立村镇银行。

第三,台湾的银行在厦门片区设立的分行可以参照大陆关于申请设立支行的规定提出在福建省设立异地(不同于分行所在城市)支行的申请。

第四,若台湾的银行在厦门片区设立的法人银行已在福建省设立分行,则该分行可以参照大陆关于申请设立支行的规定提出在福建省设立异地(不同于分行所在城市)支行的申请。

第五,在符合相关规定的前提下,支持两岸银行业在厦门片区内进行相关股权投资合作。

第六,台湾的银行在厦门片区的营业性机构,经批准经营台资企业人民币业务时,服务对象可包括依规定被认定为视同台湾投资者的第三地投资者在大陆设立的企业。

(三)证券、期货业对台开放

第一,允许台资金融机构以人民币合格境外机构投资者方式投资大陆资本市场。

第二,为台资证券公司申请大陆 QFII 资格进一步提供便利,允许台资证券公司申请 QFII 资格时,按照集团管理的证券资产规模计算。

第三,允许符合条件的台资金融机构按照大陆有关规定在厦门片区设立合资基金管理公司,台资持股比例可达 50% 以上。

第四,允许符合设立外资参股证券公司条件的台资金融机构按照大陆有关规定在厦门片区设立 1 家两岸合资的全牌照证券公司,台资合并持股比例最高可达 51%,大陆股东不限于证券公司。

第五,允许符合设立外资参股证券公司条件的台资金融机构按照大陆有关规定在厦门片区内新设 1 家两岸合资的全牌照证券公司,大陆股东不限于证券公司,台资合并持股比例不超过 49%,且取消大陆单一股东须持股 49% 的限制。

第六,允许符合外资参股证券公司境外股东资质条件的台资证券公司与大陆具备设立子公司条件的证券公司,在厦门片区设立合资证券投资咨询公司。合资证券投资咨询公司作为大陆证券公司的子公司,专门从事证券投资咨询业务,台资持股比例最高可达 49%。

第七,在厦门片区内,允许台资证券公司在合资证券投资咨询公司中的持股比例达 50% 以上。

第八,允许符合条件的台资期货中介机构按照大陆有关规定,在厦门片区申请设立合资期货公司,台资合并持股比例最高可达 49%。

专题八

支持福建自由贸易试验区厦门片区发展的财税金融对策研究

自贸区是一个相对成熟的概念，国内外学者已有大量的研究，并将其区分为广义和狭义两个范畴。广义自贸区(Free Trade Agreement,简称FTA)指两个及以上的国家或者地区，通过签订一系列的自由贸易协定的方式，互相取消绝大部分货物或者服务的关税及其配额等非关税壁垒，取消绝大多数服务部门的市场准入门槛限制，鼓励开放投资，从而促进商品、服务、资本、技术以及人才等生产要素的自由流动，实现优势互补，促进共同发展。这是国际上通用的自贸区的一般广义概念。而狭义自贸区(Free Trade Zone,简称FTZ)是指在一个国家领土范围内，划出一定的特殊区域，进入该区域内的货物就进口关税及其他税种而言，属于在关境以外，并免于海关监管。本专题所分析的福建自贸区厦门片区，与2013年9月成立的上海自贸区一样，都属于狭义自贸区概念。和国内各类保税区不同的是，自贸区的最大特色是"境内关外"的特殊海关监管制度，即"一线（自贸区与国境线）放开，二线（自贸区与非自贸区）管住"。

自贸区作为新型对外开放试验区，实现贸易便利化、投资自由化和金融创新化是其重点，因此金融政策本身就是自贸区体制创新的主要内容之一。从根本上讲，"自由贸易"所引发的贸易和投资的增长只是表象，更深层次应该体现在金融领域的创新和政策突破，包括资本项目开放、人民币可兑换和利率市场化等。因此,通过金融政策支持,实施金融创新,形成一个在金融体系支撑下的自贸区发展模式是自贸区发展的主要内容。

同时,自贸区财税政策的支持也十分重要。自贸区总体战略就是通过政府职能转变来加快经济领域的制度创新,而任何政府职能的履行都离不开财政的财力支持。更重要的是,从世界经验来看,自贸区本质上是以税收便利及优惠、海关特殊监管为主要政策手段来实现贸易自由化、投资便利化和金融国际化的。通过税收政策来推动与支持投资、贸易和金融创新,具有十分重要的作用。

一、厦门片区建设的试验内容与财税金融政策总体方案

(一)厦门片区建设的试验内容

2014年12月26日,国家决定设立中国(广东)自由贸易试验区、中国(天津)自由贸易试验区、中国(福建)自由贸易试验区。中国(福建)自由贸易试验区包括福州、厦门和平潭片区。其中,厦门片区共43.78平方公里,四至范围:两岸贸易中心核心区19.37平方公里,含象屿保税区0.6平方公里、象屿保税物流园区0.7平方公里。北侧、西侧、东侧紧邻大海,南侧以疏港路、成功大道、枋钟路为界。东南国际航运中心海沧港区24.41平方公里,含厦门海沧保税港区9.51平方公里。东至厦门西海域,南侧紧邻大海,西至厦漳跨海大桥,北侧以角嵩路、南海路、南海三路和兴港路为界。

在福建省三个试验园区中,厦门片区的条件和基础相对较好,在福建自贸区建设中扮演排头兵的角色,力争拿出具有自身特色、可复制、可推广的创新经验和成果。厦门片区以具体项目为抓手,积极向上对接争取试点政策,加强事中事后监管,形成"一项试点任务、一套实施方案、一个配套政策、一套监管措施";进一步深化两岸经济合作,在投资准入政策、货物贸易便利化措施、扩大服务业开放等方面先行先试,率先实现区内货物和服务贸易自由化。

2015年,厦门片区建设要重点推进多个项目:一是建设区域性融资租赁业集聚区。扩大飞机融资租赁业务,拓展船舶、高端医疗设备、大型基础设施设备业务;开展对台离岸租赁业务,发展融资租赁、保理等混业经营非银行金融业务。二是建设两岸跨境贸易电子商务基地。争取实行跨境电商保税进口试点政策,拓展跨境电子商务产业园网购进口、保税直销、出口电子商务等业务,建

设跨境电商保税进口仓储中心。三是建设国内重要的综合性文化保税产业中心。四是建设全球重要航空维修基地。创新航空维修监管办法，支持飞机发动机等零部件维修产业的发展。五是发展跨境人民币贷款业务和双向资金池业务，建设两岸货币清算中心。六是建设两岸最大冷链物流中心。创新两岸冷链物流市场合作机制，率先建立两岸冷链物流行业标准体系，打造全程冷链物流管理体系和区域性进口冷冻食品物流配送中心。

（二）厦门片区财税金融政策实施方案

2015年4月8日，国务院批准《中国（福建）自由贸易试验区总体方案》（国发〔2015〕20号，简称《总体方案》）。其中，对于税收政策的说明主要体现在第四点"配套机制"的第三小点"完善税收环境"，要求抓紧"落实好现有税收政策，充分发挥现有政策的支持促进作用"。上海自贸区已试点税收政策原则上都可在福建自贸区进行试点，其中"促进贸易的选择性征收关税、其他相关进出口税收等政策在自贸试验区的海关特殊监管区域进行试点"。此外，还特别提出"在符合税制改革方向和国际惯例的前提下，积极研究完善适应境外股权投资和离岸业务发展的税收政策"。

对于金融政策，《总体方案》在第三点"主要任务和措施"的第五小点"推进金融领域开放创新"中做了大篇幅规定，包括"扩大金融对外开放""拓展金融服务功能""推动两岸金融合作先试先行"等内容，具体涉及人民币涉外账户管理、资本项目限额可兑换、境外融资、利率市场化、境外融资、台湾跨境人民币业务、台资金融机构、台湾QFII等重点内容。2015年4月19日，福建省政府批复《中国（福建）自由贸易试验区厦门片区实施方案》（闽政文〔2015〕121号），对厦门片区金融领域在上述三个方面的开放创新也做了一些具体规定，以建立厦门片区金融改革和创新与两岸区域性金融服务中心建设的联动机制。

2015年4月20日，福建省政府通过第160号令公布实施《中国（福建）自由贸易试验区管理办法》，其中，第四章"金融开放创新与风险防范"从第28条到第35条对金融创新与金融政策的重点内容做了一些原则性规定；第五章"税收管理"从第36条到第40条对税收管理与税收政策的重点内容做了一些原则性规定，除了《总体方案》中所提到的选择性征收关税、境外股权投资和离岸业务发展的税收政策等重点内容以外，还对便捷纳税服务、税收征管、境外游客离境退税等做了相应规定。

二、境内外自贸区财税金融政策的主要内容及启示

(一) 新加坡自由港财税金融政策的主要内容

新加坡是全球最符合国际惯例、开放程度最高、制度建设最完善、发展最为成熟的自由港之一。其自贸区的整体定位是自由贸易港,以提供免税区为主。在贸易自由化方面,实行自由贸易政策,贸易便利化程度也处于全球领先水平。新加坡的贸易便利化主要体现在贸易结算自由、贸易经营主体自由以及航运服务发达上。在投资便利化方面,实行外资准入开放,对外资进入在投资方式上无限制。同时,新加坡制定了一系列政策支持和鼓励本地企业到国外投资,如海外企业奖励计划、国际化路线图计划、海外投资双重扣税计划等。在财税金融方面,新加坡主要采取了如下政策:

(1) 财税政策。新加坡税制简单,个人和企业税赋程度都很低。在关税方面,应税货物只有烟酒、石油产品和车辆,其他货物可以自由进出而无须缴纳关税;在其他商品税方面,新加坡消费税(GST)相当于我国的增值税,但税率仅为7%,对所有进口或在新加坡提供的商品和劳务所得征收。在所得税方面,新加坡对内外资企业实行统一的企业所得税政策,企业所得税的纳税义务人包括按照新加坡法律在新加坡注册成立的企业、在新加坡注册的外国公司,以及不在新加坡成立,但按照新加坡属地原则有来源于新加坡应税收入的外国公司(合伙企业和个人独资企业除外),税率为17%并有30万新元的应税所得扣除;对个人所得税则同样采取低税率,在设置2万新元的免征额基础上,采取0—20%的累进税率。

(2) 金融政策。新加坡金融市场经历了由内外分离到内外一体的转变过程,金融市场开放程度较高,能为企业提供全方位的金融服务。从1978年开始新加坡自贸区就全面取消了外汇管制。外汇管制的取消使得其贸易自由度提高。目前新加坡已实现完全的融资汇兑自由。新加坡作为全球第四大金融中心,目前各种形式的合法收入可自由进出自贸区。金融危机后,新加坡变成以信息披露为主、鼓励金融创新的金融中心,放开了对资金进出的管制,资金可自由流出流入。

（二）香港自由港财税金融政策的主要内容

香港是目前世界上最自由、最开放、功能最多的自由港,并有高效的行政体系做支持。在制度方面,香港特区政府实行积极的不干预政策,将政府职能限定在尽可能小的范围内,给市场经济以充分的自由;企业注册效率高,注册条件宽松,对投资企业监管规范。在贸易方面,实行国际贸易结算自由和国际航运自由,香港特区可使用任何货币进行贸易结算,贸易运输工具进出不受海关限制。在财税金融方面,香港主要采取了如下政策:

（1）财税政策。与自由港政策相适应,香港税制始终以有利于吸引外资、促进经贸发展为目的,所以呈现出税制简单、税负轻等特点。香港低税赋主要表现在这些方面:首先,香港作为自由港实施典型的零关税政策,进口或出口货物一般均无须缴付任何关税。其次,香港没有增值税、营业税及消费税等流转税,与内地的税基相比,香港的税基设计比较窄,即仅对来源于香港辖区内的经济活动所产生的收入征税。最后,香港的直接税包括公司、个人所得税（利得税、薪俸税）、物业税,它们构成了三大主体税种,但都相应设置了较高的扣除标准。如对个人薪俸税设置了14项免税制度。一般普通市民的年收入,扣除了这些免税项目后,基本上不用缴税。

（2）金融政策。香港作为全球领先的金融中心,已经实现了资本项目下的完全开放。香港实行自由汇兑制度,是亚洲地区唯一没有离岸业务和本地业务之分的"一体化中心",其货币市场是全球最开放的市场之一。作为国际金融中心,香港对所有境内外金融机构拥有开放的投资制度,对外来及本地投资者一视同仁,没有任何歧视措施。香港拥有最大的离岸人民币资金池,是全球人民币贸易结算中心。自2004年以来,香港的离岸人民币业务不断增长,并建成一个可靠高效的人民币金融平台,为企业和金融机构提供一站式服务。在金融监管政策方面,香港金管局主要是通过外汇储备来调节基础货币,维持汇率基本稳定。这从2008年金融危机后得以强化。

（三）台湾自由经济示范区

自由经济示范区是台湾地区于2012年提出的经济措施,是台湾中长期经济规划《经济动能推升方案》中最主要的政策之一。台湾自由经济示范区在"自由化""国际化"与"前瞻性"的核心理念下,大幅度放宽物流、人流、资金流及信息流的各项限制,以打造自由的经济环境。具体如下:

（1）财税政策。根据台湾自由经济示范区的规划，其税收优惠主要适用于几种情形：一是境外货主与示范区内从事货物储存或简易加工，外销100%及内销10%，免征营所税；二是外籍专业人士免申报最低税负制之海外来源所得，且前3年薪资以半数课税；三是台商海外股利或盈余汇回示范区，且实质投资（不含股票、纯土地投资）免征营所税，但免税范围不含最低税负制。

（2）金融政策。台湾金管会以"虚拟概念、'法规'松绑、全区开放、人财两留"为原则，通过业务分级与差异化管理方式，根据交易对象不同，规划开放各项金融业务与商品，借助金融"法规"松绑，促进金融业务发展。以非居民为交易对象，原则上全面开放，由银行"国际"金融业务分行（OBU）及证券商"国际"金融业务分公司（OSU）提供相关金融服务。同时，放宽OBU经营业务范围，减少OSU金融业务限制。

在岛内专业机构投资人方面，原则上大幅松绑，并开放银行办理"境外"债券代理买卖业务；放宽证券商代理买卖"境外"债券业务客户对象扩大为专业机构投资人，并开放代理买卖"境外"债券范围不以次级市场为限。至于岛内专业机构投资人以外的投资人方面，台湾金管会在兼顾产业发展与投资人保护的原则下，将进行渐进式、稳健开放。

（四）上海自贸区

上海自贸区，是中国政府设立在上海的区域性自由贸易园区，属中国自贸区范畴。该试验区于2013年9月29日正式挂牌。范围涵盖上海市外高桥保税区（核心）、外高桥保税物流园区、洋山保税港区和上海浦东机场综合保税区等四个海关特殊监管区域。上海自贸区立足于实现"三大自由"，即货物进出自由（凡符合国际惯例的货物进出自贸区均免于海关常规监管）；投资自由（投资不因国别差异带来行业限制与经营方式限制）；金融自由（主要包括外汇自由兑换，资金出入与转换自由）。根据《中国（上海）自由贸易试验区总体方案》，其改革开放领域涉及投资、贸易、金融以及监管体制和税收政策四个方面。在财税金融方面，上海自贸区主要采取了如下政策：

（1）财税政策。首先，上海自贸区延续了原来综合保税区的政策并予以升级，包括对进口货物免征或缓征进口关税和国内货劳税。其次，将针对货物贸易的保税扩大到服务贸易，特别是对融资租赁业务。再次，分期缴纳所得税。对非货币资产对外投资而产生的资产评估增值，在五年内分期缴纳所得税；对股权激励的个人所得税，也在不超过五年内分期缴纳。最后，探索金融税收政策。按《总体方案》的要求，在不导致利润转移和税基侵蚀前提下，研究探索适应境外股权投资和离岸业务发展的税收政策。

（2）金融政策。从《总体方案》看，上海自贸区的金融自由化措施包括：区内人民币与外币在资本项目下的自由兑换、人民币与外币离岸账户结算业务、离岸金融市场的建设、利率与汇率市场化等措施。

（五）境内外自贸区主要政策比较及对厦门片区的启示

我国香港特区和新加坡作为制度建设完善、发展成熟的自由港，是制定自贸区政策的国际标杆。上海自贸区的前身是上海综合保税区，在我国一百多个海关特殊监管区中，功能最全面、发展程度最高。通过对比，要充分借鉴与吸收我国香港特区、新加坡的成熟制度和先进经验，大胆创新，打造"中国经济升级版"的新标杆，创建厦门片区的新制度。

自贸区之所以有很强的吸引力，不仅在于它提供多少优惠政策，更在于它具有包括完善法律体系在内的良好的投资环境。正是在相对完备、有效的法制保障之下，才能确保正常体系的真正落实。因此，就国内探索建设自贸区而言，立法和体制两大领域是接轨国际自贸区惯例的突破点。

1. 推动立法，确立自贸区发展的法律新框架

（1）制定基本法，赋予自贸区法律地位。推动最高立法机关制定一部基本法律——《自贸区管理法》，内容包括但不限于：一是规定"一线放开，二线管住，区内自由"的基本原则，明确自贸区的定义、种类、性质、地位、目的、功能、设立条件等内容；二是规定区域的管理体制，明确自由港的宏观管理和微观管理的体制，确保自贸区管理的权威性和统一效能；三是明确相关配套制度。

（2）出台配套惯例条例，支撑自贸区管理运营。地方关于自贸区的管理条例应该对该区的管理机构、企业设立程序和经营规则、土地使用和建设、人员货物和车辆船舶出入港以及港区内的金融业务、用工用人制度、地方性优惠政策等事项做出详细规定。

2. 改革管理体制，创建政策实施新环境

政策出台重在制度创新，要全面推进海关监管、金融外汇、财税、企业管理和行政管理等领域的体制机制改革，建立一个与国际通行规则相衔接、可复制、可推广的基本制度框架。

（1）改革海关管理体制，实现"境内关外"。确立海关地方监管体制——直接监管独立型模式，对进出区的货物、交通工具及人员活动实施方便有效的监督和管理。一是实现"一线放开，二线管住，区内自由"的监管形式。二是充分

利用信息技术创新监管模式,简化监管手续,提高监管效率。三是按照客户导向模式,探索通关监管作业改革。

(2)改革金融外汇管理体制,保障资金自由。取消对资本项目交易的限制和其他外汇管制,实现区内人民币的自由兑换,保障自贸区内资金自由进出。

(3)改革税收和企业管理体制,鼓励自主投资经营。抓住国家税制改革试点的契机,在自贸区内对贸易类、市场类等企业实行营业税改征增值税,减轻企业税收负担。

(4)改革行政管理体制,推进自贸区自由运营。一是规范政府管理部门的审批行为,削减不必要的审批内容,简化程序、提高审批效率。二是自贸区管委会协同海关建立各相关管理部门参加的联席会制度,加强与各机构的日常联系和沟通,加强合作。

三、积极探索厦门片区的财税政策支持体系

厦门片区发展的核心动力是制度创新,未来,厦门的财税工作应重点聚焦于"推进厦门自贸试验片区的建设",以推动片区各项创新业务的发展为核心,研究制定一个强大的财税政策支持体系,加快推进与片区建设相配套的财政政策的落地;进一步创新管理体制,优化财政政策环境,加大财政的保障力度,探索创新性税收支持政策,促进市场开放。

(一)探索相应的财政配套政策

在财政创新政策方面应充分发挥财政资金的引导作用,扩大财政投入规模,引导和带动社会资本对厦门片区的投入,优化产业结构,逐步建立起重点明确、导向清晰、管理规范、绩效确保的财政支持厦门片区建设的体制和机制,全面增强厦门片区乃至整个厦门的经济核心竞争力和国际竞争力。

1. 重点支持厦门片区基础设施和载体建设

建议设立厦门片区建设专项资金,专款用于为厦门片区集疏运体系等提供支撑的基础设施项目,如交通设施项目、港口设施体系、口岸监管设施等。加强对支撑及拓展厦门片区核心功能的重大项目和载体建设的资金支持,重点建设展示交易中心,主要包括保税展示交易平台、专业性展示交易平台、进口商品直销平台。建设国际医疗中心,在厦门片区内打造国际医疗服务平台。建设平行进口汽车交易中心,重点发展进口汽车展示、体验、销售等综合性展示交易平台

和平行进口汽车综合维修中心。建设大宗商品交易平台,开展期货保税交割试点、仓单质押融资等。

2. 发挥财政资金引导作用,优化完善厦门片区建设的财政资金投入机制

建议设立"厦门片区股权投资基金",由厦门金圆集团、厦门建发集团、厦门象屿集团等大型国有企业共同发起设立,同时吸引民营企业集团、大型外资资产管理公司等,撬动更多社会资本,形成多元化的资金架构,参与到厦门片区的建设中来,形成建设厦门片区的合力。该基金将注册在厦门片区内,建议规模为30亿元人民币,首期6亿元人民币,存续周期5—7年。"厦门片区股权投资基金"主要围绕厦门片区的全局发展及功能培育,服务于制度创新及服务业开放,重点投资厦门片区的现代物流仓储、新型商务办公、保税展示交易中心等内外联动的不动产项目,以及跨境电子商务、进口商品直销中心、文化艺术品交易等功能性平台经济项目。

(二) 探索相应的税收支持政策

要立足现行的税制框架,创新、探索与厦门片区相适应的税收支持政策,加快形成既符合现行税制完善需要,又能适应并促进厦门片区发展,且符合国际惯例的税收制度安排,着力营造良好的税收政策环境。

1. 实施促进投资的税收政策

按实施方案,落实对区内生产企业和生产性服务业企业进口所需的机器设备等货物予以免税的政策。此外,可以复制上海自贸区经验,对注册在特殊监管区内(以下简称区内)的企业或个人股东,因非货币性资产对外投资等资产重组行为而产生的资产评估增值部分,可在不超过5年期限内,分期缴纳所得税。对区内企业以股东或出资比例等股权形式给予企业高端人才和紧缺人才的奖励,实行股权激励个人所得税分期缴纳政策。

2. 完善促进贸易的税收政策

区内企业生产、加工并经"二线"销往内地的货物按其对应进口料件或按实际报验状态征收关税(即选择性纳税),试行启运港退税政策,加快东南国际航运中心的建设。开展融资租赁和融资租赁出口退税试点,对区内注册的国内租赁公司或租赁公司设立的项目子公司,经国家有关部门批准从境外购买空载重量在25吨以上并租赁给国内航空公司使用的飞机,享受相关进口环节增值税优惠政策的,进一步促进跨境融资租赁业务发展。建议在自贸区内免征增值税,除烟酒、碳轻油、甲醇、化妆品及高档消费品之外免征消费税,与贸易直接相

关的仓储、物流收入、金融机构收入以及技术先进性企业服务收入免征增值税。建议在大嶝岛试行离岛免税政策。

3. 实行功能性业务的特殊税制

从国际经验看,税收优惠政策是自贸区发展不可或缺的一环。对我国而言,虽然国家已明确自贸区不是"政策洼地",但我们认为虽然对总体税制和税收政策应保持全国统一,但对自贸区某些功能性业务是可以实行特殊优惠政策。首先,建议针对总部经济、创新创意产业等实施扶持税收政策。其次,研究落实和实施《总体方案》中提出的,在符合税制改革方向、国际惯例以及不导致利润转移和税基侵蚀的前提下,探索建立与离岸业务、境外股权投资等新型涉外业务相适应的税收制度。最后,建议实施支持自贸区跨境电子商务的税收政策。

4. 打造两岸税收协调试验田

随着两岸的经济交流越来越密切,税收协调问题越来越突出,通过厦门片区与台湾自由示范区之间的对接,先就两岸税收业务问题、税收信息交换问题、协调制度问题进行接触、沟通、交流、磋商、合作,建立定期的协商制度,建立正常化的税收协调合作工作机制,为两岸经贸合作需求设计出更为优惠的税收安排,为两岸签署税收合作框架协议或安排打好基础。

(三) 大力培植税源

加强对重点产业集群的支持,大力培植税源,提升地方可用财力,促进自贸区发展与财政收入的良性互动。

按照厦门市产业规划和厦门片区的功能定位,建议重点支持发展五大产业集群。一是支持发展国际贸易产业集群,促进货物贸易升级,拓展文化、教育、医疗、旅游、娱乐等领域的服务贸易,拓展提升大宗商品交易,探索发展跨境贸易电子商务。二是支持发展航运物流产业集群,重点发展保税仓储、供应链管理、国际分拨配送等航运物流服务和航运金融、国际航运经纪、船舶交易等航运专业服务,积极拓展国际船舶管理、国际中转集拼、国际航空服务,增强航运资源配置能力和航运服务功能。三是支持发展金融服务产业集群,积极发展人民币跨境业务,拓展融资租赁、资产管理以及航运金融、贸易金融、互联网金融等专业金融。四是支持发展离岸服务产业集群,拓展离岸贸易服务、离岸金融服务、离岸研发服务,提升国际维修服务和国际检验检测服务能力。五是支持发展新兴产业集群,拓展高端轻型制造,集聚如苹果、IBM 等国际服务型制造商;

延伸发展生产性服务业,推动区内简单加工制造向制造业高端升级,向研发、营销两端延伸;拓展信息服务,重点发展移动互联、互联网信息服务、数据处理和存储服务、呼叫中心等;拓展文化产业和社会服务,重点发展文化展示交易、文化金融服务、医疗服务、教育服务等。

(四) 推动税收便利化

在税收征管服务制度上,要进一步简政放权、重塑流程,以制度创新红利吸引企业,大力推动厦门片区税收便利化。

1. 创新涉外税收管理服务,打造现代化税务机关

面对进一步开放的新形势,积极有效地加强税收管理,开展国际反避税和情报交换工作。在税收征管上,对适宜专业化、管理化的行业设置专门机构进行专业化管理,如金融行业。同时,针对厦门片区税收管理的特点要求,全面加强税务队伍建设,打造素质精良、高效灵敏、服务一流的现代化税务机关。

2. 实施税收专业化集中审批,进一步减少审批环节,提高审批效率

设立专职审批所,实行"先批后核、批核分离"的审批制度,严格对照税务行政审批事项清单,进行涉税审批流程再造,促使审批标准更加客观,工作环节进一步简化,有效减少自由裁量权。试行窗口"一站式"审批。下放涉税事项审批权限,大幅增加窗口即办事项。取消部分前置核查,试点开展增值税专用发票限额升级审批事项权限改革。试点开展一般纳税人审批制度改革,对已加入发票及税控设备集中管理模式的企业,一般纳税人申请转为大厅即办项目,不再进行实地查验。

3. 加强税收风险监管

成立专业的税收风险评估所,结合区域经济发展特点,创新评估模式,建立各业务科室与纳税评估所对接、联动的机制,建立数据指标体系,提高风险管理、应对的质量和水平。

4. 推进非贸付汇便利化

针对自贸区非贸工作项目类别多、合同综合性强、出证数量大的特点,实行非贸付汇出证业务专业化管理,遵循"先备后核"原则,在风险可控、不产生税基侵蚀和利润转移的前提下,积极推进非贸付汇便利化。

5. 完善税收征收信息服务系统

建立包括税务、金融、房产、交通、工商、公安等多个部门的税收协助系统。

四、扩大厦门片区对外开放的金融政策

厦门片区在金融发展方面要以国家金融发展的总体方向和战略思路为指导,以落实《总体方案》金融改革开放措施为目标,大力打造便利、高效、安全的金融发展环境,在增强区内金融服务功能的同时,将金融业发展成为区内经济的重点产业。

(一) 促进金融资源集聚

发挥厦门片区金融改革先行先试优势,加快海内外金融机构集聚,逐步形成数量众多、业态丰富、结构合理、功能整合、绩效显著的机构发展格局,基本形成各类金融机构共同发展、具有较强创新和服务功能的金融机构体系。具体可采取如下政策措施:

1. 促进金融机构集聚发展

鼓励厦门现有银行、证券、保险等金融机构到试验区内设立分支机构。吸引外资金融机构到试验区内入驻。重点吸引厦门国际银行、厦门银行、厦门信托、厦门风险投资公司、厦门产权交易中心等地方性法人金融机构入驻。围绕培育发展新兴金融,加快集聚新兴金融机构,着重引进新兴资产管理机构,大力发展股权投资和股权投资管理企业、养老基金、对冲基金、第三方支付,加快引进信托公司、融资租赁、财务公司、汽车金融、消费金融等非银行金融机构,形成新兴金融机构集聚高地。推动为金融发展提供配套服务的信用评级、金融咨询、资产评估、会计、审计、法律等中介机构在区域内集聚发展。

2. 推动跨国公司集聚发展

着力引进跨国公司区域性总部,促进其营运总部、商品分拨中心、配送中心、结算中心、采购中心等入驻,推动跨国公司将全球金融结算和资金管理环节转移过来,实现试验区转型升级。重点引进国际知名航运公司、国际物流企业和面向全球市场的采购、中转、分拨、配送等物流企业入驻,汇集一批具有世界性经营网络和强大供应链管理能力的物流服务供应商。创新跨国公司账户体系,允许跨国公司同时或单独开立国内、国际外汇资金主账户,集中管理境内外成员企业外汇资金,开展资金集中收付汇、轧差净额结算,账户内可以全部或部分共享外债和对外放款额度。便利跨国公司融通资金,国际外汇资金主账户与

境外划转自由,取消额度控制;在规定的外债和对外放款额度内,国内、国际账户互联互通,便利企业内部调剂资金余缺。

(二) 推进金融开放创新

加强与国家有关部门的政策对接,尽早落实《总体方案》中的金融开放、创新及税收政策,做大厦门片区的金融产业规模。

1. 发展银行业务

以人民币跨境结算、跨境投融资业务和离岸银行业务为重点,促进银行业务发展。在人民币跨境结算方面,鼓励厦门地区的银行直接或与区内依法取得"互联网"支付许可的支付机构合作,向在区内注册的跨境电子商务运营机构直接提供基于真实跨境电子商务的跨境人民币结算服务。在跨境投融资业务方面,支持区内银行业金融机构发展跨境融资业务,重点发展大宗商品贸易融资、全供应链贸易融资、现代服务业金融支持、外保内贷、商业票据等;支持区内银行业金融机构推进跨境投资金融服务,重点发展跨境并购贷款和项目贷款、跨境资产管理和财富管理业务、房地产信托投资基金等。在离岸银行业务方面,加快推动与离岸贸易相关的离岸金融业务发展,推广保单融资、订单融资、货权质押融资等业务,积极开展离岸出口押汇、套期保值、离岸账户收支结算、离岸账户资金托管、离岸杠杆融资、离岸担保、跨国企业存贷款资金管理等业务试点。

2. 发展资本市场业务

积极推进区内资本市场体系建设,推动设立以人民币计价交易的金融资产交易平台、大宗商品交易平台等,并向区内和境外投资者开放。支持证券期货经营机构在区内注册成立专业子公司。允许区内企业按规定开展境外证券投资和境外衍生品投资业务。探索在区内建设国际债券交易平台,鼓励区内企业、境外企业发行人民币国际债券,提高债券市场国际化水平。

3. 发展融资租赁业务

支持在区内开展境内外租赁服务,取消金融类租赁公司境外租赁等境外债权业务的逐笔审批,实行登记管理。允许金融租赁公司及中资融资租赁公司境内融资租赁收取外币租金。对区内融资租赁公司境外租赁业务实行备案制。简化飞机、船舶等大型融资租赁项目预付货款手续。

(三) 突出对台金融合作

发挥对台优势,落实对台先行先试政策,建立两岸金融合作试验区,促进人民币和新台币的"双向流通"、兑换和计价结算,吸引台资银行业机构在试验区设立代表处、独资银行或组建合资银行,积极寻求与台湾保险业、证券业、信托业等非银行金融业以及资产评估、法律、会计等中介服务机构的合作途径,建设新台币兑换中心、两岸货币计价结算中心、海峡两岸直接通汇中心、台资企业和台商特色金融服务中心,把试验区建成服务于整个大陆台资企业、服务于两岸金融往来的金融中心。

1. 进一步做大两岸人民币代理行清算群

以两岸人民币代理清算群为平台,拓宽厦台人民币业务合作领域,引导金融机构在厦门建立"对台业务中心",争取率先开展跨境人民币贷款。推动台湾人民币通过厦门回流,力争对台人民币现钞从厦门调运。

2. 推动银行业机构互设或股权合作

取消或适当缩短台资银行业机构设立代表处的时间限制,放宽台资银行业机构经营人民币业务的准入条件,积极引进台湾银行业机构到试验区设立代表处或营业性分支机构,鼓励台资金融机构参股试验区内银行业机构。推动地方性银行到台湾设立分支机构或代表处,支持地方性银行收购、参股台湾金融机构。支持试验区内大型企业通过并购方式进入台湾金融市场,探索与台湾资本联合并购境外金融机构试点。

3. 积极引进台湾证券业机构

鼓励台湾证券业机构在试验区设立代表处和营业性分支机构,支持设立合资证券公司、基金管理公司和各类投资公司,引导台湾券商直投公司和券商期货公司等新型金融机构在试验区集聚发展。

4. 推动保险市场和业务融合

争取更多的台湾保险公司在试验区设立代表处和营业性机构。吸引台资保险公司来试验区参股成立保险法人机构;通过财政支持和税收减免,鼓励和支持在试验区的保险公司为台商、台资企业提供保险服务。探索设立保险数据平台、保险电子商务交易平台。开展知识产权侵权险、房地产登记责任险、信用卡盗刷责任保险、信用保险保单融资等新型保险业务。支持保险机构积极参与全民医保体系建设,开展个人延税型养老保险试点,开展住房反向抵押贷款养老保险。

5. 加强金融中介服务机构的合作

鼓励和支持台资金融机构在试验区设立、合资或参股信托公司、财务公司、担保公司、金融租赁公司、汽车金融服务公司等机构。支持台资机构在试验区内独资设立或参股合资会计、法律、资产评估等中介机构。引进台资成立中小企业担保公司，为在两地经贸与合作中有需求的中小企业融资。积极承接台湾金融机构后台业务向试验区转移，联手打造面向国际市场的金融服务外包基地。

（四）加强区内金融监管

1. 成立机构

厦门片区管委会应在金融监管部门的大力支持下，组建试验区金融监控局，针对区内金融业开放和创新情况，升级风险监控和预警机制，并与监管部门联网，实现监控信息及时反馈，开创中央对地方金融风险管理新模式。

2. 强化监管

加强区内金融监管，保留必要的资本管制，抑制套汇、套利和旨在从资本价格上涨中获利的投机资本流入，维护金融安全。区内金融机构和特定非金融机构应按照法律法规要求，切实履行反洗钱、反恐融资、反逃税等义务，及时、准确、完整地向各金融监管部门报送资产负债表及相关业务信息；配合金融监管部门密切关注跨境异常资金流动。

3. 推动信息共享

建立试验区综合信息监管平台，对区内非金融机构进行监督管理，按年度对区内非金融机构进行评估，根据评估结果对区内非金融机构实施分类管理；实现与中国人民银行征信系统、全市信用信息平台的对接。

专题九

福建在"21世纪海上丝绸之路"
战略中的金融对策

一、"21世纪海上丝绸之路"战略及福建的优势

2013年,中国国家主席习近平正式提出共建"一带一路"的倡议。这是中国政府基于全球经济特征发生重大变化,统筹考虑国内国际大环境作出的重大战略决策。从国际发展形势来看,经济全球化加深,国际金融危机影响持续蔓延,世界经济复苏缓慢,国际经济与产业结构正进入深层次调整。就各国而言,在致力于经济全球化的同时,也致力于区域经济一体化,迫切希望寻求新的经济增长点,以进一步激发区域发展活力与合作潜力。从中国的经济实践来看,三十多年的改革开放成果显著,经济总量跃居世界第二,货物贸易量和外汇储备总额位列世界第一,中国已经成为带动世界经济发展的重要动力。中国需要深化国内改革和扩大对外开放,以自己的稳健发展引领世界经济发展格局,造福于中国,也造福于国际社会,为人类和平的持续发展作出更大贡献。

(一)中国"21世纪海上丝绸之路"战略的提出

共建"一带一路",即共同建设"丝绸之路经济带"和"21世纪海上丝绸之

路"。"一带"和"一路"是分别着眼于陆上和海上的开放战略,两者相辅相成,共同促进。下面说明中国在当前的发展环境下提出"一带一路"重要战略的原因,进一步揭示"21世纪海上丝绸之路"的深刻内涵。

1. 推进新一轮改革深化与对外开放的需要

中国过去三十多年的改革开放取得了举世瞩目的成就,未来要实现跨越"中等收入陷阱",跻身中高等收入水平国家行列,实现全面建成小康社会的目标,还要依赖于全面深入推进的改革和不断完善的开放型市场经济体制。"21世纪海上丝绸之路"将为中国经济结构调整提供更为广阔的平台与全新的环境,成为未来结构调整新战略的重要内容。从经济产业调整来看,"21世纪海上丝绸之路"使得沿线处于不同发展阶段的各国或地区联合起来,借助资本流动和产能合作,推进本国结构调整与发展,实现上下游产业链整合,推进投资便利化,减少产业壁垒,探索共建产业园区等新型合作模式,为中国与沿线国家产能合作与产业结构调整升级提供平台。从推进人民币国际化进程来看,中国若能与"21世纪海上丝绸之路"相关国家或地区建立一定的合作机制,推动人民币纳入货币结算条款的双边或多边的贸易协定的制定,必能加快人民币的国际化。从开放角度来看,中国经历了三十多年的改革开放,之前开放的红利业已实现,中国经济面临新一轮对外开放并通过开放促进国内改革的强大诉求。而如今中国对外开放的环境已经发生了重大变化,"21世纪海上丝绸之路"正是适应这种变化和要求而提出的新时期的开放战略,两线共举,涵盖东南和东北两片区域,推动更高水平的开放,不仅仅局限于贸易投资自由化,还将延伸到互联互通、货币合作、政策协调等。

2. 实现区域经济包容性增长的需要

在全球经济增长趋缓的情况下,中国提出共建"21世纪海上丝绸之路",其中一个重要的目的在于深化与沿线国家特别是东南亚国家的交流合作,为中国周边与亚太地区发展中国家的经济增长提供一种新的内生增长机制,确保区域经济可持续发展。东南亚地区自古以来都是中国"海上丝绸之路"的重要组成部分。迄今为止,中国与东盟国家的交流合作也取得了显著的成绩:2003年中国与东盟建立战略伙伴关系,双方从最初的经济合作逐步拓展到安全、文化等领域,进而发展到2010年中国—东盟自由贸易区正式启动,投资贸易合作再次升级。新的"海上丝绸之路"建设的顺利实施将得益于中国与东盟的良好合作状态,同时,推进"21世纪海上丝绸之路"战略又将进一步深化双方合作、密切双方联系,使双方的投资贸易更加自由、便利,创造中国与东盟合作新的"黄金十年"。当然,由于东盟各国处于不同的发展阶段,在经济水平、政治体制、文化和历史关系等方面存在多样性,这就决定了中国的"21世纪海上丝绸之路"战略需要更多考虑区域特点、国情特点,建立一个开放的、多样的制度设计,才能实现中国与东盟等"21世纪海上丝绸之路"国家和地区的包容性、协同性发展。

3. 推行新型经济外交的需要

进入21世纪特别是2008年世界性金融危机以来,全球经济格局发生了深刻变化,美国实施"重返亚太"与"亚太再平衡"战略造成中国周边和外部环境的显著变化。中国作为一个大国,面对这样日趋复杂的周边环境,需要实现稳定周边、打造与周边国家命运共同体的目标,但这一目标已经难以单靠以往的经济合作方式来实现,因而必须创新外交方式,推行新型经济外交。这是中国处理好与世界各国特别是亚太地区国家的关系、形成适合发展的和平环境的关键。中国实施共建"一带一路"战略,把新一轮扩大开放与奋发有为的新外交方针结合起来,推进中国睦邻友好、和平发展的核心理念。在这个意义上,建设"21世纪海上丝绸之路"倡议的提出、规划制定与具体实施,是中国坚定走和平发展道路的最坚定的物质保障。

4. 发展海洋经济与建设海洋强国的需要

党的十八大报告从战略高度对海洋事业发展做出全面部署,将海洋经济的发展作为中国经济转型升级的重点内容和经济发展的新动力。目前在世界海洋经济发展过程中,重心已明显移向亚洲,尤其体现在船舶建造、航运物流、海工装备以及海洋旅游、海洋金融等方面,这使得亚洲成为世界海洋经济的焦点。这一世界海洋经济的结构调整为中国海洋经济的发展提供了新的历史机遇。中国突出发展海洋经济,增强其对国民经济的贡献,有利于在世界竞争中竞争力的提升,成为海洋经济强国。因此,中国提出建设"21世纪海上丝绸之路"的战略恰逢其时,将会促进海洋经济发展、推动"海洋强国"战略的实施。

(二)福建在"21世纪海上丝绸之路"战略中的独特优势

"21世纪海上丝绸之路"战略中对接东南亚的临海港口主要有厦门、泉州、广州、宁波这四个主港以及其他支线港的喂给港。福建在这一战略中具有天然的优势。福建与台湾隔海相望,是大陆面向亚太地区开放的窗口之一,与东南亚、中亚、中东等国家和地区渊源深厚,友好往来历史悠久,经贸关系稳固,在融入"21世纪海上丝绸之路"建设、加强对外交流与合作方面具有历史渊源久远、基础设施完备、产业合作互补性明显、人文关系密切、海洋文化底蕴深厚等独特优势。

1. "海上丝绸之路"历史悠久

福建是古代"海上丝绸之路"重要的发源地与起点,在对外经贸和人文交流中发挥着重要作用。福州、泉州、厦门、莆田、漳州等地,都是以丰富的历史文化遗存而成为世界著名的"海上丝绸之路之城"的。泉州是被联合国教科文组织确认的"海上丝绸之路"的重要起点,是宋元时期"海上丝绸之路"的主港,被称为"东方第一大港"。明代初期,郑和下西洋拓展了"海上丝绸之路",并将福州的长乐太平港作为其下西洋的重要基地。明朝中后期,漳州月港成为"海上丝绸之路"的始发港。近代以来,厦门港的地位迅速提升,港口吞吐量大幅增加,已成为世界性大港。在新的历史时期,福建不断繁荣发展"海上丝绸之路"文化。2014年4月,福建省文化厅和北京市文物局共同承办了"海上丝绸之路文物特展",该展被认为是目前级别最高、规模最大的文物展览,展示了古代"海上丝绸之路"的灿烂文化。为进一步宣传"海上丝绸之路"的历史文化,福建博物院已经确定将该展览作为国家文化品牌在联合国总部展出,并将从2014年开始用5年时间,到东盟十国巡回展出。这些举措必将进一步增强"海上丝绸之路"文化的传播、扩散与认同。

2. 福建港口优势突出

福建全省海岸线曲折漫长,大陆岸线长3 752千米,岛屿岸线长2 804千米,拥有全国第二长的陆域海岸线,并拥有众多的优良港湾,港口深水岸线位居全国首位,港口新建设、新开发的潜力巨大。近年来,省内港口基础设施建设逐步加快,政策力度、资源投入程度不断加强,相继制定出台港口群发展等政策措施,支持引导港口建设。近几年,福建港口固定资产投资持续增长,预计"十二五"期间总投资超过500亿元;福建以发展重点港区为引导,带动片区发展,推动港口整体开发。大型泊位和航道建设已取得初步成效,厦门湾、罗源湾、湄洲湾等重点港湾(港区)建成了一批10万—30万吨级大型深水泊位,以及适应各自码头的大型深水进港航道,目前全省沿海港口可停靠15万吨级集装箱船、30万吨级散货船和30万吨级油轮。通过完善政策、资源整合、优化结构、拓展腹地市场等相关措施,推动省内城市、港口、产业三者联动发展,港口发展势头强劲,将加快"大港口"的形成。2014年福建发布的《关于加快港口发展的行动纲要(2014—2018年)》设定了厦门港、福州港、湄洲湾、罗源湾的发展定位,并明确了主要任务、计划推进时间表、计划投资规模和相关责任部门。可见,福建的"大港口"建设宏图已经稳步展开,将会不断强化福建的港口建设优势,有助于福建"海上丝绸之路核心区"目标的实现。

3. 产业合作潜力巨大

福建与"21世纪海上丝绸之路"沿线的东盟各国在经济上可以形成明确分工。双方各产业领域优势互补,有着较强的产业合作基础。在产业合作方面,福建产业基础完备,在机电设备、服装、鞋类、食品加工等传统大宗商品出口方面具有比较优势。福建省可以利用马来西亚等国的资源优势,扩大进口矿产资源、木材、原油及成品油和原材料等资源能源类产品,这些既是东盟国家的优势产品,又是中国十分需要的资源,由此实现贸易互利互补。除了进出口贸易方面的合作,还可以采取相互直接投资、共同开发等合作方式。在石化、机械、冶金、信息、船舶等产业,新加坡、马来西亚等较发达国家的优势明显,但受到劳动力成本和地域空间的限制,对此福建可以主动承接这些国家或地区的产业转移,实现外资"引进来",打造福建面向东盟的外向型产业合作体系。而在轻纺、电子、机械等产业,福建省内已有部分相关企业技术实力强、产能较大,需要开拓新的市场,可以支持和引导这些企业到东南亚地区直接投资、开展境外加工贸易等,同时带动相关技术、设备、零配件等产品出口,实现省内产业"走出去"。这些举措将会促使中国与东盟地区的产业合作达到新的高度。

4. 政策优势突出

2012年起,福建先后出台关于促进航运业发展、加快港口群联运、港口发展的行动纲要等政策措施,在项目用地、用海、资金等方面扶持港口及航运行业发展,增强福建建设"21世纪海上丝绸之路"的基础设施条件。此外,福建省政府2012年出台了《福建省海洋新兴产业发展规划》,其中指出要重点发展海洋工程装备业、邮轮游艇业等海洋新兴产业,并制定了创建特色品牌、优化发展平台以及深化对外合作等六项任务,这些政策将有利于促进本省企业与台湾地区、东盟企业的产业合作。在经贸合作方面,福建提出推动中国与东盟的海产品交易及其他各类交易平台的政策,提出做大交易规模,加大金融财税扶持和推进贸易便利化等几大措施。同时,2015年开始运行的中国(福建)自由贸易试验区,其核心理念就在于进行投资、贸易、金融、政府监管等领域的改革创新,进一步凸显了福建具有的政策优势,已出台的改革措施都有利于福建实施"引进来"和"走出去"的举措,尤其有利于促进福建与台港澳地区的经济合作,闽台之间具有地缘相近、血缘相亲、文缘相承、商缘相连、法缘相循的"五缘"优势,使得福建自贸区的政策优势更加突出。因此,福建自贸区发展的红利将持续促进福建同"21世纪海上丝绸之路"沿线国家或地区以及台湾地区之间的投资贸易便利化。

5. 侨务资源丰富

福建与"21世纪海上丝绸之路"沿线国家和地区特别是东盟各国之间,由于地缘相近、习俗相似、文化相通等特点,民间交流有着天然的优势与传统。福建侨务资源的特点主要有:

(1) 闽侨人数多、有实力。目前,旅居世界各地的闽籍华人华侨达1 580万人,其中在东南亚地区的超过1 200万人,东南亚的华人华侨中有1/4是福建籍。不仅在东南亚,台港澳也有众多的闽籍华人华侨,闽籍港澳同胞有120多万人;台湾超过80%的人是闽籍,香港和澳门也各有超过10%的人是闽籍。在经济上,这几年的"福布斯富豪榜"显示,世界华商500强当中闽商大概占1/10,其雄厚实力可见一斑,并在部分国家或地区有着举足轻重的地位。

(2) 闽侨组织性强、凝聚力大。福建海外社团源远流长,目前海外闽籍社团有1 900多个,分布在47个国家和地区,其中菲律宾、马来西亚、新加坡等国均有较多的闽侨社团,这些社团在当地都有很强的影响力。截至2013年,闽籍侨商在闽投资占福建外资的比例超过3/4,对福建公益事业捐赠总额超过240亿元人民币,展现了闽侨的凝聚力。

(3) 闽侨对于"21世纪海上丝绸之路"战略的推动作用更加明显。目前东南亚地区华人华侨已融入到"21世纪海上丝绸之路"沿线国家和地区的经济、政治、文化、社会等各个方面,闽籍商人在东盟各国不但资本实力较强、商网优势明显,而且语言文化相通、人员交流便利,他们在推动福建—东盟交流与合作中发挥着不可替代的重要作用。发挥好当地华人华侨的人力资源优势,是福建与东盟国家合作成功的一大关键因素,也是福建融入"21世纪海上丝绸之路"建设区别于其他省份的最重要的特点。

6. 海洋文化与贸易特色鲜明

福建的海洋文化历史长达4 000多年,是中国海洋文化的重要发源地。福建独有的妈祖文化、船政文化带有明显的福建地域特色,在中国乃至世界海洋文明发展史上具有重要的独特地位,在我国港、澳、台地区和东南亚国家均得到广泛认同。福建不仅海洋文化历史悠长,对外海上贸易也更加繁荣。改革开放以来,福建全面提升海洋合作水平,福州、厦门都十分重视海洋贸易。福州在推出一系列推进海洋经济发展战略决策,着力建设"海上福州"的同时,借力"21世纪海上丝绸之路"战略,加大与该经济带内各国或地区的海洋贸易,并加快调整海洋及临港相关产业布局,整合产业发展空间,形成海陆联动的区域格局,经济上实现优势互补、合理分工的发展模式。而厦门作为"21世纪海上丝绸之路"的起点之一,与 200 多个国家和地区建立了良好的经贸关系,成为国际招商和对外贸易口岸,拥有两岸贸易中心和东南国际航运中心。

综上所述,中国提出建设"21 世纪海上丝绸之路"战略对于福建经济发展与对外开放具有重要的意义。在新形势下,福建既要按照既定的政策规划、目标任务稳步前进,又要创新发展思路,发挥自身优势,调整产业结构,发展海洋经济,加强港口设施建设,深化与东盟各国的经贸产业合作,以自身发展服务国家整体建设,以国家建设推动自身更好的发展,作为国家深化改革与对外开放的先行试验区,加快建成"21 世纪海上丝绸之路"核心区。

二、福建在"21 世纪海上丝绸之路"战略中金融发展面临的问题

"21 世纪海上丝绸之路"建设涉及沿线多个国家或地区。当初提出"21 世纪海上丝绸之路"这一概念时,着重强调利用中国与周边各国或地区资源禀赋互补这一条件,通过合理的市场资源优化配置实现最大化国家或地区之间的规模经济效应,但金融要素的稀缺一直限制着资源跨国或跨地区流动,制约着中国与周边各国或地区开展更广泛的交流与合作。2015 年 3 月 28 日,中国政府发布的《推动共建丝绸之路经济带和 21 世纪海上丝绸之路的愿景与行动》中,金融是基础,是实现政策联通、设施联通、贸易畅通、民心相通、企业发展等问题的关键。

(一)金融发展在"21 世纪海上丝绸之路"战略中的作用

由于"21 世纪海上丝绸之路"建设涉及范围广,各国或地区实业发展与经济发展程度不一,且资源禀赋存在互补或相似的情况,如何通过合理的市场资源优化配置最大化国与国或国与地区之间的经济效应成为亟待解决的问题,而金融短板成为横亘在发展道路上的一大障碍,因此制定金融业发展的大框架,有利于满足"21 世纪海上丝绸之路"建设的实际需求。金融业发展在"丝绸之路经济带"发展中具有以下作用:

1. 充分利用金融融资杠杆

只有利用好金融融资杠杆这一工具,才能更好地促进实体经济与金融行业的相互融合,推动基础设施建设以及国际贸易服务和国际投资。纵观"海上丝绸之路"沿线各国或地区,多数为新兴经济体,有着巨大的资金缺口,因此,利用

金融杠杆和市场机制为各方合理融资，提升"21世纪海上丝绸之路"沿线各国或地区经济的整体实力，显得尤为重要。

2. 扩大"丝绸之路经济带"沿线各国或地区间的合作范围

目前中国与"21世纪海上丝绸之路"沿线各国或地区的金融合作存在地缘政治冲突、与其他经济联盟的竞争、经济发展不平衡、金融生态环境各异等制约因素。对于"21世纪海上丝绸之路"中的金融发展，不能单靠中国一家之力，更应该联合沿线各国或地区，开展双边或者多边的金融经济交流，寻求更广泛的国际金融合作，调动更多的金融资源来建设"21世纪海上丝绸之路"，形成沿线各国或地区之间互利共赢的格局。

3. 满足跨国金融服务需求，最大限度地"走出去"

沿线各国或地区虽然存在融资缺口问题，但"21世纪海上丝绸之路"建设对金融的需求不仅限于资金的供给，更重要的是需要一个一揽子的综合金融服务体系。从各国或地区经济发展以及中国与沿线各国或地区的金融交流反馈来看，这一揽子的综合金融服务体系主要包括稳定的自由货币流通服务体系、安全稳定的信用增进服务体系、严密的安全监管体系以及全方位的金融物流服务体系。

4. 成为金融创新的推进器

正是由于沿线各国或地区经济发展不一、经济环境各异，因此为金融创新提供了多样化的环境来探索各国或地区金融创新的发展方向和重点，更大程度地促进金融创新的进行。例如，推出适合各国或地区不同经济情况的金融理财产品、外汇产品，以适应不同的金融市场结构，同时进一步解决沿线各国或地区总体融资结构不合理的问题。在创新的同时能够发现金融产品发展是否规范、法律保护是否健全的问题，从另一个方面强化监管、跟进法律保护，从而进一步优化金融创新环境，形成金融创新的良性循环。

（二）福建在"21世纪海上丝绸之路"战略中面临的金融问题

福建作为"丝绸之路经济带"的核心区域和自由贸易区的所在地，有着较多的优惠政策和发展优势。金融作为一种交易活动，本身并未创造价值，但经过资源整合、跨期互换等操作后，它可以成为整个社会经济的"血脉"渗透到社会的方方面面，只有在对区域整体规划发展有了深入了解后，才能把握金融活动的具体走向。

从整体来看，2008年的国际金融危机给世界金融业带来了巨大的影响。金融结构体系、金融管理、金融发展模式以及金融服务产品在风险管控方面的缺陷在危机中暴露无遗,对现代金融业提出了巨大的挑战。"十二五"期间,福建面临着复杂的国内外经济环境,省内金融业发展具有诸多不确定因素,在管理和调控上难度仍旧较大。就国内来说,福建金融业总体实力较弱。金融服务质量不高、金融组织薄弱、融资不平衡和融资渠道单一的现象普遍,金融创新能力不足,这些因素在很大程度上制约着福建金融的健康发展。因此,立足自贸区发展和"丝绸之路经济带"发展要求,结合省内经济发展的态势,对福建金融发展中存在的问题进行剖析,显得尤为必要。

1. 省内各行业存在着融资不平衡的情况

相较于大型企业来说,中小企业融资不足。金融业自身趋利避害的特性和中小企业自身的先天不足,使得融资难度增大,而单一的融资渠道和复杂的融资程序、审批程序降低了融资效率,增加了融资成本,使中小企业发展难以维系。从省内发展的重点产业可以看出,新型服务和物流服务等行业是企业迸发的新起点,由于行业新颖,新成立的中小企业必然将成为行业发展的贡献者。但融资难与效率低下将会影响企业发展,在一定程度上阻碍行业整体的健康发展。此外,除了行业内不同企业融资外,行业间的金融服务发展也存在较大差别。以航运业为例,在金融发展的过程中,专为航运业服务的航运金融应时而生,航运金融的重点发展对象主要涉及船舶融资、船运保险、资金结算、航运价格衍生产品和供应链金融。金融机构对航运企业开展专门的货币保管、兑换、结算等业务,并为贸易过程的订购订销和采购融资,物流仓储和运输环节的金融输出监管、质押监管和存货融资等供应链提供服务。虽然航运金融是针对航运业的特点衍生发展的金融产业,但是根据行业的具体特征,推出相应的金融衍生服务将会推进不同行业的发展。提供行业间异质性和行业内企业规模差别化的金融服务将成为金融发展的一个重要方向。

2. 融资渠道单一

金融体系的融资渠道虽然被分为直接融资和间接融资,但由于以股票、债券为主的直接融资门槛较高,因此难以为所有存在资金缺口的企业所利用。虽然近年来省内直接融资比重有所上升,但从总体来看仍然偏低。银行作为间接融资的主要借款者,积累了相当高的金融风险,给银行平衡资产负债表水平、开展有效的内部管理带来了负面影响。此外,福建较多的地下钱庄、影子银行也暴露出省内企业融资渠道单一的现状。单就间接融资方面,其单一的形式也广受市场诟病,而例如基金、银行承兑、银行信用证、贷款担保、对冲资金以及委托贷款等间接融资方式也并未成熟,使得现存企业,尤其是中小企业融资困难。同时,金融开放不足,又使得国外成本较低的资金无法利用,融资局面不太乐观。

3. 涉外金融经验不足

福建虽然地处东南沿海,并且拥有三个自由贸易片区,但比起上海、北京等地的外向型经济,仍然存在差距。近年来,随着经济的不断发展,福建的外向型企业也在不断增多,但仍旧存在金融服务外向型人才的缺口,使得外向型经济发展难以跟进。而不同地区又拥有不同的金融政策,不同地区成长的企业也具有不同的风格,如何针对不同类型外向型企业提供具体的金融服务,也成为一大难题。此外,金融产品和外汇产品不断推陈出新,国外经济形势瞬息万变,国内政策也在不断变化,如何帮助对接企业了解国际形势、抵御市场风险,将带给专业金融从业人员更大的考验,这在一定程度上对省内金融人才提出了更高的要求,从而造成省内高素质金融人才需求缺口增大。而金融机构人才的整体素质劣势,将在很大程度上制约省内金融机构服务水平,既不利于金融服务外向型的发展,也不利于省内涉外企业的发展。

4. 金融监管较弱

随着经济的快速发展,金融产品种类各异,金融业态不断变化。近年来,包括P2P、众筹和第三方支付在内的互联网金融行业发展迅速。形式种类的多样、发展速度之快直接给金融监管带来了挑战,不仅是福建,全国各地频频发生的"跑路"事件均证明了金融监管存在漏洞。而金融业的对外开放,也在一定程度上加大了监管难度,不仅涉及本国监管,而且涉及如何对对外交易方进行合理的监管,保障金融交易合法化。此外,目前监管法律法规配套制度和措施不全面,也影响金融监管执行力度的提升。单一的监管方式面对如今跨行业、跨市场、交叉性的金融交易已力不从心。随着市场的变化,风险识别和监测评估体系也会逐渐过时,金融运行中出现不同以往的新问题和新情况也将考验金融监管机构的应急处置机制。因此,一个强有力的金融监管体系将直接决定金融运行的稳定性。

5. 金融业基础设施建设较为落后

现阶段,福建省内的企业和个人征信系统还未建设完善,信息覆盖面不广,中小企业与农村信用体系建设仍在继续。金融中介服务体系不健全,会计、法律、审计、信贷等中介服务机构存在较高的准入门槛,审批手续复杂,行业协会运营机制也不完善。基础设施的不健全在很大程度上影响着金融业和实体经济的后续发展,无论是由于信息不对称造成信贷资源无法发挥最大效用,还是无法为金融机构或实体企业提供最适宜的财务审计服务,都会造成社会资源浪费,给金融业和实体经济的发展带来不良影响。

6. 金融服务创新不足

为缓解省内融资难问题,福建积极采取林权、海域使用权、知识产权等贷款抵押方式为企业提供贷款,但只能满足少数拥有上述所有权的企业,无法填补多数企业的资金缺口,这在一定程度上要求金融机构进行更广泛的服务创新,提供更多的适合的金融产品。而对于企业来说,取得信贷融资仅仅是接受金融服务的一环,在企业发展过程中,还需要注入资金结算、汇率避险、并购贷款、上市操作、资本运作等金融服务。由此看来,福建金融服务的后续能力不足,将难以满足日渐旺盛的金融服务需求,在一定程度上影响了省内实体经济的发展。此外,制度、工具、技术创新能力的不足限制了金融机构与企业的交互发展,从而在一定程度上也影响了福建在"21世纪海上丝绸之路"战略中的地位。

7. 金融结构弹性较小,吸收和平滑风险能力较弱

福建省内的金融风险近年来有增大的趋势,突出表现是信贷资产质量持续下降。自2012年下半年以来全省不良贷款出现持续"双升",2013年、2014年不良贷款率分别增加159.43亿元、212.98亿元,不良贷款率分别提高0.51个百分点、0.53个百分点。而这些现象的出现给风险平滑能力较弱的福建带来了新的挑战,虽然金融结构改革是中国金融体系改革的总体方向,福建无法独立完成,但如何减少省内削减不下的各项不良贷款、控制企业担保链的传导风险、监控快速发展的理财产品中的风险隐患,是福建金融发展亟待解决的问题。

以上论述,主要从融资、监管、基础设施、涉外服务、金融创新等方面进行剖析,深入了解福建在"21世纪海上丝绸之路"战略中面临的主要金融问题。作为"丝绸之路经济带"的核心一环,福建在该经济带的建设发展中具有不可替代的作用,只有清楚福建金融在发展中遇到的问题,深入考察,采取适宜的方法、手段去解决问题,才能提升福建金融业的总体实力,缩小与金融发展先进省份间的差距,推动省内实体经济的发展,更好地为"丝绸之路经济带"的建设发展服务。

三、福建在"21世纪海上丝绸之路"战略中的金融对策

2013年习近平总书记提出了"21世纪海上丝绸之路"战略，福建更是成为"21世纪海上丝绸之路"的核心区与始发点。金融作为经济、贸易、能源、服务、基础设施等领域发展的重要支点和引擎，福建如何在中央政府"一带一路"战略政策下制定金融对策、创新金融体系，通过规划整合各类资源，充分发挥"21世纪海上丝绸之路"始发点的带头作用，与沿线国家或地区的金融形成支持合力，不断促进经济发展是一项重要课题。

（一）以"21世纪海上丝绸之路"战略为契机，在福建推进外汇管理改革试点

以促进跨境外汇投资融资为目标，通过不断提高汇兑便利化程度，简政放权，建立健全外债和资本流动管理体系，支持福建融入"21世纪海上丝绸之路"金融建设中去。一是通过创新跨境贸易、投资融资、汇兑管理方式，不断提高福建与"21世纪海上丝绸之路"沿线国家或地区的金融便利化水平，推进货物贸易和服务贸易外汇管理制度的改革，简化进出口贸易的本币及外币的结算程序，防范并降低贸易过程的支付风险，进一步便利福建企业对"21世纪海上丝绸之路"沿线国家或地区以及东盟各国的跨境贸易结算及资金运作；二是在福建建立境内外汇集中管理和资金互通、对外放款额度集中调配、跨境担保和投资以及跨国公司总部外汇资金集中运营管理等业务试点；三是鼓励企业加大对外投资力度，吸引"21世纪海上丝绸之路"沿线国家或地区外商到福建省内投资，对省内企业到"21世纪海上丝绸之路"沿线国家或地区投资的企业提供政策性支持，如降低企业进出口贸易关税，对赴东盟投资的企业提供一定额度的融资性担保和信用支持，解决企业对外投资贸易的资金短缺问题等；四是利用互联网金融的优势，构建跨境电子商务平台，简化交易手续与成本，促进企业与"21世纪海上丝绸之路"沿线国家或地区企业的贸易和国际结算问题；五是推动个人贸易外汇管理便利化，依托银行等金融机构简化个人贸易结算程序，对符合条件的个人允许在境内开立个人外汇结算账户，促进福建省内个人对外贸易的发展。

(二) 在福建开展服务于"21世纪海上丝绸之路"战略的人民币跨境自由兑换和结算

中国作为"21世纪海上丝绸之路"战略的提出国,人民币作为在当今世界贸易经济发展中一种重要的结算币种,支持人民币成为在"21世纪海上丝绸之路"沿线国家或地区的贸易中主要的结算币种之一,对"21世纪海上丝绸之路"战略的实施具有强大的带动作用。一是促进福建省内资本和产品对外输出以人民币为载体,有助于提高国内各个部门参与的积极性;"21世纪海上丝绸之路"战略的实施,大大促进了福建与周边国家或地区的进出口贸易,扩大人民币的使用范围,促使其成为"21世纪海上丝绸之路"贸易中的常用币种,不仅能够方便企业参与相关贸易、扩大投资规模、简化双边及多边贸易结算程序,还能避免因国际货币价格波动所引起的汇兑损益。当前,在"21世纪海上丝绸之路"战略的实施过程中,福建应开展跨境贸易人民币结算试点,推动人民币走向国际化,提升人民币在"21世纪海上丝绸之路"沿线国家或地区中的结算币种地位。在双边及多边贸易中,政府应鼓励企业在对外投融资和贸易活动时采用人民币进行结算,并给予其相应的政策优惠,如退税或免税等优惠政策。同时,推动跨境贸易人民币结算的规模和比例扩大到一定程度,还需要银行提供更加完善的服务,在对外贸易中,银行应简化人民币跨境贸易结算业务的办理流程,加快结算速度,提高企业资金使用效率。另外,大力发展人民币离岸市场,创新基于离岸人民币业务的贸易、融资和信贷产品,为境外人民币资金提供更为广阔的投资方式。建立统一的人民币跨境支付系统,支持各个方面人民币跨境使用的需求,包括人民币跨境贸易和投资的清算、境内金融市场的跨境货币资金清算以及人民币与其他币种的同步收付业务,满足跨境人民币业务不断发展的需要。此外,为了加强对人民币在海外的使用,可在"21世纪海上丝绸之路"沿线国家或地区建立若干离岸金融中心,促进与这些国家或地区建立更紧密的经贸金融合作关系。

(三) 在福建建立服务于"21世纪海上丝绸之路"战略的金融机构体系

根据"21世纪海上丝绸之路"战略的特点,可以建立起多层次的"21世纪海上丝绸之路"金融体系。一是充分发挥开发性银行的作用。在福建建立亚投行"21世纪海上丝绸之路"分行,同时积极与设立"21世纪海上丝绸之路"基金的银行以及亚投行、金砖国家开发银行等国际开发性金融机构合作,发挥投融资与国际援助职能,支持"21世纪海上丝绸之路"沿线国家或地区加快基础设施建设,亚投行对"21世纪海上丝绸之路"沿线国家或地区尤其是亚洲国家或地区提供重要的金融支持,构建"21世纪海上丝绸之路"金融的主体架构。二是鼓励当地银行等金融机构设立专门的"21世纪海上丝绸之路"银行和产业投资基金。"21世纪海上丝绸之路"银行主要支持福建企业"走出去"进行跨境贸易和投融资活动,延伸福建企业经营活动的范围和深度。福建"21世纪海上丝绸之路"产业投资基金初始资本由福建省产业股权、福建省招标采购集团和海上丝绸之路投资基金共同出资,并鼓励社会资本参与其中,增加资金来源。该基金主要用于支持基础设施建设,并在运行中强调"市场化、国际化、专业化",支持创新性项目的发展,引导福建企业到"21世纪海上丝绸之路"沿线国家或地区去投资,在这一过程中,政府应积极搭建企业与银行等金融机构的对接平台,为企业在境外发展提供便利的资金来源,同时降低融资成本。三是大力推动跨境商业银行的发展。随着跨境企业贸易活动的增加,其金融需要的数量和形式也越来越多,为方便企业进行贸易和投融资活动,当"21世纪海上丝绸之路"沿线国家或地区经济活动发展到一定程度后,可促进福建专门的金融机构设立境外分支机构,拓展多元化的跨境服务渠道,并积极与境外金融机构开展一体化活动,形成全方位、多视野、高效的业务网络,为跨境金融服务增添动力。从事项目上下游的商业性业务,开办必不可少的国际结算业务,以及为企业提供财务咨询、风险管理、投资银行等创新业务,为跨境企业提供境外信贷资金需求、储蓄结算、商业保险和金融咨询等多方面的服务;以海峡股权交易所为基础,建立适用于"21世纪海上丝绸之路"沿线国家或地区的企业,主要是东盟企业的股权交易平台,服务于"21世纪海上丝绸之路"沿线相关贸易,打造资本对接直通平台,促进"21世纪海上丝绸之路"资本市场的统一发展。四是抓住"21世纪海上丝绸之路"战略的发展机会,促进沿线国家或地区金融保险行业的发展,建立跨境保险试验区,同时鼓励福建保险企业"走出去",支持企业利用境内及境外资源,搭建跨境保险交流合作平台,给予跨境业务查勘定损方面的优惠,降低企业跨境理赔服务的时间和成本,推动跨境保险业务的发展。

(四)对涉及"21世纪海上丝绸之路"的相关产业提供金融支持

"21世纪海上丝绸之路"战略的实现,重在促进与"21世纪海上丝绸之路"建设密切相关的产业发展。根据福建的实际情况,一是支持厦门、泉州、福州等重要港口的关键物流、基础设施和配送体系建设,对于这些沿海省市,要重点支持港口依存产业(如航运、集疏运业、造船业、保税业)和港口派生产业(如土木工程业和旅游业)的发展,政府要加大对这些相关产业的支持力度,加大投资力度和信用担保;二是支持海洋产业的发展,如海洋娱乐和旅游业、海洋交通运输业、海水增养殖业、海水制盐及盐化工业等产业,建立新兴产业园区,为其上下游产业提供足够的资金需求;三是对以旅游、休闲资源为卖点的高端酒店、生态社区、大型商业综合体、高端旅游、游艇码头等项目予以重点贷款支持;四是支持推动低端制造业以及产能过剩的行业"走出去",重点支持优质企业"走出去",对于涉及"21世纪海上丝绸之路"战略的企业集中的工业园区、高新技术园区、产业园区以及其他一些小微高科技企业等,要充分发挥银行客户群优势和产业链、供应链平台作用,及时了解这些小微企业与市场需求,提供优质金融服务,通过大小联动,拓展"21世纪海上丝绸之路"产业链与供应链。

(五)创新涉及"21世纪海上丝绸之路"战略中的产业融资方式

一是要围绕依存海洋的产业,如渔业、海洋交通运输业、海洋船舶工业、海盐业、滨海旅游业,构建福建省政府与银行等金融机构、此类企业的新型融资关系,在"21世纪海上丝绸之路"战略中抢占海洋金融发展先机。二是积极推出新型信贷产品,促进信贷业务创新,满足整个"21世纪海上丝绸之路"沿线国家或地区经济行业的流动资金需求。三是重点支持"21世纪海上丝绸之路"战略中资金需求量大的基础设施建设和旅游开发产业,通过银团贷款的方式提供本外币贷款和授信业务。四是对于"21世纪海上丝绸之路"战略,相关企业贸易活动的庞大资金需求除了由境内金融机构提供外,政府还可支持企业在国际金融市场或境外发行债券,通过简化境外发债的程序,降低境外发债的费用,为省内企业引进设备、技术和服务等活动提供融资需求。五是强化政府在经济贸易活动中的角色,通过有条件地筛选出"21世纪海上丝绸之路"战略中的重大建设项目,为其提供信用支持,同时推动省内金融机构与亚投行、"21世纪海上丝绸之路"基金等金融机构的合作,积极参与到"21世纪海上丝绸之路"建设的巨大资金需求中来,通过建立跨境分支,搭建线上线下金融服务平台,为"21世纪海上丝绸之路"战略的双边贸易和多边贸易提供金融服务。六是根据"21世纪海上丝绸之路"沿线的贸易特点,推动电子商务的发展,促进线上以电子交易方式进行相关交易服务活动,丰富融资渠道。

(六)积极发展互联网金融与供应链金融

"21世纪海上丝绸之路"战略的实施是一项庞大的工程,在其建设过程中会产生一系列国际化产业链,这不仅要求"21世纪海上丝绸之路"沿线国家或地区加强研发、生产和营销合作,还需要相关配套的金融支持。福建银行业应配合"21世纪海上丝绸之路"战略,适度进入跨境电子商务供应链支持领域,构建集供应链服务、支付结算、交易监管等于一体的跨境电子商务服务平台,同时配以相应政策(如新型的出口信用体系、检验监管模式和税收政策等),形成多边经济贸易合作方式,拓宽企业进入国际市场的道路,以促进资源的优化配置和企业间的互利共赢。2015年年初,国务院正式批准杭州成立中国第一个跨境电子商务综合试验区。通过试点工作,打造出一套跨境电子商务的产业链,逐渐形成适应全球经济发展的跨境电子商务模式、支持政策和管理体系。福建应学习杭州建立跨境商务的经验,创新跨境电子商务的交易、支付、物流、结算等环节,以"21世纪海上丝绸之路"战略整体供应链为基础,提供涵盖交易、结算、融资和风险监管等的金融服务平台。

(七)深化与"21世纪海上丝绸之路"沿线国家或地区的金融监管合作,完善区域协调机制

一是要加强"21世纪海上丝绸之路"沿线国家或地区贸易监管组织之间的合作关系,在贸易规则、纠纷解决等重大政策问题上制定协调一致的监管机制。二是要与"21世纪海上丝绸之路"沿线国家或地区协商构建一致的投融资机制,通过对投融资的全过程管理,合理规划投融资目标的选择、资金的调度、风险控制和活动过程协调等问题,保证各环节的公正有效。同时,要建立科学高效的贸易投融资决策流程,防止资金限制、重大有利方案被搁置;此外,还要建立相应的贷后资金用途监管机制,可设立项目资金专有账户,对资金的使用用途、过程提供全方位和实时的监管,防范杜绝资金的滥用,提高资金使用效率。三是建立"21世纪海上丝绸之路"金融风险预警系统。福建要积极与"21世纪海上丝绸之路"沿线国家或地区联系合作,共同建立风险预警平台,对相关资金进行有效分配、使用监管、用后效果分析,确保贸易的正常往来和金融机构的正常运行。四是推动"21世纪海上丝绸之路"相关组织签署监管合作备忘录,逐步完善区域监管协调机制,形成一系列高效运行的风险预警、争议解决的合作系统。通过各方的交流合作,维持相关区域的金融稳定,保证"21世纪海上丝绸之路"战略的有效运行。

在中国"21世纪海上丝绸之路"战略中,福建面临难得的新的战略契机,应以"引进来,走出去"的思路定位,创新金融体系,创建金融服务平台以及开放跨境金融,推动金融综合改革,构建起适应"21世纪海上丝绸之路"战略的现代金融服务体系,推动福建港口物流、产业投资、海洋经济、基础建设、文化旅游、贸易、能源等经济领域的发展,提高对外影响力和综合竞争力,加快将福建打造成"21世纪海上丝绸之路"核心区的进度。

专题十

与台湾对接的福建自由贸易试验区境外人民币资金流动与金融商品规划

一、引言

发达的产业是支持区域经济发展的核心,然而产业的聚集除了有赖硬件的基础建设(如高速公路、铁路、港口与机场)以外,软件建设(如汇款、筹资与资讯等)更是公司在与其他地区公司竞争时运筹帷幄的重要武器。在福建自贸区侧重对台对接的特色下,本专题对相关的自贸区金融发展提出可行且必须执行的规划。

台湾的金融市场竞争非常激烈。在 20 世纪 90 年代开放银行设立后,市场竞争下存放款利差多年维持在 1% 左右,市面上的金融机构多达四五十家。相对于大陆金融机构,台湾的金融机构多且规模较小,在世界甚至是大陆的市场,台湾金融机构要以并购进行扩张发展有其困难性。然而台湾自 90 年代末期开放期权市场、汇率利率以及与信用风险相关的金融商品市场以来,这些金融机构在历经十多年信用卡风暴与金融海啸等的考验后,对于金融商品的发展与内控监管明显较有经验。而福建自贸区欲发展平潭与厦门为金融创新园区,比起上海与前海,则完全没有金融的历史渊源与地域优势。在此背景下,除帮扶自身的金融机构外,引入台资金融机构,帮助其以福建为中心向大陆扩张其市场,是一个有助于两岸更深入的交流融合与帮助福建自贸区发展金融产业的可行方法。

福州与厦门为台商在大陆的重要聚集地之一,有数十家以上在台湾上市的企业目前在厦门设有生产基地。这些台商是台资银行的重要客户,福建自然能吸引台资金融机构驻点与提供服务。然而如何从驻点、提供单纯的借贷与资金周转服务,更进一步地提供更高阶的服务到自贸区全体甚至是自贸区外,则有赖于自贸区政府进一步地拓展金融业提供服务与创造价值的空间。接下来,我们将在第二部分中讨论境外人民币的资金市场与自贸区最明显的金融目标——人民币国际化。在第三部分中,我们将介绍目前银行与证券业可以发展与已发展的境外人民币金融商品。在第四部分中,我们将探讨在现行体制下可以进行的相关体制的创新与改变,其金融创新下重要的金融商品种类,并针对相关的种类讨论目前的市场发展状况与福建自贸区该有的规划。第五部分为本专题的总结。

二、境外人民币的资金市场与人民币国际化

在这一部分,我们先对以基础的交易货币人民币进行金融交易的市场予以说明。首先,人民币目前属于非资本项目自由开放的市场,因此实体货币交换会受到法律的规范。这些受到政策规范的市场,被称作境内人民币交易(简称CNY)。然而在人民币已逐渐成为国际交易货币时,在境外也有人民币的交易(如香港为重要的人民币的交易市场之一,其人民币交易市场简称CNH)。因汇率的管制,这两个市场的汇率往往存在价差。目前大陆对境外的资金非贸易项目和投资资金汇入境内人民币主要的管制办法为QFII与RQFFII。

然而境外的人民币交易,因不在大陆境内,受到的规范相对较少。如台湾的金融机构承做CNH的金融商品,会受到台湾金管会(类似于大陆银监会与证监会)对交易风险的规范,而不受"台湾中央银行"的规范。相同的概念,如果大陆开放境内银行(如自贸区的金融机构)承做境外人民币业务,会受到银监会或证监会的法规规范较多,而受中国人民银行的法规规范较少。目前大陆的境内金融机构与企业承做境外人民币商品需设立所谓的 NRA(Non Resident Account),但因其规范较多而较少被使用。然而在上海自贸区中设立的自由贸易

账户,其准许账户下有多种外币且准许境外人民币的交易,其不只含有境外人民币交易的概念,而是更延伸并尝试在自贸区内融合 CNH 与 CNY 的市场。因此,自贸区与过往的经济特区概念最主要的差异就是人民币国际化的目标与视野。在《中国人民银行关于金融支持中国(上海)自由贸易区试验区建设的意见》中很明确地体现出人民币国际化的精神。

三、福建自贸区可借鉴的金融商品

在本部分中,我们将针对市场上常见的金融商品,由较可行至急迫应做的顺序给予自贸区相关的规划建议。这些商品包括:境内境外利率商品、境内 CNY 汇率商品、境外 CNH 汇率商品、资产证券化商品。

(一)境内境外利率商品

利率的金融商品在欧美利率市场非常庞大,相关的衍生性商品众多,然而在中国却相对较小,而境外的人民币利率金融商品的交易量也相对较少。如果观察交易所内(非银行间柜台买卖)的利率期货,如对中金所,我们也会有相同的发现。出现这个现象的关键是中国的大多数债券的持有者、银行与寿险业者,对于债券皆是采用购买后便持有到期的操作,没有在市场上持续进行交易,导致公债市场买卖少、流动性低。基于此,提供金融商品的金融机构无法避险从而无法提供利率的金融商品的报价。这样的问题同样发生在中金所的利率期货交易上,因而利率期货交易不活跃。综上所述,目前金融商品的发展无论是境内还是境外都具有较大的挑战性。这种结构性的问题,短期解决不易。建议福建自贸区在短期目标上,不应将全部的重点放在利率商品上。

(二)境内 CNY 汇率商品

境内汇率商品虽然在中国处于刚起步的阶段,但是已有法规(《银行对客户办理人民币与外汇衍生产品业务管理规定》)进行规范。目前法规内可做的商品是可包含多个欧式期权的金融商品,标的为人民币与美金的兑换汇率,领有承做执照的金融机构包含:汇丰中国、渣打中国、星展中国和德意志银行等。换而言之,区内区外的企业要利用金融商品来规避境内人民币汇率的风险,必须找有承做执照的金融机构报价,再以一般银行的账户承做。虽然这个商品刚处于起步阶段,但可以预期在人民币国际化与国内企业投资他国日益增快的背景下,CNY汇率商品的市场一定会持续成长并且成为金融中心的兵家必争之地。只是福建成为争取CNY汇率交易中心的机会似乎并不大。在这方面或许福建自贸区可以尝试争取自贸区的金融机构有承做人民币/新台币间汇率的相关商品的特许执照。然而境内人民币并不能与新台币直接兑换,所以CNY/新台币汇率的商品明显有实际操作上的困难。这时必须要用到区内/区外账户的对接,承做的金融机构立刻至自贸区的境外市场对人民币与新台币的波动进行避险。

(三) 境外CNH汇率商品

境外CNH汇率商品包含:即期、远期、汇率互换与金融机构所推出的定制化外汇相关金融商品。一天的成交金额估计为300亿美金,而其中柜售的金融商品最热门的为"目标可赎回远期外汇"(Target Redemption Forward),其一年的成交金额可达6000亿美金,整体的定制化汇率金融商品年成交量超过1万亿美金。有趣的是,台商是定制化汇率金融商品的主要客户群之一。在没有自贸区的自由贸易账户下,他们会通过在第三地的子公司经由香港与台湾的OBU(Offshore Banking Unit)账户跟香港与台湾的金融机构承做这类商品。

首先,对于这样的操作我们分两个部分来讨论:

一是没有完全税后避险的效果。子公司在金融操作的损益上,没有跟母公司合并,以一个出口商为例,若人民币升值,其境外子公司金融避险操作获利,而境内母公司的获利减少,但国家的税收来自母公司,因此从国家的角度而言,税收因世界总体经济环境的变动而短少且波动增加。从厂商的角度而言,若人民币贬值,境外子公司的避险操作损失,这部分损失理应可以抵税,而在无自贸区自由账户前的实际操作上,厂商无法抵税。自由贸易账户的合账分账管制,有机会让企业享受这样的抵税,而从政府的角度而言,税负的收入将比较稳定。因此,福建自贸区一定要争取到自由贸易账户的制度。

二是瓜分现有的市场与积极争取成长的市场。在有自由贸易账户后,区内没有金融机构提供产品之前,企业会通过自由贸易账户与香港或台湾的金融机构承做相关商品。就某方面而言,金融的区域限制低,金融中心一旦建立便难以取代,然而现在利用自由贸易账户的税负抵免优惠,自贸区有机会瓜分香港的市场。自贸区通过自贸区金融机构承做的CNH境外人民币的损益报告让厂商抵税。这样的做法有机会争取一部分的企业通过自贸区的金融机构承做金融商品。而内地的境外投资一直增加,许多内地的企业也纷纷到东南亚等国设厂,这些厂商也都有汇率避险的需求。自贸区的金融服务规划应先瓜分现有的香港市场再着眼对外的成长。

其次,我们讨论自贸区内的金融机构进行金融商品创新的步骤。在最成熟的金融市场,如纽约、伦敦、香港等,金融机构有非常强的研发与对冲避险能力,针对客户的需求,在这些金融中心的机构可以发展出最有效与成本最低的产品来满足客户的需求;而在如上海、北京与台北这些地区的金融机构,对现有的产品,可以在卖出后进行自行避险;再次一级的金融服务是仅仅提供报价,然后将客户承做的产品转单到金融中心(如香港等)。所以整个金融业的发展不是一蹴而就的,同时从风险控制的角度而言,福建发展金融也应该让金融机构从较单纯的金融商品承做转单到香港或台北开始。因此在自贸区政府初期规划并不大的时候,才能有效地掌控风险。接着要鼓励金融创新让高层次人才进驻,要鼓励区内金融机构承做市场已经发展出来的产品,自行避险。最终的目标就是自贸区内的金融机构能够有足够的人力资源和经验来设计新的金融商品与避险。以下是本专题对自贸区内的金融机构创新发展能力规划的进程。

第一阶段(0—1年):确立企业在自贸区内与区内金融机构承做的金融商品的损益可以在母公司报表中合并,避险损失可以抵减税额。金融机构的报价在最初阶段以完全转嫁避险为原则。

第二阶段(2—3年):开放金融机构承担交易商品在非完全对冲下的风险。可以参考境内商品的规范,如果没有相关境内商品,基本上政府法规的规范除了有明显的外部规范以外,也要求金融机构设立内部规范。这一规范的基本原则不外乎是要向监察机关上报在汇率、利率、指数、信用等的风险改变1个百分点的情况下,整体资产的损失或者获利是多少,以及如何利用法规规范金融机构的资本准备率,防范这些风险的到来。这些标准在港台地区都有可以参考的法规,而国际上也有所谓的资本协议——"BASEL III",且厦门大学王亚南经济研究院与经济学院也能充分提供相关的技术支持。

第三阶段(3—5年):开放金融机构创新设计新的金融商品并在交易后进行对冲避险。此时,监管单位的既有规范,可能无法有效地监控防弊,而有赖于金融机构自己的内部规范。监管单位定期邀请专家审核与稽查该金融机构新开发的产品与设立的相关法规,必要时可增加既有的政府规范。

金融中心的发展,硬件的建设容易,软件的建设困难且耗时,首先要有一定的产品市场,企业才能有获利支持,有创造能力的高级人才进入。而要成为金融中心,也非几个专业的团队进入自贸区就可以成功。如何让交易的发生聚集在自贸区内,有赖于整个金融商品知识在从业人员与厂商间普及,使得厂商了解要规避汇率风险或利率风险,或是要降低筹资成本应该通过哪种金融商品,而区内的金融机构可以立刻提供相关的咨询与报价。

(四) 资产证券化商品

资产证券化商品是福建自贸区首要且必要发展的金融商品。这基于下列理由:

1. 中国资产证券化商品市场经验够多

中国资产证券化始于2005年,中间市场起起伏伏承做量并不大,直至2014年国内资产证券的市场忽然有爆发性的成长,承做量达3 000亿元人民币,市场估计承做量2015年将达到6 000亿元人民币。证券化的资金池已经广泛包含普通信用贷款、房屋、车辆与信用卡贷款、租赁、小贷与公共事业等。普遍的资产池金额约在5亿元人民币以上。因此,自贸区要立刻发起资产证券化的产品并无法规上的问题。最简单的方式即是以厦门银行为发起人,将借给自贸区厂商的信用贷款包装成资产证券化产品卖出。目前市场上已经有很多家券商机构在从事专门的资产证券化设计与发行,因此相关技术已经普及,目前大型券商与外资机构都可提供相关的服务。

2. 资产证券化有利于降低筹资成本

就目前而言,台商有抵押的贷款利率为5%—5.5%,通过资产证券化估计台商筹资成本可以降至4.5%—5%。保守的做法是,自贸区可以成立一个撮合的平台,协助厂商与银行或是租赁业者发行资产证券化产品。然而更积极的做法是,将资产证券化作为自贸区的招商手段,在招商开始的时候便提供承诺,尽力协助降低其筹资的成本。比如,自贸区可以在招商说明会时就提供由资产证券化的设计券商设计的一套园区资产证券化的菜单。又如,以单一公司来做资产证券化的案例说明,或以多个公司来做资产证券化的案例说明,甚至是让厂商了解在其资产价值不同条件下通过资产证券化的筹资成本如何,等等。

3. 容易连接对台特色

相较之前的汇率金融商品,资产证券化商品容易融入对台特色。然而,部分的特色可能需要借由修改法规才能达成。首先,可以容许在自贸区的台商以台湾的资产作为抵押品发行证券化商品。增加抵押品可以增加证券化中资产池的品质从而协助厂商实现比较低的融资成本。当然,我们也可以从证券化资产的买方着手体现对台特色,证券化资产的标的可以是台商或者大陆企业的信贷或租赁,在证券化后是卖给境内的人民币资金,境外的资金仍要遵循QFII或

RQFII 的额度才能进入大陆购买此商品。因此,福建自贸区当然可以着手 QFII 与 RQFII 的对台开放政策。然而,自贸区也可以借鉴沪港通的概念来直接开放 RQFFII。沪港通是指上海证券交易所和香港联合交易所允许两地投资者通过当地证券公司(或经纪商)买卖规定范围内的对方交易所上市的股票,是沪港股票市场交易互联互通的一种机制。因此,交易所的股票是一个载体的概念。由此我们可以发展出下面两个概念:

一是资产证券化的商品也可以分成私募与公募,公募的证券化商品是可以到交易所挂牌交易的。我们可以利用此特性,先由资产证券化活跃的福州与厦门的两个股权交易所开始,再进一步将两个股权交易所放入自贸区中,准许境外人民币在两个交易所中直接交易;或者,不把交易所放入自贸区中,而是引用沪港通的概念,以两个股权交易所的产品(包括资产证券化产品)为载体让境外人民币流入投资。

二是即便是私募,福建自贸区也应争取可以在区内销售给台湾的境外人民币。目前尚无资产证券化商品在自贸区内销售给境外人民币的案例。在福建自贸区申请开放尝试让台湾境外人民币回流投资台商是一个高度可行的方式。

最后,我们强调资产证券化的执行难度低,整个福建目前还没有资产证券化的案例,然而全国至今大约已经有 180 个资产证券化的案例。较大型的券商都熟稔相关的法规、产品设计、申请流程与承销渠道且提供从头到尾的服务。而厦门大学也可以在产品设计和评价的基础上给予充分的支援与建议并推荐国内专业设计券商,福建自贸区一定要紧抓资产证券化商品的发展。

四、福建自贸区该有的规划

中国人民银行有关自贸区的文件条例显示,中央政府在通过自贸区的自由贸易账户建立境内人民币市场与境外人民币市场的渠道。区内自由贸易的非居民账户在一定的条件下准许与区外自由兑换,而自由贸易居民账户则被明令禁止。法规中存在着逐渐开放资本账户的企图,且最终的目标是希望逐渐实行资本账户的自由开放。然而在开放自由资本账户之前,福建自贸区有迫切的需要抓住这个转机,发展自贸区的金融业务。原因如下:

(一)渠道形成

香港的境外人民币金融商品交易庞大,这些商品多涉及人民币/美金兑换、人民币/台币兑换等,单一商品,如目标可赎回远期契约(Target Redemption Forward,TRF),一年的成交金额可以达到千亿美元,整体的成交量可达到万亿美元以上。在过去,境内的机构要参与境外人民币交易,需在香港金融机构开户再承做相关的商品;而在今日,自贸区可以提供境内机构参与境外人民币交易的渠道。

(二) 需求存在

许多在香港承做汇率金融商品的机构都是台商,因为大陆境内法规对境外人民币金融产品的规范严格,这些台商利用第三地的子公司在香港或台湾承做这些商品来规避贸易上的风险。很显然,金融商品的市场需求是明显存在的,只是在大陆境内没有这种服务的供给。这个最基本的需求就是:厂商可以用在大陆境内区内银行的账户承做相关的商品。

(三) 市场有经验与未来市场持续扩大

即使最终 CNH 与 CNY 融合,短期内香港的金融中心地位仍难以取代,许多的报价与交易仍会以香港为中心,且境内的金融商品发展较迟,商品的种类弹性目前仍远不及香港。在福建自贸区期初发展之际,其目标是要吸引在大陆境内的公司,将其原先通过境外分公司承做 CNH 产品的交易拉回到自贸区内承做。监管的方法有台湾与香港的经验可以依循,且相关的从业人员可以从台湾或是香港引进,所以福建在自贸区建立境外区内金融交易中心的规划上,并不是无中生有而是借道引流。再者,当大陆的企业开始拓展向外投资与输出产能时,它们需要利用金融商品避险,这时自贸区要能抓住这一机遇。

在谈完境外人民币的市场后,我们接着讨论境内人民币的市场。境内的人民币金融市场在这一两年逐渐开放,但是仍在起步阶段,除了远期汇率以外,也于 2014 年开始了衍生性金融商品契约的发展。但是比起香港复杂度高的金融商品,境内目前能承做的商品只能包含多个欧式期权的组合,且获得执照经营的金融机构并不多。然而,随着汇率的自由化,可以预期境内的人民币金融商品将逐渐增多。不过,在境内人民币尚未全面实行完全资本项目开放前,自贸区可以说是人民币国际化的试点。即便境内完全实行资本项目开放,境外人民币的交易仍会持续,因为国际化货币交易的特色是可以 24 小时交易与在多个金融市场交易。而福建自贸区一定要抓住人民币国际化试点的机会,培养自身的金融实力,在有金融的基础实力后协助国内企业配合"一带一路"对外进行投资与输出产能。

在此，我们提出在现行法规条件下自贸区初期发展金融机构厚植金融实力该有的重要规划：

对接台湾银行，引入 OBU 资金。台湾于 20 世纪 90 年代初期开始发展境外账户，目前在台湾 OBU 账号下的存款约有 690 亿美金，其中包含 520 亿元人民币存款，而在 DBU（Domestic Banking Unit）账户下的人民币存款约有 2 780 亿元人民币（520 + 2 780 = 3 300，即一般媒体所提到的 3 300 亿元在台湾的人民币存款，而香港的 OBU 金额约为台湾的 3—4 倍）。相较于 DBU 中 2 780 亿元的人民币存款，OBU 中的 520 亿元人民币存款是不受台湾"央行"法规限制的、流动性强的资金。因此福建自贸区的金融发展，在初期就是通过引入台湾的银行，吸引台湾 OBU 账户下的 690 亿美金存款与其所包含的 520 亿元人民币进入自贸区。因为目前台湾的各家银行受限于台湾金管会对大陆保险额度的规定，预期在福建自贸区无法进行放款的业务，所以自贸区资金的需求与提供的媒介应以信贷金融商品的形式进行，由此建立了一个境内人民币与境外人民币的基本渠道。在此有两点必须强调，首先，台湾法规规定银行不能发行、包装与信贷相关的金融商品，因此在操作上不能由大陆的银行先卖给台湾的银行，再由台湾的银行转卖给其 OBU 客户。因此，最有效且最有利于自贸区发展的模式乃是鼓励台湾的银行在自贸区内设立分行，鼓励其 OBU 客户在自贸区内设立 FT（Free Trade）账户，再由台湾、香港的 OBU 账户转入境外人民币资金至 FT 账户进行与信贷相关的金融商品交易。其次，若是计划由台湾的银行销售给台湾的 OBU 客户，根据目前台湾的法规，必须将信贷资产证券化后，才能包装成产品销售给客户。

对接台湾保险业，引入 DBU 的境外人民币资金。在前一个重点中，我们着重于台湾 OBU 账户通过信贷金融商品来进行境外资金与境内资金的流通。然而，相关的流通渠道有赖于金融机构的创新能力。另外一个通道乃是通过台湾的保险业来吸引 DBU 中的 2 780 亿元人民币，由于目前台湾的保险业对大陆保险金额仍存在一定的额度（台湾银行用满额度最主要的原因是内保外贷的操作，而保险机构并没有办法从事相关业务），因此台湾的保险机构仍可以购买以人民币计价的债券，包括宝岛债、点心债等。保险机构可以将境外人民币计价的债券转成对台湾投资人发行的人民币计价的投资型保单。然而自 2013 年后大陆持续降息，境外人民币的筹资成本已不再有相对优势，因此过往发行宝岛债与点心债来套利差的五大国有银行已大量减少对宝岛债与点心债的发行，目前虽然宝岛债每年的额度限制约为 200 亿—300 亿元人民币，但是五大银行近一年来发行的宝岛债已不如 2013 年以前积极，因而台湾保险业中人民币计价的投资保单不如前几年常见。在此我们强调台湾 DBU 账户下的 2 780 亿元人民币与台湾 OBU 账户下的 520 亿元人民币存款的差异，一般而言，OBU 账户的人民币资金多为企业与顶尖的 1% 的富人持有，而 DBU 账户的人民币资金的持有者则多为中上阶层收入的民众。因为 DBU 受到台湾方面法规的较多管制，在自贸区内境外人民币的发展上，短期应该着重于 OBU 账户下的资金与投资人。此外，先前的宝岛债与点心债，其发行与交易的地点在台湾和香港，因此台湾的保险机构可以单纯地在台湾操作而跟福建自贸区完全没有牵连。因此在这个项目的操作上，福建自贸区特别是厦门片区要设法鼓励区内的五大国有银行在台湾申请发行宝岛债并应用募得的资金。

对接台湾证券业，在自贸区内建立境外人民币筹资与利率市场。然而针对引入 OBU 和 DBU 项目的操作而言，福建与厦门对于其他自贸区并没有利基可言，其他自贸区皆可以进行相关的操作。因此为凸显对台特色，我们建议，将福建的两个地区性的交易所纳入自贸区。引入台湾的证券商（Offshore Security Unit, OSU）在区内进行债券的发行与造市来建立以福建为基础的境外人民币筹资中心。通过券商造市的买卖报价，交易所得以建立起筹资中心的基础设施，如收益率曲线的建立有利于对境外人民币利率商品的评价。此外，在商品方面，台湾券商可以提供大陆投资人通过金融商品的渠道来购买台湾股票与资产的机会。目前正在进行与讨论的台湾券商执照可能有 1—2 个，获得许可与正在讨论的案例包含台湾"中国"信托金控证券与永丰金证券，两家券商分别持有 49% 与 51% 的券商合资经营执照。然而，两家证券公司仍需获得台湾金管会的准许后，才能开始大陆的券商业务。根据目前对台湾券商的调研，券商表示台湾金管会希望投资大陆的台湾券商在合资的模式下能有完全的掌控权，如拥有 75% 的股权，因此业界对于台湾金管会是否能通过永丰金证券与"中国"信托金控证券的投资案持较保守的态度。我们建议政府与自贸区监管单位，持续了解台湾券商在获得合格的大陆券商执照后，后续面对台湾金融监管单位是否放行的问题。

对接台湾基金业，协助其与福建自贸区内的资金合资建立 RQFII 基金。因两岸服务贸易协议的停滞，台湾基金对 RQFII 的申请迟迟没有进展，我们建议自贸区的监管单位利用福建与厦门对台的特色，协助台湾的基金与福建自贸区内的资金合资成立 RQFII 基金，引入台湾 DBU 账户内的境外人民币资金。

五、总结

综上所述,福建自贸区的金融发展还是要紧接对台合作,台湾金融机构(银行与券商)有境外人民币 DBU 与 OBU 的客户,而大陆金融机构有境内人民币的客户,吸引他们以福建自贸区为基地并以大陆企业未来发展自由贸易(FT)账户为愿景,从银行、保险、证券与基金四个方面着手,如此福建自贸区的金融发展就有成功的机会。在第四部分我们认为,自贸区短期内应抓紧发展境外人民币业务。然而从中长期来看,汇率相关的产品将是另一个重点。在大陆企业逐渐向外扩张之际,未来境外人民币将有很大一部分的交易是针对人民币对美元汇兑的商品,因此在短期将金融机构与投资人引入后,中长期的规划乃是将筹资中心的概念转向更全面的金融中心。

专题十一

福建省融入"一带一路"投资合作研究

一、引言

(一) 研究背景和意义

"一带一路"指"丝绸之路经济带"和"海上丝绸之路",是涉及多个国家和地区的互惠合作型跨国经济带,一旦建成,将对世界贸易格局产生深刻的影响。

"一带一路"一经提出,不仅在国际上引起重视,国内各省(市、自治区)也摩拳擦掌,积极参与"一带一路"建设。在"一带"建设上,有西北部的甘肃、陕西、宁夏、青海、新疆5省(市、自治区)和西南部的重庆、四川、云南、广西4省(市、自治区);在"一路"建设上,有江苏、浙江、广东、福建、海南5省,其中部分省市已着手构建"一带一路"的实施目标和发展规划。福建省作为中国海洋经济强省,又是"海上丝绸之路"的重要发源地,在历史文化和经济实力上都足以成为"海上丝绸之路"战略实施的先行者,并通过与"丝绸之路经济带"的重点省(市、自治区)进行互通合作,践行"一带一路"指导方针,起好示范和带头作用,完成"一带一路"的无缝衔接。在新出台的"一带一路"指导方案中,福建省的定位是以厦门、漳州、泉州、福州为四大支点,打造"一带一路"互联互通建设的重要枢纽、"海上丝绸之路"经贸合作的前沿平台和"海上丝绸之路"人文交流的重要纽带。本专题的研究意义在于在新经济形势和战略布局下,为福建省在国内外各领域投资合作的继续深化提供可参考的政策建议,加快融入"一带一路",促进福建省经济的进一步发展。

(二) "一带一路"实现对福建省投资合作的影响

1. "丝绸之路经济带"对福建省投资合作的影响

"丝绸之路经济带"主要集中于中西部地区,向东面向亚太经济圈,向西联系欧洲大陆,是跨越亚欧大陆的经济走廊。福建省虽与其在距离上有差异,但在贸易和交流上是息息相关的,融入"丝绸之路经济带",能加深省际的合作,并在对外贸易上实现投资空间的延伸以及投资规模的扩大,打破区域性限制,结成一体化互惠投资政策体,培育福建省经济发展新的增长点。

2. "海上丝绸之路"对福建省投资合作的影响

"海上丝绸之路"形成后,沿线航运会享有更多互惠互利的贸易条件,促进福建省与"21世纪海上丝绸之路"沿线国家或地区在基建、航运、海洋以及经贸、投资、生态等领域的全面深化合作,实现企业"引进来"与"走出去";通过建立良好的海洋伙伴关系,促使福建省对外发展水平达到更高层次,发展速度进一步扩大,使福建省成为"海上丝绸之路"的核心支柱、经贸合作的前沿平台。

(三) 研究思路及研究方法

本专题对福建省融入"一带一路"投资合作进行研究,首先,分析"一带一路"框架实现对福建省经济及投资合作的影响;其次,用历史分析法研究福建省现有的投资合作基础和实现融入"一带一路"的可行性;最后,基于对外经济情况及统计数据分析法,探讨福建省融入"一带一路"过程中投资合作可能面临的问题,并提出相应建议,促使福建省成为陆路与"海上丝绸之路"的无缝衔接点。

二、福建省融入"一带一路"投资合作的现有基础

(一) 福建省融入"丝绸之路经济带"现有投资合作基础

泛珠江三角洲地区的概念于2003年7月正式提出,包括福建、江西、湖南、广东、广西、海南、四川、贵州、云南9个省(市、自治区)和香港、澳门两个特别行

政区。10多年以来,福建省在泛珠江三角洲(简称泛珠三角)地区引进项目4 138项,引进资金8 193.96亿元,累计投资18 000亿元,与兄弟省(市、自治区)合作开通物流内支线和内贸线共86条。可见,福建省在泛珠三角地区已经有良好的贸易支持和投资合作基础。

福建省在泛珠三角地区的投资合作基础还体现在与港澳合作的深化拓展上。如表1至表3所示,2014年,福建省对香港特区出口101.46亿美元,同比增长-3.9%;2013年,福建省对澳门特区出口4 059万美元,同比下降43.26%;2013年已有70多家有福建背景的企业在香港上市,福建省合同利用港商直接投资超过47亿美元,占全省总额的近六成;福建省还引进华润集团等大型企业投资省内重大产业合作项目;另外,在金融合作上,有香港恒生银行入股福建兴业银行、香港富邦银行入股厦门市商业银行,并借助香港作为自由港拥有的金融服务业优势,吸引了包括毕马威、普华永道等国际知名金融服务公司入驻福建。可见,依托与香港的合作,福建省具有高效的投资环境,在"一带"建设上,面对国内环境和国际需求,具有更高的吸引力和更强的实力。

表1　2013年福建省对港澳进口商品贸易额　　　　　　　　　　单位:万美元

地区	2009	2010	2011	2012	2013
香港	10 916	16 226	36 434	50 134	47 560
澳门	19	33	81	14	14

资料来源:福建省历年统计年鉴。

表2　2013年福建省对港澳出口商品贸易额　　　　　　　　　　单位:万美元

地区	2009	2010	2011	2012	2013
香港	350 678	455 702	618 100	833 593	1 056 024
澳门	1 401	2 998	3 242	7 154	4 059

资料来源:福建省历年统计年鉴。

表3　2014年福建省对主要国家和地区进出口情况

国家和地区	出口额(亿美元)	比上年增长(%)	进口额(亿美元)	比上年增长(%)
美国	199.56	8.2	66.70	10.8
欧盟	213.77	12.1	45.96	4.1
东盟	167.32	2.6	83.51	4.9
日本	65.29	1.0	29.71	-6.0

(续表)

国家和地区	出口额 (亿美元)	比上年 增长(%)	进口额 (亿美元)	比上年 增长(%)
中国香港	101.46	-3.9	2.35	-50.6
中国台湾	38.21	18.6	86.19	-10.5
韩国	33.38	15.1	32.46	-4.4
俄罗斯联邦	18.28	-8.0	6.15	32.8

资料来源:《2014年福建省国民经济和社会发展统计公报》。

与此同时,在"丝绸之路经济带"上西南部4省(市、自治区)——四川、云南、广西、重庆,除重庆市外均在泛珠三角地区与福建省有投资合作和贸易往来,通过这几个省(市、自治区)连接"丝绸之路经济带"的西北部5省(市、自治区)——陕西、甘肃、青海、宁夏、新疆;以"三点"带"一带",使得福建省在融入"一带"上具有较为高效的投资合作基础。

(二)福建省融入"海上丝绸之路"现有投资合作基础

1. 海峡西岸经济区投资合作基础

海峡西岸经济区(简称海西区)的概念于2004年正式提出,是以福建省为主体,面对台湾,邻近港澳,涵盖浙江南部、广东北部和江西部分地区的经济综合体。以福建省为主的海西区,作为历史上"海上丝绸之路"的发源地,加之其地处我国东南沿海,与台湾隔海相望,毗邻东南亚地区,是我国对外开放的重要省份。无论是从历史、区位还是从经济环境、政策支持等方面,海西区都具有融入"一带一路"建设与发展的诸多优势。海西区作为我国较早进行改革开放的地区,经济较为发达,产业基础完备,资金和技术力量相对较强,产品性价比高,尤其是建材、纺织服装等在国际市场上很受欢迎,具备融入"一带一路"建设的经济基础。同时,该地区拥有众多充满活力和发展潜力的民营企业,这些企业已经成为该区对外经济贸易的重要力量。以泉州运动鞋和石材加工企业、莆田木材加工企业、龙岩紫金矿业等为代表的本土企业,具备与东南亚等"一带一路"沿线国家或地区开展合作的优势。福建省作为海西区的核心,与区内各省市具有良好的投资合作基础;与此同时,在国内层面上,"一路"的建设以福建、江苏、浙江、广东为主,两个经济区域重叠于福建,并以福建为中心,为福建融入"一路"提供了充分的现有投资合作基础。

2. 与东盟的投资合作基础

在对外贸易上,福建省与东盟的双边贸易近年来呈现持续快速增长的势头,自 2010 年中国—东盟自由贸易区正式建立后,福建省对东盟的出口更是呈井喷式发展。2002—2009 年,福建省对东盟出口每年增幅都保持在两位数以上,其中与菲律宾、泰国、马来西亚和新加坡的出口贸易额位居前列。如表 4 所示,2013 年东盟跃升为福建省第二大贸易伙伴,福建省对上述四国出口达 112.73 亿美元,同比增长 13.1%;2014 年福建省对东盟出口达 167.32 亿美元,同比增长 2.6%,创双边历史新高。

表 4　2009—2013 年福建省对东盟四国出口贸易额　　　单位:万美元

国家	2009	2010	2011	2012	2013
菲律宾	117 396	167 682	231 826	350 049	412 674
泰国	67 591	93 315	124 803	154 440	168 757
马来西亚	164 461	194 220	244 092	304 194	368 724
新加坡	97 029	112 406	165 183	188 189	177 129

资料来源:2010—2014 年《福建省统计年鉴》。

在贸易量迅猛增长的同时,双方贸易结构不断优化,机电产品和高新技术产品所占比重逐年增大,贸易互补性进一步加强,东盟成为福建省利用外资的主要来源地区。截至 2013 年 3 月,新加坡、印度尼西亚和马来西亚在福建省投资项目分别达到 1 417 个、259 个和 461 个,合同金额达到 46.9 亿元、6.6 亿元和 22.3 亿元。福建还鼓励企业"走出去",截至 2013 年年底,福建省赴东盟设立境外企业已达 156 家,投资额 4.5 亿元。[①] 目前,福建省有远洋企业 28 家、远洋渔船 337 艘,并在印度尼西亚、缅甸等地修建了 9 个境外远洋渔业基地;2013 年 10 月,福建省"印度尼西亚金马安渔业综合基地更新改造项目(中国—东盟渔业合作示范基地)""中国—东盟海产品产业合作暨交易平台"(包括"中国—东盟海产品交易所")"依托厦门大学马来西亚分校建设中国—东盟海洋学院"等 3 个项目入选"中国—东盟海上合作基金"首批项目。海峡两岸(福建东山)水产品加工集散基地、霞浦台湾水产品集散中心等,已成为两岸海洋经济合作的重要载体和平台。福建省对东盟的水海产品和蔬菜出口也在逐年增长,目前已占我国向东盟出口水产品的 60%左右。福建省拥有厦门经济特区,可实行自由港的某些政策,且在对台投资上,有 3 个台商投资区,在对外贸易上已具备良好的投资基础。

近年来,福建省的对外交通体系也逐步完善,为融入"一带一路"建设奠定

---

① "'一带一路'助力福建与东盟合作稳步拓展",http://www.fj.chinanews.com/news/2014/2014-10-13/292011.shtml。

了坚实的基础。福建省积极推进沿海港口群和空港布局建设,扩展对外交通航线,形成较为完善的对外交通体系。目前,福建省沿海港口已开通至东南亚海上航线51条,其中:厦门港48条,包括通往新加坡的航线15条、通往菲律宾的航线10条、通往马来西亚的航线18条、通往越南的航线5条;福州港3条,均为通往新加坡的航线。厦门航空公司从福州始发飞往东南亚地区的航线共5条,分别飞往新加坡、吉隆坡、马尼拉、雅加达、曼谷。

在"一带一路"建设初期,依托福建在泛珠三角地区的贸易基础,通过四川、云南、广西、重庆等地切入"丝绸之路经济带";借助已有的合作基础,融入"一带"具有很高的可行性。同时,借助福建在海西区与广东、浙江、江苏等地的投资合作基础,以及与东盟的良好的合作关系,加大中国—东盟自贸区升级打造的力度,为"一路"建设提供良好的示范效用。此外,高效的投资环境和政府效能也给福建融入"一带一路"带来了很高的可行性。

三、福建省融入"一带一路"面临的问题和挑战

(一)国家层面上的问题与挑战

在国家层面上,我们面临的挑战是复杂多变的:

首先,政治紧张是最严峻的问题,如南海争端使中国与部分东南亚国家在政治关系上较为紧张,针对中国的不良舆论会影响民意,没有好的互信合作基础,将无法把"一带一路"互惠到双方人民的根本利益上;且部分东南亚国家内部政局不稳定,政权斗争激烈,政党更迭较快,能否持续有效地建立"一带一路"合作关系的不确定性高;另外,"一带一路"沿线各国或地区发展层次有所差异,宗教文化交错,利益诉求不一,协调成本和风险都较大。

其次,美国实行跨太平洋伙伴关系战略扩张其在亚洲的影响力,俄罗斯对中亚的控制也是由来已久,欧盟控制着欧洲的经济命脉,而"一带一路"旨在连接亚非欧大陆,在途经其他经济联盟时,会产生很大的重叠和竞争性排斥,既会阻碍"一带一路"的推进,也会使中国陷入"两难"之地,还可能会产生贸易上的大摩擦。

最后,"一带一路"要求在基础设施建设、后勤补给、网络通信等方面投入巨大的前期成本,各国都想少投入多受益,资金来源方式等也是需要重点考虑的问题;各国为保护本国经济不受冲击,可能会有政策执行差异和隐性贸易保护,在降税的同时增加贸易壁垒。

(二) 省际层面上的问题与挑战

1. 福建省融入"一带"面临的问题与挑战

福建省拥有泛珠三角地区中与四川、云南、广西3省(市、自治区)的投资合作基础,但融入"丝绸之路经济带"还要加大与重庆和西北部陕西、甘肃、青海、宁夏、新疆5省(市、自治区)的联系,因此,如何选择一个切入"丝绸之路经济带"的重点省市是其需要解决的首要战略问题。

其次,福建省处于较为发达的东南沿海地区,且为中国较早开放贸易的省(市、自治区)之一,而"一带"沿线地区多处于中西部地区,经济发展欠发达,进出口贸易总额差距大;另外,福建省经济年均增长在10%以上,2013年人均GDP 57 856元,而台湾人均本地居民生产总值21 558美元(折合人民币133 842.84元),是福建省的2倍多,更不必说香港这一更发达的地区了,且福建省与长三角、珠三角地区的经济发展相比也存在一些不足。迅速缩小与台湾的经济发展差距,实现和珠三角、长三角经济社会的一体化发展是福建省融入"一带一路"的挑战,且在融入过程中不可避免地会出现各省之间产业政策和区域扶持等问题,这也是协调发展的一大障碍。

2. 福建省融入"一路"面临的问题与挑战

福建省融入"一路"面临的问题很大程度上来源于国家层面。如果拥有国家的制度保障与各国或地区政府和人民的支持,外围压力显著减少,运行起来才更容易。

针对福建省而言,首先,福建省投资合作区域窄,规模不大,主要还是依靠地缘优势吸引外资,没有形成投资布局规模化。其次,福建省在产业水平上以装配产业居多、劳动密集型居多、资源矿产行业居多,但一般都处于产业链下游,核心技术和高端价值少,严重依赖国外公司,出口产品同质化程度高,竞争激烈,利润空间少,产业优势不足,这部分中小企业能否在区域竞争中存活下来是福建省经济稳定与否的重要影响因素。另外,"一路"建设前期投入大,即使有国家支持,资金仍会有缺口,如何融资来扩大港口建设、铁路建设、后勤补给以及选择何种投资合作方式等也是福建省急需解决的一大问题。

四、福建省融入"一带一路"投资合作的对策建议

福建省在融入"一带一路"的过程中,在融入战略制定上需国内国外统筹兼

顾，既要加大对外开放力度，促进对外贸易发展和跨国投资合作，建立跨国互惠投资体；也要在国内向广大中西部地区融合，扩大省际贸易交流，加深投资合作以应对对外开放面临的竞争与挑战，发挥比较优势，合理分工，减少省际贸易成本；还要形成国内和跨国兼备的融入"一带一路"的战略构想。在"一带一路"的新格局下，福建将大有作为。

（一）融入"丝绸之路经济带"面临问题的对策研究

1. 选择重庆市作为融入"一带"的切入点

改革开放初期，国家战略重点在东部沿海，西部优势不明显，现在要促进内陆开放，东中西协调发展，扩大内需和产业升级，因而丝绸之路建设实际上是西部大开发的进一步推进，是向西开放战略的深化，福建省需把握这一重点，加大与西部省市的合作发展。

同时，"丝绸之路经济带"是与欧亚各国或地区共同合作的战略构想，那么，如何打通与欧洲、阿拉伯国家的通道就是影响福建省融入"一带"的首要问题。结合这两方面，在地理位置上，重庆市处于西北五省与泛珠三角地区之间，具有联动东西、带动南北的区位优势，可充分借助福建在泛珠三角地区的经济基础，又快又好地融入中西部地区；在经济实力上，重庆作为中央直辖市，改革开放得较早，经济发展基础好，工业总产值、进出口、实际利用外资、服务贸易等均居中西部地区第一，有高效的合作基础；另外，"渝新欧"铁路是连接中国、哈萨克斯坦、俄罗斯、白俄罗斯、波兰、德国的国际物流通道，其起点就是重庆市，通过该铁路在中国和欧洲大陆之间运输高价值的商品比传统海运更有效，当然，中国在面向欧洲大陆的交通方式上，还有"蓉新欧""汉新欧""郑新欧"等铁路，但除了"渝新欧"之外，其他城市的货源并不稳定，且成本偏高，运输也是时断时续，"渝新欧"在时间和运费上都有很大的竞争力。故选择重庆市作为切入点，既符合国家向西开放战略，又能加大与欧洲各国的联系，还能面向中亚和阿拉伯国家，对外开放广度被放大，潜力无限。

另外，纵观重庆市经济发展情况，以汽车工业为核心的机械工业、电子信息、装备制造、综合化工、材料、能源等产业发展快，已形成较大的规模，而福建省的通信、电子计算机、服装鞋帽、纺织、交通设备制造、化工原料等产业的集中度较高，两地在产业结构上既有重叠又有互补。另外，在对外贸易上，重庆市以机械器具、电气设备及零部件、船舶及运输设备、贱金属及其制品等为主，福建省则以机械与运输设备、纺织、服装及衣着附件、鞋靴等为主，两地在对外贸易上互补性强。故两地在产业结构和升级目标上具有较强的一致性，有利于合作的开展和深入。

2. 福建省与重庆市在"一带"建设上投资合作的可行性分析

重庆市一直积极推进将重庆定位为"丝绸之路经济带"的起点,在2014年全国两会上,重庆市代表团以全团的名义提出这一建议,之后又召开了多次国际会议推动中亚和欧洲国家支持"渝新欧"国际大通道,计划让"渝新欧"上升到国家战略;另外,重庆市也需要连接"海上丝绸之路",以连接东盟等沿线国家或地区,甚至远达南非。重庆市提出向西南通过云南和滇缅公路直达中印孟缅经济走廊来开通重庆—东盟公路通道,大体连接中国西南部、印度西孟加拉邦及印度东北部、缅甸北部和中部以及孟加拉国等在内的狭长经济地带,但这些地区经济发展落后,基础设施匮乏,资本和劳务流动困难大,目前中国和南亚国家,特别是和印度之间运输成本高、时间长。同时,公路运输既有灵活性强、损耗少、门到门运输的优势,也有建设成本高、运输能力弱、占地多、污染大等劣势,而海运运输成本低、投入小、客货两宜、运行持续性强,综合优势较为突出,适于距离长、运量大的各种大宗商品的物资运输。显然,重庆市在一般品运输上通过公路,在大宗商品运输上还是通过水路更具经济性。综上,重庆市是福建省融入"一带"的重要切入点,也有很好的合作基础和较高的积极性。

3. 福建省与重庆市投资合作的建议

一方面,促进福建省与重庆市投资合作,共同完成"一带一路"在陆上和海上的无缝衔接。首先,需构建统筹合作机制,成立福建—重庆投资合作建设领导小组,统筹两地的重大战略规划及专项规划,在战略层次上高度一致、协调合作。

其次,需建设涵盖面广的交通大通道。依托我国交通主线和海峡西岸综合运输通道,福建省应补充建立外通东南亚各国、内连周边沿海省市及西南部地区的公路、铁路、港口等交通方式,连贯"福建—西南省份—欧盟各国"的国际综合物流大通道,还可以增加或开通福州、厦门、泉州等口岸至重庆的铁路集装箱,有条件的情况下可开启双向班列,使得福建省能通过"渝新欧"铁路加快与欧洲各国的贸易往来,扩大贸易规模。

再次,可与重庆市在港口贸易上进行合作,共同吸引内陆货源和运输箱源,建设"合作港",省去福建省相关企业在港口办理装卸、报关、检验等必需的手续,而是直接从"合作港"内将货箱运抵港口,并直接登船出海,大大削减了等待时间和程序成本。现今,各港口都拥有现代化电子口岸平台,福建省可通过与重庆市电子口岸平台的对接,实现货物信息共享,运输信息跟踪,资源互联互通，为进出口贸易提供远程、高效、现代化的服务。

最后，福建省应借助海峡优势，成为台湾内陆商贸往来的纽带。随着海峡西岸建设的逐步完善，越来越多的台资企业进入中西部地区。举例来说，这些台资企业在重庆投资生产，将产生极大的对台物流需求，福建省在对台贸易、物流运输等方面有最大的便捷度和针对性的优惠政策，可以利用这一优势，吸引重庆市在福建省的港口设立独立的对台物流中转区；同时，重庆市近年对台湾的进出口额稳步提升，借助福建中转区，联合提供优惠政策和进行升级合作，能加大与台湾的联系和合作，对福建省和重庆市是互利双赢的。

另一方面，要加大与重庆市的经贸合作深度，首先要消除地方保护和市场封锁的政策法规，放松对人员、技术、资本、货物、服务的流动限制，形成透明高效、平等竞争的市场，再借助地区商会的人力资源，鼓励两地群体企业到各方建立工业园区。这样，福建省就可以面向欧非大陆，实现企业在出口方向上的多样化和规模扩张，重庆市则可从福建港口出港与东南亚国家进行更便捷、运输成本更低的贸易往来；在福建—重庆的各种运输方式上，可共同设定优惠政策，如借鉴泛珠三角地区农业"绿色通道"，对运送农产品的受优惠车辆通过省际公路收费站时减免收取路桥费，吸引外商到两地的直接投资。

再有，区域性建设离不开完善的投资合作法律体系和高效的信息沟通平台，促进双边与多边资源共享，应着重加强在区域内物流中转枢纽地的投资合作，共同建设投资合作网点，可涵盖基础设施服务、运输服务、金融服务等方面。例如，共同建立金融机构为两地间贸易合作提供资金和服务支持；针对建设过程中的资金问题，可引入公私合作伙伴机制来融通资金；扩大合作的辐射范围，促进周边地区的经济发展。

（二）融入"21世纪海上丝绸之路"面临问题的对策研究

1. 抓住各国重点，引进优势产业，分层转移劣势产业

福建省与菲律宾、泰国、马来西亚和新加坡的贸易近年占有比重较大，且在贸易额上保持顺差。这四国经济发展优于或与福建省相似，中等技术密集型投资领域竞争加大，投资效益减少，可将福建省已成型的劳动密集型产业以境外加工的转移形式转至越南、老挝等国，在投资空间和投资规模上扩张。东盟各国自然资源丰富各异，如印度尼西亚以渔业为主、老挝的林业突出、缅甸则以矿业资源丰富为投资热点，可根据各国优势扩大在自然资源方面的投资，保持福建省自然资源的可持续发展；当然，投资规模的扩大并不意味着在各个国家的各个方面都投资，而要抓住重点，引进优势，分层转移劣势。例如，对于新加坡这一发达国家,可在新加坡国内设立贸易中心和交通网点,借助其经济影响力将福建省的投资合作带到更大的投资空间上。

在吸引东盟各国资金投资上,从表5可以看出,充分吸引菲律宾和马来西亚的外商在福建省投资是要点,在政策上鼓励外国优势产业和龙头企业在福建省投资建厂,促进福建省产业升级,扩大外商投资规模。再有,福建省从南往北有漳州港、厦门港、泉州港、湄洲港、马尾港、三都澳港等港口,其中厦门港、福州港已是全国十大集装箱港,厦门空港是仅次于北京、上海和广州的第四大国际货运空港。2013年厦门市、福州市、泉州市和漳州市在利用外商投资上居福建省前列,其余各地区均低于30 000万美元,如表6所示。要抓住这些地区的发展重点,侧重制定优惠政策以扩大外商投资规模,使外国投资在福建省空间上得以延伸和扩展。

表5　福建省外商直接投资合同金额(分国别)　　　　单位:万美元

国家	2009	2010	2011	2012	2013
菲律宾	-2 344	-6 765	3 317	1 690	-985
泰国	70	-85	-11	-192	1 998
马来西亚	1 844	5 728	9 919	2 780	-546
新加坡	4 511	21 747	15 262	22 210	53 789

资料来源:2010—2014年《福建省统计年鉴》。

表6　各区市实际利用外商直接投资金额　　　　单位:万美元

地区	2009	2010	2011	2012	2013
福州市	103 227	118 524	127 745	133 877	143 063
厦门市	168 674	169 651	172 583	177 453	187 204
莆田市	18 302	22 952	25 264	25 559	30 164
三明市	7 460	8 635	9 201	10 300	12 500
泉州市	172 002	149 342	161 511	131 960	139 112
漳州市	55 018	70 076	88 739	89 025	94 552
南平市	6 167	6 787	7 794	8 733	10 501
龙岩市	15 225	16 506	17 762	19 908	21 598
宁德市	5 672	7 098	9 512	12 007	14 433

资料来源:2010—2014年《福建省统计年鉴》。

纵观福建省的外商直接投资情况,在分行业情况下,农、林、牧、渔业利用外资最多;制造业排名第二,但也仅占农、林、牧、渔业的一半左右,房地产业位居第三,如表7所示。在这些方面还需继续加大吸引外资,但也要在其他有潜力的产业上吸引外资。

表7　2014年福建省外商直接投资情况（分行业）

行业	合同项目（个）	实际利用金额（万美元）
总计	1 044	711 499
农、林、牧、渔业	53	11 571
采矿业	1	167
制造业	178	392 281
电力、燃气及水的生产和供应业	11	33 270
建筑业	11	21 773
批发和零售业	451	35 224
交通运输、仓储和邮政业	8	24 605
住宿和餐饮业	24	5 503
信息传输、软件和信息技术服务业	48	8 718
金融业	23	24 015
房地产业	12	107 865
租赁和商务服务业	91	23 494
科学研究和技术服务业	93	10 878
水利、环境和公共设施管理业	10	3 917
居民服务、修理和其他服务业	13	657
教育	2	
卫生和社会工作		
文化、体育和娱乐业	15	7 561
公共管理、社会保障和社会组织		
国际组织		

资料来源：中商情报网，http://www.askci.com/news/finance/2015/02/05/2053107hlm.shtml。

2. 选择具有比较优势和符合双方产业优化趋势的产业

投资合作应从各方产业结构优化的角度出发，制定相应的产业选择机制，确定正确的产业投资方向。一方面引导东盟国家的资金投向合适的产业，另一方面选择合适的对应产业鼓励中国企业"走出去"，实现产业布局合理分配、投资结构优化，最大化投资效益。

（1）东盟对福建省的投资产业选择

首先，要吸引东盟具有相对比较优势的产业进入，以扩大直接投资数额。

比如,东盟是世界热带经济作物大产地,生产技术成熟,产量逐年提高;锡、石油、天然气等储量丰富,而福建省在能源、黑色金属冶金辅助原料等矿产资源上短缺,主要依靠进口。针对这些情况,一方面引导东盟的企业投资于福建省的农业、石油化工业等;另一方面,引导东盟的资金投向福建省的资源开发、冶金工艺等。

其次,符合福建省产业优化趋势,在产业结构变化上有一致性的影响。福建省总产出逐年增长,第二产业稳定占总产出的70%左右,第一产业和第三产业分别占5%和25%左右,且各年总产出在增量上也以第二产业为主、第三产业为次,第一产业则出现了略有减少的情况。故福建省现以第二产业为主、第三产业和第一产业为辅,产业升级目标是保持第二产业的主导地位,大力增强第三产业的产出,努力扶持第一产业。在这种情况下,要吸引东盟各国对福建省的第一和第三产业投资,在投资结构上调整产业内部分布,促进东盟对福建省投资合作的产业协同性和合理化,加快福建省产业转型和升级。

再次,引导东盟向产业关联度强的技术密集型产业投资。目前,东盟对福建省的投资以制造业为主,服务业为辅,批发零售业次之,在建筑和农业等方面的投资很少;吸引东盟的高科技产业以及研发、设计等技术核心产业来福建省投资,引进有国际影响力的大公司,促进福建省高端制造业的发展,提升核心竞争力。

最后,促进双方贸易规模扩大、贸易结构优化,引导东盟向福建省有出口优势的产业进行直接投资。福建省在机械制造及运输设备,服装、鞋靴,电信及声音录制及电力机械,电器零件等方面的出口数额大,应引导东盟投资于技术含量高的深加工产业,提高福建省与东盟的贸易水平。

(2)福建省对东盟的投资产业选择

2014年福建省对外直接投资项目230个,对外投资额27.72亿美元,分别比上年增长62.0%和296.2%;对外直接投资实际投资额13.77亿美元,比上年增长116.5%。①

首先,运用边际转移标准,将福建省过剩产能产业转移至有优势地位的国家,实现双方获利,如将低技术密集、高劳动密集型产业转移至发展水平较低、劳动成本更低的国家和地区,以降低成本并带动当地经济发展。

其次,福建省应以市场为导向,选择东盟有潜力的领域投资,如东盟资源丰富、潜力巨大,若对其进行投资,则既能减少福建省对自身资源的依赖,又能获

---

① 《2014年福建省国民经济和社会发展统计公报》。

得新的利润点；同时也要关注东盟各国的产业调整，投资符合改革升级一致性的产业和行业，确保投资效应良好，带来投资效益。

最后，福建省的优势产业体现在非金属矿采选业，农副食品加工业，食品制造业，酒、饮料和精制茶制造业，纺织服装、鞋、帽制造业，皮革、毛皮、羽毛（绒）及其制品业，木材加工及木、竹、藤、棕、草制品业，家具制造业，造纸及纸制品业，印刷业和记录媒介的复制，化学纤维制造业，非金属矿物制品业，文教工美体育和娱乐用品制造业上。可在这些方面对东盟国家进行投资，扩散优势产业，转化产能。

3. 跨国并购为主、新建为辅、创新银企集团的投资合作模式

一直以来，福建省都以国际工程承包、劳务合作为主要的对外投资合作方式，但目前贸易开放程度加大，掌握核心技术的能力越来越重要，原有的投资方式无法满足现有的发展要求，应采用跨国并购这一当前主流的投资方式，并积极推动省内企业以更有针对性的投资合作方式参与跨国合作。

跨国并购可以有效消除或降低行业壁垒，使企业以较低成本进入目标国市场，一般对于有一定影响力的企业，应鼓励其采用跨国并购方式进行投资合作。另外，对于互补性强的投资合作，福建省的电子机械、纺织和轻工生产能力强，而东盟国家对机械设备、服装等需求量大；在农业和资源方面，东盟较福建省更有比较优势，应鼓励在这些行业进行跨国并购，缓和对外贸易摩擦；对于战略性资源投资，在允许的情况下，应选择跨国投资合作的方式，以掌握上游资源，从价格上升中受益。

新建投资方式也采用得较多，特别是面对东盟国家的发展中市场；福建省产业结构的不合理体现在低端技术密集型产业重复建设、高新技术产业发展明显不足上，与这些产业中的企业开展投资合作时，如农副产品及水产品加工，应采用新建的投资方式来转移过剩的产能，规避贸易壁垒，带动相关产品的出口。

另外，组建大中小企业联合的企业集团对外投资也是一种方式。这些企业应"抱团走出去"并形成具有较强影响力和国际竞争力的大型企业集团；进一步，将企业与其所选择的银行进行结合，形成银企集团，为跨国企业提供信贷支持、信息咨询、风险管理等方面的服务，通过这种方式促进福建省在对外投资合作中进一步壮大。这种方式主要适用于高科技产业对外投资合作。

加强投资合作，还要加大招商力度，给予相应的投资优惠政策和配套服务机制。在投资优惠政策上，争取在财税政策等方面给予侨商投资支持。建议在区域内各省市之间建立政府间的信息交流机制，为投资者提供区域间的政策优惠措施；优化硬件和软件设施，营造良好的投资环境，在金融、贸易信贷、人才、

物流等方面提供便利化服务;鼓励区域内金融机构为"一带一路"提供更多的信贷便利,在人才机制上为投资者提供丰富的人才储备,在物流上为投资者的贸易活动提供有保障的运输渠道。

五、结论

综上,我们通过分析认为,福建省在泛珠三角地区和海西区的投资基础上融入"一带一路"有很高的可行性;但在融入过程中,会受到来自国家层面上的政治紧张、重叠竞争排斥等问题,省际层面上的产业政策差异、资金缺口等问题,以及投资规模、产业和方式上的选择问题。

基于这些问题,结合重庆市的地理优势和经济发展水平以及贸易产业结构,我们认为可以通过消除市场封锁、建立工业园区、设定通道优惠、完善投资法规及信息平台等,促进福建省与重庆市的投资合作,实现福建省融入"一带"的目标;结合福建省与东盟的投资合作,我们认为可以扩大投资规模、选择产业,实现投资合理化、以跨国投资为主,结合新建投资和联合企业集团的投资方式,加快福建省融入"一路"的步伐,完成福建省在陆路和海路与"一带一路"的无缝衔接。

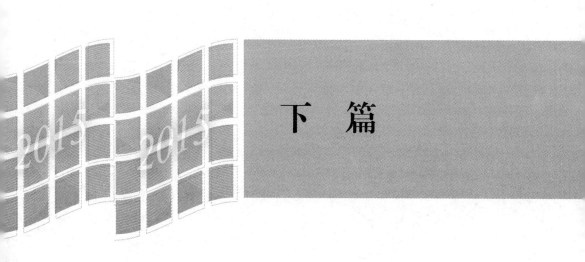

下 篇

专题一

福建自由贸易试验区
国际化营商环境的建设与评估研究

人类进入21世纪以来,国际经贸往来更加密集,其结果是人们越来越重视与这些活动相关的营商环境。世界银行自2003年开始发布全球营商环境报告,世界经济论坛(WEF)自2008年开始每两年发布一次全球促进贸易报告,《经济学人》智库(EIU)每五年发布一次全球营商环境排名。自贸试验区是我国深化经济体制改革的一个重要尝试,旨在以更大的开放促进更深入的改革,并以此来迎接国际高标准的贸易投资规则要求,营造与我国即将实现的全面对外开放型经济相适应的营商环境。本专题旨在一个简单的国际化营商环境分析框架下,着重探究福建自贸试验区在国际化营商环境方面的建设成果和尚须解决的问题。

一、国际化营商环境的构成要素和评估框架

营商环境是指伴随企业整个生命周期(从开办、运营到结束)的各种周围境况和条件的总和,包括影响企业活动的社会要素、经济要素、政治要素和法律要素等。营商环境被视作一个国家或地区有效开展国际交流与合作、参与国际竞

争、体现经济软实力的重要依托。国际一流的营商环境是诸多经济体所追求的目标。

世界银行从法律制度的力度和监管程序的复杂性及成本角度,每年对189个国家或地区的营商法规及执行情况进行客观量度,给出营商便利度排名的量化比较分析。世界经济论坛每两年从市场准入、边境管理、交通和通信设施、经商环境四个方面进行贸易便利指数排名。《经济学人》智库从政治环境、市场机遇、外资政策、税率、劳动市场及基础性建设等方面每五年编制一次营商环境排名。这里需要特别强调的是,所谓营商环境的国际化,即在营商环境上对接国际规则,转变政府职能,其目标为促进贸易投资金融的自由化、便利化和国际化。新加坡和中国香港在营商环境方面都属国际一流。

综上,并结合我国的实际情况,我们认为,国际一流的营商环境应该主要由以下要素构成:自由便利的开放环境、高效透明的政务环境、规范有序的市场环境、公平公正的法治环境、和谐包容的社会环境。这五个环境要素也就构成了营商环境评估的主要架构。自由便利的开放环境是指顺应经济全球化发展的趋势,对接国际规则、国际惯例,口岸通关高效便利,对外经贸合作和交流自由开放;高效透明的政务环境是指政府有合理而明确的定位(权利和责任),高效的服务效率,公开透明的政府决策机制和多元问责机制;规范有序的市场环境是指消除各种隐性壁垒,实行准入后国民待遇,行业协会(或商会)在市场契约实施、行业规范发展等方面积极有效,相关产业集聚效应明显,社会信用体系高效运转;公平公正的法治环境是指经贸法制完善,司法公正严明,商事纠纷解决机制多元高效,知识产权得到尊重和保护,市场监管体系完整高效;和谐包容的社会环境是指公共服务优质均衡,公共环境安全稳定,城市文化多元包容,社会氛围和谐向上。

二、福建自贸试验区国际化营商环境建设的初步成果

福建自贸试验区自2015年4月21日挂牌以来,区内基础设施建设加快,"物理"变化不断发生的同时,体制机制、管理理念等方面也在不断发生"化学"反应,国际化营商环境的氛围日益浓郁,相关建设成效显著。

(一)开放环境

准入前国民待遇和负面清单是当前主流经济国家之间进行贸易投资交往

所遵循的国际规则，也是一国产业开放的标志。上海自贸试验区之前已经用了大约1年半的时间进行试验。现在，包括福建在内的全国4个自贸试验区采用国务院发布的统一的"负面清单"（全称为《自由贸易试验区外商投资准入特别管理措施（负面清单）》），根据《国民经济行业分类》（GB/T4754—2011）划分为15个门类、50个条目、122项特别管理措施，其中特别管理措施包括具体行业措施和适用于所有行业的水平措施。在负面清单以外的领域，外商投资项目实行备案制，外商投资企业设立、变更及合同章程审批改为备案管理。福建省还不满足于此，正在研究探索风险的"底线清单"。目前福建自贸试验区已初步梳理出监管风险点55个，提出88条防控措施，确保每一项政策都有相应的监管措施。其核心思想在于，只要把底线守住，不出现区域性、行业性、系统性风险，其他方面尽可能开放。

为营造更加开放的环境氛围，福建自贸试验区结合自身对台湾的区位优势，不断探索相关的开放政策。当前已经开放的政策主要有：吸引台湾专业人才在区内行政企事业单位、科研院所等机构任职；允许台湾建筑师持台湾相关机构颁发的证书，经批准在自贸试验区内开展业务；允许取得大陆一级注册建筑师或注册结构工程师资格的台湾专业人士作为合伙人，按相应资质标准要求在自贸试验区内设立建筑工程设计事务所并提供相应服务；在海关特殊监管区内企业可在自贸试验区内开展保税展示交易业务；对台湾输入区内的农产品、食品等产品试行快速检验检疫。

三大分片区也有各自特色的开放举措。福州片区对整车进口口岸非中规车业务，实行"分类管理、验证改装、事后监管"的检验检疫模式；创新金融服务，发展跨境电子商务，拓展东盟水产品交易所功能。厦门片区打造两岸移动互联网联盟，创新两岸冷链物流市场合作机制，发展文化保税，建设文化保税展示交易中心和收藏品交流中心，大力支持发展融资租赁、商业保理等非银行金融业务和对台离岸业务等。平潭片区则率先采信台湾认证认可结果和检验检测结果。

（二）政务环境

在营造便捷、透明、高效的政务环境方面，福建自贸试验区做了非常多的努力和尝试，如率先推行电子营业执照，加盖登记机关电子印章，赋予企业"电子身份"，方便企业商务交易、办理行政事务手续；实施卡口智能化管理，对智能化卡口识别条形码系统进行改造，实现车辆过卡自动化比对、自动识别、自动验放等智能化管理。

三个片区亦纷纷推出各有特色的举措。福州、平潭片区在企业设立时实行"一表申报、一口受理、一证三码"。福州片区还在全国率先试点推行"一掌通"3A 移动税务平台。厦门片区建设自贸试验区综合服务平台,为企业提供投资设立、工商变更、纳税服务、社保缴交、海关检验检疫登记、进出口经营权备案、"多规合一"申报、信用查询、公章刻制、报关、报检、金融服务等全方位、"一站式"服务;率先实行海关、国检"一站式"查验平台;创新区域管理,推行"多规合一"城市治理体系,促进统筹城乡规划、土地利用总体规划、国民经济和社会发展规划以及环境保护规划等基于自贸试验区空间布局的衔接与协调。

平潭片区率先实行商事主体名称"自助查重、自主选用",率先实行企业联络地址登记制度;在实施动植物检疫审批负面清单管理的基础上,授予福建省检验检疫局审批平潭进口台湾水生动物检疫;对原产于台湾的预包装食品、化妆品实施"快审快核"的标签审核模式;对台湾进口水果实施"边抽样检验、边上架销售"的检验检疫模式;创新台湾输大陆商品快速验放机制,除国际禁止、限制外,区内进口原产于台湾的工业品简化手续。对平潭与台湾之间进出口商品原则上不实施检验,检验检疫部门加强事后监管;在"一表申报、一口受理、一照一号"的基础上,实行"一章审批、印章即刻、立等可取"的服务模式,进一步方便企业;试行"先放行后报送"模式。允许企业借助新舱单系统数据向海关进行入境申报,海关对舱单审核、查验后直接放行货物,企业再报送、缴税;对台小额商品交易市场内进口原产台湾药品、化妆品、医疗器械简化审批手续,快验快放。

(三)市场环境

福建是中国最具成长性和竞争力的新兴区域,已有 70 多家世界 500 强企业入驻;作为中国五大港口群之一,与高速公路、高速铁路、现代空港交织成现代化立体交通体系,可无缝通达其他省份和台、港、澳地区,以及全球各地。特别是,2015 年 8 月 16 日从厦门开出全国自贸试验区的首条直达中欧的国际货运班列;中亚国际货运班列也同步开通。在产业配套方面,福建连接珠江三角洲和长江三角洲两大经济发达区域,产业环境配套。已形成石油化工、装备制造、电子信息三大主导产业,生物医药、新能源、新材料、节能环保、文化创意等战略性新兴产业和轻工、纺织、林产等优势产业。

随着准入前国民待遇和负面清单在自贸试验区的落地,福建自贸试验区整体的市场环境发生了很大的变化。原先市场中存在的诸多隐性壁垒正在不断被打破,各类市场主体进入市场后在产业政策、行业规范方面国民待遇亦在加快落实,包括政务诚信、商务诚信、社会诚信、司法诚信等在内的社会信用体系建设也在加紧推进。

市场环境方面体现最为直观的是,企业设立更加便捷,投资领域的限制更少了,贸易流通更加便利,相关交易成本不断下降。福建自2014年9月在全省范围推行工商登记管理制度改革,试行"先照后证"、注册资本认缴登记制。厦门片区在全国范围内率先实现"一照一码"商事主体登记制度,2015年5月4日起在福建自贸试验区内推广;率先创新"三互"口岸查验改革,减少30%的重复申报项目,缩短40%的通关时间,每箱节约成本600元;率先建设国际贸易单一窗口,实现了"一个窗口、一个平台、一次申报、一次办结",数据录入程序简化了1/3,进出口货物申报时间从原来的4小时减至现在的5—10分钟,船舶检验检疫申报时间由50分钟缩短为5分钟,减少在港时间;从项目建议书至施工许可核发的审批时限由原来的180个工作日缩短至现在的49个工作日,前期工作总时限压缩了1/3以上。

福建自贸试验区有着浓厚的对台特色,这在市场环境中有较好的体现。例如,在全国率先出台专门政策措施,建设两岸青年创业创新创客基地(三创基地)。平潭片区率先对台企试行"台商协会总担保制度";深化外债比例自律管理试点,区内中资企业借用外币外债资金可按规定结汇使用;自贸试验区内外商直接投资项目下外汇资本金意愿结汇。

目前,已有27个省直单位在福建省公用信息共享平台上运行,归集企业基本信息59万户;福建省工商系统市场主体信用信息公示平台已链接省直单位19个,实现了信息共享。

(四) 法治环境

法治环境主要包括法制、执法、司法、商事纠纷解决、知识产权保护等方面。福建自贸试验区在挂牌之前就已经在积极学习和探索对接国际贸易投资通行规则的立法实践,同步建立区内区外有效衔接机制,推动区内经验在区外的推广。同时,充分借鉴国际先进地区在权责界定、程序设定等方面的内容,开展商事法规专项清理工作,废止或修改不适合市场公平公正竞争的地方性法律、规章和规范性文件等。全国人大常委会授权国务院暂时调整"外资三法"(《外资企业法》《中外合资经营企业法》《中外合作经营企业法》)和《台湾同胞投资保护法》规定的有关行政审批。法律、行政法规和本省地方性法规在福建自贸试验区调整实施的有关内容涉及三个片区的,三个片区的有关地方性法规均做相应调整实施。如福州市人大常委会决定在福州片区暂时实施《福州经济技术区条例》《福州保税区条例》和《福州市保障台湾同胞投资权益若干规定》有关行政审批的规定。为规范支持自贸试验区建设发展,福建省政府和相关部门相继制定自贸试验区管理办法、管理机构运行机制规定、规范性文件法律审查规则、境外投资备案管理办法、监管信息共享管理试行办法、建设用地管理意见、市场公平竞争工作暂行办法等一系列规章制度。

为支持自贸试验区建设,厦门出台《厦门市中级人民法院关于为自贸区建设提供司法服务保障的若干意见》,设立厦门市湖里区人民法院自由贸易区法庭。该法庭于2015年8月7日正式挂牌成立,为全省首个自贸区法庭。此外,《厦门经济特区多元化纠纷解决机制促进条例》已经实施,多元化纠纷解决机制基本形成,专家陪审团制度亦在推进中。在国际商事仲裁方面,厦门国际商事仲裁院和厦门国际商事调解中心于2015年6月6日正式揭牌。平潭片区组建了市场监管局,整合工商、质检、食药监、卫生、物价、知识产权等六个领域的监管职能,形成从源头到终端的全市场的市场监管体制。以信用监管和行为监管为重点的事中事后监管也在不断完善。

在知识产权保护方面,福建自贸试验区新近设立"三合一"(专利、商标、版权)知识产权局,拟打造与国际接轨的知识产权管理机制。厦门片区管委会设立了知识产权局;平潭片区在市场监督管理局加挂知识产权局;福州片区在综合监管和执法局加挂知识产权局,负责专利、商标、版权的综合行政管理和执法工作。

(五) 社会环境

社会环境包括公共环境、公共服务、城市文化和社会氛围等。

从公共环境和公共服务资源来看,福建位于中国东南沿海,东临台湾、毗邻港澳,是中国面向亚太地区的主要窗口之一;水、大气和生态环境位居全国前列,有"清新福建"的美誉;文化教育亦是全国最发达的省份之一,福建籍和在福建工作的中科院、中国工程院两院院士数居全国第三,有包括厦门大学在内的高等院校85所,各大类科研机构5 200个,艺术表演团体74个,公共图书馆88个,文化馆96个,博物馆98个;共有影院160个,广播电台7个,电视台7个,广播电视台66个,教育电视台1个,有线数字电视用户598.33万户,广播电视覆盖率均在98%以上;国际学校、三甲医院等教育、医疗资源也较为丰富。

从城市文化来看,福建正在实施生态省战略,并获得国务院的认可和支持。福建正在加快生态文明先行示范区建设,优化生产、生活、生态空间结构,加快"绿色转型",建设城乡人居环境建设示范区和生态文明制度创新实验区,形成人与自然和谐发展的现代化建设新格局。身为国家级综合试验区,平潭拥有自贸试验区和综合试验区的双重制度红利，而且综合试验区的政策红利还要大于自贸试验区。平潭的定位是国际旅游岛和两岸共同家园，目前正在为达成此目标而努力推进。而作为改革开放的窗口、试验田和排头兵的厦门，凭借其优越的地理位置和人文气质，已经成为福建省最有吸引力的城市。如今的厦门已经形成了城市格局跨岛拓展、产业结构跨岛优化、公共服务跨岛覆盖、人文内涵跨岛提升、生态文明跨岛建设的良好态势。在此基础上，厦门亦在致力于打造山海格局、多元人文、地域特色、发展品质、社会和谐"五位一体"的美丽厦门。

从社会氛围来看，国家的自贸试验区和"一带一路"战略再次让福建担负起对外开放先行先试的重担。为了顺利完成这一伟大使命，福建全省正在大力营造敢为人先、勇于竞争、尊重知识、尊重创新、宽容失败的社会氛围。为了对接台湾，福建省正全力打造两岸青年创业创新创客基地，同时出台创新创业扶持政策，激发全社会的创新创业活力，推动"大众创业、万众创新"。无论福州、平潭还是厦门，都有或正在打造一批国际化的生活社区，以满足和吸引更多有影响的境外人才。在可预见的将来，以福州、平潭和厦门为代表的开放前沿城市能够率先打造成产业活力四射、城市化功能完备、社会和谐温馨的创新创业型城市。

三、福建自贸试验区国际化营商环境建设面临的问题

自2015年4月21日挂牌以来，福建自贸试验区推出29项全国首创的创新举措，2项创新被海关部署复制到全国其他自贸试验区；到7月20日，自贸试验区新增企业3 429户，注册资本865.57亿元，其中，新增外资企业324户，增长2.85倍；合同外资81.9亿元，增长3.62倍。投资领域涵盖跨境电子商务、融资租赁、商业保理、服务外包、金融服务等行业。一些世界500强企业入驻福州和厦门片区。上述数字表明，福建自贸试验区自挂牌以来取得了不错的成绩。它也从侧面印证福建自贸试验区国际化营商环境的建设已经取得了初步成效。然而，我们也需要清醒地认识到面临的诸多问题。

（一）开放环境不够稳定，一些承诺开放的项目存在落地难的问题

以负面清单为例，最早是上海自贸试验区搞出来的所谓2013年版的，包括除社会组织和国际组织之外的国民经济所有18个门类，涉及89个大类、419个中类和1 069个小类，编制特别管理措施共190项。在第二批自贸试验区试点

时，国务院统一编制负面清单，依据《国民经济行业分类》（GB/T4754—2011）划分为15个门类、50个条目、122项特别管理措施。相比上海的2013年版，2015年版特别管理措施项目减少了68项。即便如此，我们的负面清单还是太长，仍需要不断缩减。负面清单的相关说明中也有可适时调整的表述。当然适时调整的意思并不是说一定会越调越少，反而也可能越调越多。这种可适时调整的权力使得外商在投资和贸易方面缺少安全感。例如，上海自贸试验区在扩区前是允许外资独资医院的，扩区后不允许了，只能合资。也就是说，开放环境倒退了。因此，如何打造一个稳定连续的开放环境，是我们需要探讨的一个重要问题。

一些开放政策很好，已经承诺放开了，但依然存在落地难的问题。我们有很多好的开放政策，特别是在金融方面，但目前具体实施办法或细则还在等中国人民银行的批准。所以在自贸试验区真正想要推动的时候就会发现处处被掣肘。

（二）政务环境不够高效透明

虽然政府在精简行政审批事项、建立行政审批目录管理制度、规范行政审批行为、改进审批方式等方面做了很大努力，但是依然存在一些问题。例如，一些进入行政服务中心的审批事项仍然存在体外循环的现象，即服务中心前台收进需要审批的材料，这些审批材料并不能走服务中心审批网络的内部流程，而是需要非现场的相关处室进行审批后，再反馈到服务中心前台。这样效率明显就更低了。

又如，政府不透明的规章。虽然政府承诺准入前国民待遇和准入后国民待遇，但事实上政府手中或多或少都还有一些"抽屉里的政策"（即隐性政策）。与政府部门关系不好的企业根本不知道或不能享受这些优惠。

可能影响政务环境的另一个方面在于政府对自贸试验区管理体制的效率性。制度的效率决定政务的效率，没有好的管理体制，政务环境也很难达到一流。福建自贸试验区同样也有一个管理体制优化的问题。目前厦门片区管委会是福建省的派出机构，接受省、市两级领导。如何协调好厦门片区管委会与厦门市各部门间的关系，共同为自贸试验区的良性发展而努力也是我们面临的一个问题。调研中这个方面也依然存在一些问题，如管委会成立后，原先由相关政府部门经办的自贸试验区业务，要移交给管委会承担。这里存在怎么移交、能否接得住、移交得够不够的问题，毕竟管委会是新设立的，下面的工作人员是各个部门抽调的，存在人员数量不足和对业务不够熟悉等问题。此外，也不排除为了绩效,部门间争功的问题。所有这些问题都需要有一个合理的制度安排。

(三) 市场环境仍待努力改善

一是先照后证问题。虽然现在办企业可以先拿营业执照,在时间上比以前节约很多,但问题在于企业开业后,诸多特定的业务仍然需要获得相关部门的许可才能经营。申请业务许可证的时间有时会很长,而且目前我们计算的注册时间中是不包括这个时间的。更麻烦的是,有些业务许可证外资企业甚至比内资企业更难拿到。例如,交通运输企业的运输证,对外资企业有试营业要求,待稳定后才能拿到,但对内资企业就没有这些要求。即便拿到证了,项目也落地了,仍然有不少隐性壁垒在制约着企业。

二是创新举措的配套问题。使用一照一码在自贸试验区内注册企业很方便,但目前面临一个紧迫的问题是,"社会统一信用代码"无法通过中国电子口岸的系统数据校验(显示异常),企业无法办理信息备案,影响进出口报关。此外,当这些持一照一码的企业走出省域范围时,就面临着能否和其他省、市、区相兼容的问题。如果这个兼容问题解决不好,一照一码的商事登记制度改革就失去了它的意义,而且还会给企业增加麻烦。

三是准入后国民待遇问题。目前我们在自贸试验区对外资实行准入前国民待遇和负面清单。但如前所述,外资在准入后的一些领域仍然与内资企业的待遇有差别。准入后的国民待遇问题仍是我们需要花力气解决的。

四是产业基础和配套问题。产业基础和配套非常重要,一个龙头企业可以带动周边相关配套的一群中小企业,形成一个产业集群。近年来,由于我国劳动力成本上升、环境污染加重等原因,一些外资企业退出中国,转向东南亚地区或是返回母国。对这种现象,我们必须高度重视,防止产业空心化问题的出现。新加坡自由港的发展历程表明,没有实体产业支撑,很多服务业企业也难以持久。平潭片区尚属于开发阶段,产业基础非常薄弱,相关配套,包括港口、物流等仍在起步阶段,产业基础和配套环境的改善还需较长时间的培育。福州、厦门片区产业基础相对较好,但仍须防止核心和支柱产业转移带来的空心化问题。

(四) 法治环境还需不断推进

如前所述,自贸试验区挂牌前,福建省及福州、厦门、平潭三个片区的政府部门就已经主动暂停或出台相关适应性法律法规,有的还专门成立自贸区法庭和商事仲裁院等，多元化纠纷解决机制也初见雏形，所有这些都表明，我们的自贸试验区在打造良好的法治环境方面已经有了一个好的开端。但我们也都知道，良好的法治环境，不是只靠一些有形的制度就能一蹴而就的。它需要我们在日后的自贸试验区运行过程中不断强化法治服务，公平公正地解决出现的各种商事诉讼或纠纷，从而不断树立我们良好的法治环境形象。

自贸试验区是先行先试的产物，它需要我们大胆创新、不断探索。在这个过程中，法律法规同样需要先行先试。目前，我们的离岸业务、跨境投资、总部经济税收制度缺失，服务贸易、跨境电商、新兴服务业等也缺乏符合国际惯例和具有国际竞争力的税收制度安排。当然我们也会不可避免地遇到个别相关法律法规（条款）不适应，以及法律法规相互之间不能很好地衔接的问题。

最后，法治环境也有一个稳定性的问题。中国地方政府都出台了不少促进经济发展的政策法规，但是常常因为政府领导班子的更替而变化，这种不稳定性对于外商来说，就有很大的风险。

（五）社会环境有待继续完善

良好的社会环境不是一朝一夕建成的。国际化营商环境的一个要义是国际化。在社会环境方面，即指为外商提供适宜其居留的氛围。例如，包含英文的交通道路标志，能用英语交流的出租车司机等相关从业人员，适宜外商居住、生活的配套设施和提供相应的资源（如教育、文化、医疗），等等。其衡量标准可以假定一个不懂汉语的外商在机场或车站落地后，能否在不用求助的情况下自己租车或打车来参会、参展或旅游；能否自己找到适合其工作、生活的宜居场所和相应的氛围。这就要考验我们配套的制度、文化、人员素质等各个方面。对照这个标准，不要说平潭，就是福州和厦门也都存在很多方面的不足，还都需要大力地投入资源去做，特别是在相关从业人员的教育和培训方面。

相对于福州和厦门而言，平潭在社会环境营造方面的压力更大。由于平潭原先是一个县，主要是以渔业为主，居民整体文化和知识水平相对较低。可以说，作为国家综合试验区，平潭几乎没有什么工业和经济基础。经过两年多的建设，平潭现在已经初具形态，主干道路已经全部建成，整体区划和功能片区的规划也已经完成，目前正处于边建设边招商引资的阶段；而城市文化氛围的建设还需要相对较长的一段时间。

四、加快福建自贸试验区国际化营商环境建设的几点思考

国际化营商环境看似简单,但真正要实现它却是非常困难的。其核心要义在于界定了政府与市场的合理边界,要求政府管理遵循国际通行的竞争中立原则,这对于我国政府习惯性干预经济的传统模式提出了严峻的挑战。在自贸试验区建设中,政府管理服务的着力点在于真正营造市场规范、标准制定、环境改善、公平竞争、诚信体系、知识产权、劳动者权益保护等现代市场经济发展环境。

(一)不断加大开放力度,确保开放环境的稳步推进

良好的开放环境的首要基础来源于对未来持续开放的稳定预期,自贸试验区的开放首先应该致力于确立这样一个预期和氛围。因此,在现有开放政策和开放力度的基础上,认真研究今后两年的开放领域和开放措施分别有哪些,稳步推进,持续开放,给国内外市场释放出稳定的预期。特别是,我们现在就需要研究未来新版(或称2016年版)负面清单中应该在哪些行业和领域做进一步的开放。

那些不在负面清单以内、已经确认开放,但还未能落地的行业和领域,我们需要对照总体方案的要求,找到执行的障碍和难点,切实采取措施,多部门联动,积极破解障碍和难点,使之落到实处。目前最难以开放的主要是在金融领域,如建立境外人民币回流机制、大宗商品和衍生品交易、两岸金融服务业深度合作平台和机制等。此外,对台的服务贸易亦是福建自贸试验区对台开放的一项重要内容,如何在现有基础上进一步推进对台服务贸易开放是我们需要切实研究的一个课题。服务贸易主要与人相关,其重点是要解决人及其服务的流动问题。

开放性的一个直观的表现形式是在自贸试验区官方网站上提供英文版面,重点介绍自贸试验区的基本情况、开放政策、可投资的重点领域、代表性的投资贸易金融案例、配套产业环境等内容。在官网提供英文版面,既是推介的一种方式,便于全世界的投资者了解和寻找适宜的投资项目;也是我们对外展示开放性的窗口,是我们对外的一个承诺。

(二)不断推进制度建设,确保政务环境的高效透明

一流的营商环境要求政府的运作高效透明。高效是对于政府部门管理体

制的运作效率而言的。自贸试验区挂牌两个月后才确定自贸试验区管理体制,足见省委、省政府对这个问题的慎重。主要的框架搭成后,接下来要解决的问题是,如何充分发动政府各部门的力量,共同推进自贸试验区的建设。其核心在于,其他部门为自贸试验区所做的各种努力和贡献,如何公开合理地体现在自贸试验区和对应部门的绩效上。如果这个问题处理不好,就容易出现部门之间扯皮或争功的情况,不利于自贸试验区日后工作的推进。

各片区管委会成立后,一些原来由相关政府部门承担的业务要移交给管委会,包括一些省级管理权限的下放等。这里面就有一个权力下放和业务移交的规则、责任、义务的明确问题,以及如果下放和移交过程中出现问题的处理应对机制。建议出台一个自贸区管委会关于权力下放和业务移交问题的条例,对这些问题进行明确界定,确保管委会的高效运作。

就透明而言,政府相关主管部门不能有"抽屉里的政策"。"抽屉里的政策"是不公开的政策,或是只对部分企业公开,这在国际营商环境中是最受诟病的。为清除"抽屉里的政策",切实消除一些特别待遇,需要省委、省政府出台关于自贸试验区政府部门竞争中立的相关法规,确保区内政策公开透明。同时,由省自贸办牵头,福州、厦门和平潭管委会共同努力,其他相关政府部门共同配合,认真清理相关政策,确保入区企业享受准入后的国民待遇。

一流政务环境的最终目标是建立透明高效的电子政府。省自贸办可牵头规划一个电子政府的制度框架,厘清各项政务的主要流程。再由各片区管委会根据各自的一些特色,在细化流程上进行调整、丰富和完善。力争在在线试用一段时间(如一年)后,由省自贸办拿出一个普适方案,供全省和全国复制推广。

(三)不断强化服务理念,确保市场环境的规范有序

公平有序的市场环境首先要求落实准入后国民待遇,给予外资、国有资本、民间资本公平的待遇。具体可由省自贸办、各片区管委会分别从省级和地方层面梳理出各行业及领域不符合国民待遇标准的具体政策与措施,分门别类,逐一解决,打破隐性壁垒。如果是国家层面的政策,提请国家层面予以解决。事实上,在我国,长期以来相对于外资而言,民间资本在诸多领域受限更多,享受的是最低的待遇,这是我们国家的一个悲哀。如今我们要利用自贸试验区这一契机,让民间资本享受同等的国民待遇,这在当前经济增速向下换挡、外资出逃的背景下意义尤为重大。

认真梳理总结自贸试验区内的创新举措,切实做好创新举措的配套和复制推广工作。前述社会统一信用代码与中国电子口岸系统的数据对接问题,涉及

海关、国检系统的改造问题,正在提请相关部门推进解决。此外,厦门在全省推广的一照一码制度,应积极争取在全国复制推广,让这一创新举措真正惠及全国。

不断完善企业信用信息公示平台。目前各片区所见的企业信息公示平台里只有来自工商注册登记的企业最基本的信息。企业在经营过程中所涉及的银行信贷、保险、海关、国检、法律纠纷和判决情况、经营诚信、违法违纪情况等都没有被归集起来。只有把这个信息平台真正做好了,并且对外适当公开,让企业的诚信情况大白于天下,才能对企业形成约束力。如何整合这个平台,是必须尽快解决的一个难题。当然,在平台的整合过程中,我们需要切实对接台湾的需求和资源,设立有效对接台湾的征信系统,使自贸试验区的企业信息公示平台真正成为两岸相通、相连的平台。

夯实产业基础和相关配套集群,充分发挥产业集聚效应。市场的吸引力来自集聚效应。厦门可重点围绕港口,将港口特色发挥到极致,不断拓展港口贸易、港口金融、港口物流、邮轮经济、休闲渔港、帆船经济等;福州可以先进制造业为核心,平潭可围绕共同家园和国际旅游岛建设目标,确立各自重点发展的产业。在招商引资过程中,要有意识地营造产业集群的良好环境,防止产业空心化对市场环境的不利影响。

(四)不断适应创新需求,确保法治环境的公平公正

公平公正的法治环境首先要求我们的相关法规和制度安排要能适应自贸试验区和开放型经济新体制的需求。其中,科学合理的税收制度安排是决定一个开放型经济新体制是否有竞争力的主要因素。在我国,与国际惯例接轨的开放型经济税收制度安排需要尽快提上议事日程。由于涉及国家层面,这个提议需要四个自贸试验区共同向中央建言。没有优惠的税制,我们的开放型经济新体制就很难与新加坡等国进行竞争。新加坡正是以其高效透明的税制安排(体现在税率方面是低税或免税)奠定了其国际贸易中心、金融中心的地位。

整合自贸试验区相对集中行使的执法权,明确执法边界和具体职权。充分利用企业信用信息这一平台,主动靠前,在做好企业服务的前提下,建立执法部门的联动机制,督办问责,完善和强化社会信用制度事前承诺、事中评估、事后奖惩的信用管理制度,确保事中、事后监管的效率性。

创新法制思维。自贸试验区对外开放先行先试的过程必然会遇到一些我们从未遇到的法律问题。比如关于企业财团法人的设立问题。在大陆没有所谓的企业财团法人,它类似于我们的民办非企业、基金会。但因为是新型法人,如在自贸试验区内设立还存在法律障碍。因此如何既与上位法不冲突，又与现实相衔接，是需要相关法制部门创新法制思维予以解决的难题。

需要特别强调的是，在法制不断创新和完善的过程中，需要切实把握两条原则：一是维护法制的统一性；二是确保法制的相对稳定性和持续性。这两条原则也是一个良好的法治环境所必需的。

（五）不断打造国际化氛围，确保社会环境的和谐包容

打造国际化氛围，不仅需要硬件的国际化（如道路、机场、车站、旅店、商店、医院、学校、图书馆、厕所等均要有清晰的中英双语标志牌），而且还需要配套一定数量能说英语的出租车和公交车司机、机场和车站咨询人员、商场收银人员、幼儿园老师、中小学老师、医生、图书馆管理员等。当然，西方国家的一些好的方面我们也要学过来，如厕所一定配备厕纸，旁边有洗手池，有的还附带有直饮水机。应该说，我们现在的差距还是较大的。

省自贸办可牵头在三个自贸片区、机场、车站、重点社区及其他外商较为集聚的场所进行国际化硬件的配备，同时有计划地配套相关服务人员。一般而言，硬件设施的国际化相对较为容易，难点在于软件方面，特别是相关国际化服务人员的短缺问题。短期应急的办法是先招聘一批有一定基础的服务人员，经简单考察、简单培训后直接上岗，政府适当补贴予以鼓励。条件许可的时候也可以考虑适当引入菲佣。同时，再系统培训一批符合国际化要求的社会服务人员。具体可由各片区管委会与市政府共同规划，由市政府相关部门具体实施培训计划。在西方这些完全由市场来决定，我们则可发挥公有制经济主体地位的优势，有计划、有步骤地开展相关教育和培训。与之相配套的是，可选用或编制一套日常生活、商务活动的英文普及教材，鼓励社会上的相关人士自学。

为营造和谐包容的社会环境，应由省政府侨办部门牵头，根据本省外商的实际情况，有针对性地编制一些关于重点国家的人文风俗、社会制度、人际交往的注意事项等材料，让民众更好地了解这些国际人士，掌握与其交往的基本之道。

专题二

"21世纪海上丝绸之路"视角下福建省三大港口发展导向

2013年10月,习近平总书记访问东盟国家时提出共建"丝绸之路经济带"和"21世纪海上丝绸之路"的战略构想。2015年3月,国务院授权发布《推动共建丝绸之路经济带和21世纪海上丝绸之路的愿景与行动》,福建省成为建设21世纪海上丝绸之路核心区。如何重振"海上丝绸之路"雄风,是福建省港口发展战略无法绕开的议题。随着经济全球化和区域经济一体化进程的不断加快,生产经营活动和资源配置在全球范围内的展开,港口在国民经济发展中的地位不断提高,作用不断加强,人们对港口的认识也不断加深,港口的增值服务不断提升,功能不断拓展,实现了升级换代。第四代港口是港口发展的最新成果,它适应了工业个性化、敏捷化的发展要求,是对前三代港口功能的集成和提升,由原来的"物流中心"转变为国际航运中心和综合服务平台。在"21世纪海上丝绸之路"视角下,福建省三大港口的发展战略应着眼于加快港口的升级换代,大力提升综合服务能力。

一、港口发展演变历史

(一) 港口发展阶段

根据联合国贸易与发展委员会(UNCTAD)秘书处1992年发表的关于港口发展和改善港口现代化管理及组织原则的研究报告《港口服务销售和第三代港口的挑战》中,按照港口功能的演变,将港口的发展分为三个阶段,即第一、第二、第三代港口。鉴于外部环境变化、内部结构调整的共同作用促使了港口的功能和管理模式发生转变,第三代港口的概念已无法准确包含现代港口发展的功能特征,1999年UNCTAD又在《港口通讯》第19期发表的《第四代港口》中提出了"第四代港口"的概念(见表1)。

表1 港口发展演变阶段

阶段	时间	主要货物	功能定位	服务内容	决定因素
第一代港口	20世纪50年代以前	杂货	运输中心	运输、转运、储存	劳动力、资本
第二代港口	20世纪50—80年代	杂货、散货	配送中心	第一代港口+拆装、加工等增值服务	资本
第三代港口	20世纪80—90年代	杂货、矿石、集装箱	物流中心	第二代港口+配送、信息处理	技术、信息
第四代港口	20世纪90年代以后	集装箱	国际航运中心	第三代港口+综合服务平台	决策、管理、推广、训练等软因素

资料来源:杜凯(2006),"从第四代港口谈如何发展我国港口经济",《天津商学院学报》,26(4):25—28;李伟(2001),"第四代港口对我国港口建设的启示",《改革与战略》,27(10):151—154。

第一代港口主要指20世纪50年代以前的港口类型,运输的主要货物为杂货,其主要功能为海运货物的转运、临时存储以及货物的收发等。在该阶段,港口与运输、贸易活动相分离,与当地政府的关系较弱,与客户的关系为非正式关系,仅作为海陆运输的节点、货物转移的一个场所独立存在;其主要生产特点为以货运流通为主,成为运输枢纽中心。

第二代港口主要指20世纪50年代至80年代出现的港口类型,运输的主要货物为杂货和各类散货,除第一代港口的功能外,又增加了货物拆装等工业、商业的货物增值服务。在这一阶段,港口与城市、腹地的关系开始受到关注,在运输和贸易之间形成伙伴关系;其主要生产特点为以货运流通为主,货物转变和联合服务等增值服务出现,成为装卸和服务中心。

第三代港口主要指20世纪80年代至90年代出现的港口类型,运输的主要货物为各类杂货、矿石和集装箱,因为集装箱运输具有干净、环保、准时的优势,所以成为第三代港口发展的主要方面。在第一、第二代港口功能的基础上,第三代港口增加了货物运输、配送和相关信息收集整理等综合服务。在这一阶段,港口通过多式联运加强了与其所处城市、客户的关系;其主要生产特点是逐步发展为国际生产与流通网络的枢纽,成为贸易的物流中心。

第四代港口主要指20世纪90年代出现的港口类型,是"物流空间上分离但是通过公共经营者或管理部门链接"的组织,它处理的主要货物是集装箱,以港航联盟和港际联盟为主要发展方向;其主要生产特点为整合性物流,实现物流体系一体化和网络化。与第三代港口相比,第四代港口最显著的特点是增加了作为综合服务平台的功能。

根据真虹(2005)以及孙光圻、刘洋等(2010)对第四代港口更详细的定义,第四代港口是在兼容第三代港口为一般供应链企业提供集成物流服务功能的基础上,主动组织、参与和策划国际经贸活动,强调港口之间以及与相关物流活动之间的互动,形成集经贸、制造和物流等功能于一体的港口供应链;满足运输市场对港口差异化、柔性化服务的需求,提供精细的作业和敏捷的服务,促使其与港口相关供应链各环节的无缝连接,使其成为港口供应链的"调度中心"。

我们知道,港口物流服务供应链是将各类物流服务供应商(运输、装卸、搬运、流通加工、仓储、配送、包装、保管、金融、商业服务等企业)与客户(付货人和船公司等)以及相关政府主管机关(港口管理、海关、海事、检验检疫、边防公安等口岸机关)有效整合而形成的网络机构(俞宏生,2008)。在这样的网络中,物流与信息流并行且贯穿于供应链的各个环节(见图1)。随着经济全球化的发展,港口由单一的运输节点发展为连接生产、贸易及相关物流活动的重要节点,港口之间的竞争也演化为港口供应链的竞争。

从港口的发展演变历史可以看出,港口作为国内经贸活动对外交往的支撑平台,其功能的转变适应了经济活动的要求。第一代港口是传统的运输中心,港口发展的决定因素为劳动力和资本;第二代港口成为运输、工业、商业中心的"配送中心",港口发展的决定因素为资本;第三代港口为"国际贸易的后勤总站"和"综合物流中心",港口发展的决定因素为技术和信息。与前三代港口不同,第四代港口已从强调以自己为中心转变为将自身定位为供应链的一个组成

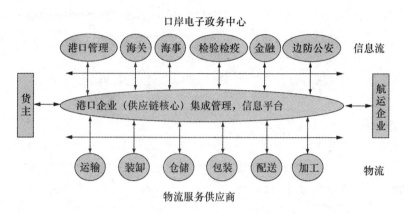

图 1 港口物流服务供应链

资料来源：黄俏梅（2011），"基于供应链的厦门港发展战略"，《水运管理》，33（9）：25—28。

环节，其发展的关键是决策、管理、推广、训练等软因素。也就是说，第一代和第二代的港口与供应链相互分离，第三代的港口与供应链进行整合，第四代的港口则积极主动联合供应链上的重要企业，与之形成业务上的协调整合、功能上的高度集成，提高供应链及其服务能力的协同化、集约化，港口也由此嵌入到由一般供应链和服务供应链集成的港口供应链中，作为港口供应链的调度中心和综合服务平台发挥作用。

（二）第四代港口的特征

第四代港口代表世界港口发展的最高级形态，它是经济全球化和区域一体化，以及未来经济发展对港口功能新要求共同作用的产物（真虹，2010）。第四代港口的主要特征，体现在以下四个方面：

1. 主要标志

（1）国际航运中心。随着经济全球化的推进，各国经济贸易联系愈发紧密，国际经贸活动愈发频繁，对国际物流系统的要求也日益提高。国际联系的增强要求港口加快由单个港口向港航联盟、港际联盟发展，主动组织、参与和策划国际经贸活动，与外国港口合作并形成快捷高效的国际物流服务网络，提高港口的吞吐能力，成为国际物流服务供应链的一部分。第四代港口满足了大部分国际航运需求，拥有密集的全球性国际直达干线，港口的节点枢纽作用突出，是国际物流的航运中心。

(2) 主要货物为集装箱。与前三代港口相比,第四代港口更专注于集装箱的运输。随着贸易交易量的增大、货物类型的增多以及现代装卸和运输等服务质量及物流技术的提高,货物大多以集装箱的形式运输,而少有第一、第二、第三代港口运输的散货、杂货形式。

(3) 综合服务平台。在整个产品供应链或需求链的网络中,第四代港口已经超出单纯提供服务平台的功能理念,进入一个将生产、销售与运输等资源整合和配置在一起的新形态,其生产特性是整合性物流,高度集成和高度综合成为区别于第三代港口的重要标志。

2. 硬件设施

(1) 港口的大型化、深水化及专业化。第四代港口必须拥有满足集装箱运输的大型化、深水化等港口条件以及专业化的航道和码头设施。资料显示,目前全球排名前30位的集装箱港口中,绝大部分具有15米以上的深水泊位、10万吨级以上的集装箱码头、20万吨级以上的干散货码头以及30万吨级以上的油码头,更大吨级的超大型深水码头已在建设和规划中。

(2) 交通体系完善。作为全球综合运输网络的节点,第四代港口要发挥广泛的港口功能,成为商品流、资金流、技术流、信息流和人才流汇聚的中心,必然要求发达、完善的交通体系予以支撑。

3. 空间关系

(1) 港口腹地协同化。作为经济枢纽的第四代港口,应该具有广阔的、交通便捷的经济腹地,特别是具有广阔的、直接的陆向经济腹地,并呈现出围绕港口这一物流基础平台而协调化的发展趋势(孙光圻、刘洋,2010)。第四代港口主动参与、组织、策划经贸活动,除拥有远洋直达干线以消化腹地物流量外,还应保证由港口辐射形成的各类供应链具有充分的横向或纵向的发展空间,能够直接处理腹地范围内巨大的物流量,以避免因把本国、本区域的货物转交给外国、其他区域港口中转而导致的利益损失。

(2) 港城关系一体化。第四代港口与所在城市融为一体,港口城市的产业布局与功能定位通过以港口为核心来规划和发展。特别是,临港产业的发展使得港口与城市的关系更为密切,港城关系也由以往的"港以城兴""港为城荣"发展为"港城合一"。只有通过港城一体化,港口以城市经济的发展为依托,城市规划和产业布局以港口的发展为目的,将港口作为城市发展的核心,才能够实现港口从保证经济活动顺畅完成的"后勤服务总站"到推动经济活动有效运行的"前方调度总站"的功能转变,由被动转为主动、由后方转为前台。

(3) 港口结构网络化。作为供应链的一个组成环节，第四代港口与前后代港口之间是相关联的，而非独立的。部分港口运营商经营的码头的网络化趋势促进了港口间的协调和互动，有利于港口网络化结构的形成。港口间也通过行政管理、共同经营等方式结成港口联盟、港航联盟、港货联盟等，港口网络模式逐渐形成。另外，世界范围内的港口也正逐步形成以具有全球化或区域化国际航运中心功能的港口为中心、以地区性枢纽港和补给港为辅助的港口布局（杜凯，2006）。

4. 物流服务

(1) 港口作业的精细化。精细化是反映港口作业质量的指标，这一概念与运输精细化相一致，是指通过对港口作业流程进行再造，减少货物在途时间，缩短切换到新服务的时间，降低因作业流程缺陷导致的作业能力消耗，从而实现作业流程优化（真虹，2005）。精细化作业的港口能有效地利用资源，消除作业流程中不必要的浪费，实现港口与供应链各环节的无缝连接，提高港口的利用效率和收益。

(2) 港口对市场反应的敏捷化。供应链的组织形式提高了企业的竞争力，有效满足客户关于产品质量、数量、交货时间等要求，也对港口经营提出了敏捷化的要求。通过对港口内外部环境的检测，港口将柔性生产技术和动态组织结构结合起来，与供应链的其他环节进行敏捷互动，系统信息的变化得以从服务链中迅速反映出来。

(3) 港口服务的柔性化。港口柔性化是指建立在精细化、敏捷化服务基础之上，港口运营商为装卸不同货物，具有从一种作业转换到另一种作业的能力（真虹，2005；王岳峰、刘伟，2008）。主要体现为港口角色柔性、能力柔性、功能柔性、组织管理柔性、生产流程柔性及生产技术柔性（刘桂云、真虹，2007）。目前，大部分港口提供的是标准化、规模化的服务。港口的标准化是为适应专业化生产模式的需要，而规模化则是由船舶大型化导致的，标准化和规模化服务降低了港口的生产成本，但也相应增加了货物的物流中间环节和在途时间。工业和产品市场柔性化、个性化的发展，使得港口向处理多品种、小批量、多批次、多票数、短周期的柔性化港口转变。供应链的构建提高了企业的生产灵活性，与之相匹配的港口柔性经营能使信息有效反应，迅速组织供应链内部各环节协调运作，最大限度地满足客户个性化需求，提供更快、更好的差异化港口服务。

(4) 港口运营管理的信息化。第四代港口强调其作为供应链的一个环节发挥作用，因此在该功能定位上，强调货物快速通过港口。由于大型船舶的营运成本较高，快速装卸、报关通关、集疏储运与配送等都需依靠现代化信息技术才能实现,因此,必须按照国际惯例实现港口、海关电子数据交换(EDI)系统与国际标准的统一,将船单、定单、装卸要求等结构化信息以标准化文件通过网络传送(杜凯,2006)。根据潘丽、严屹(2009)对港口信息化发展阶段的划分(见图2),现代化港口船舶大型化的发展趋势要求港口应拥有较成熟的信息技术和信息资源优化配置网络,通过管理技术信息化、控制技术智能化、位移技术高效化等现代技术,有效地降低营运成本,提高经营效率。在第三代港口基础上,货物的快速流动、物流体系的发展,对港口经营的信息化程度提出了更高的要求。

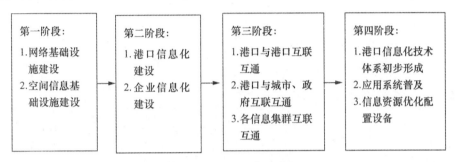

图2 港口信息化发展阶段

值得一提的是,上述几个方面是相互依存、相辅相成的。当然,只有具有上述条件的港口才能在日趋激烈的竞争中成为国际枢纽港或装卸中心,而不具备上述条件的港口只能起到支线港和喂给港的作用。

二、福建省港口发展阶段考察

从整体上看,我国港口的发展很不均衡,部分港口已达到甚至超过第三代港口的要求,而另一部分港口还处在从第二代向第三代港口发展的阶段。福建省的情况也是如此,厦门港已基本达到第三代港口的标准,而福州港、泉州港尚处在从第二代向第三代港口过渡的阶段。对照第四代港口的发展要素,我们对福建省三大港口目前存在的差距进行分析(见表2)。

表2 福建省三大港口发展阶段判断

第四代港口要素	厦门港	福州港	泉州港
1. 主要标志			
国际航运中心	是	否	否

（续表）

第四代港口要素	厦门港	福州港	泉州港
主要货物为集装箱	是	否	否
综合服务平台	否	否	否
2. 硬件设施			
大型化、深水化	是	是	否
交通体系完善	是	是	是
3. 空间关系			
港口腹地协同化	否	否	否
港城关系一体化	是	是	是
港口结构网络化	是	是	是
4. 物流服务			
精细化	是	否	否
敏捷化	是	是	是
柔性化	否	否	否
信息化	是	否	否
目前所处发展阶段	第三代	第二代—第三代	第二代—第三代

以下结合三大港口的具体情况做进一步的分析：

（一）厦门港

1. 港口特点

厦门港是我国东部沿海的天然深水港，在福建省港口中担当领头羊的角色，其在海峡西岸社会经济建设中具有重要作用，其生产条件优势、功能特点等表现在以下几个方面：

（1）国际航运中心。厦门港与国际港口也建立了长期的合作关系，如丹麦马士基、美国总统轮船、法国达飞、中远、中海等航运公司均在厦门港设立分公司或代表机构，并开通了多条通至世界主要集装箱港口的航线。厦门港的国际化水平位于福建省港口前列，这为厦门港发展成为国际航运中心奠定了良好的基础。随着经济的发展，厦门港物流需求大幅增加。继上海、天津、大连之后，2012 年厦门港成为我国第四个国际航运中心。

（2）货物以集装箱为主。厦门港集装箱、石油、煤炭等专用码头一应俱全，货物吞吐量位列福建省三大港口之首，于 2009 年率先突破亿吨大关。相比于货物，其主营业务、优势在于集装箱运输。2014 年厦门港的集装箱吞吐量达到

857.24万TEU。2003—2011年曾连续9年位列全国集装箱港口第7位,2012—2014年名列第8位,而且连续3年名列世界集装箱港口第19位。其集装箱吞吐量远高于福州港、泉州港,且与它们的差距在逐年拉大。

(3) 港口大型化、深水化。截至2013年年底,厦门港已建成生产性泊位143个,其中万吨级以上泊位63个,10万吨级以上泊位14个;全港万吨级以上深水航道总长约158公里,其中主航道水深 –15.5—–16.0米、底宽410—450米,可供10万吨集装箱船舶双向通航、15万吨级以上集装箱船舶乘潮通航,具备接待全球最大型集装箱船舶和全球最大国际豪华邮轮的港口条件。大型化、深水化的特点适应了集装箱运输的要求,为厦门港向第四代港口转变提供了客观条件。

(4) 集疏运网络便捷。厦门港的集疏运网络较便捷,公路经319、324国道和沈海、厦成高速公路与全国公路网相连,铁路通过鹰厦、福厦、厦深、龙厦线与全国铁路网相连,满足了港口敏捷化的硬件要求。

(5) 港城关系密切。港口作为国际贸易的最主要平台,是连接各国经济贸易活动的重要节点,对以外向型经济为主的沿海港口城市而言具有举足轻重的地位。根据张兴祥、谢晨炘(2013)港口城市协调度的研究结果,厦门港口子系统和城市子系统综合发展趋势基本一致,两者的波动也较为一致,两个子系统间相辅相成,达到"优质和谐"。从港城互动的实证分析结果看,两个子系统相互促进,其中城市经济对港口发展的推动作用更显著。

(6) 港口结构网络化。2006年、2010年厦门港先后进行了两次港口整合,将原漳州港下辖的招银、后石、石码、古雷、东山、云霄和诏安7个港区并入厦门港,由此形成厦门港"环两湾辖十区"的新格局。根据张兴祥、郑晓佳(2014)的港口效率评价结果,厦门港在生产规模、投入、产出结构上基本接近最优水平,在港口整合后效果更为显著。港口整合在一定程度上缓解了厦门港重复建设、恶性竞争的问题,既形成了良好的网络化发展结构,也提高了厦门港的吞吐能力。

(7) 港口物流供应链形成。开放的港口是区域经济发展的重要条件,开放的政策更是港口发展的关键(罗萍,2009)。一方面,厦门港在港口政策开放度方面具有先发的优势,实施了"区港联动",先后设立了象屿保税区、保税物流园区。尽管与自由贸易区政策还有一定差距,但保税区已是我国目前最为开放的港口政策。物流园区和保税区的设立,港口与物流企业的联系增加,不仅提高了厦门港的国际地位、增加了物流需求,而且促进港口形成精细化、敏捷化的物流服务供应链。另一方面,厦门港港口管理信息化程度高。厦门港在港口信息化建设方面起步较早,应用无线射频技术(RFID)、EDI技术时间较长,处于国内领先水平。厦门港还构建了"航标助航信息服务平台",并采用先进的船舶自动识别系统(AIS)技术,有效降低了安全风险。当然,就柔性化的物流服务而言,厦门港还存在一定差距。

2. 存在的问题

尽管厦门港的发展水平位于福建省港口前列,但在向第四代港口转变的过程中,仍存在一些不和谐因素。具体而言,体现在以下几个方面:

(1)直接的经济腹地较小,港口腹地协同程度差。厦门港的直接经济腹地为厦门市,但厦门市作为旅游城市,第三产业占比很大而第二产业较少,即单由厦门市提供的物流需求较少,厦门港的大部分物流需求来源于泉州市巨大的外贸货物出口需要。一旦泉州港拥有与厦门港相近的政策优惠、深水港区,厦门港的集装箱吞吐量将受很大影响。

(2)港口吸引力下降。为改善经济腹地不足的问题,厦门港积极开展"多式联运",如海铁联运等,各生产指标稳定增长,效果显著。但值得注意的是,厦门港的对台集装箱吞吐量自2006年后呈现下降态势,其原因可能在于:两岸"三通直航"港口增多,港口竞争激烈,厦门港的区位、政策比较优势减弱;越来越多的台资企业选择在大陆直接设厂,降低了港口物流需求。

(3)港区管理政策不统一。厦门港在2006年进行港口合并后,深水岸线增加了14公里,万吨级以上的深水泊位增加到114个。2010年厦门港再度合并漳州港下辖的部分港区,港口生产能力进一步提高。但由于港口横跨了厦门和漳州两个行政区域,港口一体化管理难度较大,出现了港区间管理上的"同港不同政策",不利于港口作业的精细化发展。

(4)港口生产与生态保护不和谐。厦门港附近海域有中华白海豚、文昌鱼、玳瑁、江豚等多种珍稀海洋动物和红树植物等,但由于海底炸礁等港口工程作业、港口运营带来的海水污染等,白海豚、文昌鱼等数量大幅下降,威胁了海洋生物的多样性,破坏了自然环境。随着港口的发展,港口生产与生态保护矛盾日渐突出,既影响了厦门市的经济增长能力,也破坏了港口与城市相互推动发展的关系。

(5)港口供应链尚未优化。厦门港船舶代理公司、报关机构、运输企业等数量较多,但其服务项目较单一,企业间存在利益冲突,缺乏合作,竞争激烈(黄俏梅,2011)。港口与供应链上下游企业的联系也不够紧密,关系较不稳定。另外,尽管厦门港信息化水平较高,但口岸各部门的电子平台尚未联网,供应链各节点企业使用的管理信息系统也不尽相同,信息共享度低,金融、保险等中介服务也未得到充分发展。

3. 发展阶段判断

根据港口发展的阶段特征及厦门港自身的特点,我们判断厦门港目前正处于港口发展的第三阶段。由于外贸物流量较大、港口的国际合作较多,加之随着物流园区、保税区的设立,厦门港的"物流中心"地位得以牢固确立。同时,厦门港也具备发展成为第四代港口的大型化、专业化、信息化、港城一体化、港口联盟等一系列基础条件,率先向第四代港口迈进是厦门港今后的努力方向。

(二) 福州港

1. 港口特点

东汉时期,福州港就已成为我国南北货运转运的港口。由于依托于省会,福州港具有得天独厚的政策优势,其港口特点主要表现在以下几个方面:

(1) 主要货物以散货为主。福州港货运主要以散货为主,集装箱吞吐量较小。2005年前,福州港的货物吞吐量在福建省三大港口中一直处于领先地位,但2006年、2010年先后被厦门港、泉州港赶超,2012年才又反超泉州港。近年来,福州港集装箱运输呈现不断增长的趋势,但与厦门港相比,二者的差距还是比较大的。2014年福州港的集装箱吞吐量达到223.94万TEU,只有厦门港的1/4。

(2) 港口大型化、深水化。截至2014年年底,福州港共有生产泊位167个,其中万吨级以上50个、5万吨级以上19个、10万吨级以上14个,逐步向大型化、深水化发展。

(3) 交通运输体系发达。福州港的公路、铁路线路较发达,公路经104、316、324国道和沈海高速公路与全国公路网相连,铁路经温福、福马、外福线接鹰厦、浙赣线与全国铁路网相通,高速铁路北通京沪、南接广深,交通运输网络较便利,港口服务速度较快,具备敏捷化的发展条件。

(4) 港口结构网络化。2011年福州港与宁德港的三都澳、赛江、溪南、沙埕四个港区合并,形成"一港九区"的新格局。另外,2006年福州港首次明确提出"南北两翼"的概念,将港口规划为"南集北散"的格局,港口结构的网络化初步形成。

2. 存在的问题

福州港在发展过程中也存在一些问题,主要体现在以下几个方面:

(1) 货源相对单一。福州港的散货以砂石为主,由于货源相对单一,港口产出易受产业政策影响,如2008年的金融危机和河砂保护政策就使得福州港的货物吞吐量受到重挫。

（2）港城关系较弱。根据张兴祥、谢晨炘（2013）港口城市协调度的实证分析，福州港口子系统和城市子系统的综合发展趋势呈现较大的不一致性，在个别年份区间甚至出现完全相反的情况。从张兴祥、纪尚伯（2014）对港城互动的实证结果看，福州港的港城互动关系并不显著，两个子系统脱节，也就是说，港口未体现带动腹地经济增长的作用，城市也未为港口发展提供强有力的支撑。

（3）港口管理技术较落后。张兴祥、郑晓佳（2014）的效率分析表明，福州港的技术效率较低，即管理技术较落后，可能的原因在于：港口信息流通不畅，管理信息化程度较低；企业为自身利益在数据、服务上采取保护措施，港区间信息共享也很少，物流系统较封闭。港口管理技术薄弱，将在很大程度上影响供应链各个环节的协调性，制约港口物流服务进一步向精细化和柔性化发展。

（4）港口规模与物流需求不匹配。以2012年为例，福州港出现规模报酬递减、投入冗余、产出不足的情况，说明港口规模在现有吞吐量水平下非最优，可适当减少生产泊位数、生产泊位长度，或在现有吞吐能力条件下，增加物流需求和产出，提高集装箱吞吐量。

3. 发展阶段判断

根据港口发展的阶段特征及福州港自身的特点，我们判断目前福州港正处于港口发展的第二阶段与第三阶段之间，但更接近第二代港口类型。福州港货运以砂石散货为主，主营业务仍为传统的运输、储存、装卸，集装箱吞吐量较小，港口与城市关系较薄弱，管理技术信息程度较低，与第四代港口还有较大差距。因此，提高港口服务能力，实现港口服务多元化，加强港口间的协作，促进港城关系的互动发展，尽快向第三代港口转变是福州港的当务之急。

（三）泉州港

1. 港口特点

泉州港是我国内陆地区距离台湾地区区位最佳的港口之一，也是距离由北美至东南亚等国际繁忙航线最近的港口之一，具有良好的地缘优势。同时，泉州港历史悠久，近几年发展也比较迅速，其港口生产的主要特点包括以下几个方面：

（1）货物以散货、杂货为主。泉州港的货物主要以矿石、煤炭、油品等干散杂货为主，集装箱吞吐量很小，主营业务方向为内贸。2005—2012年间，泉州港的货物吞吐量呈现稳步增长的趋势，2010年、2011年曾一度超过福州港成为福建省货物吞吐量第二大港,但2012年又被福州港反超。泉州港的集装箱吞吐量变化趋势与福州港较一致,吞吐量水平也相近,2014年达到188.45万TEU,远低于厦门港。

(2)经济腹地广阔,港口投融资渠道多样。泉州市地区生产总值连续15年居福建省首位,拥有众多出口企业、地方产业,如石化、服装鞋帽、石雕、建材、茶等,被誉为"世界贸易中心城市"。由于发达民营经济的支撑,泉州港的物流需求巨大。尽管泉州既不是特区也不是省会,没有政策优势,但泉州港的港口建设资金大部分来自民间投资和外资,民营经济为港口建设提供了充足的资金支持。

(3)港城一体化较好,临港产业较发达。根据张兴祥、谢晨炘(2013)对港口城市协调度的研究结果,泉州港口和城市两个子系统的综合发展趋势总体上平稳且比较接近,属"优质协调"。同时,原油专用码头、成品油码头等临港产业项目的实施,带动了港区石化产业的发展,对泉州市的经济发展做出了一定的贡献,也推动了泉州港自身向现代化港口演变。

(4)交通体系较完善。泉州港的交通体系较完善,以漳泉肖铁路、泉三高速公路、324国道和省道203线、306线为主体形成东西通道,以福厦高速铁路和公路、104国道以及省道207线、307线、308线为主体形成南北通道,立体交通网络较发达,满足港口敏捷化的发展要求。

(5)港口结构网络化。2009年、2012年泉州港与莆田港先后进行了两次港区合并,港口整合后,合力打造中部港口群,港口结构网络化初步形成。截至2014年年底,泉州港已建成投产码头泊位91个,其中万吨级以上深水泊位25个(包括万吨级11个、5万吨级8个、10万吨级4个、30万吨级2个)。与厦门港、福州港相比,泉州港10万吨级以上泊位数偏少,大型化、深水化程度不足。

2. 存在的问题

在发展过程中,泉州港存在一些亟待解决的问题,具体而言,体现在以下几个方面:

(1)腹地大、物流需求小,政策扶持不够。泉州港经济腹地较大,腹地物流需求较强,泉州市的经济总量位列福建省第一,但从进出口总额可以看出,在福建省三大城市中,泉州是最小的。其可能的原因为:由于泉州港相对厦门港的政策劣势,大多数外贸货物经由厦门港出口,大量物流转由厦门港承担,由此造成了腹地大而吞吐量、进出口额小的不正常现象。

(2)港口对城市的带动作用不显著。尽管根据张兴祥、谢晨炘(2013)对港城协调度的研究结果,泉州港的港口和城市子系统二者属于优质和谐,但从张兴祥、纪尚伯(2014)对港城互动的实证结果看,泉州市的经济增长对泉州港的发展有明显带动作用;反之,泉州港的发展对泉州经济增长的带动作用不显著,即临港产业的发展还不足以对腹地的经济增长有显著的促进作用。可能的原因在于:临港产业初具规模,其对腹地经济的贡献不足,仍有较大的发展空间;缺乏合适的渠道,作用机制尚未发挥效力。

(3) 港口规模存在改进空间。根据张兴祥、郑晓佳(2014)的效率评价结果,泉州港的管理技术有效,但其规模效率在2005—2011年间均小于1,在2012年达到规模报酬不变,说明泉州港的生产规模与投入、产出已基本匹配,但与厦门港相比,泉州港只在2012年达到DEA有效,仍有巨大的发展潜力和改进空间。

3. 发展阶段判断

根据港口发展的阶段特征以及泉州港自身的特点,我们判断目前泉州港正介于第二代港口与第三代港口之间。泉州港经济腹地广阔,港城一体化关系较协调,但其大型化、深水化不足,集装箱吞吐量较小,港口信息化、网络化发展较不成熟,尚不具备第四代港口的基本条件。因此,在现有的基础上,泉州港应努力完善和夯实软硬件建设,争取早日进入成熟的第三代港口行列。

三、福建省港口发展战略导向

世界港口行业正处于加快第四代港口建设的全新阶段,全球化的深度发展为中国港口建设第四代港口提供了历史机遇。[①] 事实上,福建省港口已主动融入这一进程,三大港口群的整合迈出了关键性的一步。

(一) 功能定位

为加快建成面向世界、服务中西部发展的现代化、规模化、集约化的海西港口群,《中国(福建)自由贸易试验区总体方案》(简称《总体方案》)对福建省三大港口群的整合给予了明确的功能定位:福州港发展成为集装箱和大宗散货运输相协调的国际航运枢纽港;湄洲湾港(泉州—莆田)发展成为大宗散货和集装箱运输相协调的主枢纽港;厦门港发展成为以远洋集装箱运输为主、大宗散货为辅的国际航运枢纽港。根据《总体方案》,厦门港和福州港都要向第四代港口

---

① 彭俊勇,"天津下一目标建第四代港口",《新金融观察报》,2012年2月12日。

靠拢,成为国际航运中心,而湄洲湾港(泉州—莆田)则要成为以内贸为主的主枢纽港。

建设国际航运中心,首先,软硬件方面都要过硬。除泉州港外,厦门港和福州港都已实现大型化、深水化,这是建设国际航运中心的必备硬件。其次,国际航运中心必须运用现代化技术手段来管理,以支持港口的运作,因此,公共信息平台建设成为不可缺少的重要支撑。目前,只有厦门港在信息化建设方面卓有成效,福州港和泉州港都需要加强。至于软环境方面,福建省三大港口还存在较大差距,港口间普遍存在重复投资、过度竞争的现象,没有形成完整的产业聚集区,致使供应链整合度较低,港口作业管理效率跟不上。根据第四代港口发展趋势,各个港口应该清晰地认识到自身的战略定位,在寻求自身发展的同时,一定要从前瞻性、科学性和可持续发展的角度,来制定港口的战略,确定合理可行的战略方针,提高供应链整合度以及实施港口柔性化管理,以使港口获得快速、持续、健康的发展。

(二) 福建省港口发展战略导向

1. 厦门港发展导向

鉴于厦门港发展中存在的问题,以及向第四代港口演变过程中港口应具备的条件,我们从港口功能、生产条件、发展战略等方面出发,提出相应的解决措施和建议,包括以下几个方面:

(1) 大力发展间接经济腹地。拥有广阔、直接的陆向经济腹地是第四代港口最重要的特征,因此对于厦门港这种直接经济腹地较小、其他条件优越的港口,除了尽可能提高直接腹地的物流需求外,还应该更多地通过"多式联运"等方式大力发展间接经济腹地,与更多的城市建立广泛的经济连接和稳定的合作关系,保证拥有充足的腹地物流需求。

(2) 提高港口集疏运系统能力。由于厦门市的地形限制,厦门港的内陆集疏运能力受到限制,本岛的对外通道只有厦门大桥、海沧大桥、杏林大桥等。随着厦门港集装箱业务的发展,现有的交通运输系统可能会出现瓶颈。因此,合理地规划港区道路布局与疏港系统尤为重要。厦门港可运用交通流等理论建立港区内码头至通道、港区与外部连接的网络系统,提高港口的集疏运能力。

(3) 重新定位港区功能。厦门港与漳州港整合后,需要对港区功能重新定位。在新的规划中,厦门港将加快东渡港区的搬迁改造,主推北部翔安、南部古雷两大深水港区的建设,引导并服务城市和产业布局的优化调整;实施东渡、海沧两个港区运输功能的调整与优化,促进港口与城市之间的和谐发展。依托区域内发达的综合运输体系,厦门港将发展成为海峡西岸的物流中心,并逐步具备现代化的装卸储存、中转换装、运输组织、现代物流、临海工业、通信信息、综合服务以及保税、加工、商贸、旅游等多种功能。

(4) 发展柔性化港口。为解决吸引力下降的问题,厦门港可通过提供更快捷高效、更优质、更多元的港口服务来弥补由于政策优势下降带来的物流需求流失,而这就要求厦门港要向柔性化港口转变。港口的柔性化建设可从角色柔性、功能柔性、生产流程柔性等多方面展开,其中功能柔性可通过港口供应链的构建完成。科学地选择供应链合作伙伴,加强港口与供应链上下游企业的联系,构筑运输、报关、装卸等港口企业与金融、保险、贸易、信息等增值服务企业相互连接的"一站式"服务平台,实现供应链节点企业的优势互补。同时,提高港口供应链企业间的信息共享程度,实现信息集成与快速传递,提供高效的港口服务。

(5) 发展绿色港口。"绿色港口"是指在环境影响和经济利益之间获得良好平衡的可持续发展港口,是港口发展的必然趋势。绿色物流因降低经营成本、节约资源而与节约型社会建设相联系。在绿色港口的建设方面,可从港口的环保规划和产业引导出发。具体而言,确立港口的绿色建设目标,制定如水环境保护计划、港口煤尘治理计划等战略规划,提出绿色管理、生产等实施步骤,更多利用较低污染的铁路和水路,落实绿色港口发展计划(毕超,2009)。

(6) 提高港口管理能力。港口管理能否形成"一港一政"的管理体制和"一站式服务"的管理方式,形成统一规划、统一管理、统一协调、统一调度,合理配置资源,是确保港口有效、高效运作的重要前提。有效的行政管理也是发展柔性、敏捷化港口的必要条件。加强港口内部的行政管理,制定统一的港口管理制度和发展规划,避免出现"同港不同政策"的现象。同时,培养、吸收高素质物流管理人才,增加港口人力资源,提高人力资本储备,为厦门港发展成为第四代港口提供人才支持。

(7) 延伸服务供应链。当前港口之间的竞争已逐步演变为港口供应链的竞争。港口与腹地资源的纵向整合,有利于促进服务功能的多元化,扩展区域经济腹地,延伸服务供应链。在这方面,厦门港可借鉴上海港的"长江战略"、天津和大连港的"内陆港战略",以及配合航运中心建设、整合城市资源建设的"航运商业中心区"等(罗萍,2009)。

2. 福州港发展导向

借鉴厦门港的发展经验以及结合福州港自身的港口优势、存在的问题,我们从港口功能、生产条件、战略等角度对福州港的发展提出建议,具体包括以下

几个方面:

(1) 扩大港口货物来源。福州港货源单一,港口产出与货源产业兴衰紧密相关,产出波动性大。因此,除继续保持原有货源、发展临港产业外,福州港还应积极寻找新货源,并进行新货源运输必需的港口投资和建设,吸收更多不同类型的产业、行业的物流量,提高港口收益的稳定性,有助于港口的长期发展。

(2) 提高集装箱吞吐能力。为解决经济腹地较小的问题,福州港也采取了一系列的措施,如启动"水水"中转联运、无水港建设,开辟新国际远洋外贸航线等,其提高港口吞吐量的效果显著,主要体现在:福州港的货物吞吐量在继2010年被泉州港赶超后,于2012年实现反超。但根据效率评价结果,福州港仍存在集装箱吞吐量产出不足的问题。对此,福州港应一方面通过与国际港口合作,开辟更多国际远洋航线,提高港口的国际航运地位;另一方面,继续进行港口大型化、深水化建设,提高港口的集装箱吞吐能力。

(3) 加强物流信息化建设。信息化革命日益凸显,RFID、EDI等现代信息技术的使用,不仅提高了集装箱管理的效率、提升了通关速度,而且使得货物信息能及时地在货主与其他相关企业间传递,提高物流服务效率和工作质量。同时,对海上船舶即时数据进行实时接收,并在地图引擎上快速显现其运动状况;对货物运输进行实时跟踪,既有效降低了风险,也满足了客户需求。在这方面,可借鉴青岛港的信息建设经验,其拥有大陆港口规模最大的EDI中心,基本做到了同区域性电子口岸联网,实现了与货主、船方、海关、检验检疫、转运港、目的港等单位信息的无缝对接(赵克,2009)。

(4) 推动港口内外部整合。根据效率评价结果,福州港呈现规模报酬递减,即现有港口规模超过物流需求。从福州港自身的泊位情况看,其泊位总数高于厦门港,但万吨以上的泊位数却低于厦门港,其大多数港口均为中小码头。中小码头的吞吐能力有限,不利于港口运输集装箱等大型作业,因此需要对泊位进行重组和整合,以促进福州港的大型化、深水化进程。另外,由于港口发展具有层级性,选择与厦门港等功能互补的港口进行合作,既有助于实现海峡西岸经济区内港口的合理布局、港口间的有效衔接、专业的合理分工,也有助于提高福州港的竞争力。

(5) 建立紧密的港城关系。港口与城市相辅相成,城市子系统的发展为港口提供足够的货源和相应的配套服务,而港口子系统的发展既为其经济腹地的产业集群形成创造了条件,也在一定程度上促进了城市子系统的投资和就业。一方面,福州港港口运营商可通过参与公益活动等履行企业社会责任,吸引民间资本投资等扩大港口投融资渠道,提供就业机会、依法纳税等带动腹地经济增长;另一方面,福州市港口管理局及其他相关政府部门可通过给予港口投资、建设、运营一定的政策优惠,如降低港口投资资金的贷款利率、对税收实行减免或补贴等,为福州港的发展创造宽松的政策环境,推动福州港的发展。

3. 泉州港发展导向

借鉴厦门港的发展经验以及针对泉州港发展过程中存在的问题,我们从港口功能、战略、政策等方面出发,提出相关的发展建议,主要包括以下几个方面:

(1) 继续发展临港产业。2008年泉州港30万吨级原油专用码头、成品油码头等一系列临港产业项目工程建成并投产,大大提高了泉州港的吞吐能力,其货物吞吐量在2010年、2011年均超过福州港。因此,临港产业的建设和发展提高了港口的竞争能力。但根据港城互动的研究结果,泉州港港口子系统对城市经济的带动作用不显著,可能的原因为临港产业初具规模,其提供的就业、投资机会还不够多,与其他产业的联系还较弱,尚未形成系统的产业贸易网络。对此,泉州港应继续发展临港产业,引入更多行业,扩大港口投资产生的乘数效应,提供更多的就业机会,提高港口对腹地经济的贡献。

(2) 增强政策扶持力度。与厦门港、福州港相比,泉州港的政策扶持力度较小,本应从泉州港出口的大部分外贸货物由厦门港出口,港口投资、建设的大部分资金来源于民间资本而非政府部门。因此,要实现泉州港突破性的发展,应加大泉州港的政策扶持力度,给予其一定的特殊政策或优惠,吸收本区域巨大的物流量。

(3) 加强港口间整合。根据效率评价结果,泉州港在2012年达到规模报酬不变,而在这之前大多呈现规模报酬递增的状态,即现有的港口规模与其当前的物流需求相匹配。但随着泉州港政策扶持力度的加大、港口物流需求的增加,现有的港口规模可能小于最优水平。因此,可通过港口整合等方式进一步扩大泉州港的港口规模以满足大幅增加的货物运输需求,特别是要大力发展集装箱运输。

(4) 加大信息技术投入。目前泉州港正介于第二代港口与第三代港口的发展阶段之间,其发展的决定因素正从资本向技术和信息转变。随着现代技术的发展,客户对通关、检验、装卸等港口服务的效率和质量要求越来越高,管理技术的信息化水平决定了港口的竞争力。尽管根据效率评价结果,泉州港管理有效,但其信息化水平低于厦门港。因此,为提高港口竞争力,实现向第三代港口的转变,泉州港应将工作重心和投资重点从港口设施建设转移到物流信息建设上来,构建快速、便捷的港口服务网络。

四、结论

基于"21世纪海上丝绸之路"的视角,本专题对福建省三大港口各自的港口特点、港口发展的各阶段特征以及发展目标做出判断和分析。在三大港口中,厦门港的发展水平最高,已达到第三代港口的要求,但由于其经济腹地较小,在向第四代港口演变的过程中,扩大经济腹地、保证物流需求是其主要工作;福州港目前介于第二代港口与第三代港口之间,其港口特征更接近于第二代港口,由于其物流信息技术水平较低、港口较分散,要发展成为第三代港口,其还需加强物流信息建设,对港口进行重组和整合;泉州港目前也介于第二代港口与第三代港口之间,具备发展第三代港口的大部分条件,港口规模仍存在进一步拓展的空间,大力发展集装箱运输是其发展的方向。"21世纪海上丝绸之路"的提出为福建省港口发展带来新的契机,但这些契机如何转化为现实的发展动力,需要政府有关部门和三大港口管理局做出长远的战略谋划并扎实地予以推动。

专题三

"一带一路"背景下
海西区旅游业发展研究

　　海西区是福建省政府于2004年提出的战略构想,2006年海西区发展战略被列入"十一五"规划中。《中国旅游业"十二五"发展规划纲要》中提出,通过建设"三轴"①把海西区建设成海峡两岸旅游合作发展试验区,使之成为我国旅游发展的增长点和具有国际吸引力的旅游目的地。

　　自"一带一路"战略提出以来,国家对海西区的经济发展特别是旅游业的发展采取了一系列的政策措施。2015年3月24日,中央政治局召开会议,审议通过《中国(福建)自由贸易试验区总体方案》《进一步深化上海自由贸易试验区改革开放方案》。4月20日,国务院发布《国务院关于印发中国(福建)自由贸易试验区总体方案的通知》(以下简称《方案》),对福建省的定位是充分发挥对外开放前沿优势,建设21世纪海上丝绸之路核心区,打造面向21世纪海上丝绸之路沿线国家和地区开放合作新高地。随后,国家旅游局发布《支持中国(福建)自由贸易试验区旅游业开放的意见》(以下简称《意见》),一共发布了7项支持福建自贸试验区旅游业进一步开放的措施,推动把福建自贸区建设成为两

---

　　① "三轴",指蓝色海滨景观轴,即从浙江台州至广东汕尾的12个海滨城市;绿色生态景观轴,即从浙江金华至福建三明,包括金华、丽水、衢州、南平和三明5个城市;红色人文景观轴,即从江西上饶至广东梅州,包括上饶、鹰潭、抚州、赣州、龙岩和梅州6个城市。

岸旅游合作先行示范区和21世纪海上丝绸之路旅游核心区。3月28日,国家发改委、外交部、商务部联合发布《推动共建丝绸之路经济带和21世纪海上丝绸之路的愿景与行动》(以下简称"愿景与行动"),提出加强旅游合作,扩大旅游规模,使"一带一路"战略成为旅游业发展新引擎。5月14日,国务院正式发布《关于支持福建省加快建设海峡西岸经济区的若干意见》,提出充分发挥海西区的自然和文化资源优势,使之成为国际知名的旅游目的地和富有特色的自然文化旅游中心。

"一带一路"战略的实施以及福建自贸区的建立给海西区旅游业带来了巨大的发展机遇,本专题将在分析海西区发展现状与存在问题的基础上,结合"一带一路"战略实施带来的机遇,为海西区旅游业的发展提出政策建议。

一、海西区旅游业发展现状

海西区拥有良好的旅游资源,加上政府的重视和政策支持,使得海西区旅游基础设施日臻完善,旅游收入、旅游人数快速增加,海西区的旅游业逐渐获得国内外游客的认可;再加上温福高铁、甬台温高铁、福厦高铁以及合福高铁的开通,海西区旅游业的发展越来越快。

(一)旅游产业总量增长跨越式提升

2000年以来,海西区旅游业呈现出平稳增长的发展趋势,旅游产业总量增长呈跨越式上升。2014年海西区旅游总收入为5 321.24亿元,相比于2000年的639.73亿元,增长了8.3倍,从表1和图1可以看出,海西区旅游总收入在2004年突破1 000亿元,在2009年超过2 000亿元,4年后即2013年突破4 000亿元,而仅仅在1年后也就是2014年接近5 000亿元(旅游收入均已根据当年商品零售价格调整)。海西区旅游人数的增加速度同样惊人,从2000年的7 446.18万人次上涨到2014年的68 932.13万人次,增长了9.3倍,每年基本保持着20%的增长率。

表1 2000—2014年海西区旅游收入及人数

年份	入境旅游人数(万人次)	国内旅游人数(万人次)	旅游总人数(万人次)	入境旅游收入(亿元)	国内旅游收入(亿元)	旅游总收入(亿元)
2000	225.02	7 221.16	7 446.18	96.80	542.94	639.73

（续表）

年份	入境旅游人数（万人次）	国内旅游人数（万人次）	旅游总人数（万人次）	入境旅游收入（亿元）	国内旅游收入（亿元）	旅游总收入（亿元）
2001	269.86	8 108.39	8 378.25	121.17	662.63	783.79
2002	269.25	9 199.30	9 468.55	126.02	727.79	853.81
2003	220.31	9 959.50	10 179.80	109.67	796.04	905.71
2004	277.43	12 256.32	12 533.75	126.76	961.01	1 087.77
2005	323.83	14 808.88	15 132.71	151.30	1 105.86	1 257.16
2006	359.04	16 999.50	17 358.54	168.48	1 420.30	1 588.77
2007	440.32	18 935.53	19 375.85	218.96	1 614.91	1 833.87
2008	481.79	23 475.58	23 957.37	210.27	1 734.20	1 944.47
2009	515.67	26 214.10	26 729.77	226.69	2 047.08	2 273.77
2010	610.15	31 799.08	32 409.23	251.62	2 436.15	2 687.77
2011	707.36	38 285.37	38 992.73	279.59	2 873.82	3 153.42
2012	827.54	46 008.18	46 835.72	312.50	3 445.83	3 758.33
2013	862.92	57 311.72	58 174.64	331.76	4 227.23	4 558.99
2014	1091.11	67 841.02	68 932.13	360.87	4 960.36	5 321.24

注：① 外汇收入单位为美元，然后根据当年汇率调整换算成人民币单位，其中当年汇率选用的是 CEIC 数据库中的加权平均汇率。
② 外汇旅游收入以及国内旅游收入均已根据商品零售价格指数调整。
资料来源：根据 CEIC 数据库以及海西区 23 个城市历年统计年鉴整理计算所得。

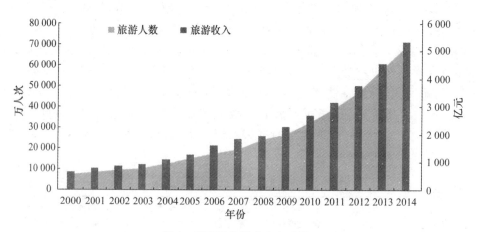

图 1　海西区旅游收入与人数

资料来源：同表 1。

（二）旅游产业对经济增长的贡献率增加

由表 2 可以看出，海西区旅游经济增长速度明显高于同期该地区经济增长速度。近几年来，海西区的 GDP 增长趋势开始放缓，在 2012 年之后，GDP 增长速率基本保持在 7% 左右，而旅游收入基本保持稳中上升的趋势；2013 年海西区旅游收入增长率更是高达 21.30%，该增长速率不仅高于该地区经济总量的增长速率，也高于全国旅游产业的平均增长水平。由图 2 可以看出，2000 年以来海西区旅游总收入占 GDP 比重整体呈加速上升趋势，由 2000 年的 7.65% 上升到 2014 年的 15.47%。这些数据均表明海西区的旅游业对经济发展的贡献率逐渐增加，旅游业日渐成为海西区经济发展的重要增长点，在海西区的地位和作用日益凸显。

表 2　海西区 2001—2014 年旅游收入及 GDP 增长率

年份	旅游收入增长率(%)	GDP 增长率(%)	年份	旅游收入增长率(%)	GDP 增长率(%)
2001	22.52	9.14	2008	6.03	10.10
2002	8.93	10.58	2009	16.94	11.60
2003	6.08	12.79	2010	18.21	15.41
2004	20.10	11.96	2011	17.32	13.17
2005	15.57	4.48	2012	19.18	7.72
2006	26.38	13.84	2013	21.30	7.52
2007	15.43	13.67	2014	16.72	7.33

注：GDP 已根据消费者价格指数调整。
资料来源：同表 1。

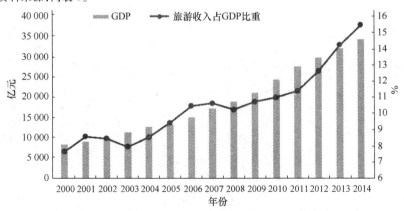

图 2　海西区 GDP 及旅游收入占 GDP 比重

资料来源：同表 1。

（三）海西区旅游品牌获得国内外认可

随着海西区发展战略的实施，以及在国家旅游部门的支持下，海西区各地区政府开始加强经济与旅游的合作，加上交通基础设施的不断完善，海西区旅游品牌的影响力不断提升，海西区的旅游市场吸引力不断加强，具体表现为海西区国内旅游人数以及入境旅游人数的快速增长。从表1至表3以及图3、图4可以看出，2000年海西区国内旅游人数为7 221.16万人次，到2014年已超67 841.02万人次，2013年国内旅游人数增长率更是高达24.57%；国内游客市

表3　海西区旅游人数增长速率

年份	入境旅游人数增长率(%)	国内旅游人数增长率(%)	年份	入境旅游人数增长率(%)	国内旅游人数增长率(%)
2001	19.93	12.29	2008	9.42	23.98
2002	-0.23	13.45	2009	7.03	11.67
2003	-18.18	8.26	2010	18.32	21.31
2004	25.93	23.06	2011	15.93	20.40
2005	16.73	20.83	2012	16.99	20.17
2006	10.87	14.79	2013	4.28	24.57
2007	22.64	11.39	2014	26.44	18.37

资料来源：同表1。

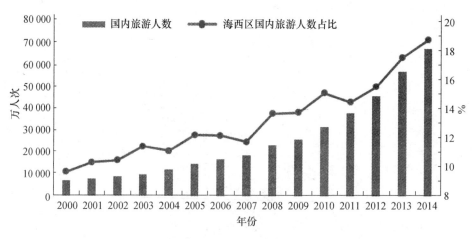

图3　海西区国内旅游人数与市场占有率

资料来源：同表1。

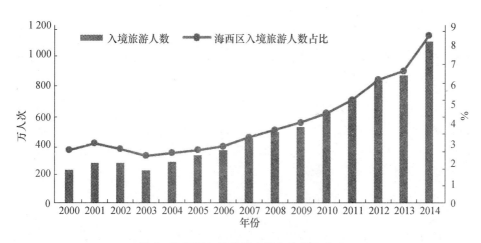

图 4　海西区入境旅游人数与市场占有率

资料来源:同表 1。

场占有率从 2000 年的 9.70% 上升至 2014 年的 18.79%,说明海西区的旅游品牌在国内的吸引力大大增加。在入境旅游方面,由 2000 年的 225.02 万人次上升至 2014 年的 1 091.11 万人次,而且在 2014 年入境旅游人数增长率高达 26.44%;入境旅游人数市场占有率的增加也是非常惊人,入境旅游人数市场占有率从 2000 年的 2.7% 上升至 2013 年的 8.5%。

(四) 旅游接待条件不断改善

一个地区能否吸引游客的一个重要因素是旅游接待条件的好坏,旅游接待指标中的首要指标是星级酒店的数量。通过数据整理分析发现,截至 2013 年年底海西区的星级酒店数量已有 1 016 家,与 2000 年的 561 家相比翻了将近一番。从星级酒店的数量可以看出,海西区的旅游接待条件在不断提升。

交通网络是否完善对旅游经济发展的快慢也是至关重要的。近年来全国各地高速铁路如火如荼地建设,大大节省了人们出行的时间,对各省旅游经济的长足发展都具有深远的意义。目前贯穿海西区的高铁有温福高铁、甬台温高铁、福厦高铁、合福高铁以及南福高铁,而且南昌经赣州到漳州的高铁也在建设中。从《中国高速铁路路线图》可以看到,海西区高速铁路的密集程度在全国处于中上游的水平。海西区的空中交通网同样也是较为发达的。海西区建成在用的机场共有 11 个,分别是温州机场、黄岩机场、衢州机场、晋江机场、武夷山机场、福州长乐机场、厦门高崎机场、连城冠豸山机场、赣州黄金机场、梅州客都机场以及汕头外砂机场,另外还有 4 个机场正在建设中。

二、海西区旅游业发展中存在的问题

自2000年以来,海西区旅游业取得了长足的发展。其中,旅游收入总量、接待游客数量均呈快速增长状态,并且旅游收入的增长速率快于经济总量的增长速率,成为该地区国民经济增长的主要驱动力量。然而,海西区的旅游业在发展过程中也存在一些问题。

(一)旅游资源开发利用水平差异明显

海西区地处东南沿海,各个城市的自然旅游资源以及人文旅游资源丰富,开发潜力巨大。从浙江台州至广东汕尾一共12个滨海城市,有着得天独厚的海洋旅游资源和怡人的气候;从浙江金华至福建三明,包括金华、丽水、衢州、南平和三明5个城市,有着独特天然的山林生态地貌及文化;从江西上饶至广东梅州,包括上饶、银滩、抚州、赣江、龙岩和梅州6个城市,有着丰厚的闽粤赣客家文化以及红色文化。

海西区虽然有着丰富的自然人文旅游资源,但是开发利用程度参差不齐,总体利用水平较低。目前旅游开发利用水平较高的是闽南和浙西南地区,而闽东等地利用水平较低。闽东城市群对自然旅游资源开发粗放,开发路线单一,并且缺乏对人文旅游资源的开发,例如闽东地区的宁德市有着自己独特的自然景观与地域文化,然而旅游路线仅限于三都澳到白水洋、杨家溪到太姥山,其丰富的民俗、饮食、宗教、茶文化均未开发融合到旅游路线中。[①] 相反,闽南地区如厦门市则结合自己的地域优势和文化优势,打造厦门与周边旅游景区与文化景区的多种旅游路线,来满足市场对旅游产品的需求。我们用旅游收入占GDP的比重来表示旅游开发利用水平,单独将厦门市列出,并与整个海西区在旅游开发利用水平方面做比较。通过图5我们发现,厦门市从2000年开始,就保持在一个较高的水平,最近几年厦门市其他行业发展也跟上来,旅游收入占GDP比值有所降低,但总体水平仍较高。尽管整个海西区近几年旅游开发利用水平逐渐提高,但是和厦门市相比,还是有一定的差距。

---

① 谢新暎、郑立文、吕群超、谢新丽(2012),"海峡西岸经济区旅游业发展空间差异与协调发展机制研究",《中南林业科技大学学报(社会科学版)》,(6):8—13。

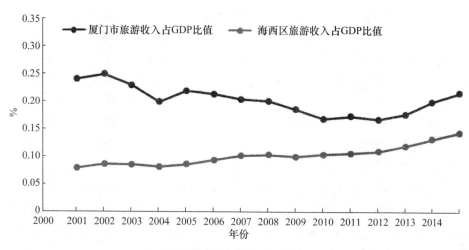

图 5　旅游开发利用水平

资料来源：同表 1。

（二）旅游产品结构同质化严重

随着人们可支配收入的提高，以及生活和消费方式的改变，单纯的观光旅游越来越满足不了人们对旅游产品的需求。然而海西区特别是发展较为落后的几个城市的旅游产品大多还停留在单一的旅游观光产品的阶段，这种对自然资源粗放的开发利用，一方面对自然环境本身会造成巨大的破坏，另一方面没有突破同质性旅游产品的局限，导致该地区旅游的吸引力不够，满足不了人们对多层次、多样化和高文化品位的旅游方式的需求，因此这些城市的旅游经济的发展并不能达到想要的效果。例如，海西区的闽北城市群，主要靠武夷山来支撑着该地区的旅游经济。然而，武夷山的景点特色、品牌名声相比于国内其他以山水风貌著称的旅游景点逊色很多，因此在国内、国际游客中吸引力较小；而不太规范的市场运行机制以及在高铁开通之前不方便的交通导致该地的旅游吸引力对于区域内游客来说也不大。

海西区虽然有着丰富的自然和人文旅游资源，但是文化资源开发落后，没有形成自己的文化旅游品牌，各个城市多是简单地主打观光旅游牌，很少将自然、人文资源与休闲娱乐等有机结合，开发出如深度游、体验游、节庆游等多元化的旅游产品。

（三）旅游行业结构水平较为落后

旅游行业发展主要包括六个要素，分别是"食、住、行、娱、购、游"。旅游业的健康发展需要这六个要素的协调发展,并根据区域经济形成有序的系统。海西区旅游业在这六个要素的资源配置中明显向"食、住、游"方面倾斜,近几年飞机场、高铁、高速公路以及公共交通的建设已经有部分资源在向"行"方面转移,但是在购物与娱乐方面做得远远不够。目前仅厦门市等几个旅游资源开发利用程度较高的城市的旅游商品发展理念较为先进,打造了自己丰富多样、非同质化的商品品牌,例如厦门市的石敢当、风师爷等各种工艺品以及特色风味小吃街吸引着全国乃至全球的旅客。然而海西区的大多数城市虽然有着自己独特的旅游商品,如茶叶、亚热带水果、食用菌等,但是并没有打造出自己独有的文化品牌,没有突破旅游商品同质化的界限,因此购物收入较少。作为旅游产业的重头戏——娱乐,仍是除去厦门市等几个经济较为发达的城市发展得相对较快以外,其他城市旅游中的娱乐行业均较为落后。然而,即使是发展较为快速的厦门等几个城市,虽然娱乐设施较为齐全,但仍未打造出属于自己的娱乐品牌。例如,厦门市岛内的游乐园观音山梦幻世界并没有像鼓浪屿这样在全国范围内有较高的知名度,同安区的方特梦幻王国也因为交通不便而知名度较低,都没能成为厦门吸引区域内或是全国游客的景点。从以上分析中可以看出"行、购、娱"对一个地区旅游发展的重要性,因此海西区要协调发展这六个要素,并尽量将这六个要素融合成一个有机的具有海西特色的整体。

(四)旅游业人才缺乏较为严重

随着旅游业的快速发展,旅游业企业规模不断扩大,企业的经营模式也变得多元化,旅游市场对旅游人才,特别是高级旅游人才的竞争异常激烈。与此同时,由于人们对旅游产品需求的多样化以及高质化,一个企业乃至一个地区,是否拥有一支高层次、高素质、高能力的管理、营销以及导游服务队伍是确保该企业或者该地区旅游经济能否持续、健康、快速发展的重要因素。

海西区旅游业人才的缺乏是一个普遍现象。闽南以及浙西南等地区经济发展较快,对高级旅游人才有一定的吸引力,因此这些地区的旅游管理、营销、导游服务队伍建设有一定的规模,但是高级的旅游管理人才仍然缺乏。经济落后的地区本身难以吸引高素质、具有创新精神的旅游人才,没有人才基础,这些地区的旅游业只能走最简单、最原始的观光型旅游等老路,而这种单一的观光旅游产品对于游客的吸引力非常有限,又没有强有力的营销团队打造该地区的旅游品牌,使得这些地区的旅游经济进入一个恶性循环。

三、"一带一路"战略给海西区旅游发展带来的机遇

通过前面提及的各项政策措施可以了解到发展旅游业将成为"一带一路"建设的切入点,因此海西区旅游业的发展上升到国家战略层面,各方将给予更大关注,这不仅有利于海西区旅游资源的全面整合,而且会给海西区旅游发展的各方面建设提供更好的保障。同时,"一带一路"战略的实施,还将会提升海西区旅游的知名度,为海西区旅游业长远持续的发展带来了难得的机遇。下面我们从几个具体的方面来阐述"一带一路"战略给海西区旅游业带来的机遇。

(一)更积极主动的开放战略有助于旅游产业结构完善

助力"一带一路"建设,中国实施了更加积极主动的开放战略,其中包括投资、贸易、金融以及各大新兴领域的开放。在国务院发布的《方案》中,推进投资管理体制改革被单独列为一项,沿用上海自贸区中试点很成功的外商投资"负面清单"制度,减少和取消对外商投资准入限制,提高开放度和透明度,同时也鼓励企业"走出去",建立对外投资合作"一站式"服务平台,这有利于企业规模扩大并向国际化发展。在国家旅游局发布的《意见》中也表示,在上海自贸区的基础上,进一步增加经营出境游外资旅行社数量,创新管理体制,支持创新对旅行社经营的事中、事后监管模式。

目前海西区乃至国内旅游业较为缺乏先进的管理营销经验,《方案》中先行选择航运服务、商贸服务、专业服务、文化服务、社会服务及先进制造业等领域扩大对外开放,积极有效地吸引外资,有利于引进国外先进的管理营销产品设计等经验;同时,可以利用自贸区金融国际化水平高、人才集聚效应明显的特点,推动旅游金融产品创新,这将会促进海西区旅游产业的结构升级,提升旅游产业的国际化和现代化水平。《意见》中也提到要促进整体开放带动旅游发展。根据上海自贸区的经验,特色医疗、娱乐演艺、职业教育、旅游装备等领域的进一步开放将有利于形成新的特色旅游区域,促进旅游产品从单一观光旅游向多元化发展,并有利于娱乐、购物消费行业的发展,进而提升区域旅游竞争力。因此,积极推动相关领域开放、形成新的特色旅游区域将整体促进海西区旅游产业的结构升级。同时,在对平潭开放开发的建设中,推进服务贸易以及航运自由化,实施平潭国际旅游岛试点建设,进行多样化特色旅游产品试点,对海西区旅游产业结构的全面升级进行摸索探路。

(二) 更为畅通的贸易方式有助于旅游文化产业发展

在国务院发布的《方案》中强调要推动福建自贸区贸易发展方式的改变,其中包括拓展新型贸易方式、探索具有国际竞争力的航运发展制度和运作模式以及推进通关机制创新,建设国际贸易"单一窗口",全程实施无纸化通关,从而推进自贸区内各区域之间通关一体化。通过贸易方式的转变,发展国际贸易经济,借助自贸区经济贸易的往来,不仅促进国家与地区之间的经济发展与投资合作,而且加强了双方的人文交流。贸易的畅通与文化交流是相辅相成的,"丝绸之路"自古以来就是人文交流的体现,它不仅是一条各国之间贸易往来的道路,通过比较优势使各国经济更加繁荣,更是一条各国文化交流的道路,承载着各国之间文化的传播、教育的交流,使得各国文明得以扩散融合,并带动沿线各国旅游业的发展。因此政府对贸易发展的支持,会促使海西区文化旅游产业伴随"一带一路"战略得到长远的发展。

(三) 更为宽松的人才引进政策有助于旅游业的可持续发展

在国家旅游局颁布的《意见》中提及放宽旅游从业人员限制,支持台湾地区合法导游、领队经自贸区旅游主管部门培训认证后,换发证件,在自贸区所在设区市(或试验区)执业。支持在自贸区内居住一年以上的台籍居民报考导游资格证,并按规定申领导游证后在大陆执业。福建省各级旅游部门已针对该项新政策开展了相关试点工作,为了满足台湾导游、领队落地培训换证和台湾居民报考导游资格证的需求,福建自贸区厦门片区已成立旅游人才培训基地、厦门海峡两岸导游、领队培训基地,福州、平潭两个片区也在积极推进旅游人才培训基地挂牌。虽然这是一个小小的举措,而且只涉及导游行业人才,但这是一个良好的开端,说明政府已经认识到人才的重要性,已经开始引进人才,因此这可能会对现有的导游、领队队伍有一定的促动及促进作用。各级政府已经根据政策展开各项试点工作,探寻培养人才、引进人才的合理路线。

(四) 更为便利化的措施有助于旅游产业国际化

伴随着"一带一路"战略的实施,国家加快了沿线国家投资贸易便利化进程,并开始推动实施旅游便利化措施,其中包括积极争取海关、交通、公安等管理部门进一步优化管理措施,推动人员流动便利化,实现自贸区口岸过境免签或自贸区所在省市长时间停留等更加便捷的签注措施。在旅游金融产品的创新方面,为让入境以及境外购物结算等更加便利,将会打造各种提供"一条龙"

服务的金融产品。在旅游购物方面,对符合条件的地区可按政策规定申请实施境外旅客购物离境退税政策。在旅游娱乐方面,对与旅游业相关的邮轮、游艇等旅游运输工具推动出行的便利化政策,支持邮轮、度假区、低空飞行等领域的企业纳入自贸区管理框架。这些便利化措施不仅会对入境旅游产生更大的吸引力,而且会促使海西区旅游产业向现代化、国际化发展,还会促进旅游行业发展结构更加完善。

四、"一带一路"战略背景下海西区旅游发展对策

(一)推动区域旅游业协调发展,共同提高资源利用效率

我们利用SQL Server软件,选取旅游收入、GDP总量以及旅游收入占GDP比重这3个变量,对海西区23个城市进行聚类分析,并将这23个城市分为4类(见表4)。第一类为旅游业与国民经济同向快速发展的城市,包括:温州、台州、厦门和金华;第二类为虽然经济发展水平较快,人均GDP水平较高,但是旅游业发展较慢的城市,包括:福州、泉州;第三类为旅游发展水平较高,但整体经济发展水平却相对不高的城市,包括:鹰潭、上饶、丽水、梅州、南平、赣州和衢州;第四类为经济发展落后且旅游发展水平也较低的城市,包括:漳州、汕尾、汕头、抚州、宁德、莆田、三明、龙岩、揭阳、潮州。海西区各个城市资源禀赋、区位优势以及经济、历史条件不同,旅游业和经济发展水平还存在较大差异。为推动海西区旅游业协调发展,应根据各个城市旅游资源的互补性,正确处理各市之间的关系,准确定位,根据目前的发展情况做出合理分工;并充分挖掘各市的发展潜力,对各市的旅游资源进行整合与开发。

表4 海西区城市聚类分析表

变量	分类一	分类二	分类三	分类四
城市	温州、台州、厦门、金华	福州、泉州	鹰潭、上饶、丽水、梅州、南平、赣州、衢州	漳州、汕尾、汕头、抚州、宁德、莆田、三明、龙岩、揭阳、潮州
数目	4	2	7	10
GDP(中值)	2 381.82	3 578.16	788.18	972.99
旅游收入(中值)	438.39	337.66	171.78	93.55

(续表)

变量	分类一	分类二	分类三	分类四
旅游收入/GDP(中值)	0.19	0.10	0.23	0.10
GDP(标准差)	348.38	328.27	269.77	333.99
旅游收入(标准差)	52.29	39.33	49.39	20.70
旅游收入/GDP(标准差)	0.03	0.02	0.06	0.02

资料来源:根据CEIC数据库中海西区23个城市2013年的数据整理制作。

对于第一类城市,应该进一步提高旅游产品的竞争力,探索发展多元化旅游产品及深度体验性的旅游产品。在行业发展结构方面,像厦门等旅游文化资源丰富的城市可以进一步实施商品品牌建设,探索如何更大限度地发展旅游消费行业,而像温州等旅游资源相对较少的城市可以发展商务旅游、节庆旅游,探索"食、住、行、娱、购、游"中的"购"以及"娱"。第一类城市应发挥带头作用,为其他城市提供先进的管理经验和创新理念,同时打造自己的旅游品牌,为海西区旅游吸引更多的客源市场。经济发展是旅游发展的基础,旅游发展对经济发展具有强有力的拉动作用,第二类与第三类城市群经济发展水平已经较高或者旅游发展水平较高,因此这类城市应该多与旅游发展较快的城市合作,借用它们的旅游品牌与客源打造"周边游",并要借鉴第一类城市的成功范例,结合自身拥有的旅游资源,逐渐打造自己的旅游文化品牌。第四类城市应该首先快速发展当地经济以及各种基础设施建设,积极探索旅游资源与当地文化结合,开发文化旅游产品。

(二) 加快人才的引进与培养,优化人才市场的资源配置

随着旅游业的快速发展,以及旅游行业管理、旅游产品设计、旅游品牌建设、旅游营销服务等的不断深化,旅游业对人才的需求愈加复杂化和多元化。各级政府已经意识到旅游人才对旅游经济发展的重要性,并推出了相应的政策引进优秀的导游人才,然而单纯的人才引进政策难以根本解决人才缺乏的问题。一方面,当前我国旅游高等教育应用型人才培养存在一些体制和机制上的难题,高等旅游管理专业教育难以根据旅游产业发展需要拓展应用型新专业,旅游管理专业人才培养的行业适应性不足;另一方面,旅游行业本身缺乏完善的旅游职业分类体系,旅游人才职业发展空间受到限制。[①] 因此,在海西区旅游人才队伍建设方面,应积极引进相关人才以解决目前旅游业人才缺乏的问题。

---

① 石培华、李成军(2012),"我国旅游人才队伍建设的问题与对策思考",《旅游科学》,(1):88—94。

另外,国家应加快推动旅游管理专业高等教育改革,以快速适应旅游行业的发展;各级地方政府应组织旅游管理服务人员进行经常性培训,以提高现有旅游行业从业人员的总体素质。海西区应加快开放的进程、积极有效地引入外资,这样可以引入国外优秀的管理经验,有助于完善本区域旅游业行业结构;外资的注入以及对外资企业业务的开放,有利于扩大企业规模,从而推动旅游企业成为旅游人才开发的主体,帮助完善人才资源市场化配置机制,优化人才职业发展模式与环境。

(三) 加快旅游基础设施建设,促进旅游产业快速发展

旅游基础设施的建设首先是交通基础设施的建设。合福高铁的开通让以武夷山为代表的闽北地区游客量剧增,使得该地区旅游产品和旅游方式实现了点线面结合、新旧互补的局面。并且伴随着高铁的建成,沿线城市推出了120余个迎高铁旅游项目,让武夷山周边成为"处处是景区、随时有处游的大景区"。由此可见交通的便利对旅游业本身的巨大影响。目前海西区高铁项目除南昌经赣州到漳州的高铁还在建设中之外,其余高铁线路布局已基本完成,因此旅游交通设施重点应放在高铁车站、飞机场与城市交通衔接建设,以及城市到各个景区的公路建设上,逐步实现将城市公共交通服务网络延伸至主要景区和乡村旅游点,提高旅游路线的通达性和便利性。

旅游基础设施的建设其次是旅游信息化建设。目前厦门等几个经济发展较发达的城市信息化建设得较快,可以实现"食、住、行、购、娱、游"的快速预定,能够为游客提供一个更为便利快捷的支付通道。而经济发展落后的地区信息化建设相对较慢,这些地区的政府可以帮助企业、商户尽快建设并完善信息服务体系,使得海西区早日进入全面的旅游信息化时代,建设智慧旅游企业、智慧旅游城市。

旅游基础设施的建设还包括市场诚信建设。诚信是市场运行的基础,政府应加大市场诚信建设,规范景区门票价格,完善违法信息共享机制,加强旅游市场综合执法,严厉打击"黑导游",杜绝企业和商户欺客、宰客的现象,并充分发挥游客、公众、媒体等的监督作用,共同营造一个守信的旅游环境。

(四) 促进旅游品牌建设与营销,提高区域品牌影响力

要提高区域旅游业的影响力,需要海西区23个城市共同努力,围绕"一带一路"战略塑造海西区旅游品牌。各个城市可依据当地的自然人文资源与特点,结合目前各市的旅游经济发展水平,打造各个城市群旅游子品牌。海西区

"三轴八区"(三大景观轴,即蓝色海滨景观轴、绿色生态景观轴、红色人文景观轴;八大旅游区,即闽南滨海商贸旅游区、闽北山林生态文化旅游区、闽浙山海生态度假旅游区、闽中商务休闲旅游区、粤东潮汕文化旅游区、赣东人文生态旅游区、闽粤赣客家与红色文化旅游区、浙西南山水生态旅游区)的旅游大布局已构建出来,我们目前需要做的是依托"一带一路"战略,选择合适的具有影响力的媒体在较为集中的时间段内打造推出海西区旅游大品牌,将海西区作为一个整体进行旅游品牌营销,扩大海西区旅游在全国乃至全世界的影响。对于海西区各个城市群的旅游特色、旅游产品可以组合选择在当地各种形式的媒体上进行宣传,这样可以根据特定的目标受众提高营销的效率与效果。同时,"旅游满意度"理念的树立也是非常重要的。各个城市应该重视游客多元化的需求并对之进行调查,加强对"食、住、行、购、娱、游"的质量管理,通过优质的旅游产品和服务提高游客满意度,从而在提高游客忠实度的同时为海西区各个城市的旅游形象建立良好的口碑,而且口碑通过自媒体(如微博、微信朋友圈、马蜂窝、去哪游记等)的传播会达到意想不到的效果。

专题四

福建自由贸易试验区下的闽台经贸合作

一、闽台经贸合作的现状

（一）闽台经贸合作历史概况

闽台两地一衣带水、同种同文,两岸交流源远流长。加强两岸经贸交流,有利于两岸共同应对日益严峻的国际竞争,最大限度地实现两岸的经济优势互补、互利双赢。改革开放30多年来,闽台贸易往来不断扩大,贸易形式更加多样化,福建省已形成包括台商投资区、保税区、高新技术开发区等在内的全方位多层次的对台合作格局,成为大陆最重要的对台贸易口岸和台商投资的重要集聚地。当前,福建省对台贸易有三种途径：一般贸易；对台小额贸易；与金门、马祖、澎湖的直接经贸往来。

自2001年1月2日起,福建福州、厦门、泉州等沿海地区陆续开通与金门、马祖、澎湖之间的海上客货运输航线,实现与台湾的直接贸易。截至2013年4月30日,12年来福建沿海地区与金门、马祖、澎湖之间的直接往来累计运营10万航次,运送旅客累计突破1 000万人次。

2008年12月15日,两岸海运直航、空运直航、直接通邮全面启动,宣告两岸"三通"时代来临,这是两岸关系发展史上具有里程碑意义的事件,改变了过去单向、间接和不平衡的不合理状况,推动两岸经贸交流合作朝正常化、全方位的方向发展,使两岸各自的优势得到充分发挥。与此同时,闽台航运合作不断有新的突破与发展,在商务部的支持下,福建省还实现了与澎湖的首次货运直航和闽澎直接经贸往来的常态化。2013 年,泉州晋江机场开通至台北桃园机场的空中直航常态化航线,厦门同益码头恢复至澎湖货运航线,黄岐至马祖客运航线成功试航,中断 120 年的厦门港至台南安平港海上客运直航重新开启,厦门至高雄、平潭至台北海上客运班轮航线正式开通,实现了福州、厦门、泉州、平潭与台湾主要城市的双向对接。福建在两岸"三通"的区位优势明显,平台的地位和作用日趋突出,两岸实现"三通"后,闽台成为两岸海空运输航线最多、航班最密、往来人次最多、往来最频繁和最便捷的海空主要通道。

2010 年 9 月 12 日,《海峡两岸经济合作框架协议》(ECFA)与《海峡两岸知识产权保护合作协议》正式生效,这是两岸经济贸易向互惠合作迈出的一大步,两岸在制度化的架构下,逐步降低进出口产品关税,大大降低了企业经营成本,为闽台两地创造了更多的商机并增加了更多的就业机会。这不仅对两岸关系的未来发展有深远影响,也将进一步巩固两岸和平繁荣的现状,标志着两岸经贸合作进入制度化轨道。同年,闽台一般贸易额达到 103.89 亿美元,首次突破 100 亿美元,占大陆对台贸易总额的 7.1%。

2014 年 8 月 11 日,福州海关与福建省商务厅签署合作备忘录,以推动福建提升贸易便利化水平,增进闽台交流合作。根据合作备忘录,在拓展闽台交流合作方面,双方将共同支持平潭对台小额商品交易市场的建设与发展;共同支持将福清南青屿等口岸纳入后续批次试行更开放管理措施对台小额贸易口岸名单,放开船舶吨位和交易金额限制;研究出台和实施更为便捷的对台小额贸易监管办法,推动福建对台小额贸易健康发展。

2014 年福建省人大常委会相关执法检查显示,福建先行先试构筑闽台合作新格局,引进台资项目、利用台资金额和实有台资企业数均居大陆各省市第三位,福建赴台投资企业数与投资规模继续保持大陆首位。近年两岸产业均在进行转型升级,2014 年福建对台湾地区进出口总额达 124.4 亿美元(如表 1 和图 1 所示),闽台贸易在总额上略有下降,但其中对台出口 38.2 亿美元,保持近两成的高增速,进口 86.2 亿美元,逆差较上年收窄。据福州海关相关人士分析,全球经济复苏疲弱,国内低成本优势削弱,制造业吸收外资下降,国际市场大宗商品价格持续下跌等是抑制 2014 年中国外贸发展的负面因素,而这些负面因素在 2015 年仍将持续一段时间,截至 2015 年上半年,福建对外贸易总额为824.58亿美元,同比略降0.5%。

表1 2000—2014年闽台一般贸易额　　　　　　　　单位:亿美元

年份	对台出口额	自台进口额	进出口总额
2000	4.04	24.22	28.26
2001	3.65	24.89	28.56
2002	4.30	29.20	33.50
2003	5.20	30.50	33.70
2004	6.76	36.80	43.56
2005	7.87	40.93	48.80
2006	9.50	46.57	56.07
2007	10.79	58.22	69.01
2008	13.26	59.30	72.56
2009	15.40	54.51	69.91
2010	22.12	81.77	103.90
2011	30.06	86.14	116.20
2012	30.89	88.74	119.60
2013	32.24	96.27	128.50
2014	38.20	86.20	124.40

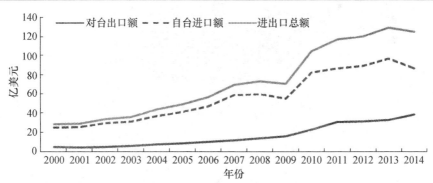

图1　2000—2014年闽台一般贸易额

资料来源:历年《福建省对外经贸年鉴》、福州海关网站。

(二)闽台近年经贸合作

1. 贸易合作情况

2013年闽台贸易总额为128.5亿美元,自台湾进口96.27亿美元,台湾居福建进口来源地首位。2014年闽台贸易总额为124.4亿美元,与2013年相比有所下降。2015年上半年福建省自台进口38.56亿美元,占闽台一般贸易进出口总额的68%,占福建一般贸易进口额的20%,如图2所示。总体而言,福建对外贸易顺差规模不断扩大,但对台贸易则逆差较大,如图3所示。2015年上半年福建对台出口18.24亿美元,同比增长1.9%,逆差有所缩小。

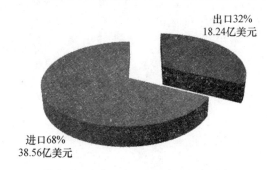

图2　2015年1—6月闽台一般贸易额

资料来源:福州海关网站。

图3　2015年1—6月福建一般贸易额

资料来源:福州海关网站。

2. 投资合作情况

在整个闽台经贸合作中,最重要、最具影响力的是闽台投资合作与发展。国家正在着力建设海峡西岸经济区,推动两岸人民交流合作先行区建设,福建基础设施日益完善,在闽台资企业经济效益普遍较好,台商来闽投资势头不断上扬,投资规模日趋增大,投资结构有所改善。目前台湾前100家大企业已有27家在闽投资设厂,助推福建形成电子、石化、汽车等千亿产业集群。据人民网福建频道的统计数据,2014年前8个月,含第三地转投资,福建批准台资项目402项、同比增长4.1%,实际利用台资8.01亿美元。

2009年6月30日,台湾"经济部"以正面表列方式公布了《大陆地区人民来台投资业别项目》,分别列出制造业、服务业及公共建设开放的项目以及相关的规定。自2009年7月台湾方面开放陆资赴台投资以来,福建赴台投资企业数与投资规模在大陆一直名列前茅,大陆首家入台投资企业、大陆首家经商务部核准以人民币直接投资方式开展对台投资的企业、大陆企业赴台投资金额最大项目均来自福建。截至2013年年底,商务部核准福建省在台湾地区设立12家企业和分支机构(4家企业、8家机构),核准对台投资额1.02亿美元,分别比增1倍和22.8%,核准对台投资额指标创2009年赴台投资以来最好水平。

3. 产业合作情况

(1)闽台农业领域的合作处于领先地位。福建自然资源丰富,生态环境优越,森林覆盖率达65.95%,居全国首位;海洋资源丰富,海域面积超过陆地面积,水资源充沛,小气候类型多样;劳动力充足,农产品价格竞争力较强,正处于传统农业向现代农业转型升级的阶段。而台湾与福建同处一个纬度区,同属亚热带,同具气候温和、物产丰富的特点;农作物类型、栽培技术、耕作制度基本相同,农业基本实现现代化;发展空间有限,劳力不足。由此可见,闽台农业合作具有相得益彰的互补优势,农业合作可供拓展的空间和潜力都很大。2015年上半年,福建新批台资农业项目26个,合同利用台资约5 100万美元;闽台农产品贸易总额预计突破7亿美元,同比增长8%。至此,福建累计批办台资农业项目2 535个、合同利用台资35.3亿美元,农业利用台资的数量和规模继续保持大陆首位;福建作为第一批设立海峡两岸农业合作实验区的省份,为闽台农业领域的广泛合作与全面发展创造了新的条件,使福建逐渐成为海峡两岸农产品尤其是水果的交易中心。

(2)福建工业化进程缓慢,福建自贸区将为福建吸引外资、加快工业化进程提供良好的机遇。相较珠三角地区和长三角地区,福建在经济发展水平和规模上都有较大差距,加之台商的投资战略由投机型、追求短期资本高回报率转向市场导向型,福建对台的招商引资面临严峻的考验。福建自贸区将依托对台的机制创新,增强对台在制造业上的吸引力。目前台商对福建的投资领域主要集中在服装、鞋帽、食品加工、玩具、塑胶制品等劳动密集型的产业,以及一些低技术领域的电子产业。大陆半导体内需市场的规模虽然已经是世界第一,但现阶段自主产品的比重仍比较低。为了抓住大陆市场快速成长的机会,用大陆制造工厂争取全球集成电路设计业的业务,2015年5月台湾联华电子在厦门火炬高新区投资的12英寸晶圆厂正式开建。此项目总投资达62亿美元,完工后最大产能为月产12英寸晶圆5万片,预定2016年12月试产,2021年12月达到满载产能。

(3)闽台服务业合作层次低,结构不平衡,但发展潜力大。近年来,服务业领域逐渐成为台商对大陆投资的新趋势。与长三角和珠三角地区各省市相比,闽台服务贸易合作起步最早,但规模和结构相对落后,主要集中在旅游、运输等传统服务领域。目前福建在进一步发展旅游服务贸易,重点打造海峡旅游、滨海旅游、红色旅游、生态旅游等核心旅游产品,不断满足旅游市场多样化和个性化的需求。2013年,泉州市正式启动赴台个人游,成为继厦门、福州之后第三批大陆居民赴台个人游的13个试点城市之一。福建港口资源十分丰富,已拥有福州、厦门、泉州、漳州、莆田和宁德6个沿海港口,已建成多个国家一类开放海港口岸,港口结构趋向合理,而台湾西部有大小港口十几个,并拥有高雄、基隆、花莲、台中等四大国际化商港。闽台两地的港口建设快速发展导致对生产性服务业需求增加,迫切需要金融、保险、物流配送等生产性服务业为其提供各方面的服务。但台湾对福建服务业领域的投资与合作发展相对较慢。台商对福建批发及零售、运输仓储等领域的投资比较集中,对医疗等公共服务领域的投资与合作有增加的趋势,在金融保险领域的合作则依然相对滞后。2015年5月,台湾彰化银行福州分行取得中国证监会的开业及开办外币与人民币业务批准函,成为大陆修订外资银行管理条例后,首家获准同时开办人民币业务的台资银行大陆分行。

总体来说,两岸经贸合作大势向好,但闽台区域潜力尚未得到充分发挥,福建自贸区的设立对闽台经贸合作发展的正向影响将大有可期。

二、福建自贸区的定位及其创新之处

(一)福建自贸区的定位

《中国(福建)自由贸易试验区总体方案》(以下简称《总体方案》)指出,设立福建自贸区是新形势下推进改革开放和深化两岸经济合作的重要举措。自贸区要充分发挥对台优势,率先推进与台湾地区投资贸易自由化进程,建设成为深化两岸经济合作的示范区;充分发挥对外开放前沿优势,建设21世纪海上丝绸之路核心区,打造面向21世纪海上丝绸之路沿线国家和地区开放合作新高地。据此,福建自贸区设立的宗旨之一在于对接台湾,为两岸经济一体化和两岸关系和平发展服务。

福建自贸区实施范围118.04平方公里,涵盖三个片区:平潭片区(43平方公里)、厦门片区(43.78平方公里)、福州片区(31.26平方公里)。福建自贸区总体立足于两岸经济合作,但是三个片区又各有侧重:平潭片区重点建设两岸共同家园和国际旅游岛,在投资贸易和资金人员往来方面实施更加自由便利的措施;厦门片区重点建设两岸新兴产业和现代服务业合作示范区、东南国际航运中心、两岸区域性金融服务中心和两岸贸易中心;福州片区重点建设先进制造业基地、21世纪海上丝绸之路沿线国家和地区交流合作的重要平台、两岸服务贸易与金融创新合作示范区。

(二)福建自贸区的创新之举

在构建两岸合作交流平台方面,福建始终走在全国前列。在自贸区设立之前,福建通过建立国家级台商投资区、平潭综合实验区、厦门综合配套改革区、出口加工区、对台农业合作试验区、闽台金融合作中心以及两岸跨境贸易电子商务试点等,为促进两岸经贸合作和深化两岸交流互信搭建了一系列的平台。2010年两岸签署ECFA,其旨在逐步减少或消除彼此间的贸易和投资障碍,创造公平的贸易与投资环境,建立有利于两岸经济共同繁荣与发展的合作机制。其基本内容涵盖海峡两岸之间的主要经济活动,包括货物贸易和服务贸易的市场开放、原产地规则、早期收获计划、贸易救济、争端解决、投资和经济合作等;两岸将在框架协议生效后尽快完成各单项协议的协商,不断丰富和完善框架协议的内容,逐步推进两岸间的进一步开放,最大限度地实现两岸经济优势互补、互利双赢。

ECFA的签署使得两岸经贸合作步入正常化、制度化和机制化的轨道,台商投资区、闽台合作实验区等的成立也为推动闽台交流做出了重要的贡献。但是就两岸的历史渊源来说,两岸经贸合作的步伐和所取得的成果并不非常突出。首先,ECFA后续商谈的四个单项协议中,《海峡两岸投资保护和促进协议》《海峡两岸服务贸易协议》分别于2012年8月、2013年6月签署;目前,前一个协议实施情况良好,后一个协议则由于台方反服贸情绪高涨尚未通过审议,暂未实行;《海峡两岸货物贸易协议》和《海峡两岸争端解决协议》则正在商谈之中;所以,从总体来看ECFA似乎有些理想化,其大部分内容无法进一步推进,而现在实施的《海峡两岸投资保护和促进协议》相比闽台传统模式的投资来说在深度和广度上并无实质性的改变。其次,台湾方面对于两岸经贸合作尚存在很多顾虑,出于政治利益的考量,台湾当局始终不愿意和大陆靠得太近,而经济方面他们也担心开放两岸经贸合作会造成台湾失业人数增加,冲击岛内产业。最后,一直以来在两岸经贸合作中,更多表现出来的是大陆对台湾单方面的倾斜政策,大陆方面给予台资相当多的优惠政策,而相比之下台湾方面则要"吝啬"得多,陆资进入台湾比较困难,并且台湾给予大陆的一些政策并无优势。综合来看,由于ECFA本身主要表现为纲领性的条款,且其后续协议的商谈遭遇各种挫折,因此在深化两岸经贸合作领域尚无法发挥其应有的作用。

相比之下,福建自贸区的设立在闽台合作中则可以发挥更实质性的作用,在很大程度上弥补ECFA协议的不足。首先,福建自贸区立足于制度创新,而非以往在两岸经济合作中常用的政策性优惠,这是其一大特色。借鉴上海自贸区的做法,结合对台的特色,福建自贸区的创新主要体现为:

在行政管理体制方面,福建能够下放的经济社会管理权限,全部下放给自贸试验区;积极促进审批标准化、规范化;健全社会服务体系,将原由政府部门承担的资产评估、鉴定、咨询、认证、检验检测等职能逐步交由专业服务机构承担。

在投资管理体制方面,区内实施准入前国民待遇加负面清单管理模式。对外商投资准入特别管理措施(负面清单)之外的领域,按照内外资一致原则,外商投资项目审批由核准制改为备案制(国务院规定对国内投资项目保留核准的除外)。同时,加强境外投资事后管理和服务,完善境外资产和人员安全风险预警与应急保障体系。

在贸易监管制度方面,推进通关机制创新。全程实施无纸化通关并推进自贸区内各区域之间通关一体化。区内试行企业自主报税、自助通关、自助审放、重点稽核的通关征管作业。在确保有效监管前提下,在海关特殊监管区域探索建立货物实施状态分类监管模式。允许海关特殊监管区域内企业生产、加工并内销的货物试行选择性征收关税政策。试行动植物及其产品检疫审批负面清单制度。

在金融领域开放创新方面,自贸区内试行资本项目限额内可兑换,符合条件的自贸区内机构在限额内自主开展直接投资、并购、债务工具、金融类投资等交易。深化外汇管理改革,将直接投资外汇登记下放银行办理,外商直接投资项目下外汇资本金可意愿结汇,进一步提高对外放款比例。

在保障机制方面,比照上海自贸区,实行"一线放开""二线安全高效管住"的通关监管服务模式。建立自贸试验区内企业信用信息采集共享和失信联动惩戒机制,完善企业信用信息公示系统,建立相应的激励、警示、惩戒制度。建立各部门监管数据和信息归集、交换、共享机制,切实加强事中事后动态监管。

其次,福建自贸区是以特定区域为实施范围与台湾建立经贸合作关系,由于范围小,其政策实施的灵活性高于ECFA,且政治色彩没有两岸合作那么浓郁,比较不容易引起台湾方面的抵制;此外,由于福建一直以来在对台合作上都先行先试,福建自贸区在推进速度和改革效率上应该更有优势。鉴于福建自贸区在政策上表现出来的信心以及历史合作的优势,其建设将为闽台合作开拓更加广泛的空间,带来切实的好处。

三、福建自贸区下闽台合作的问题

从《总体方案》来看,福建自贸区的建设表现出了国家在新形势下推进改革开放、深化两岸经济合作的决心,其在制度和具体措施方面相较于之前的出口加工区、台商投资区以及 ECFA 等有了实质性的变化,加之后续不断推出的细化政策,使得福建自贸区的建立为闽台经贸合作创造了更为广阔的平台和更为创新的模式,将有助于闽台经贸合作取得质的飞跃。但是目前来看,福建自贸区在建设和规划过程中仍然存在一些问题。

首先,由于福建自贸区的一大基调就是深化闽台经贸合作,所以《总体方案》中提出了探索闽台产业合作新模式、扩大对台服务贸易开放领域、推动闽台货物贸易自由化、推动两岸金融合作先行先试以及促进两岸人员往来便利等五个方面的创新举措。在各项具体措施上,大陆方面都表现出非常明显的单方面给予台湾优惠的倾向。例如《总体方案》中提出,推进服务贸易对台更深度开放,进一步扩大通信、运输、旅游、建筑、医疗等行业对台开放,降低台商投资的准入门槛,允许台湾服务提供者在自贸区内试点设立合资或独资企业,在一些领域放宽台资的股比限制,并且在专业技术领域给予台湾专业服务提供者资格认证等,允许符合要求的服务提供者进入大陆提供服务。在闽台货物贸易自由化方面,积极创新监管模式,建立闽台通关合作机制,对进口原产台湾的普通商品简化手续,实行快速检验检疫的模式。在两岸金融合作方面,降低台资经营机构的准入和业务门槛,进一步扩大台资金融机构的营业范围。此外,在两岸人员往来方面,福建自贸区实施更加便利的台湾居民和专业技术人员入出境、停居留的一些相关政策。其中包括推动实施两岸机动车互通和驾驶证的互认,以及探索台湾专业人才在自贸区任职等相关措施。福建自贸区定位于闽台合作,旨在深化两岸交流互信,所以一定的政策倾斜在所难免,但是大陆方面不应该给予台湾过多的优惠而牺牲自身的经济利益。由于企业才是推动两岸经贸合作的主体,虽然政府的作用功不可没,但是不应该过多地破坏市场机制;从"理性经济人"的角度来说,只有能够实现盈利,企业才愿意参与,所以如果为了示好台湾而给予过多的让步,并不会起到多大的作用。从台湾方面来说,由于其岛内目前也面临着经济增长乏力的问题,而大陆又是一个庞大的市场,福建自贸区对其进入大陆市场也是一个非常大的诱惑,所以,福建自贸区不用过多地妥协,他们也会想方设法地融入其中,我们甚至可以以此为契机,提出让台湾方面对大陆做出更实质性的让步。

其次,《总体方案》中提到,厦门片区的重点之一在于建设成两岸区域性金融服务中心和两岸贸易中心;福州片区的重点之一在于建设成为两岸服务贸易与金融创新合作示范区。从这一点来看,福州片区和厦门片区的建设重点有所重合,都着重于金融服务,如果没有更细致的规划,那么可能造成片区之间职责重叠、资源浪费,两个片区甚至会为了争夺主导权而引发冲突,从而违背福建自贸区建设的初衷。因为福建自贸区下三个片区之间存在较大的空间距离,在组织管理和协调上必然存在难度,所以就需要在自贸区层面统筹规划,明确每个片区的重点,实现协调发展。同时,由于三个片区之间经济发展水平不同,因此每个片区所肩负的任务也应该有所不同,故应该因地制宜,根据每个片区的优势最大限度地实现各自的利益。

四、发挥福建自贸区在闽台经贸合作中的作用

通过以上阐述,我们在此将着重探讨在自贸区框架下如何推进闽台经贸合作,内容主要涉及政府作用、合作领域、制度以及人才等方面。

(一) 充分发挥福建自贸区领导小组的引导和协调作用

福建自贸区作为改革创新的试验田和深化两岸经济合作的示范区,需要由政府牵头、统筹规划、把握大局,因此政府的作用非常重要。但是,我们不能忽视企业在市场经济中的主体作用。尽管福建自贸区肩负改革开放排头兵、创新发展先行者等重任,但是最终政府是要借由自贸区积累的经验和行之有效的新途径来指导更大范围的改革开放,所以归根结底我们还是要以企业为主体,这就要求我们应该摆正政府部门在推进福建自贸区下闽台经贸合作中的位置。自贸区更为宽松的经贸环境,要求政府首先应该起到一个引路人的作用,通过政府间的交流为闽台企业打造平台,营造良好的合作环境,推动体制机制创新,引导企业在闽台经贸合作中发挥作用;其次,政府应该发挥其激励作用,由于福建整体基础设施水平较低,所以政府要通过完善基础设施并配以优惠政策为企

业提供方便,激励企业自主创新,增强自身实力;最后,由于福建自贸区内三个片区之间还存在差异,也存在一定程度上的竞争,所以要求政府站在统筹者的角度发挥协调作用,合理分配资源,安排任务,最大限度地实现协同效应。

(二) 推进闽台投资管理体制改革

首先,自贸区内实行外资准入前国民待遇加负面清单管理模式,台商投资准入的领域被极大地拓宽,只要在负面清单之外的领域,台资皆可以享受国民待遇,且外资准入审批由核准制改成备案制,这为台资进入自贸区提供了极大的便利,更好地促进区内市场竞争的同时也对政府的监管提出了更高的要求。在放宽台资进入限制的同时,政府一定要有配套的事中事后监管措施,并能保证执行力度,以避免台商利用自贸区内较为宽松的进入环境而将一些不利于区内发展的产业或者企业转移到自贸区内。在具体措施上,政府部门应该加强对台资企业经营范围的审查,并完善台资企业市场主体信用信息公示系统,实施企业年度报告公示、经营异常名录和严重违法企业名单制度,并建立相应的评估、激励、警示、惩戒制度。同时,建立各部门监管数据和信息归集、交换、共享机制,切实加强事中事后动态监管,改变传统上对外资进入审查严格,但是进入后几乎撒手不管的消极做法。

其次,既然福建自贸区定位为闽台合作,那么政府在创新体制引进台资的同时也应该为区内的企业赴台投资创造便利的条件、提供广阔的平台,并给予必要的支持,如此才算是真正意义上的闽台合作,而非单方面的向台商开放。为此,政府应该在政府层面上进行谈判,争取有利的条件,并积极推动两岸各界的交流,组织福建企业代表、民间组织、专家赴台考察,同时也可以邀请台湾商会、企业代表、专家来闽交流,增强两岸的了解,在一定程度上降低台湾各界对闽企的抵触心理。此外,政府还应该设立投资基金帮助企业解决在赴台投资过程中遇到的资金问题,并建立风险预警体系和采取紧急保障措施对企业进行事中事后的监管,提供服务,更好地促进闽台合作。

(三) 加强闽台贸易合作

首先,在货物贸易中,《总体方案》中提到,推动对台货物贸易自由,提高贸易便利化水平。具体包括建立闽台通关合作机制,开展货物通关、贸易统计、原产地证书核查、"经认证的经营者"互认、检验检测认证等方面的合作,逐步实现信息互换、监管互认、执法互助。检验检疫部门对符合条件的跨境电商入境快件采取便利措施。对台湾地区输往自贸区的农产品、水产品、食品和花卉苗木等产品试行快速检验检疫模式。进一步优化从台湾进口部分保健食品、化妆品、医疗器械、中药材的审评审批程序。改革和加强原产地证签证管理,便利证书申领,强化事中事后监管。此外,要注意培育贸易新兴业态,在技术、品牌、质量和服务上加强合作,建立闽台整合物流、贸易、结算等功能的营运中心。当然,要注意以此为契机,争取台湾对福建各类产品的输入也给予便利和优惠,促进闽台货物贸易的蓬勃发展。就目前来看,大陆已成为台湾第一大贸易伙伴,所以可以这么说,我们没有了台湾这一贸易伙伴情况还不那么严重,但是台湾一旦没有了大陆这一大贸易伙伴可谓动摇了其贸易的根基,加之福建自贸区本身的制度优势,所以在闽台合作中福建有一定的资本和能力进行诸如此类的谈判,而非一味由于政治原因给予太多的让步。

其次,在服务贸易领域,政府应该给予更多的重视。台湾在服务业领域的发展远远领先于大陆,多数服务产业竞争力强于大陆,其第三产业占地区生产总值的比重在70%左右,而福建第三产业占GDP的比重在40%左右,很大程度上落后于台湾,并且由于各自的优势不同,使得闽台产业存在很大的互补空间,因而以自贸区为背景,我们可以在闽台服务贸易的合作上大有作为,主要包括金融、物流、旅游和知识产权合作等。具体如下:

在金融业领域,自贸区应探索对台进一步开放,降低台资金融机构准入和业务门槛,适度提高参股大陆金融机构持股比例,以鼓励台湾金融机构在福建设立分支机构或与大陆金融企业合作成立合资企业,凭借台湾金融机构丰富的经验和较强的优势,在扩大自贸区内企业资本来源渠道的同时,也会对区内的金融机构产生激励和给予启示,从而在与台资金融机构的合作和竞争中获得成长。由于自贸区也是先行先试的改革示范区,因此可以在区内试行资本项目限额内可兑换,区内机构在限额内自主开展直接投资、并购、债务工具、金融类投资等交易,提高投融资便利化水平,但要注意实施主体监管,强化风险防控,建立合规评价体系,以大数据为依托开展事中事后管理。结合近年来人民币国际化的一大目标,自贸区内应率先开展两岸跨境人民币结算试点,等到条件成熟后,可扩展至更大范围。值得一提的是,由于厦门和福州均有建设成为金融服务中心的目标,所以自贸区领导小组务必根据各片区金融发展情况制定合理的任务,以免造成不当竞争和资源浪费。

在物流领域,鉴于闽台独特的港口资源和地缘优势以及随着两岸经贸发展对运输的需求,自贸区内可以成立一个两岸物流中心或物流基地,积极推动两岸在货物运输、仓储和信息处理等方面的合作。福建物流业较为落后,因而引进台湾的专业物流企业应当引起重视,通过学习先进的管理理念和运营模式,福建有望成为两岸贸易的中转站；对于台湾来说，这也是一个巨大的机会来分流其过于集中的物流业。对于福建推进建设"21世纪海上丝绸之路"核心区，我们同意中国物流学会会长何黎明的观点，他认为福建自贸区更要抓住机遇，有序拓展"一带一路"沿线的物流发展，加强与东盟、中东、西非等港口联系和物流合作，把福建打造成为"21世纪海上丝绸之路"上重要的物流枢纽。

在旅游业领域，鉴于共同的文化渊源和对妈祖文化的信仰，闽台两地虽然互为市场，但更多是民间的、小规模的旅游，闽台可以加快旅游业的合作，开发特色旅游资源，例如平潭可以打造成国际旅游岛，或是发展以妈祖文化为主题的特色旅游产品等。在自贸区框架下，闽台更应该注重推行国际通行的旅游标准，研究实行旅游入境免签政策等。

在知识产权领域，闽台双方可以合作的空间还很大。政府应该积极加强同台湾在知识产权方面的合作，并敢于创新管理体制，只有加强知识产权保护，健全知识产权管理体系，才能吸引更多台资或是高新技术企业到区内投资设点，创造效益。

在专业服务业领域，例如会计、咨询、教育、医疗、产品检验等，自贸区政府应该积极推动同台湾方面的标准对接互认，相互允许经一方认证的机构和专业服务人员进入另一方市场提供服务，不给专业服务贸易设置不必要的障碍，扩大服务贸易自由化。

（四）探索闽台产业合作新模式，优化产业结构

首先，在农业合作方面，政府应该在《海峡两岸（福建）农业合作试验区发展规划》基础上出台《闽台农业合作实施细则》，指导闽台农业合作。福建农业发展还不够产业化、规模化，大部分农民市场化观念不强，还未能很好地将科技成果运用到农业中，且福建农产品基本属于初级产品，加工率低，市场竞争力较弱。福建应与台湾加强农业合作，学习台湾对农产品进行精细加工，提高产品附加值，并打造知名品牌；可以通过各种形式的博览会，包括花博会、茶博会等加强两岸交流，建立紧密的伙伴关系；还可以通过闽台高校、研究所之间的合作促进优良农产品种苗的培育，并且辅以一定的基础设施和优惠政策让实验成果可以商业化，为闽台农业从业人员创造更多的收益。同时建议闽台成立农业合作协会之类的组织，更有针对性地推进闽台农业合作。台湾在农业、服务业方面发展得较好，在农产品营销方面也比较有经验，区内农业企业应考虑加强与台湾农业企业在服务或营销等方面的合作。

其次，为顺应世界产业发展趋势，《福建省国民经济和社会发展第十二个五年规划纲要》提出要积极发展一批战略性新兴产业,例如新一代信息技术、新材料、新能源、生物制药、海洋高新产业等。但是目前来看,福建的战略性新兴产业总体上存在龙头企业少、带动作用不强、企业规模偏小、规模经济不明显等问题,再加上受省内基础设施、经济基础的制约,发展新兴产业面临着人才短缺、自主创新能力缺乏等问题。就海洋产业来说,福建目前还是集中在水产品等传统行业,而忽视了更有前景的海洋能源、深海生物制药等新兴行业,对海洋资源(海岛、海域等)的开发不尽合理,也导致陆地和海洋的矛盾日益突出。由于战略性新兴产业潜力巨大,但是前期开发成本较高,所以抓住设立福建自贸区这一机遇,闽台应该在科研活动、品牌建设、市场开拓和行业共同标准方面进行合作,通过整合各种要素,突破技术难题,建立起国内甚至世界知名品牌,使新兴产业成为新一轮经济增长的引擎。尤其是信息产业,其自身进步的同时还能够带动传统产业,积极推动闽台产业升级。对于台湾具有相对优势的产业,如电子产业,政府应该推动其在区内集聚发展,并且做好承接其产业转移的政策和基础设施准备;对于双方都亟待发展的产业,如节能环保、新能源、生物制药等,双方要携手并进,共同探索。

最后,由于闽台同根同源,有着共同的文化传承和信仰,所以可以在自贸区框架下推行文化创意产业合作,包括广播影视、动漫、音像、传媒、视觉艺术、表演艺术、工艺与设计、雕塑、环境艺术、广告装潢、服装设计、软件和计算机服务等。文化创意产业是一个潜在收益巨大的创造性产业。目前,美国的文化创意产业最为发达,美剧、好莱坞大片广受欢迎,韩剧和日本动漫也表现不凡,这些国家在赚取了大量外汇的同时,更是向世界灌输了它们的文化价值观。事实上,这些国家的文化底蕴远远没有我国深厚,但是我国在以产业形式进行文化推广方面的工作做得很不够。所以闽台可以以此为契机进行文化创意产业合作,重视我们文化价值观的传播并且加大科技能力的投入,不仅可以为两岸创造收益,还有利于增强两岸的联系纽带。

(五)与台湾自由经济示范区对接,推进跨境电子商务合作

面对区域整合发展趋势,台湾当局于2013年提出"自由经济示范区"规划方案,着力推动包括"六海一空"(包括基隆港、台北港、苏澳港、台中港、高雄港、台南安平港、桃园航空自由贸易港区)及屏东农业生物科技园区在内的自由经济示范区建设。2015年,福建自贸区获批,并且划分为三个片区,各个片区功能各有侧重。在此背景下,推动福建自贸区与台湾自由经济示范区进行对接,为闽台交流合作提供进一步发展的空间。台湾自由经济示范区也以"负面清单制度"为核心,与福建自贸区"自由开放"的政策非常契合,闽台双方可以利用地缘优势,建立区对区、点对点的合作新模式。台湾自由经济示范区的功能定位包括物流、农业附加值服务、国际旅游和高科技产业等,与福建自贸区下对福州、厦门、平潭三个片区的定位存在合作的空间。例如,厦门除了可以建设成为区域金融中心来对接台湾金融产业,促进两岸金融市场发展,还可以大力发展港口经济,强化对台通商口岸地位;而平潭可以打造成为两岸国际旅游度假胜地;福州则可以承接台湾的制造业,成为先进制造业基地。综合来看,福建自贸区要有效利用自贸区政策和制度优势,尽快升级成为集自由投资、自由贸易、自由金融、过境转运等于一体的多功能、综合性的自由经济示范区,以利于与台湾自由经济示范区对接融合、协同发展,进一步提升海西区的经济竞争能力。

在自贸区框架下,闽台跨境电商大有可为。《总体方案》中提到,要支持自贸区发展两岸电子商务,允许符合条件的台商在自贸区内试点设立合资或独资企业,提供在线数据处理与交易处理业务(仅限于经营类电子商务),申请可参照大陆企业同等条件。通过跨境电商平台,福建居民可以轻松地采购台湾商品,自贸区内商品也可以打入台湾市场。事实上,早在2011年,位于福州的海峡电子商务产业基地就迈出了闽台电子商务合作的第一步。闽台可以在此基础上打造两岸电子商务试验区,加大力度吸引两岸龙头企业,促进两岸跨境电商企业集聚发展,这正是顺应了大数据时代的趋势。闽台双方要共建跨境电子信息平台,推进电子商务合作,积极探索出新的协同发展模式,为两岸电商联手拓展国际市场开辟新路。同时,试验跨境电商进出口新模式,强化与台湾电商行业的合作,探索两岸电商在物流、平台建设、人才引进、支付等方面合作共赢的新模式。

(六)营造法制化、市场化的商业环境,构建闽台合作风险保障体系

首先,自贸区的工作要积极有序地展开,离不开完善的法律保障和市场监管制度。一方面,"无规矩不成方圆",为确保自贸区真正发挥应有的作用,政府要借鉴国际上的成熟经验,尽快出台自贸区管理条例等法律法规,建设成为法制型政府,使得区内投资贸易等经济活动有法可依,确保区内所有主体有公平的竞争环境,并且完善知识产权保护制度,向台商提供全面可信的权益保护,吸引更多企业进入,发挥激励竞争效应。另一方面,以往政府在经济发展中总是不可避免地包揽太多应该由市场完成的活动。在自贸区这样自由的环境下,政府应该适当放手,在必要的时候提供引导、辅助,扮演服务者的角色。例如,设立闽台企业信息交流共享平台,为合作中的疑难问题提供解决措施;及时发布

商业信息,为企业提供咨询和最新资讯;完善区内基础设施建设和金融系统功能,为企业提供更多的融资渠道;简化外资企业设立的流程和手续,如同《总体方案》中提到的"一口受理"平台,为外商投资企业的进入提供更优质的服务。

其次,虽然自贸区下加强闽台经贸合作是大势所趋并且前景非常光明,但是合作在带来成果的同时也存在安全问题,包括环境安全、资源安全、就业和人才安全以及金融安全等。福建承接台湾地区的制造业产业虽然能够提升其制造业水平,使台湾很多产业保持在高端环节,但却使其面临着资源消耗和生态破坏的威胁;同时,台湾加工业的转移一定程度上造成了台湾的失业率上升。闽台加强金融领域合作,在为两岸中小企业提供更多资金来源的同时也把福建原本就处于比较劣势的金融业暴露于强大的竞争对手面前。由于福建在服务业领域加大开放力度,使得台湾很多有优势的企业都渴望进入更大规模的市场,在一定程度上给福建省内产业造成了威胁。同时,由于福建出台的优惠政策和便民政策,使得台湾一部分专业服务人才流向福建,可能导致其人才匮乏等。此外,由于大陆其他省份也存在对台合作,而福建经济发展水平一般,基础设施并不强大,在对台合作方面不具备特别强大的优势,还面临被其他省份挤掉的危险。鉴于此,闽台双方一是需要合作建立区域风险防范体系,即成立风险预警和控制小组,尽量将不安全因素扼杀在摇篮里,若是危险已不可避免,则要积极善后并吸取经验;二是需要在产业合作上进行合理的安排,避免恶性竞争,达到双赢。此外,福建需要与其他省份之间加强合作,协商资源和产业结构的调整,避免地区差距拉大。

(七)加强闽台人才交流,鼓励青年创业

在闽台交流合作中,现代服务业、战略性新兴产业以及跨境电商等都是重点所在,而人才正是发展这些产业必不可少的因素。就服务业来说,台湾服务业发展水平较高,其人才积累也领先于福建,这就有必要从台湾引进高水平服务业人才。而在战略性新兴产业上,人力资源更是发挥着关键作用,但是仅凭一己之力可能无法达成目的,所以闽台双方需要在战略性产业所需人才上进行合作培养。此外,与国内其他省市相比,福建经济发展水平并不高,城市建设和基础设施落后于先进省市,所以很难吸引和留得住优质人才,要想实现自贸区下闽台经贸合作,必须加强人才队伍建设,这就要求政府用好各种政策优势和凭借制度创新优势,吸引更多台企进入并且带动台湾高层次人才来闽创业,为自贸区的经济发展注入更多有生力量。具体措施包括:邀请台湾新兴产业的专家来区内讲学、交流,聘请技术人员来区内进行技术指导;建立创新型人才专项

基金,用以鼓励创新创业活动;鼓励两岸高校加强学术交流,开展实训课程,鼓励优质人才更好地与社会接轨;对于在职技术人员等要进行职业生涯再培训以提高专业素养和技能;建立闽台人才市场,共享人力资源;对于来闽工作的专家、高级技术人员要对其在自贸区内的住宿、家属落户提供便利。

在闽台对接合作中,台湾"经济研究院"院长、台湾大学经济学系教授林建甫着力强调"青年创业",他指出两岸对接合作将带给台湾绝佳的机会,台湾年轻人未来的舞台很大,同时呼吁台湾年轻人应该以福建自贸区设立为契机,来福建创业。而福建自贸区方面也非常积极地推动青年创业,2015 年 6 月 16 日,福建自贸区首创的两岸青年创业创新创客基地在厦门正式挂牌,为海峡两岸有梦想的青年创业创新、融合发展建立了一个重要的平台。该基地重点发展移动互联网、电子商务、文化创意、互联网农业等产业,包括生物技术等更多的台湾的优势行业也将被逐步引进,以丰富创业基地的内容。两岸青年创业创新创客基地最吸引台湾中青年或中小企业的,是其投资便利化和资金扶持政策。据了解,台湾青年在基地内创业,享有一系列优惠政策。例如,允许台湾青年创业者以个体工商户身份且无须外资备案进驻基地;对办公场所、创客空间等的装修改造给予补助;从开办补助、住房补贴、租金补贴、贷款担保补贴等方面予以支持。截至 2015 年 7 月,基地内已有 22 家企业完成注册,27 家企业正在办理注册手续,另有 45 家企业有意向入驻。两岸青年创业创新创客基地拉近了两岸青年的距离,对于两岸文化融合具有积极的意义。

专题五

利用自贸区建立福建省医疗旅游中心之研究

一、文献综述

（一）医疗旅游的内涵

根据世界旅游组织（World Tourism Organization, 2000）的定义，医疗旅游（Medical Tourism）是以医疗与护理、疾病与健康、康复与休养为主题的新型旅游服务。[1] 按照医疗旅游协会（Medical Tourism Association, 2005）的定义，医疗旅游是本地居民为了节省医疗费用、减少等待时间或者得到更高水平的护理而到海外接受医疗服务同时获取与本国相当或更好的医疗护理的行为。Gupta(2004)将医疗旅游定义为在与旅游企业的合作下为病人提供成本收益高的医疗服务。Connell(2006)指出医疗旅游是人们到国外旅游以获得药物、牙科和手术等服务。Ramirez(2007)指出医疗旅游是游客到国外旅游，接受国外医疗服

---

[1] Health Tourism 2.0. World Health Tourism Congress. Retrieved on 2007-04-13.

务,并通常以现金支付费用的一种实践活动。Smith and Puczko(2009)指出医疗旅游只是健康旅游的一个部分,指"前往目的地接受医疗治疗,如进行手术或其他专业检查"。Christine N. B. (2012)认为医疗旅游是生态旅游的一种形式,与休闲旅游有关,即寻求乐趣、放松、逃离日常生活带来的身心压力和紧张,有目的性地逃离医疗限制。

从目前医疗旅游发展的情况看,医疗旅游的主要类型包括医疗度假、美丽旅游以及健康旅游等。Milica and Karla(2007)将医疗旅游分为侵入性手术治疗、医疗诊断和生活方式医学三类。[1] Atkinson 等(2011)则根据地域上的出境、入境对医疗旅游进行了划分。[2]

(二)影响医疗旅游发展的因素

纵观世界各国的医疗旅游,经济、技术、质量、制度等因素影响了医疗旅游的发展。

1. 促进因素

第一,驱动国际医疗旅游的是经济因素。客源国国家(一般指发达国家或高收入国家)与发展中国家在医疗费用上的价差,促使很多国外患者前往发展中国家寻求医疗服务。Kittikanya(2004)发现泰国的医疗费用仅仅是新加坡的1/2、中国香港的1/3、欧洲国家和美国的1/5—1/10。[3] 亚洲国家拥有第一世界的医疗技术,第三世界的医疗价格。印度、泰国、马拉西亚等国的医疗价格都远低于发达国家,是吸引世界各国患者进行医疗旅游的关键因素。

第二,较好的医疗技术质量保证是吸引患者的关键。印度许多私立医院提供的心脏病治疗、整形外科手术、关节复位和骨质疏松的治疗已达到国际一流水平。[4] 比如,印度埃斯科特医院 2004 年完成 4 200 例心脏手术,死亡率只有0.8%,感染率只有0.3%,而在发达国家,同样的手术平均死亡率是1.2%,感染率则为1%。[5] 亚洲的泰国、新加坡、马拉西亚等国的医疗质量和发达国家相

---

[1] Milicaz, B. , Karla, R. B. *Medical Tourism in Developing Country*. New York: Palgrave Macmillan, 2007:21 – 138.

[2] Atkinson,W. The Amazing(Medical Tourism) Race. http://search. proquest. com/docview/822958832?accountid = 30605 ,2011-10-20.

[3] Keckley, P. H. , Coughlin, S. *Survey of Health Care Consumers Global Report*:*Key Findings* ,*Strategic Implications*. Washington: Deloitte Center for Health Solutions, 2011.

[4] Sharon Reier. Medical Tourism:Border Hopping for Cheaper and Faster Care Gains Converts. *International Herald Tribune* ,2004-04-24.

[5] 任彦,"印度医疗旅游火",《人民日报》,2005 年 12 月 7 日。

差无几,是导致它们成为亚洲乃至全世界最著名的医疗旅游胜地的关键因素之一。

第三,发达国家医疗保险制度的局限。发达国家由于实行医疗普惠制导致其医疗等待时间成本过高。Keckley 等(2011)研究发现,2011 年,法国大约52% 的德国 45% 的、英国 36% 的卫生保健服务消费者对他们在自己国家接受医疗治疗时长长的等候名单表示失望。[1] 而大部分发展中国家的医疗无须等待时间。因此,福利国家的部分患者纷纷到包括亚洲在内的发展中国家进行医疗旅游。

第四,特殊医疗技术的需求。有些国家的法律会禁止一些别国拥有的医疗技术在本国实施,如目前在许多国家禁止的干细胞疗法、髓骨整修术等,而这些在中国是较为成熟的医疗技术。[2]

第五,基础设施等外部因素的完善。具体包括:(1)网络、通信等技术的发展。现代互联网技术、通信技术的发展使远程医疗系统(如电话或视频会议的应用等)增加了全球病人和医生的互动并传递了敏感信息。世界许多国家都利用互联网技术,建立了医疗旅游平台,上面登有医疗旅游中介、医疗专家、医疗费用、技术专长、医疗旅游的保险、旅游的内容等信息,极大地促进了医疗旅游的发展。(2)航空、高铁等立体化交通的高速发展,导致医疗旅游的费用降低、服务质量提高。(3)世界一体化进程的加快。区域经济一体化、国际经济区域化,使世界各国之间的联系更加密切,人们的日常生活也被更加紧密地联系在一起。在世界一体化的进程中,世界各国的教育、医疗等技术与信息相互传播的速度不断加快。(4)人口老龄化。人口老龄化是现代医疗旅游发展的契机之一。欧盟、日本等发达国家在 20 世纪 80 年代就进入老龄化阶段,而人口老龄化对医疗照顾提出了严峻的挑战,亚洲作为人口高速增长的地区具有极大的优势。(5)个人隐私意识的增强。随着人们自我保护意识的增强,隐私保护意识也逐渐增强,不希望自己的某些医疗经历被别人知道。如选择变性、"回春"、美容整形的患者,更倾向于选择一个远离自己生活环境的地方进行手术。

---

[1] Smith,P. C.,Forgione D. Global Outsourcing of Healthcare:A Medical Tourism Model. *Journal of Information Technology Case and Application Research*,2007,9(3):19 – 30.

[2] Moghimehfar, F., Hossein, M., Nasr-esfahani. Decisive Factors in Medical Tourism Destination Choice:A Case Study of Isfahan,Iran and Fertility Treatment. *Tourism Management*,2011,(5):1 – 4；Ye, B. H. et al. Motivations and Experiences of Mainland Chinese Medical Touriste in Hong Kong. *Tourism Mangement*,2011,32(5):1 – 3.

综上所述，正是因为经济、技术、制度、基础设施和人口老龄化等因素刺激了国际医疗旅游的大发展。①

2. 阻碍因素

当然，目前医疗旅游的发展也存在以下阻碍因素：缺乏先进的医疗技术和专家、国内监管的约束、服务质量、语言限制、宗教信仰的限制、政治政策的不稳定以及伦理道德的约束等。② 例如，发展中国家关于医疗事故的法律制度基础薄弱、医疗保险欠缺，一旦游客利益受损将很难在当地维权。③ Jagyasi(2010)研究发现，缺乏可靠信息的获取途径、缺乏医疗旅游经验、缺乏术前与术后护理安排、缺乏政府支持系统、复杂的法律和司法程序是影响人们到国外医疗旅游的五大障碍。④

(三) 医疗旅游的效用

1. 医疗旅游的正面效应

医疗旅游增进了全球医疗资源的优化配置，带动了医疗业与旅游业等相关产业的发展，促进了就业，对目的国具有巨大的经济和社会效应。根据全球水疗与健康峰会(GSWS)与斯坦福研究机构(SRI)联合发布的《2013年全球医疗健康旅游产业经济研究报告》，全球医疗旅游族的数量已从2006年的2 000万人次迅猛增至2012年的4 000万人次，而一个医疗旅游者平均约能为目的地国家带来1万美元的收益。2013年度全球医疗健康旅游产业规模约为4 386亿美元，约占全球旅游产业经济总体规模的14%。⑤ Ramirez(2007)认为，对医疗旅游领域的投资是一种增加国内生产总值、增加收入和就业、提高服务、增加外汇、保持国际贸易收支平衡和繁荣旅游业的重要手段。⑥ 另外，医疗旅游操作流程复杂，关联性强，带动了医疗旅游中介服务的发展。

---

① Connell, J. Medical Tourism: Seamsun, Sand and Surgery. *Tourism Management*, 2006, 27(6): 1093 – 1100.
② García-Altés, A. The Development of Health Tourism Services. *Annals of Tourism Research*, 2005, 32(1): 262 – 266.
③ Lunt, N., Carrera, P. Medical Tourism: Assessing the Evidence on Treatment Abroad. *Maturitas*, 2010, 66: 27 – 32.
④ Jagyasi, P. Medical Tourism Research & Survey Report. http://www.howto.drprem.com, 2011-09-12.
⑤ "轻医疗"游客,《南都周刊》, 2014年8月13日。
⑥ Ramírez, A. B. Patients without Borders: The Emergence of Medical Tourism. *International Journal of Health Services*, 2007, 37(1): 193 – 198.

2. 医疗旅游发展的负面效应

医疗旅游对目的地国家来说,主要表现在医疗旅游带来的激烈的行业竞争;加重了目的地国家有限资源的负担,出现管理和伦理道德的问题;导致目的地国家人才流失、本地人享受医疗服务质量的下降;对目的地国家的医疗系统和医疗服务产生消极影响等。

而对客源国国家来说,会对其医疗体系产生一定程度的冲击,且由于病人的流失,会导致医疗收入减少。Underwood 等(2007)发现,2006 年美国医疗提供商由于病人外流而导致 159 亿美元的收入损失,当病人外流达到更大规模时将使医生等医疗人员面临工作危机。[①] Cohen(2010)发现,一些特殊医疗项目如活体器官移植、医生协助自杀、堕胎、干细胞疗法等由于各国在伦理和法律上的差异而出现了很多争议和问题。[②] 同时信息不对称、缺乏安全数据信息的比较也严重影响到医疗质量和病人安全,从而导致一系列问题的出现。由于发展中国家在医疗事故方面的法律还不完善,因此一旦出现游客利益受损,他们将很难在当地维权。

二、福建省发展医疗旅游的 SWOT 分析

(一)福建省发展医疗旅游的优势

1. 比较丰富的医疗资源

2014 年年末全省共有各级各类医疗卫生机构 7716 个,其中医院 556 个(三级甲等有 24 家),各种类型卫生院 879 个;共有卫生技术人员 19.6 万人,其中医生 7 万人,注册护士 8.2 万人;共有医疗机构床位 16.4 万张,乡村医生和卫生员 2.7 万人(见图 1 和表 1)。

---

① Keckley, P., Underwood, H. *Medical Tourism: Consumers in Search of Value*. Washington, D. C.: Deloitte Center for Health Solutions, 2008.

② Cohen, I. G. Medical Tourism: The View from Ten Thousand Feet. *The Hastings Center Report*, 2010, 40 (2): 2-11.

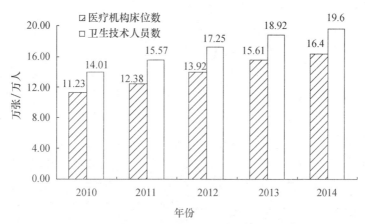

图 1　2010—2014 年福建省卫生机构床位数和卫生技术人员数

资料来源:《2014 年福建省国民经济和社会发展统计公报》。

表 1　福建省医疗人力资源表

项目	2005	2006	2007	2008	2009	2010	2011	2012	2013
合计	100 366	106 586	111 192	119 250	127 446	140 133	155 729	172 532	189 187
执业医师	36 668	38 675	39 154	43 713	45 337	48 789	52 703	56 415	59 320
执业助理医师	7 641	7 376	7 274	6 946	6 622	6 613	6 522	7 034	7 767
注册护士	34 195	35 910	38 845	42 465	47 600	53 820	62 464	70 859	78 548
药剂人员	9 128	9 335	9 002	9 692	9 417	10 027	10 774	11 770	13 202
体检人员	4 620	4 791	5 863	5 148	7 126	7 582	8 205	9 057	9 792

资料来源:根据 2006—2014 年《福建省统计年鉴》资料汇集。

2. 丰富的旅游资源

福建省拥有丰富的旅游资源,具体如下:(1)气候宜人。属亚热带海洋性季风气候,年平均气温 17℃—21℃,温和舒适,一年四季皆可旅游。(2)森林资源最为丰富,2014 年森林覆盖率为 65.95%,全省建有各级森林公园 156 个(其中,国家级森林公园 28 个),自然保护区 93 个,为开展森林浴、空气浴、登山健身等休养保健型旅游活动提供了优越场所。(3)滨海旅游资源丰富。福建省海岸线长,海域面积 13.63 万平方公里,海岸线总长 6 128 公里,其中大陆线长 3 752 公里,居全国第一位;大小岛屿 1 546 个,占全国岛屿的 1/6。① 其中,有驰名世界的鼓浪屿和国内著名的平潭岛、大嵛岛。(4)极具医疗保健的温泉资

---

① 福建省旅游局,"山海画廊　人间福地——福建旅游情况概述",http://www.fjta.gov.cn/ar/2014110699000016.htm。

源。目前福建省已发现的温泉有192处,其数量仅次于西藏、云南、广东,居全国第4位;温泉密度仅次于台湾和广东,居全国第3位。福州、漳州先后被评为"中国温泉之都"。2011年,福建省制定了全省温泉旅游资源利用规划,现已形成都市温泉、城郊温泉、淡水温泉、海水温泉、山体温泉等丰富的温泉旅游产品体系。① (5)文化旅游资源丰富。有驰名世界的茶文化、妈祖文化、客家文化、红色文化、华侨文化,以及对台的"五缘"文化。(6)其他旅游资源丰富。有世界文化与自然双遗产武夷山,世界文化遗产土楼,世界自然遗产与世界地质公园泰宁,世界地质公园白水洋、太姥山、白云山,以及海上花园厦门,温泉古都福州,海上丝绸之路主要发源地泉州、漳州、福州。福建省现有8座中国优秀旅游城市,6个国家5A级旅游景区,18个国家级风景名胜区,8个国家地质公园,4座国家历史文化名城,13个国家级自然保护区,85个全国重点文物保护单位,7座历史文化名镇,16个全国历史文化名村。②

3. 中医资源优势

福建省拥有深厚的中医文化,涉及中医药治疗、购物、探亲、观光、疗养、保健、会展、特色疗法(如针灸、推拿、指压、气功、武术、按摩等)。中医药是最古老的医学之一,在世界上影响深远,已有100多个国家和地区的患者在福建省内的中医医院看过病。2014年福建省接待入境游客544.98万人次,其中,外国游客195.06万人次,台湾同胞225.39万人次,港澳同胞124.53万人次;在入境旅游者中,过夜游客486.10万人次,国际旅游外汇收入49.12亿美元;接待国内旅游人数22 887.70万人次;旅游总收入2 707.67亿元。③ 他们许多人都是来福建省就医、学习、考察、洽谈中药材贸易的,其中,针灸、针刺麻醉、气功医疗、特异功能医疗、治疗脱发病、学习太极拳等是热门项目。

4. 比较完善的立体交通网络

截至2014年年底,福建省公路通车里程101 189.60公里,其中,高速公路4 053.02公里;铁路营业里程2 759.1公里,其中,高铁(包括动车)通车里程超过1 150公里;拥有厦门、福州、泉州、武夷山、龙岩5座机场。

5. 海外华侨优势

福建省是我国最著名的侨乡之一。截至2014年年底,福建省有海外华侨

---

① 王勇(2011),"福建和台湾的温泉开发利用比较探析",《厦门科技》,(6):11—15。
② 同上。
③ 《2014年福建省国民经济和社会发展统计公报》。

1512万人,他们分布在176个国家和地区,以亚洲、北美洲和欧洲为主,其中,东南亚地区占78%,有1200万人。闽籍海外侨胞数量居前五位的国家分别是马来西亚、印度尼西亚、菲律宾、新加坡、美国。闽籍海外侨胞实力雄厚、人才辈出。闽籍侨胞中有许多"四有人士",即政治上有地位、经济上有实力、学术上有造诣、社会上有影响力的人士,尤其在东南亚国家中他们的地位是举足轻重的。近几年的"福布斯富豪榜"显示,世界华商500强当中闽商大概占1/10。另外,香港和澳门有124万闽籍人口,台湾2300万人口中祖籍福建的约占80%。这些闽籍华侨华人对中医、中药等十分热爱。因此,有利于福建省发展医疗旅游。

(二)福建省发展医疗旅游的劣势

1. 管理体制劣势

医疗旅游由于涉及卫生、药监、旅游、工商、保险、海关、公安等多个部门,存在条块分割严重、管理模糊等问题,制约着福建省医疗旅游的进一步发展。

2. 国际认可的医疗资源不足

截至2014年年底,福建省被国际权威医疗机构认证的医院很少,只有福州神康医院2012年通过国际医疗卫生机构认证联合委员会评审标准(简称JCI认证)。目前,福建省内的医疗机构尚未与旅游企业建立起良好的合作机制,缺乏运作经验。在全球化趋势日益明显的今天,JCI认证、《ISO 9000质量管理体系标准》《ISO 14000环境管理体系标准》《OHSAS 18000职业健康安全评估系列》等认证是医疗机构走向国际市场、参与国际竞争的"通行证"。只有取得这些国际医疗认证,福建省的医疗机构才能顺利地进入国际医疗市场,才能为医疗旅游者所信任。从商业的角度来看,JCI认证可以使医院有资格并且更容易地获得外国保险公司的承保。

3. 医疗旅游的人才严重不足

医疗旅游作为集医疗产业和旅游产业于一体的综合性产业,其发展需要既具备医学知识,又熟悉旅游、国际服务贸易、国际保险等领域知识的专业性人才。然而,目前福建省医疗旅游产业的发展尚处于探索阶段,尚未形成培养医疗旅游专业人才的机制和模式,缺乏医疗旅游所需的综合性、复合型人才。例如,福建省医疗服务人员外语沟通能力不足,缺少从事高端医疗服务的医疗人才,缺少高端的医疗旅游中介人才等。

4. 医疗旅游缺乏配套设施

目前福建省缺乏相关的、完整的医疗旅游法律法规,没有相关的保险制度等;缺乏全国性、全省内统一流动的医疗保险制度;对于开展医疗旅游来说,许多医院的服务环境不好、私密性差;国际医疗保险无法在中国使用。

5. 中医药推广存在障碍

中医药文化经过几千年的发展,已经形成一套完整的理论体系。但由于中药产品缺乏统一的质量标准和认证程序,在许多国家和地区,尤其是发达国家,不能进入它们的药典和医疗保险支付目录,这在一定程度上阻碍了中医药旅游在国际市场上的推广。

(三) 福建省发展医疗旅游的机会

1. 政策先机

2009年,国务院在《关于加快发展旅游业的意见》(国发〔2009〕41号)中明确提出"支持有条件的地区发展医疗健康旅游、邮轮游艇旅游"。2010年年末出台的《关于进一步鼓励和引导社会资本举办医疗机构的意见》中提出,"允许境外资本举办医疗机构,大大放宽外资投资的比例和限制等"。国家旅游局将2012年的主题定为"欢乐健康游",以积极推动健康旅游的发展。2013年上海自贸区提到"允许设立外商独资医疗机构"和"试点设立外资专业健康医疗保险机构"。2014年12月12日,国务院决定设立中国(福建)自由贸易试验区,其中平潭片区的定位是建成两岸共同家园和国际旅游岛,在投资贸易和资金人员往来方面实施更加自由便利的措施;鼓励在自贸区内先行先试,促进包括医疗和旅游两大产业的发展,尤其是闽台产业的合作和发展。

2. 经济水平的提高为我国医疗旅游发展提供了便利

近年来,随着我国经济的发展,国民收入或国内生产总值迅速增长,社会整体经济水平提高,随之而来的是国家在医疗卫生方面的资金投入在整个国民收入中所占的比例越来越大。同时,随着生活水平的提高,人们越来越注重在医疗卫生方面的投入(见图2)。因人而异的消费水平为医疗旅游的产生创造了条件。

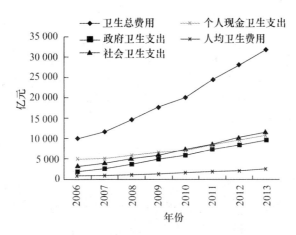

图 2　我国各类医疗支出的数据

资料来源:《2014 中国统计年鉴》《2014 中国卫生统计年鉴》。

3. 国内环境的需求拉力

第一,人口老龄化与消费升级的内生性推动我国医疗市场高速增长。我国的 65 岁以上人口从 1982 年的 4 900 万人提高到 2013 年的 1.3161 亿人,占总人口比例从 1982 年的 4.9% 提高到 2013 年的 9.7%(见图 3)。可见我国人口结构老龄化趋势明显,预计到 2030 年这一比例将达到 25%。由于老年人口是医疗市场消费的主力人群,因此我国人口结构老龄化成为福建省乃至全国医疗产业高速发展的内生性推动力量。

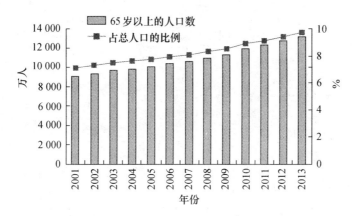

图 3　我国人口老龄化的数据

资料来源:《2014 中国统计年鉴》。

第二,医疗费用的大幅度攀升成为医疗市场的第二个驱动力量。从 1991

年到2013年,我国人均医疗费用的年均增长率为17.49%,如果现有的政策环境不变,预计2015年我国人均医疗费用的年度增长率为14.33%—18.24%,明显高于2013年我国人均GDP 8.97%的粗增长率。卫生总费用中的"政府卫生支出比例"是用于反映政府财政支持程度的相关指标,1991年该指标为22.8%,2013年达到30.1%;如果财政收入仍然保持如此高速的增长趋势,2015年该指标预计达到32.09%,2020年预计达到34.07%,略低于40%的国际公认标准。① 具体而言,我国门诊病人的人均用药从2008年的138.3元增加到2012年的192.5元;住院病人的人均用药从2008年的5 234.1元增加到2012年的6 980.4元(见图4)。

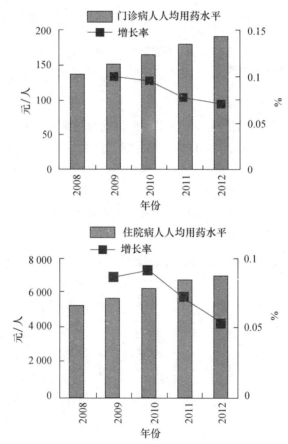

图4 我国门诊病人和住院病人人均用药水平及增长率
资料来源:《2013中国卫生统计年鉴》。

---

① "我国人均医疗费用增长率远超GDP",光明网,2015-07-13。

第三,医保的扩容将以杠杆作用拉动医疗产业高速发展。我国参加城镇医疗保险的人数一直在逐渐增加,从 2001 年的 7 629 万人,增长到 2012 年城镇医保的覆盖人数已经达到 53 641.1 万人(见图 5)。新医改计划自 2009 年开始已投入 8 500 亿元,其中主要投入到新增医保中,医保覆盖的范围将更广,报销的比例也将有不同程度的提高,这将以杠杆作用拉动医疗市场的加速扩容。

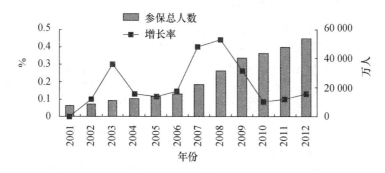

图 5　2001—2012 年我国城镇居民参保人数和增长率
数据来源:《2013 中国卫生统计年鉴》。

(四) 福建省发展医疗旅游的威胁

1. 国外医疗旅游市场竞争激烈

随着医疗旅游在全球范围内的快速发展,国际医疗旅游已初具规模。以美国、德国、以色列、瑞士、日本为代表的医疗旅游目的国,凭借较高的医疗技术水平吸引了众多医疗旅游者;以匈牙利、南非、巴西、哥斯达黎加为代表的医疗旅游目的国,凭借自身具有的特色医疗资源优势发展医疗旅游;以印度、泰国、马来西亚为代表的医疗旅游目的国,凭借安全的医疗技术和较低的医疗价格参与国际竞争(见表 2)。

表 2　部分国家或地区医疗旅游岛的优势专科

国家(地区)	具体优势专科	具体措施
美国	肿瘤等癌症治疗	科技领先、医疗旅游的 APP 应用平台和周到的服务
马来西亚	身体检查、心脏专科、关节保健、癌症治疗、生育治疗、牙科和整形美容专科、试管婴儿	费用低廉、语言优势和环境优势
哥斯达黎加	牙科	签证便利和政府平台宣传

（续表）

国家（地区）	具体优势专科	具体措施
印度	心脏、神经和矫形手术、瑜伽/阿育吠陀医学、悉达医学	世界一流的医疗水平、低廉的医疗价格、语言优势、特色旅游
墨西哥	心脏搭桥、膝关节置换、胃旁路、牙科、眼科和整形外科	签证便利和政府平台宣传
中国台湾	肝肾移植、眼科、美容、颅颜手术、心血管外科、人工生殖、关节置换手术	旅游手续便利
日本	体检、癌症检查和治疗	实行"医疗居留签证"，患者可以3年内多次往返，一次停留90天
韩国	美容整形	签证便利和政府平台宣传
新加坡	减重手术、健康检查	精密的医疗服务，被世界卫生组织列为亚洲拥有最佳医疗系统的国家；政策支持和语言优势
匈牙利	专业牙科	签证便利和政府平台宣传
以色列	试管婴儿	医疗旅游自由行
泰国	健康检查、牙医诊疗、臀部整形、眼科激光、肾脏移植以及心脏外科手术	不需要办理任何签证并可以在一年内多次往返
阿根廷	整容	签证便利和政府平台宣传
巴西	整容	签证便利和政府平台宣传
瑞士	整形外科、恢复青春、细胞活化疗法以及其他"回春"治疗	签证便利和政府平台宣传

2．我国医疗旅游市场区域竞争日渐激烈

20世纪90年代至今，我国的上海、北京、海南、广西、陕西、浙江、四川等省（市、自治区）和香港、台湾地区都大规模地规划和发展各自的医疗旅游产业（见表3），福建省则起步较晚。

表3 我国主要医疗旅游地区发展现状一览表

地区		主要类型	医疗旅游发展的主要资源或依托
内地	上海	疾病治疗	国际医学院、国际疗养中心、医学研究公园、国际医疗机械园区、国际商务中心等多功能园区
	广州	观光	珠三角大都市和较好的医学院、医疗设施

（续表）

地区		主要类型	医疗旅游发展的主要资源或依托
内地	成都	美容整形	宜人的环境和医学院、医疗设施
	杭州	观光、养生保健、疾病治疗	杭州各大医院、胡庆余堂等中医老字号和中医药博物馆
	咸阳	养生保健	名医、温泉、医药、保健产品和西北最大的中医药标本室、全国第一所中医药科技博物馆等
	三亚	中医药保健、疾病治疗	独特的旅游资源及其环境和特色鲜明的中医医疗资源等
	桂林	养生保健、观光	独特的山水旅游资源和众多的疗养院
港台地区	香港	疾病治疗、养生保健、另类治疗等	发达的医疗技术、医疗水平和医疗设施等
	台湾	疾病治疗、养生保健、美容美体	发达的医疗技术、医疗水平和医疗设施等

资料来源：根据相关资料整理。

综上所述，福建省发展医疗旅游的 SWOT 矩阵分析可如表 4 所示。

表 4　福建省发展医疗旅游的 SWOT 矩阵分析

内部资源分析（SW） 外部资源分析（OT）	优势（Strength）： • 气候资源、环境、文化、各类旅游资源丰富 • 华侨资源 • 医疗人才	劣势（Weakness）： • 医疗机构国际认证滞后和缺乏高品质的医疗服务 • 缺乏人才 • 起步晚，相关法律法规缺失 • 中医药在国际上缺乏认可度
机会（Opportunity）： • 自贸区 • 中国人口老龄化和经济发展 • 政策层面的支持	优势机会战略（SO）： • 政府应建立医疗旅游专门的管理机构，促进对外交流和合作 • 加大投入，内引外联，促进医疗服务和旅游产业的发展	劣势机会战略（WO）： • 积极引导医疗旅游机构进行国际认证 • 加快国际医疗机构复合型人才的培养 • 着手制定福建省有关医疗旅游服务方面的法律法规 • 促进我国中医药企业早日在国外上市，提高国际认可度
威胁（Threat）： • 国外医疗旅游的威胁 • 国内区域医疗旅游的威胁	优势威胁战略（ST）： • 全面放开社会办医的准入制度 • 鼓励社会资本进入 • 建立高端医疗机构的多元化投资模式	劣势威胁战略（WT）： • 加强对外宣传，建立医疗旅游管理体制 • 培育医疗旅游中介机构 • 规范国际医疗旅游服务流程

三、福建省发展医疗旅游的战略思考

(一) 有关政府部门需要高度重视医疗旅游产业

整合涉及医疗旅游的政府监管和服务部门,建立一定的协调管理服务机制,逐步实现国内和省内医保全国自由医疗的体制。许多国家或地区(如印度、韩国、新加坡、中国台湾、阿联酋、瑞士、巴西等)都极其重视和规划本国或地区的医疗旅游产业发展。比如,泰国政府近年来高度重视医疗旅游,并提出"亚洲医疗旅游中心""亚洲健康之都""泰国草药有益健康"等一系列宣传口号与营销定位,有计划地将泰国打造成为"东南亚医疗服务中心"。新加坡政府将生化产业列为国家发展计划,促进医疗产业高质量发展,力求成为"亚洲医学中心";并建立了新加坡国际医疗网(有中文版、英文版、印尼语版、越南语版等)这一医疗旅游宣传网络平台。印度成立了国家医疗旅游委员会和医疗旅游协会,制定了一整套推行医疗旅游的法规、政策、战略与计划,并通过一年一度的医疗旅游博览会推广本国医疗旅游产品。① 日本通过对2010—2020年的十年医疗旅游规划,拟使其体检和医疗水平在亚洲具有领先地位。我国的上海、北京、杭州、广州、海南等地都根据各自的医疗旅游优势,制定了相关的规划和发展策略,并取得了相当的成效。

因此,建议在福建省的"十三五"规划中,明确提出支持医疗旅游产业的规划,培育和发展福建省的医疗旅游产业,使其成为支柱产业。这样做能够为应对我国的人口老龄化与福建省的产业转型升级做出极大的贡献。

(二) 医疗旅游业的实质是 WTO 框架下的跨境医疗服务贸易和医疗服务外包

建议在福建省自贸区内,借鉴阿联酋和我国台湾地区等自贸区建设的经验,在平潭片区、厦门机场附近规划和建立国际医疗旅游岛(中心)。这里已经吸引了部分台湾地区的医疗产业和资本进入,在自贸区财税优惠政策支持下,假以时日,完全可以建设成为海峡医疗旅游中心。

---

① Connell,J. Medical Tourism:Sea, Sun, Sand and Surgery. *Tourism Management*,2006,12:1093 – 1100.

(三) 实施多样化的医疗旅游营销

在医疗旅游中要突出特色差异,打好中医品牌,随着自然疗法、针灸、推拿、足浴及中药美容疗法等在国际上知名度的逐渐提高,越来越多的国外游客在安排旅游计划时,对尝试以中医药保健为目的的、具有中国特色的"健康游"表现出极大的兴趣,或在游玩后接受中医康复治疗,或在旅途中学习中医保健知识等;结合福建省实际,可以发展温泉、海滨、森林结合的中西医医疗特色旅游;福建省在某些领域(如中医、干细胞治疗、骨科、心脏移植)的医疗水平全球领先,且费用远低于欧美国家,可以利用价格差发展福建省的医疗旅游市场;建立福建省的医疗旅游推广平台,如在线咨询,包括英文、日文、韩文、法文、德文、西班牙文、中文等多种语言的医疗旅游介绍、信息发布等。

(四) 规范医疗旅游业的发展

如建立全省医疗旅游行业协会,规范医疗旅游行业发展;完善医疗旅游的相关法律法规;建立医疗旅游的保险机制;统筹协调国家医疗、交通、旅游、商业保险、海关、公安等相关产业资源,在平潭和厦门片区设立国际医疗旅游服务贸易示范区,"以点带面"拉动福建省医疗旅游业发展;建立医疗旅游机构准入制度,把好医疗旅游质量关,通过 JCI 等国际认证,促进更多的医疗机构提升医疗技术和水平,取得国际医疗市场的"入场券"。

(五) 增加各级政府对医疗旅游的投入,重视医疗旅游人才的培养

人力资源是医疗旅游产业发展所需的重要资源,医疗旅游专业人才缺乏是制约福建省医疗旅游产业快速发展的重要因素。建议采取如下措施:(1) 依托省内外高校,建立福建省医疗旅游人才培训机构,加强对医疗旅游中所需的外语、中介、酒店、医疗高端人才的培养。(2) 加强国际合作和闽台医疗旅游合作。如派遣医疗人员、护理人员到发达国家和地区学习先进的医疗知识及护理理念,提高他们的专业技能以及和国外患者的交流、沟通能力;派遣旅游服务人员到医疗旅游发展较好的国家和地区学习先进的旅游服务理念及旅游产品的开发、设计,提高其旅游方面的专业技能;组织医疗旅游相关服务人员参加医疗旅游国际会议,了解医疗旅游行业的最新进展;举办国际性的医疗旅游论坛和峰会,探讨医疗旅游产业的发展前景。(3) 通过一定的薪酬制度、在自贸区内的税收优惠制度,积极引进国内外医疗旅游专业人才。(4) 加强对福建省医疗旅游产品的开发研究和建立福建省医疗旅游服务评价体系。

（六）优化医疗旅游业空间布局

建议在厦门和平潭片区，建立海峡两岸协作的医疗旅游自贸区和医疗旅游产业园区，引进福建省内尤其是莆田系列的医院入驻；吸引其他省市、台湾地区和东南亚各国以及发达国家或部分发展中国家的医疗资源，建立海峡国家医疗旅游服务贸易示范区；分阶段引进国际先进的医疗设备与技术，逐步形成世界领先的医疗旅游产业集聚区，将医疗护理、健康管理、康复保健、休闲养生、旅游观光相结合。

专题六

福建省境内公司负债融资现状与效率研究

福建省地处我国经济增长最快、最活跃的两大三角洲（长江三角洲、珠江三角洲）之间，背靠赣、皖、湘广阔的内陆腹地，与台湾地区一水相隔，并与香港和澳门特别行政区有着密切联系，是我国沿海经济带的重要组成部分，在全国区域经济发展布局中处于重要位置。自1995年福建省提出"海西繁荣带"发展战略，到2004年提出"海峡西岸经济区"战略构想，到2009年国务院颁布的《关于支持福建省加快建设海峡西岸经济区的若干意见》中将海西区构想上升为国家发展战略，再到2015年国务院批准建立中国（福建）自由贸易试验区、推进"21世纪海上丝绸之路"建设，福建省一直是改革开放的排头兵和创新发展的先行者，不断致力于深化改革、挖掘改革潜力、破解改革难题。

随着福建省获准加入自贸区"国家队"，金融作为众人期待和关注的模块势必将成为福建自贸区的主力。在金融的子模块中，公司金融发展的好坏将成为影响福建自贸区发展的关键因素。公司融资问题（尤其是负债融资问题）是财务学领域的三大问题之一，受到国内外学者和实务界的广泛关注，其中，公司的融资难问题、融资效率问题更是社会各界近年来热议的焦点。那么，福建省境内公司的负债融资现状如何？资金的使用效率怎样？本专题将围绕这两个问题进行研究和分析，分析涉及2012—2014年间（取样时间截止到2015年6月

24日)福建省境内的631家公司,其中,上市公司103家,非上市公司(包括新三板、区域性股权交易)528家。①

一、福建省境内公司负债融资现状分析

(一)福建省境内公司的整体负债状况

近年来,福建省境内公司的整体负债水平整体持平,略微升高。2013年、2014年所有样本公司的平均资产负债率分别是46.18%和46.24%,其中,上市公司的负债率从2012年的40.83%上升为2013年的43.50%和2014年的42.88%,而非上市公司的资产负债率更是由2013年的48.01%上升为2014年的50.76%。上市公司平均资产负债率为42.41%,低于非上市公司平均资产负债率49.38%(见表1)。

表1 福建省境内公司的资产负债率分析　　　　　　　　单位:%

	2012	2013	2014	平均
所有公司	—	46.18	46.24	46.21
上市公司	40.83	43.50	42.88	42.41
非上市公司	—	48.01	50.76	49.38

注:2012年非上市公司的资产负债数据缺失,下同。

表2显示了福建省境内上市公司的负债结构。数据表明,2012—2014年三年平均公司总负债中流动负债比重很高,占总负债的83.27%。其中,应付账款占负债总额的23.96%,短期借款占负债总额的26.85%,长期借款占负债总额的16.30%。流动负债的比例较高,意味着公司能够以较低的成本从客户(应付账款等经营性负债)和银行(主要是短期借款)取得融资。在银行借款方面,短期借款占总负债的26.85%,而长期借款仅占总负债的16.30%,可见公司的有息负债六成以上来自到期日一年以内的短期借款。

如果企业所处的外部环境稳定、经营周期和现金回收周期较短,上述融资

---

① 本专题的样本时间为2012—2014年。上市公司数据来源为Resset数据库,非上市公司数据来源为Wind数据库。截至2015年6月24日,福建省境内公司数量为3984家,其中,上市公司105家,新三板75家,非上市公司(包括区域性股权交易)3804家。本专题在此基础上剔除了研究数据缺失的公司、金融行业公司,删去部分指标中的离群值后,剩余非上市公司样本528家(含新三板),上市公司样本103家。

安排能够帮助企业降低利息成本和财务费用,这一点从上市公司的平均财务费用率在这三年都处于较低水平(平均1.78%)也可以得到佐证。但是,一旦外部经济环境动荡、银行收紧信贷、现金回收期增加、应付账款周期减少,企业短债滚动使用的策略也可能面临资金链紧张的问题,由此带来的财务风险不容忽视。

表2　上市公司负债状况　　　　　　　　　　　　　　　　　　单位:%

	2012	2013	2014	平均
资产负债率	40.83	43.50	42.88	42.40
流动负债占总资产	34.70	36.20	34.99	35.30
流动负债占总负债	85.00	83.20	81.60	83.27
应付账款占总负债	24.40	24.38	23.09	23.96
短期借款占总负债	27.54	27.96	25.05	26.85
长期借款占总负债	14.50	17.70	16.70	16.30
财务费用率	1.52	1.70	2.11	1.78

那么,近年来企业负债的变化情况如何呢?从表3可以看出,大约六成企业负债率增加,"负债增加"和"负债持平"两类公司总数的比重超过了所有公司数的90%。虽然负债增加,但企业的财务费用率始终在低位徘徊,随着负债率的增加,一半以上的企业在近两年的财务费用稍有增加,但增加幅度十分有限(由2012年的1.52%微升至2014年的2.11%)。由此推断,新增的负债仍然来自高流动性、低融资成本的流动性负债,长期负债的比重仍然偏小。

表3　上市公司负债指标变化的公司占总数的百分比　　　　　　单位:%

	2014			2013		
	增加	基本持平	减少	增加	基本持平	减少
财务费用增加	41.3	14.7	44.0	35.0	16.5	48.5
负债率增加	57.5	31.5	11.0	62.1	27.2	10.7

注:"增加"指负债指标增加超过10%,"基本持平"指负债指标的变化为-10%—10%,"减少"指负债指标减少10%以上。

(二)福建省境内公司分行业负债状况分析

在行业和产业方面,自2004年提出建设海峡西岸经济区以来,福建省逐渐形成了初具规模的产业集群,一大批在全国具有竞争力的先进制造业、产业集群加快发展,东部沿海先进制造业基地日渐成型,逐步形成以电子信息、机械装备、石油化工三大产业为主导,以轻纺、服装、鞋帽、食品、汽摩配、电机等行业为重点的产业支撑体系。

表4为福建省境内所有样本公司的分行业负债比率分析。其中,批发零售业资产负债率最高,达到72.07%;科学研究和技术服务业资产负债率最低,为25.86%。

表4 整体分行业负债状况

单位:%

行业	2012	2013	2014	平均
农林牧渔业	—	49.64	55.59	52.61
采矿业	—	63.45	61.78	62.62
制造业	—	44.22	44.37	44.30
电力、燃气、热力及水生产和供应业	—	44.30	52.33	48.32
批发零售业	—	73.41	70.72	72.07
交通运输、仓储邮政业	—	55.02	55.73	55.37
信息传输、软件和信息技术服务业	—	37.86	35.08	36.47
租赁和商务服务业	—	30.72	35.49	33.11
科学研究和技术服务业	—	28.49	23.23	25.86
水利环境和公共设施管理服务业	—	41.78	36.60	39.19
房地产业	—	49.45	57.48	53.46
文化体育和娱乐业	—	42.05	33.47	37.76
综合类	—	47.36	50.33	48.84

从非上市公司可以看出,2014年和2013年,资产负债率最高的均为批发零售业,均超过74%;采矿业资产负债率也较高,均超过65%;资产负责率最低的为信息传输、软件和信息技术服务业,均不到32%(见表5)。

表5 非上市公司分行业负债状况

单位:%

行业	2012	2013	2014
农林牧渔业	—	46.93	57.59
采矿业	—	69.91	65.08
制造业	—	49.17	50.37
电力、燃气、热力及水生产和供应业	—	46.63	50.25
批发零售业	—	74.49	76.92
交通运输、仓储邮政业	—	57.50	58.38
信息传输、软件和信息技术服务业	—	31.46	31.14

（续表）

行业	2012	2013	2014
租赁和商务服务业	—	38.18	53.86
水利环境和公共设施管理服务业	—	39.42	41.02
房地产业	—	35.41	44.79
文化体育和娱乐业	—	47.05	43.33
综合类	—	47.36	50.33

在上市公司方面，2014年资产负债率较高的行业为房地产业（达到84.09%）、租赁和商务服务业、批发零售业；资产负债率较低的行业为科学研究和技术服务业，信息传输、软件和信息技术服务业。

综合三年的情况，资产负债率较高的依次为房地产业、租赁和商务服务业、批发零售业；较低的依次为科学研究和技术服务业，信息传输、软件和信息技术服务业（见表6）。

表6 上市公司分行业负债状况   单位：%

行业	2012	2013	2014
农林牧渔业	46.16	52.50	55.22
采矿业	48.75	43.45	46.67
制造业	37.44	38.67	36.49
电力、燃气、热力及水生产和供应业	44.71	45.78	58.57
批发零售业	67.98	71.94	71.35
交通运输、仓储邮政业	34.38	39.28	46.80
信息传输、软件和信息技术服务业	27.17	30.53	27.84
租赁和商务服务业	74.89	84.35	73.84
科学研究和技术服务业	26.57	28.49	23.23
房地产业	78.36	82.93	84.09
综合	46.24	47.91	57.89

二、福建省境内公司融资效率分析

境内企业的融资问题是福建自贸区的关键问题之一，而融资效率是能够创造企业价值的融资能力（肖劲和马亚军，2004）。那么，企业的融资是否存在无效率问题？影响效率的主要原因和影响因素是什么？本部分将对此展开研究。

(一)关于融资效率的现有研究成果

学术界关于融资效率的讨论由来已久。曾康霖(1993)在我国学术界较早地提出了"融资效率"一词。他采用比较分析的方法对直接融资、间接融资的效率和成本进行比较,深入分析了导致社会融资中以间接融资为主导的六个原因,并提出在我国应采取以间接融资为主、直接融资为辅的政策。荣文兵(1998)认为融资效率包括两个方面:交易效率和配置效率,并从这两个方面深入地比较分析了股票市场和银行信贷的融资效率,指出股票融资在融资效率、企业监控、金融风险防范上并不优于以银行为中介的间接融资方式,间接融资还有很大潜力有待开发。卢福财(2000)通过对企业融资方式的历史演变、企业融资的宏观效率等方面的深入分析,提出了"企业融资效率"体系,旨在全面分析企业融资对包括企业自身以及宏观经济在内的各个经济面的影响。他认为企业融资效率是某种企业融资方式或融资制度在实现储蓄向投资转化过程中所表现出的能力和功效。肖劲和马亚军(2004)从融资成本、资金利用率以及比较动态的角度对这一概念做了进一步解释,并建立了一个包括融资方式及其效率、融资方式选择动因及其效率、资源配置效率在内的企业融资的研究框架。

(二)实证研究方法

1. 数据包络分析法简介

数据包络分析法,即 DEA 模型,是 1978 年由查恩斯等学者提出的,至今已有三十多年的历史。DEA 应用数学规划模型来评价具有多个输入和多个输出的"部门"或"单位"的相对有效性。当它被用来研究经济学的生产函数理论时,由于不需要预先估计参数,因而在避免主观因素、简化算法、减少误差等方面有着巨大的优越性。

在融资效率的研究方法问题上,DEA 分析法是一种较为成熟的方法,在实证研究中被广泛使用。例如,王晓红和黄丽娜(2011)在对现有融资效率评价指标体系研究的基础上,以企业融资决策为出发点,定义和明确了债务融资效率的内涵和外延,以债务融资的融资数量、融资期限、融资方式等融资决策为投入指标,以融入资金的使用效率、风险状况和法人治理效率为产出指标,构建了企业债务融资效率评价指标体系,并运用聚类分析与 DEA 相结合的债务融资效率评价方法,为企业债务融资效率评价及债务融资决策提供了一个新的视角。胡红桂(2010)通过对湖南汨罗再生资源产业集群等地中小企业进行调查,运用 DEA 分析法,对来自集群和非集群中小企业的融资效率进行实证分析,发现集群的中小企业表现出整体较高的融资效率,表明集群的中小企业资金供给更加有效、融通能力更强、面临更好的融资制度环境以及资金使用环境,因此,集群能够给中小企业带来明显的融资效率优势。高山(2010)立足于研究科技型中小企业的融资效率问题,利用在深圳中小企业板和香港创业板上市的科技型中小企业数据,运用 DEA 分析法,发现 90% 的企业融资效率既不能达到规模有效,又不能达到技术有效,融资效率总体呈低效状态。邓超和魏慧文(2013)基于 32 家 A 股上市环保企业 2008—2011 年的面板统计数据,运用 DEA 分析法对我国环保企业的融资效率进行实证研究和整体评价,以期客观反映我国环保企业融资效率现状,并进行成因探究。他们发现环保企业的融资效率整体均值偏高,但效率值分布呈现出两极分化状态;企业普遍处于规模报酬递增或不变阶段,整体呈向上发展的态势;规模报酬不变的企业融资效率较高,规模报酬递增和递减的企业融资效率普遍较低;样本期间内环保企业融资效率经历先增长后回落的变化趋势。夏恩君(2015)以资本结构理论为基础,采用 DEA 分析法,以 2009 年在创业板市场进行首次公开发行的 42 家公司为样本,对创业板上市公司的融资效率问题进行实证分析。研究结果表明,我国创业板上市公司融资效率偏低。丁岳维和郝晓春(2013)以 2009—2012 年我国上市银行为样本,运用 DEA 分析法,比较分析了不同规模的上市银行对中小企业的信贷支持效率。研究结果表明,大型国有商业银行在对中小企业贷款方面存在优势,这与传统观念存在分歧,并且大型国有商业银行可以通过产权改制和融资流程的创新来改善中小企业的融资环境。初立苹(2015)从财险公司融资投入和产出的角度入手,利用 DEA 分析法比较了 2007—2011 年财险公司在融资效率方面的差别,通过 CCR 模型、BCC 模型和超效率模型的计算,得到了财险公司的融资技术效率、纯技术效率、规模效率和超效率,发现财险行业大致有 30% 的公司能有效运用通过内部融资、债务融资、权益融资三个融资渠道所融通的资金达到融资有效率。相对而言,财险公司融资的规模效率比纯技术效率要好一些;中资财险公司在融资的超效率和纯技术效率方面的表现都略比外资财险公司要好,融资规模效率则相差不大。

上述研究成果表明,运用 DEA 分析法对企业融资效率进行分析是一种较为成熟的方法,本专题即采用 DEA 分析法对企业融资效率进行研究。

2. DEA 融资效率模型的构建

本专题采用变动规模报酬模式(BCC)模型,分别设立了规模报酬不变情况下的技术效率(TE)、规模报酬可变情况下的纯技术效率(PTE)、规模效率(SE),它们之间的关系为 $TE = PTE \times SE$;用 DEA 分析法构建了企业融资效率的 BCC 模型,表示企业技术无效率中来自纯技术无效率和规模无效率的数量;设有 n 个企业,每个企业有输入向量 $X=(X_1,X_2,\cdots,X_m)^T$,输出向量 $Y=(Y_1,Y_2,\cdots,Y_n)^T$,由于凸性、无效性和最小性的公理假设,有生产可能集:

$$T = \{(X,Y) \mid \sum_{j=1}^{n}\lambda_j X_j \leq X, \sum_{j=1}^{n}\lambda_j Y_j \leq Y\}$$

其中,$\sum_{j=1}^{n}\lambda_i = 1, \lambda_i \geq 0, j = 1,2,\cdots n$。

可得到规模可变的 DEA 模型(BBC):

$$\min\left[\theta - \varepsilon\left(\sum_{i=1}^{m}s_i^- + \sum_{r=1}^{s}s_r^+\right)\right]$$

$$\text{s.t.} \sum_{j=1}^{n}x_{ij}\lambda_j + s_i^- = \theta x_{ij_0} \quad i \in (1,2,\cdots,m)$$

$$\sum_{j=1}^{n}y_{rj}\lambda_j - s_r^+ = \theta y_{rj_0} \quad r = (1,2,\cdots,s) \quad (1)$$

$$\sum_{j=1}^{n}\lambda_j = 1$$

其中,$\theta,\lambda_j,s_i^-,s_r^+ \geq 0, j = 1,2,\cdots,n; x_{ij_0}, y_{rj_0}$ 表示第 j_0 个企业的第 i 个输入量和第 r 个输出量,可简记为 (x_0, y_0);m、s 表示输入和输出指标的个数;S_r^*、S_i^* 表示松弛变量;ε 为非阿基米德无穷小量,在计算中取正无穷小。通过模型(1)计算得出纯技术效率(PTE)和规模效率(SE)。

3. 变量计算和数据来源

根据 DEA 模型指标选取原则与指标和数据的可得性,本专题选取了企业资产总额、主营业务成本、资产负债率作为投入指标,净资产收益率、总资产周转率、总资产收益率作为产出指标。其中,主营业务成本采用的替代变量为 1 - 净利率;总资产周转率÷2012 年以年末资产为标准,其他均采用年初资产。

DEA 模型的企业投入与产出指标数据来自 Wind 企业数据库 2012—2014 年的年度数据;选取了福建省的 3 985 家企业,剔除了数据不全的企业。

随后,本专题将对福建省企业进行总体和分类分析,分别按照上市公司/非上市公司、规模以上/规模以下企业、国有/非国有企业进行 DEA 模型分析,并且还对福建省占比 43.8% 的制造业企业 2012—2014 年的融资效率进行了测算。

（三）DEA 分析结果

本专题使用 DEAP 软件对 2012—2014 年福建省境内公司的融资效率进行了分析，计算结果如图 1 至图 6 所示。其中，TE 是福建省公司的技术效率、PTE 是纯技术效率，SE 是规模效率或规模报酬情况。图 1、图 2 和图 3 分别显示了所有公司样本、上市公司样本和非上市公司样本的融资效率；图 4 和图 5 对比了国有企业和非国有企业的融资效率水平；图 6 显示了制造业企业的融资效率指标。

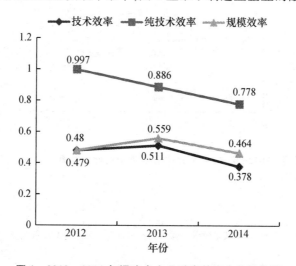

图 1 2012—2014 年福建省企业融资效率变化趋势图

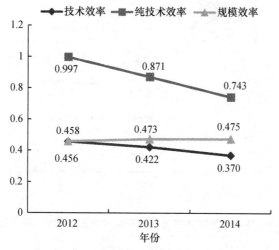

图 2 2012—2014 年福建省上市企业融资效率变化趋势图

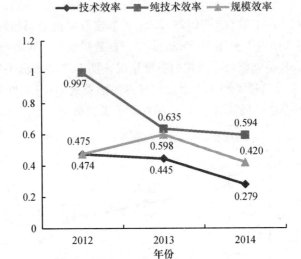

图3 2012—2014年福建省非上市企业融资效率变化趋势图

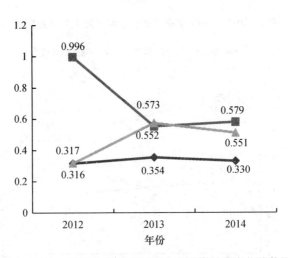

图4 2012—2014年福建省国有企业融资效率变化趋势图

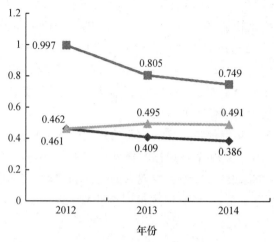

图 5 2012—2014 年福建省非国有企业融资效率变化趋势图

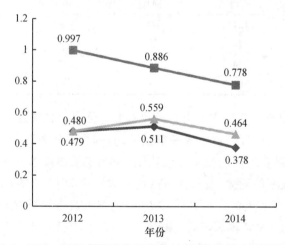

图 6 2012—2014 年福建省制造业企业融资效率变化趋势图

根据 DEA 结果经验分析,如果测算出的数据等于1,则表示样本公司的融资 DEA 有效;如果测算出的数据为 0—1,则并非样本公司的 DEA 有效,DEA 数值越大,表明融资效率越高。总体而言,福建省境内公司的各类效率指标均小于1,且近三年来一直处于较低水平;2012 年的技术效率仅有 0.48,2013 年上升为 0.511,2014 年则下降为 0.378,这表明福建省企业融资并非 DEA 有效,而且近期有效性呈现出下滑趋势(见图1)。

理论上有三种原因导致 DEA 效率低下：一是纯技术效率低下，二是规模效率低下，三是纯技术效率和规模效率二者均处于较低水平。从图 1 推断，福建省公司纯技术效率比较高，分别为 2012 年的 0.997、2013 年的 0.886 和 2014 年的 0.778，说明样本公司比较重视日常经营管理的政策水平。然而福建省公司的融资规模效率较低，2012—2014 年的平均规模效率仅在 0.5 左右，可见制约福建省公司融资效率的主要原因是规模效率低下，而近年来纯技术效率的下滑也部分地加剧了技术效率低下的问题。

表 7 显示了各个年度福建省境内企业的规模效率分析。数据表明，在三年共 541 个研究样本中，有 29 个公司样本规模效率不变，说明这些企业资源配置效率较高，不存在资源浪费，应该保持现有的投入和规模；有 509 个公司样本规模效率递增（占总样本数的 94%），这说明企业投入不足，导致效率偏低，应该加大融资力度和企业的投入，扩大规模。

表 7　2012—2014 年福建省企业的规模效率递增公司数统计　　　　单位：个

年份	规模效率			
	递增	递减	不变	合计
2012	131	0	8	139
2013	124	2	8	134
2014	254	1	13	268
合计	509	3	29	541

图 2、图 3 对比了福建省上市公司和非上市公司的融资效率。2012 年上市公司和非上市公司融资的技术效率很接近，分别为 0.458 和 0.475。对于上市公司而言，历年融资的规模效率比较稳定，是近年来纯技术效率的持续下降导致了融资技术效率的下降；上市公司的技术效率由 2012 年的 0.458 降至 2014 年的 0.370。对于非上市公司而言，2013 年纯技术效率的滑坡大大高于上市公司，由 2012 年的 0.997 骤然降为 2013 的 0.635 和 2014 年 0.594，纯技术效率滑坡成为非上市公司融资效率低下的主要原因。2013 年非上市公司规模效率大幅上升至 0.598 虽然抵消了一部分技术效率的下降势头，但 2014 年规模效率抑制不住的下滑使总的技术效率急降至 0.279。

图 4、图 5 比较了福建省国有企业和非国有企业的融资效率。总的来说，2012—2014 年国有企业的平均技术效率为 0.330，低于非国有企业的平均技术效率 0.420。其原因在于，国有企业的纯技术效率比较低（2013 年为 0.552，2014 年为 0.579），而非国有企业的纯技术效率较高（2013 年为 0.805，2014 年

为 0.749),这说明在日常经营和管理水平上,非国有企业要优于国有企业,这一点值得国有企业关注和反思。从规模效率方面看,无论是国有企业还是非国有企业,规模效率较低的情况都普遍存在,且都呈现略微下降的趋势。国有企业这三年的规模效率分别是 2012 年的 0.316、2013 年的 0.573 和 2014 年的 0.551,而非国有企业这三个的规模效率较国有企业更低,分别是 2012 年的 0.461、2013 年的 0.495 和 2014 年的 0.491。因此,如何提高规模效率是国有企业和非国有企业都应该重视的关键问题。

制造业作为公司数占总数近五成的重要行业,其融资问题一直以来受到各界的广泛关注。图 6 显示了制造业样本的融资效率。2012—2014 年,制造业公司的技术效率总体水平不高,而且经历了一个先升后降的过程,技术效率从 0.480 上升为 0.511 后锐减为 0.378;公司的年平均纯技术效率一直在 0.8 左右,处于比较高的水平,但规模效率要远低于纯技术效率(三年平均 0.4 左右),成为制约公司效率的关键问题。因此,提高规模效率也是制造企业提高技术效率重点要解决的问题。

三、结论和政策性建议

综合上述对福建省境内公司负债融资的分析,本专题发现:

第一,在负债融资的现状方面,福建省境内公司 2012—2014 年负债率略有升高,平均负债率为 46%;其中,上市公司负债率为 42%,非上市公司则高达 49%。在负债结构问题上,公司负债中短期负债占比高达 80%,有息负债中有 60% 以上为一年内到期的短期借款。如果企业所处的外部环境稳定、经营周期和现金回收周期较短,上述融资安排能够帮助企业降低利息成本、减少财务费用。但是一旦外部经济环境动荡,企业容易面临银行收紧信贷、现金回收期增加、应付账款周期减少等问题,企业采用短债滚动的策略也可能导致资金链断裂的问题,由此带来较大的财务风险,这一问题不容忽视。

第二,在融资效率方面,福建省境内公司的技术效率水平整体状况不理想。技术效率非 DEA 有效的主要原因是规模效率持续偏低,而近年来纯技术效率的下滑也加剧了技术效率低下的问题。进一步进行规模效率分析表明,绝大多数企业(占样本的 94%)的规模效率在增加,是由于投入不足导致效率偏低,应该增大投入、扩大规模。同时,政府也要加大政策扶持力度、完善资本市场,从而促进我国中小企业提高整体融资能力、扩大融资规模。

对比不同类型公司的效率,上市公司的效率略高于非上市公司,非国有企业的效率高于国有企业。原因是,上市公司、非国有企业的纯技术效率高于非上市公司和国有企业,纯技术效率反映了经营管理水平和财务管理水平。因此,企业应该致力于提升自身综合业务能力,完善企业的管理制度和财务制度,由此提高企业融资和价值创造的效率。

专题七

福建自由贸易试验区金融服务支持中小企业研究

一、自贸区对于福建省金融发展的重要性

我国经济目前已进入"新常态",在这种背景下,2014年5月李克强总理在赤峰主持召开部分企业与金融机构负责人座谈会上强调:"金融是经济发展的支撑、血液,金融的稳健运营要靠经济的平稳运行。在实体经济面临困难时,金融机构要考虑运用适当的政策,加大对实体经济,特别是中小微企业支持的力度。"福建省也在努力适应这种"新常态"的发展:2015年2月,福建省副省长郑晓松在商务会议中强调"全省必须要适应经济发展新常态,早谋划,早部署,狠抓工作落实";福建省省委常委、常务副省长张志南在省金融工作视频会议中,特别部署了"金融服务实体经济"有关工作,会议特别强调了"良好的金融生态是最重要的发展环境,银行、企业、政府要一致行动,形成合力"。

2014年12月12日召开的国务院常务会议指出,在广东、天津、福建再设三个自贸园区,这不仅是我国经济体制进一步市场化的表现,对于福建省而言,更是利用金融服务支持中小企业发展的一个进步。如今的福建省凭借着在两岸

经济中的地理优势,成为海峡西岸经济区的主体,是我国"走出去"计划中相当关键的一环。福建自贸区的三个片区(平潭、厦门、福州)应结合区域特色提供差异化的配套金融服务。例如,平潭侧重自由港和国际旅游岛建设;厦门偏向发展航运和两岸的金融服务及贸易中心;福州则把重点放在先进制造业基地和"21世纪海上丝绸之路"平台上。要因地制宜地引导资本流向,做好配套金融服务,进一步促进区域内实体经济的发展。同时,也要加强金融服务的对台功能,利用建设自贸区的契机,推动离岸金融市场的建立和跨境金融服务的发展,进一步深化闽台金融合作。

在2015年4月21日福建自贸区的揭牌仪式上,瑞士联邦知识产权研究所(Swiss Federal Institute of Intellectual Property)专家毕硕福(Beda Bischof)表示,福建自贸区的成立在使得贸易更加便利化的同时,也在一定程度上降低了投资门槛。从瑞士的经验来看,自贸区的建立为许多中小企业带来了福音;再结合中国目前的区域发展特性来看,大企业多落户于深圳、上海、北京等一线城市,福建省的区域特征和经济特性更有利于中小企业的发展,因此福建自贸区的设立对于中小企业而言是一个很大的机遇。

二、福建省金融服务支持中小企业存在的问题

(一)地区社会融资规模呈下降趋势,中小企业资金来源不足

地区社会融资规模是指一定时期和一定区域内实体经济从金融体系获得的资金总额。如表1所示,2013年福建省社会融资规模为6923亿元,全国排名第7位,但是到了2014年前三个季度该数据变成了2249亿元,下降到全国第24位。其中,影响最大的是信托贷款,呈现负值,为-1508亿元,这说明该时间段内信托部分收回原有的贷款要远大于新增贷款。由图1可以看出,全国各省(市、自治区)2013年与2014年前三个季度社会融资规模相对比,福建省差异最大。按比例来说,福建省2014年前三个季度的社会融资规模仅为2013年度的32%。这一方面反映了福建省实体经济从金融体系获得资金不足,另一方面反映了实体经济在和金融体系的磨合过程中仍然存在诸多难点,这种地区社会融资规模下降的趋势可能导致中小企业资金来源不足。

表1　福建省社会融资规模变化　　　　　　　　　　　　单位：亿元

	社会融资规模	全国排名	其中						
			人民币贷款	外币贷款	委托贷款	信托贷款	未贴现银行承兑汇票	企业债券	非金融企业境内股票融资
2013年	6 923	8	3 183	301	1 022	1 562	64	532	36
2014年前三个季度	2 249	24	2 732	155	435	-1 508	-193	405	85

资料来源：国家统计局。

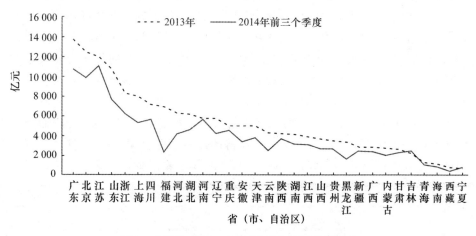

图1　全国各省（市、自治区）社会融资规模对比

（二）融资机构与中小企业间信息不匹配，中小企业融资信息来源受阻

融资机构与中小企业间信息不匹配具体表现为：一是人才市场信息的不通畅。对于中小企业来说，缺乏对融资有一定专业知识的金融人才；对于融资机构来说，缺乏高素质的金融从业人才和对实体经济状况了解较深入的专业型人才。在这两大主体上这两类人才的信息缺乏有效流动。二是综合性融资平台较少。金融产品和服务类型名目繁多，缺乏一个对金融产品和服务进行有机整合的综合性平台，不利于对金融知识了解不足的企业做出最优决策。三是企业信用平台的不完善。融资机构由于对企业的信用判断不够全面，特别是对数量较多的中小企业缺乏足够深入的了解，在进行融资贷款时往往顾虑较多。四是企业缺乏对相关政策和金融知识的了解，降低了合作的有效性。政府作为公共服务的提供者，需要考虑搭建相关的平台来促进供需的匹配和引导资源的有效配置。

(三)中小企业先天不足,行业内部联系不够紧密

福建省是中小企业的聚集地。对于中小企业而言,受制于规模大小,其先天发展存在不足,如可抵押的实物资本较少,负债率过高,没有形成规模经济,在转型时期遇到重重阻碍等。而且,由于某些企业管理的不规范、内部规章制度的不健全、权力过于集中、随意性较大等问题的存在也将导致其风险加大,造成不良贷款率上升,从而使得银行更加"惜贷"。解决这一难题,需要政府发挥帮扶作用,通过一定的财税减免来扶持中小企业进行转型升级。同时,相关行业内部联系不够紧密,也制约了效率的提高。例如厦门的高聚光太阳能产业,由于恶性竞争比较严重,企业之间缺乏合作,已经成为厦门发展LED和高聚光太阳能产业的瓶颈。政府应当发挥好引导作用,引导各类基金投向其重点扶持和鼓励的产业领域,进一步完善产业链。此外,对国家出台的相关贷款政策的不适应性也是导致一些企业融资难的原因之一,政府需要调整相关政策促进融资发展。

从表2可以看出,福建省的全球价值链参与度还有待进一步提高,而全球价值链参与度的提高又有赖于自身产业链的进一步完善,故表中数据也从侧面反映出福建省的行业内部联系不够紧密、产业链不够完善。

表2 各省(市、自治区)的全球链价值参与度   单位:%

	年份				
	2000	2003	2006	2009	2011
北京	62.10	69.40	72.80	47.60	56.70
上海	50.30	73.50	70.40	65.60	65.10
天津	67.70	70.80	66.70	59.60	66.80
福建	37.10	42.70	39.00	43.00	44.60
广东	65.30	68.60	61.80	52.50	50.70
江苏	55.30	67.80	62.10	51.30	49.50
广西	16.50	29.40	30.40	32.70	47.30

资料来源:商务部。

(四)民间金融活跃,制度和法律建设不完善加大中小企业风险

福建省民营经济发达,民营企业若向银行等正规金融机构贷款不仅手续烦琐,而且最后能否通过审核获得资金也具有较大的不确定性。长此以往使得企业对于正规渠道的融资信心下降,转而寻求"地下钱庄"、民间集资、民间借贷等

民间金融的方式。对于民间金融，其隐蔽性和法律法规的滞后性往往加大了监管的难度，监管不当不仅会使金融环境恶化，也会进一步阻碍实体经济的发展。政府在履行监管职能的同时也需要完善相关的法律制度体系建设。

（五）民企获得的资金支持不足，融资机构发展缓慢

就民营企业而言，受制于自身实力和融资"短、频、快"的特点，风险偏大，获得的资金支持不足。而一些融资机构自身有着闲置资金，却难以找到匹配的需求方进行投资，最终形成低效的沉淀资金。从整体环境看，福建省在金融服务机制和金融产品等方面存在创新不足的情况，使得金融领域在服务实体经济发展上仍然存在许多不相适应的地方。福建省的准金融机构发展缓慢和规模较小等问题与这种供需不匹配有一定的联系。民企获得的资金支持不足，融资机构发展缓慢，最后可能导致产业和金融的"双衰"局面。此外，体制上的障碍也是阻碍因素之一。在资源配置中，市场发挥决定性作用的同时，政府也需要做好顶层设计，进一步降低金融机构准入门槛，推动市场化改革，鼓励创新。

三、国内外自贸区金融服务的经验借鉴

（一）上海自贸区——服务贸易

在过去十年里，我国的商品贸易获得了较为迅速的发展，相比之下，服务贸易的发展则显得滞后，而服务贸易往往能够在金融危机时起到缓冲冲击的作用，有助于推动经济的复苏。因此，服务贸易将作为上海自贸区今后发展的突破口。上海自贸区在扩容之后又一次对其功能进行了定位，即上海自贸区的综合型压力测试平台的功能凸显，全球性开放的格局更加明显，金融服务贸易与资本项目下开放成为新的课题，对长江经济带的拉动效应增大，对全国开放地区的可复制、可推广内容增加。

因此，上海自贸区属于先行先试的"全球性、综合型"压力测试平台，并且肩负了政府职能转变，金融制度、外商投资和税收政策等其他重要领域的改革、创新和政策试验职能，形成"可复制、可推广的经验"。同时，将发挥我国制造业的比较优势和扩大现代服务业开放，推进"走出去"战略；努力打造人民币的离岸市场，推进人民币国际化进程。

如表3所示,相比于国内其他自贸区(天津、广东、福建)而言,上海自贸区之所以在服务贸易上具有优势并且将把服务贸易作为今后发展的突破口,原因之一是它具有较多高技能的劳动力。

表3 全国各地区劳动力素质对比

地区	资本/劳动力（万元/人）	低技能劳动力/土地（人/公顷）	中等技能劳动力/土地（人/公顷）	高技能劳动力/土地（人/公顷）	人均农田（公顷/人）
北京	5.46	0.21	2.92	3.62	0.05
天津	7.69	0.63	4.23	1.87	0.05
上海	6.97	1.00	7.98	4.56	0.02
福建	2.53	0.45	1.28	0.34	0.29
广东	3.34	0.51	2.41	0.40	0.14
江苏	5.56	0.79	2.99	0.69	0.09
浙江	8.16	0.37	0.97	0.29	0.16
山东	3.75	0.87	2.69	0.61	0.12
湖北	2.61	0.40	1.31	0.27	0.25
广西	1.62	0.26	0.81	0.10	0.38
重庆	2.21	0.60	1.14	0.24	0.24
四川	2.17	0.29	0.60	0.10	0.53

资料来源:中国社会科学院。

结合福建省的情况来看,表4的数据表明,第二与第三产业已成为福建省经济发展的支柱产业,近年来第三产业的发展有了较为明显的提高,逐渐追上了第二产业的发展比重,所以福建自贸区有可能和上海自贸区一样,未来的发展方向将会放在服务贸易(第三产业)的发展上。同时,可以利用对台的地理优势,发展两岸经济,更好地去对接台湾的服务贸易。福建省服务业从业人员的平均工资要低于上海、天津与广东,这表明在用工成本上福建省是具有一定优势的,因此,未来福建省在服务贸易的发展上具有较为良好的基础。

表4 2010—2013年福建省第二和第三产业发展数据

	年份			
	2010	2011	2012	2013
第二产业(亿元)	7 522.83	9 069.20	10 187.94	11 315.30
第三产业(亿元)	5 850.62	6 878.74	7 737.13	8 508.03
地区生产总值(亿元)	14 737.12	17 560.18	19 701.78	21 759.64

(续表)

	年份			
	2010	2011	2012	2013
第二产业总值/地区生产总值(%)	51.05	51.65	51.71	52.00
第三产业总值/地区生产总值(%)	39.70	39.17	39.27	39.10

资料来源:福建省统计局。

(二) 广东(深圳)自贸区——创新跨境资金运用方式

深圳市政府在2012年召开的常务会议上通过了《关于加强改善金融服务支持实体经济发展的若干意见》,提出深圳未来将重点推进前海股权交易所建设、前海金融创新以及深港跨境人民币贷款业务试点等。其中,深港跨境人民币贷款业务试点的推进意义重大,因为这涉及跨境资金的运用,如果利用得好将有利于前海的开发、开放和重点产业的发展。近年来,随着境外人民币利率的走高,如果还是运用传统的模式使用跨境资金,其成本几乎与境内融资的成本一样:跨境贷款实际成本为5.9%—7.4%,相当于境内贷款基准利率下浮2.7%—上浮23.3%,可见成本走高。因此,深圳创新了跨境资金运用的方法,具体包括:

1. 同业授信,免去保函程序

图2为传统的同业授信模式,涉及三个主体:境内银行A、境外银行B以及前海企业。这三个主体之间签订协议,其中,前海企业想向境外银行B申请放贷(因为境外资金成本较为低廉),它通过向境内银行A提出放贷申请(融资需求),同时提供相应的抵押品或质押品作为担保;境内银行A在通过放贷额度的审核之后,向境外银行B开具能够证明企业资质的融资性保函;境外银行B在收到保函后再对前海企业发放贷款。

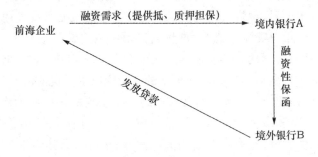

图2 同业授信传统模式

图 3 为同业授信免保函的新型模式,同样涉及三个主体:境内银行 A、境外银行 B 以及前海企业。这三个主体之间签订协议,其中,前海企业想向境外银行 B 申请放贷(因为境外资金成本较为低廉),它通过向境内银行 A 提出放贷申请(融资需求),同时提供相应的抵押品或质押品作为担保;境内银行 A 在通过放贷额度的审核之后,不再向境外银行 B 开具融资性保函,而是由境外银行 B 向境内银行 A 申请占用等额的信用额度,并据此放贷。

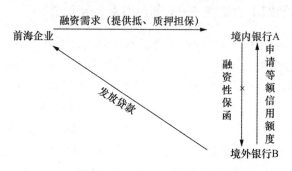

图 3　同业授信免保函模式

明显地,由于图 3 的模式免去了出具融资性保函这一程序,贷款成本大致为 5.4%,相当于境内信贷基准利率下浮了 10%,降低了跨境资金成本。

2. 结汇,提前进行赚汇差

图 4 为传统的结汇模式,即前海企业从香港的银行直接贷出人民币,到期时再归还等额的人民币。

前海企业 ←──贷出(买入)人民币── 香港银行

图 4　结汇传统模式

图 5 为可以提前结汇的模式,即前海企业实际需求的是人民币,因此,它从香港银行先贷出美元,再将贷出的美元按照 T1 时刻的汇率找境内银行兑换成人民币。当人民币对美元升值时,再将人民币找境内银行按照 T2 时刻的汇率兑换成美元(此时等额的美元所需的人民币变少了,相当于和 T1 时刻相比需要还的人民币少了),从而利用时间和汇率的变动赚取了一定的汇差。

通过对比,提前结汇的模式将传统的跨境借贷模式转换成了跨境换币融资模式,利用时间差和汇率变动赚取汇差。但是这个过程存在汇率风险,一旦人民币对美元发生贬值,企业将遭受损失。因此,这种方式适合对外贸易往来频繁并且能够准确预测汇率变动方向的企业。但由于近年来的数据显示近期人民币相对美元可能会发生贬值,因此这种模式的运用值得商榷。

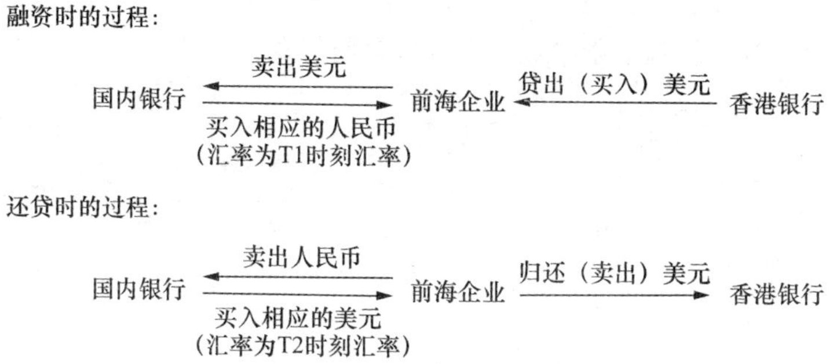

融资时的过程：
卖出美元
国内银行
前海企业
贷出（买入）美元
香港银行
买入相应的人民币
（汇率为T1时刻汇率）
还贷时的过程：
卖出人民币
国内银行
前海企业
归还（卖出）美元
香港银行
买入相应的美元
（汇率为T2时刻汇率）

图 5 提前结汇模式

3. 融资租赁公司，增加对手方

图 6 为传统的未引入新增对手方（如融资租赁公司）的方式，涉及三个主体：境内银行 A、境外银行 B 以及前海企业。这三个主体之间签订协议，其中，前海企业想向境外银行 B 申请放贷（因为境外资金成本较为低廉），它通过向境内银行 A 提出放贷申请（融资需求），同时提供相应的抵押品或质押品作为担保；境内银行 A 在通过放贷额度的审核之后，向境外银行 B 开具能够证明企业资质的融资性保函；境外银行 B 在收到保函后再对前海企业发放贷款，其中资金活动由境内银行 A 进行监管。

申请信贷额度
企业
境内银行A
监管资金的使用
开出融资性保函
放贷
还款
境外银行B

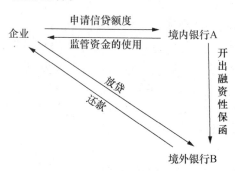

图 6 未增加对手方模式

图 7 为引入新增对手方（如融资租赁公司）的方式，涉及四个主体：境内银行 A、境外银行 B、融资租赁公司以及前海企业。这四个主体之间签订协议，其中，前海企业向融资租赁公司提出融资的需求，再由融资租赁公司向境外银行 B 申请放贷（因为境外资金成本较为低廉），它通过向境内银行 A 提出放贷申请（融资需求），同时提供相应的抵押品或质押品作为担保；境内银行 A 在通过放贷额度的审核之后，向境外银行 B 开具能够证明企业资质的融资性保函；境外

银行 B 在收到保函后再对前海企业发放贷款,其中资金活动由境内银行 A 进行监管,到期时再由前海企业向融资租赁公司回售资产还款。

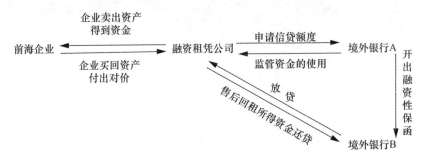

图 7　增加对手方(融资租赁公司)模式

可以看到,在引入新增对手方(如融资租赁公司)的方式下,增加了融资租赁的流程,看上去多了通道费,但在实务操作中,融资租赁公司具有增值税的抵扣效应,该情况下的综合成本是 5.03%—7.02%。若融资租赁公司具有较好的资质,还可以结合同业授信免保函的模式进一步降低成本。而对于一些有形资产不足的轻资产公司,如果该公司有足够的、有质量保证的应收账款,则在融资租赁公司这一环节可以替换成商业保理公司来满足其融资需求。

4. 外存内贷

如图 8 所示,该模式涉及四个主体:境内银行 A、境外银行 B、融资方以及融资方的境外关联方。其中,融资方向境外银行 B 提出融资需求,同时由融资方的境外关联方向境外银行 B 存入保证金,并且由境内银行 A 对企业进行资金监管,在这种条件下,境外银行 B 才愿意为融资方放款。然而,若融资方在境外有关联交易方,但是未能充分利用这种通过保证金方式,并结合"外存内贷"方式的话,融资的难度会比较大。

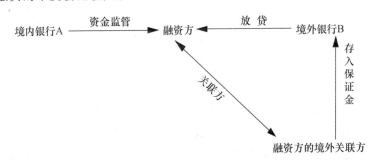

图 8　外存内贷模式

(三) 美国自贸区——充分发挥比较优势

美国发展自由贸易具有以下几个重要环节：

第一，在双边、区域及全球等不同层次发起谈判，在各层次的谈判过程中对各方施加压力，促使它们主动找美国进行合作，这样就使得美国在谈判过程中处于优势地位，有利于形成以美国为中心的自由贸易协定网络。

第二，通过制定美国市场的商业法规和竞争性准入方式来巩固其经济地位，侧面支持其外交目标和军事目标，提升综合国力，从而达到恢复美国在多边贸易体制谈判中的领导地位的目的。

第三，在劳工标准和工作环境等方面进一步进行制度规范，并且强调在知识产权、电子商务、服务、政府管制等方面的透明性，为其在世界贸易组织多边谈判中取得谈判议题的制度优先权做好准备。

第四，在协议签订方面，例如美国与新加坡和智利签订自贸协定后，希望该协定能作为范本进一步在东南亚和拉美其他国家推广，成为这些国家自由贸易的基础。可见美国特别注重协议的可推广性和先例性，以期协议范本能作为一种模式应用在其他地方。

总之，美国在自贸区的发展战略上，一直具有一个长远宏大的视野，在协议签订时始终大力推进有利于自身长远竞争力的条款标准，将其具有比较优势的议题引入 TPP 条款，进而引领其他 FTA 协定的制定。相比之下，我国在制定自贸区战略时应该着重发展自身的比较优势。

(四) 德国自贸区——物流中心型

1888 年德国建立的汉堡自由港曾经是世界上规模比较大的自贸区之一，在汉堡自由港上可以进行货物的转船、储存、流通和船舶的建造等方面的业务。

第一，汉堡自由港成功地依托了其物流中心和加工贸易的优势。一方面，作为欧洲的物流基地，德国汉堡港的发展较为迅猛；另一方面，作为加工贸易中心，货物在自由港的存放时间上没有具体的限制，并且相关的加工或其他活动不需要缴纳增值税。

第二，汉堡自由港的成功也离不开相关政策法规的支持。因为自由港在欧盟是公共海关地区，不需要任何海关手续，只有系统管理的手续，所以，各国之间的货物交换过程较为方便。并且由于汉堡自由港可视同第三国地位，贸易货物只有从自由港输入欧盟市场时才需向海关缴纳关税及其他进口环节的税费，税收负担减轻，手续简便。

(五)新加坡自贸区的成功经验

新加坡自贸区发展的成功经验主要体现在以下几个方面：

第一，金融开放步骤有序稳定。建立离岸金融市场（1968年）只是新加坡金融开放的第一步。之后，新加坡陆续实施了国内利率自由化（1975年）、取消外汇管制（1978年）、推出国际板（1995年）、放开本币管制（1999年）等金融改革开放措施。改革初期对市场参与主体均有严格的审核机制，甚至实施境内外隔离措施，以控制风险；后来根据实际情况，逐渐放开准入门槛。正是金融开放步骤的合理安排，保证了新加坡开放过程中金融业的稳定运行。

第二，有利的税收安排。为推进出口导向型发展战略，在进出口与投资方面，新加坡政府制定了优惠的税收政策。不仅全球超过90%的货物进出不需要缴纳关税，而且为吸引国际级金融机构进入，新加坡政府还取消了非居民的利息所得税。对大部分贸易与投资产品实行的免税、低税政策对于新加坡吸引国际贸易和投资起到了积极的作用。

第三，金融管理制度从"分类管理"到"渗透型"的转变。在1999年以前，新加坡银行业实行分类管理制度，并在持股比例等多方面都有严格的限制，以控制金融风险；在1999年后，为进一步扩大开放，政府采取了多项措施，其中包括新设"特许完全业务"牌照，增发"部分业务"牌照；取消外资在本地银行持股比例40%的上限。经过多年的开放，新加坡政府对外商投资的限制基本上很少，只对国内银行的持股比例有所限制。在证券业方面，新加坡放宽券商的资格和佣金限制。在保险业方面，2000年3月，新加坡取消了外资持股比例49%的上限。

第四，完备的信息化建设。新加坡一直以来非常重视信息化建设在贸易、投资便利化中的作用，实行了高度整合的信息统一监管系统。1986年开始开发EDI（电子数据交换系统）技术；1989年推出贸易网（Trade Net）。该系统使通关时间从之前的2—7天缩短到不足10秒；2001年，开始实施"网上综合服务申请系统"项目，该项目使执照的平均处理时间从21天缩短至8天，公司注册费从21 000美元降至180美元；2006年，制订了"智慧国2015计划"，以推进信息化建设。

综上，新加坡自贸区的建设给福建省最重要的启示就是，福建自贸区应该注重金融开放的顺序，逐步减少负面清单内容，优化税收机制，加强信息化建设，并且对银行业务可以实行"分类牌照管理"到"渗透型"的逐步开放政策等。

四、对福建省自贸区金融服务支持中小企业的建议

为了更好地探究福建省在自贸区的背景下如何利用金融服务更好地支持中小企业的发展,就应该先明确福建自贸区的定位:首先,福建自贸区是以两岸经贸合作为核心,吸引台资入驻,推动投资贸易便利化。在政策设计上,可实现台胞在闽投资的"超国民待遇",实现闽台自贸区对接的"超 ECFA"[①],甚至现在停滞的服务贸易协定及尚未谈定的货物贸易协定,都可以在福建自贸区先行先试。其次,福建自贸区是参与建设"一带一路"的新载体,是全面拓展与"21世纪海上丝绸之路"沿线国家和地区的交流合作、打造"21世纪海上丝绸之路"经贸合作的前沿平台。并且,在自贸区内注重引进先进的制造业,加快电子商务、现代服务业及海洋经济的发展,期望能够形成有效连接长三角、珠三角的经济走廊。最后,福建自贸区已经被上升到了"服务全国发展大局和祖国统一大业"的战略高度。因此,福建自贸区的地位非常重要。

自贸区发展的机遇和挑战并存,机遇就是海峡两岸的经济具有很大的发展空间,挑战就是如何对资源进行有效的整合与配置。其中,如何将金融服务与中小企业的需求进行有效的整合和配对也是难点之一。针对以上列出的目前福建自贸区在金融服务支持中小企业方面存在的一些不足,再结合福建自贸区对于自我功能的定位以及国内外自贸区建设的经验,我们提出如下建议:

(一)中小企业应该进行自我检讨、自我完善

实体经济是金融业存在的依托和利润源泉,而中小企业又是实体经济中的重点和难点,如若不加选择地盲目支持实体经济(尤其是中小企业),反而容易导致实体经济和金融体系的双重风险。党的十八届三中全会明确提出,改革的目标和方向是要让市场在资源配置中起决定性作用,即让实体企业按照经济规律在市场竞争中自主发挥作用。因此,一味抱怨或被动等待服务,其实反映了企业金融意识的低下,这本身也是我国金融业和中小企业经营水平不高的客观结果。为此,在金融机构为加强服务实体经济不断创新内容、创新形式的同时,

---

① ECFA(Economic Cooperation Framework Agreement)是《海峡两岸经济合作框架协议》的简称。超ECFA,即希望给予海西经济区的政策能超前于 ECFA。

中小企业应努力熟悉和遵循金融市场的运行规则,让自身能够更好地与资本市场对接。

中小企业应着重改善以下问题:首先,需要完善企业的管理体制和运行机制,以解决管理制度不健全与管理混乱导致的耗费高、效益差等问题,如解决部分企业由于内部财务管理制度不健全而导致的账务、报表信息失真的问题。其次,要扩大生产规模,提高科技含量。目前,部分企业产品单一,市场占有率低,科技人才缺乏,新产品、新工艺开发能力差,生产设备、生产工艺和技术落后,产品质量不高,产品附加值低,从而引致企业抗风险能力弱。再次,企业还需卸掉历史包袱。例如,有的企业由于项目建设或新产品开发失败或经营不善,背上了沉重的债务;有的企业背上了沉重的人员包袱难以卸掉,使企业不能摆脱困境;等等。企业应努力清除类似障碍。最后,部分企业要正视自身基础差、底子薄、资金实力弱的现状,不盲目开展项目,做好风险管理,让企业风险处于可控范围之内。中小企业只有及时进行自我检讨,并对现存的问题进行改进,才能获得金融服务机构的信任,增加融资等金融服务的可获性。

(二) 福建自贸区应基于比较优势的基础选择金融服务对象

福建自贸区在选择金融服务对象的时候应考虑比较优势,即结合不同类型的中小企业自身具备的比较优势来选择金融服务的方式。例如,美国在TPP谈判中推动的横向议题主要包括规则一致、国有企业、电子商务、竞争和供应链、中小企业等五大问题,显然这些横向议题有利于美国的贸易优势。相比之下,我们在发展自贸区时的比较优势在于基础设施、制造业、服务贸易等建设。而福建省相比于其他建立了自贸区的省市而言,在农业与部分制造业上具有明显的优势。如表5所示,福建省的农业成本只有天津市的一半左右;再如表6所示,福建省在副食加工、食品制造、纺织、纺织服装服饰等行业上也具有比较明显的成本优势。

尽管福建省第二产业与第三产业的发展是其经济发展的支柱,但随着近年来第三产业有了较为明显的发展,逐渐追上了第二产业的比重,所以未来福建自贸区很有可能和上海自贸区一样,发展方向将会放在服务贸易(第三产业)的发展上。因此,从事第二产业和第三产业的中小企业具有比较优势,可能会成为未来金融服务选择的对象。同时,可以利用对台的地理优势,发展两岸经济,更好地去对接台湾的服务贸易。

表5 全国部分省市农业成本比较　　　　　　　　　单位:万元/人

	年份				
	2008	2009	2010	2011	2012
北京	0.53	0.56	0.56	0.57	0.54
浙江	1.16	0.91	0.79	0.82	1.14
天津	0.86	0.94	0.98	1.00	0.81
上海	0.65	0.51	0.54	0.72	0.52
福建	0.50	0.50	0.52	0.52	0.48
广东	0.69	0.58	0.55	0.62	0.63
辽宁	0.23	0.23	0.22	0.21	0.21

资料来源:《全国农产品成本收益资料汇编》。

表6 2013年全国部分省市的制造业成本比较　　　　单位:万元/人

	副食加工	食品制造	纺织	纺织服装服饰	皮革羽毛及制品鞋
山东	1.10	1.00	1.90	3.00	2.60
北京	4.00	11.40	8.10	11.10	7.50
天津	1.20	4.80	6.90	11.90	6.90
上海	2.40	7.40	4.80	8.23	5.60
广东	1.10	4.00	2.50	3.70	4.20
福建	1.90	3.30	3.40	12.90	5.90
陕西	0.70	1.52	5.60	3.40	7.80
浙江	1.70	4.11	2.20	6.20	3.80
辽宁	0.50	0.90	1.40	2.70	0.80

资料来源:中国社会科学院。

(三) 福建自贸区在利用金融服务中小企业时应注重金融开放的顺序

从新加坡的经验来看,从利率市场化到新币管制的放开,从"分离型账户"到"特许完全业务"牌照,新加坡通过有序的金融开放和创新,使其在风险基本可控的情况下成为具有国际一流竞争力的国际金融中心,为中小企业的资金来源提供了安全且具有一定实力的保障。

再结合福建省的情况来看,自2014年以来,福建省人民币双向资金池业务加速发展。2010年6月22日,成功办理全省首笔跨境贸易人民币业务。2014年1月7日,厦门中行成功与辖区内某集团公司达成跨境人民币双向资金池合作协议,开立全市首个跨境人民币双向资金池专用存款账户,并完成首笔跨境人民币资金池的双向调拨。2015年1月20日,中国银行福建省分行利用平潭片区外债比例自律管理政策与首尔分行合作,成功为平潭翔通沥青有限公司发放人民币外债1500万元,完成平潭片区内首笔中资企业外债业务。这也是福建自贸区批复以来,区内中资企业的首笔外债借款业务,实现了福建银行业在平潭片区中资企业举借外债业务领域零的突破。

在福建自贸区的建设过程中(尤其是在金融服务的建设过程中)非常重要的一环就是对于跨境资金的使用,而以上资料表明福建省对于跨境资金的使用确实是逐步放开的,从办理首笔跨境贸易人民币业务,到建立双向资金专用存款账户实现资金池双向调拨,再到为中资企业发放外债借款业务,有一个循序渐进的过程。在接下来的发展中,可能还要加强跨境贸易融资、投资理财、融资租赁、与海外银行配合以服务境外项目公司或并购、通过相关银行国外分行与本地银行之间进行合作来推进跨境资金池的建立等业务。如果这些业务能够做起来并做好,就会为中小企业带来充足的资金支持量,并且有助于中小企业融资渠道的多元化建设。

(四)福建自贸区可以逐步减少负面清单内容

福建自贸区可参考新加坡开放的经验,结合现有产业基础和未来经济定位,有步骤地减少限制,简化负面清单的内容。对民营企业、中小企业或外资企业逐步降低准入门槛,除了关系到国家安全、能源等的行业均可减免税收,只在外资持股比例上做出限制,并且这些限制伺时机成熟也可逐步放开。这种负面清单内容的减少将会给中小企业减压,使得金融服务能够更好地与中小企业对接。

(五)福建自贸区应该加强物流业方面的发展

福建自贸区作为第二批获批的自贸区,在物流业发展上具有较好的基础,因此,我们应该充分利用这一基础进一步发挥福建省物流业方面的优势。具体如下:

首先,应该发挥自身优势,加强内部和外部的联合发展,打好对台的贸易牌。例如,结合产业需求的特点,推进区域辐射,吸引内陆进出口物流业务,打造对台物流枢纽和供应链节点,成为台湾与大陆对接的物流中心。同时,福建省也是"21世纪海上丝绸之路"的重要起点,福建自贸区要抓住机遇,积极探索通关便利化和贸易自由化的经验与制度,有序拓展沿线区域物流布局,引导和支持物流企业"走出去"，提升在国际物流中的吸引力和竞争力，探索区域经济合作新模式，充分发挥在"21世纪海上丝绸之路"战略中的主导权和影响力。

其次，应该完善服务功能，加强创新。福建自贸区要充分发挥先行先试的优势，积极完善贸易、金融、航运、物流等服务功能，适应全球商流、物流、资金流、信息流的快速发展，加强自身的国际物流和供应链服务能力，加快货物贸易向服务贸易转型升级。在贸易金融的平台搭建上，应该充分利用物流集聚效应，大力发展大宗商品、航运服务、分销服务等服务平台，发展新型服务贸易，加强创新意识，提升创新能力。

最后，应该强化企业自身的产业基础，形成较为完善的供应链模式。物流的发展和供应链的完善是建立在自贸区企业自身的产业基础上的，因此，在企业实现自身转型的过程中，应该充分依托制造业、商贸业的产业集聚，加强物流配套，延伸供应链服务，促进制造业、商贸业与物流业的联动融合，打造新型价值链体系。

（六）福建自贸区应做好配套金融工作，完善平台搭建建设

福建自贸区应该结合三个片区（平潭、厦门、福州）的不同区域特色提供差异化的配套金融服务。例如，平潭侧重自由港和国际旅游岛建设；厦门偏向发展航运和两岸的金融服务及贸易中心；福州则把重点放在先进制造业基地和"21世纪海上丝绸之路"平台上。既要因地制宜地引导资本流向，做好配套金融服务，进一步促进区域内中小企业的发展；也要加强金融服务的对台功能，利用建设自贸区的契机，推动离岸金融市场的建立和跨境金融服务的发展，进一步深化闽台金融合作。

同时，做好平台的建设，使得中小企业和金融服务机构能够有一个相对完善的联系和交流平台，在解决金融机构与中小企业信息不对称的同时，为中小企业拓宽融资渠道，提供更多"融智"方式。平台建设具体体现在以下几个方面：

（1）搭建人才交流平台。即建立金融人才和专业型人才信息库，完善人才综合评价体系和供给信息发布制度。要加强人才网站和人才市场建设，做好中介服务，构建市场化、国际化的金融人才交流平台，鼓励海内外人才中介机构为福建省推荐高层次金融人才。如果人才交流平台搭建得好，就能够为金融机构注入新鲜的血液，这些人才更能够发现企业的价值，对于一些中小企业（尤其是创新型、有潜力的中小企业）而言，就能起到"伯乐"的作用，毕竟"千里马常有，而伯乐不常有"，中小企业的价值能不能被发现、能不能被发挥，就需要靠这些人才进行智力上的引导。

（2）搭建融资交流平台。即推动设立金融超市，联合银行、保险、证券、信托、担保、租赁等金融机构，对各类金融产品和服务进行有机整合，加强信息共享，促进金融资源的供给与需求相互匹配，从而增强金融机构与实体企业间的实质性合作。鼓励搭建创新平台，例如，2014年4月10日厦门两岸股权交易中心的首个运营中心——火炬运营中心揭牌，该中心作为区域性股权交易市场，以"搭建创新平台、服务实体经济"为愿景，促进企业特别是中小微企业股权交易和融资，鼓励科技创新和激活民间资本，整合各类金融资源为区域经济发展服务。

（3）搭建企业信用平台。即建立企业特别是中小微企业信用信息数据库，制定符合福建省企业特点的信用评级标准，完善企业信用信息的征集、评价和披露体系。要通过整合企业信用资源，披露企业信用信息，促进企业的信贷融资，引导金融资源向优质的中小企业流动。同时，推动企业的固定资产和无形资产等信息归集到平台中，为各类金融机构提供企业的信息查询与筛选服务。

（4）搭建辅助交流平台。即可以通过开展定期和非定期的政策解读讲座和金融知识培训等形式，联合各类金融服务机构，帮助促进中小企业对国家新形势和对金融产品的了解及熟悉，减少中小企业所面临的信息不完善、不对称的问题，增强企业与金融服务机构间合作的有效性。

综上可知，福建自贸区在利用金融服务支持中小企业时可以从多个角度出发，例如，企业自身的完善，金融机构建设的步骤、内容和对象，相关政策的改进和配套措施的完善，各平台的建设等，使得金融服务能够更好地支持中小企业的发展。

专题八

"一带一路"下福建自由贸易试验区跨境电商的发展

一、跨境电商的概念

2013年中国的电子商务交易额达到10万亿元,首次超过美国,成为世界电子商务第一大国。2014年中国海外直邮市场交易额达到1290亿元,增速达60%,预计2015年将达到2478亿元。中国已成为继美国、英国之后排名第三的跨境网购目的地。

2015年6月11日,阿里跨境电商研究中心与埃森哲在北京联合发布《全球跨境B2C电商趋势报告》,预测2020年全球跨境B2C电商交易额将达到9940亿美元,惠及9.43亿全球消费者,其中,以中国为核心的亚太地区以53.6%的新增交易额贡献度位居首位。与该报告发布互相呼应的是,国务院总理李克强在2015年6月13日主持召开的国务院常务会议上,强调要促进跨境电子商务健康快速发展,用"互联网+外贸"实现优进优出,有利于扩大消费、推动开放型经济发展升级、打造新的经济增长点。继2015年7月国家提出"互联网+"行动计划以来,各行各业都在积极探索如何将互联网的特性与传统行业的业务模式相结合,对传统行业实现改造、升级。"互联网+"行动计划的主旨是,推动移动互联网、云计算、大数据、物联网等新兴技术与现代制造业结合,促进电子商务、工业互联网和互联网金融的健康发展,引导互联网企业拓展国际市场。

由于有了互联网,国内各行业"请进来、走出去"的实践也越来越多。许多中国的移动互联网、电商企业从创业之初就把自己定位于一个国际化的企业,其目标不仅仅是国内市场,还有更广阔的国际市场。为此,许多中国的电商企业正在走出国门,形成了一股跨境电子商务热潮。

(一)跨境电商的定义及通关方式

总体来说,跨境电子商务是指分属不同关境的交易主体,通过电子商务平台达成交易、进行支付结算,并通过跨境物流送达商品、完成交易的一种国际商业活动。

狭义跨境电商,等同于跨境零售,指分属不同关境的交易主体,借助计算机网络达成交易,进行支付结算,并采用快件、小包等行邮方式通过跨境物流将商品送达消费者手中的交易过程。

广义跨境电商,等同于外贸电商,指分属不同关境的交易主体,通过电子商务的手段将传统进出口贸易中的展示、洽谈和成交环节电商化,并通过跨境物流送达商品,完成交易的一种国际化行为。它包括跨境电商企业对企业(B2B)、企业对消费者(B2C)。

从更广的意义上看,跨境电商指电子商务在进出口贸易中的应用,是传统国际贸易商务流程的电子化、数字化和网络化。它涉及许多方面的活动,包括货物的电子贸易、在线数据传递、电子资金划拨、电子货运单证等内容。从这个意义上看,在国际贸易环节中只要涉及电子商务应用都可以纳入这个统计范畴。

从目前通过跨境电商方式成交的商品看,现在跨境电子商务成交的商品,主要是通过三种方式跨越国界进出境的,分别是:

(1)货物方式通关。我国进出口企业与外国批发商和零售商通过互联网线上进行产品展示和交易,线下按一般贸易完成的货物进出口,即跨境电子商务的企业对企业进出口,本质上仍属传统贸易。

(2)快件方式通关。跨境电商成交的商品通过快件的方式运输进境或者出境。

(3)邮件方式通关。通过邮局的邮政渠道,邮寄进出口跨境电子商务成交的商品,这部分主要是消费者所购买的日常消费用品,供个人自用。

从跨境电子商务贸易方式看,各种贸易方式下的通关方式存在一定的差异,具体情况如下:

(1) 跨境电商 B2B 出口。即在规模化方式出口的情况下,按货物方式进行的一般贸易出口。其本质上仍属于传统贸易,流程规范,运作相对成熟。

(2) 跨境电商 B2B 进口。从跨境电商 B2B 方面看,跨境电商 B2B 进口与跨境电商 B2B 出口整体情况基本一致。在规模化方式进口的情况下,按货物方式进行的一般贸易进口本质上仍属于传统贸易,流程规范,运作相对也较成熟。

(3) 跨境电商 B2C 出口。这种方式由于主要面对海外消费者,订单额较小,频率高,一般采用快件和邮寄的方式出境,在通关商检、结汇及退税方面存在问题。

(4) 跨境电商 B2C 进口。这种方式主要指通过快件及邮件方式入境。由于国内消费者对海外商品需求旺盛,出现了"水客"、非法代购等问题,且目前按现行货物或物品方式监管可操作性较差,海关等部门也逐渐在规范和健全对这部分商品的监管。

在跨境电子商务中,B2B 商品,现在是按照一般贸易进行监督、征税,并已经纳入海关统计数据。在碎片化方式进出口的情况下,按快件及邮件方式出境,很难拿到海关正式报关单,在通关安检、结汇及退税方面存在问题。而对于 B2C,每一件商品价值在一千元以上的,也是按照货物进行监管征税和统计的。即不论是通过试点信息化监管平台进出口的,还是通过其他渠道进出口的,都已经纳入一般贸易的统计项目中了。

2015 年 6 月,国务院出台了《促进跨境电子商务健康快速发展的指导意见》,根据该意见,海关正在积极配合财政部等相关部委,按照有利于推动国内消费、公平竞争、促进发展和加强进出口税收管理的原则,制定跨境电子商务零售进出口税收政策。

(二) 跨境电商的发展

1. 跨境电商发展的三个阶段

总体来说,跨境电商的发展经历了以下三个阶段:

(1) 跨境电商 1.0 阶段(1999—2003 年)。即网上展示、线下交易的外贸信息服务模式,为企业信息以及产品提供网络展示平台,并不在网络上涉及任何交易环节,而是向进行信息展示的企业收取会员费。例如,阿里巴巴国际站平台、环球资源网、中国制造网等。

（2）跨境电商2.0阶段（2004—2012年）。即将线下交易、支付、物流等流程实现电子化，逐步实现在线交易平台；借助于电子商务平台，通过服务、资源整合有效打通上下游供应链；通过直接对接中小企业商户实现产业链的进一步缩短，提升商品销售利润空间。例如，敦煌网、速卖通。

（3）跨境电商3.0阶段（2013年至今）。即大型工厂上线、B类买家成规模、中大额订单比例提升、大型服务商加入和移动用户量爆发、平台承载能力更强，全产业链服务在线化。从传统外贸业务向跨境电商业务艰难转型、生产模式由大生产线向柔性制造转变、对代运营和产业链配套服务需求较高。例如，阿里巴巴、厦门嘉易通、深圳蓝海骆驼等。

2. 跨境电商试点城市逐步推广

2012年12月，海关总署在郑州召开跨境电商服务试点工作启动部署会，上海、重庆、郑州、杭州、宁波等5个试点城市成为承建单位。2013年8月，九部委下发《关于实施支持跨境电子商务零售出口有关政策的意见》，决定将郑州、上海、重庆、杭州、宁波、广州等6个城市作为首批跨境贸易电子商务试点城市。2014年3月，深圳、苏州、青岛、长沙、平潭、银川、牡丹江、哈尔滨、南宁、烟台等城市分别获批跨境贸易电子商务试点城市。2015年3月12日，中国（杭州）跨境电商综合试验区获批，成为国内首个跨境电商试验区。截至2015年6月20日，跨境电子商务进口试点城市已有7个，分别是：郑州、上海、重庆、杭州、宁波、广州及深圳。

中国跨境贸易电子商务服务试点城市逐步推广情况如图1所示。

批次	批准时间	试点城市	审批单位
试点启动期	2012年	郑州、上海、重庆、杭州、宁波等5个城市	海关总署
全面铺展期	2013—2014年	广州、深圳、苏州、青岛、长沙、平潭、银川、牡丹江、哈尔滨、烟台、西安、长春等十几个城市	海关总署

代表城市	直购进口模式	保税进口模式	一般出口模式	保税出口模式
重庆	✓	✓	✓	✓
广州	✓	✓		✓
上海				
宁波		✓	✓	
杭州	✓		✓	
郑州		✓		✓

图1　中国跨境贸易电子商务服务试点城市审批情况（左）和中国部分跨境贸易电子商务试点城市业务模式限定范围（右）

资料来源：艾瑞《2015年中国网络经济年度监测报告简版》。

3. 跨境电商的行业规模及现状

根据艾瑞《2014年中国跨境电商行业研究报告简版》，2013年我国跨境电商交易规模为3.1万亿元，增长率为31.3%，占进出口贸易总额的11.9%，如图2所示。另外，中国电子商务研究中心发布的《2014年度中国电子商务市场数据监测报告》显示，2014年中国电子商务市场整体交易规模为13.4万亿元，同比增长31.4%，其中随自贸区而火热起来的跨境电商表现尤为突出。2014年中国跨境电商交易规模为4.2万亿元，同比增长33.3%。在进出口比例上，2014年中国跨境电商中出口占比达到85.4%，进口占比达到14.6%。报告显示，目前跨境电商B2B交易占比高达93.5%。和国内电商一样，我国跨境电商交易模式同样是B2B模式占主导地位，B2C模式占比较小。而未来几年，随着进口电商的快速发展，B2C模式的增速将大幅提升。

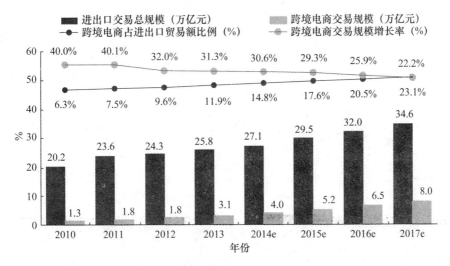

图2　2010—2017年中国进出口贸易及跨境电商交易规模
资料来源：艾瑞《2014年中国跨境电商行业研究报告简版》。

尽管增长迅猛，但目前我国跨境电商还处于起步阶段。未来随着国内市场对海外商品的需求高涨、国家跨境电商利好政策的先后出台、行业参与者的积极推动及行业产业链的逐渐完善，今后几年跨境电商进出口的份额占比将不断提升。不过，由于跨境电商进口受国家政策影响较大，所以跨境电商进出口份额占比的提升会呈现出平稳缓慢增长的态势，预计在2017年跨境电商在进出口贸易总额中的渗透率将达到20%左右。同时，跨境电商作为我国外贸进出口新的增长点，国家和地方政府非常重视跨境电子商务发展，出台了一系列专门针对跨境电商的关、检、税、汇等监管政策、物流仓储及金融支付等服务配套政策,积极推动跨境电商行业健康有序的发展。

(三) 跨境电商的特点

1. 跨境电商缩短对外贸易中间环节,提升进出口贸易效率

据海关统计,2014 年,我国进出口总值 26.43 万亿元人民币,比 2013 年增长 2.3%。其中,出口 14.39 万亿元,增长 4.9%;进口 12.04 万亿元,下降 0.6%。可以看到,在世界经济复苏缓慢、国内劳动力价格上涨、人民币升值等成本要素上升,以及贸易摩擦加剧等因素造成复杂严峻的外贸形势下,传统的外贸模式存在过度依赖传统销售、买家需求封闭、订单周期长、利润空间小等问题,这些问题更是制约着中小企业进出口贸易的发展。

而跨境电商作为基于互联网的运营模式,正在重塑中小企业国际贸易链条。跨境电商打破了传统外贸模式下国外渠道(如进口商、批发商、分销商甚至零售商)的垄断,使得企业可以直接面对个体批发商、零售商,甚至是直接的消费者,有效减少了贸易中间环节和商品流转成本,节省的中间环节成本为企业获利能力提升及消费者获得实惠提供了可能(见图 3)。

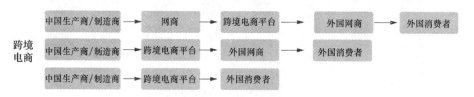

图 3 传统外贸与跨境电商的比较

资料来源:艾瑞《2014 年中国跨境电商行业研究报告简版》。

2. 传统企业进入、产业链不断完善、品牌化开启

跨境电商经过十多年的发展,整个行业经历了早期信息发布平台探索阶段、交易平台运营阶段及近期 B2C 兴起及快速发展阶段,每个阶段的跨境电商行业呈现出不同的特点。近两年来,随着整个社会对跨境电商的关注度不断提高,以及跨境电商各参与主体对行业发展的共同推动,整个跨境电商行业也开始出现一些新的特点,具体主要包括以下几个方面:

（1）参与主体。2012年以前，跨境电商的参与者主要以小微的草根企业、个体商户与网商为主。2013年以来，传统贸易中的主流参与者，如外贸企业、工厂和品牌商家开始进入这个领域，并逐渐走向规模化运作。

（2）产业链。针对影响跨境电商发展的营销、通关商检、物流、支付等环节的问题，跨境电商企业及服务企业不断向产业链其他环节延伸，整合多方资源提供一体化服务，新的服务商也在不断涌现，整个产业链和生态系统的服务链条越来越清晰和完善。

（3）运营方式。早期跨境电商借助中国制造大国的优势，以销售物美价廉的产品及OEM代工为主。近两年来，大量企业开始考虑走品牌化运营之路，特别是一些较大的企业开始考虑规模化，建立自己的平台，把品牌引向海外市场，通过品牌来提升自身在跨境电商中的价值。

3. 产品、物流、通关结汇等问题制约跨境电商发展

跨境电商不同的贸易方式存在着不同的问题。按一般贸易方式进出口的大额交易，目前尚未完全实现贸易的无纸化，这在一定程度上影响了贸易的便利化及电子商务在贸易中的应用。从小额碎片化的贸易来看，除了受到未实现的贸易无纸化影响外，在产品、物流、通关等方面也存在一些行业性的难题，这些成为制约跨境电商发展的重要因素。具体情况如下：

（1）产品同质化严重。近两年跨境电商发展迅速，吸引了大量商家的涌入，行业竞争加剧。一些热销且利润空间较大的产品，如3C产品及其附件等，众多跨境电商公司都在销售，产品同质化现象严重，行业内甚至出现恶劣的价格战。同时，跨境电商发展起来很大程度上是源于中国制造大国的优势，以价格低廉的产品吸引消费者，目前跨境电商行业很多产品（如一些3C产品、服装等）是从一些小工厂出货，产品质量控制相对来说还有一定的问题，大部分跨境电商企业还未进入品牌化建设阶段。

（2）物流时间长且浮动范围大，物流成本制约电商的发展壮大。跨境电商由于涉及跨境，因此较为复杂且各国间政策差异较大，很难像内贸电商一样通过自建物流的方式来解决跨境电商的物流问题。跨境电商的物流周期非常长，到美国和欧洲一般要7—15天左右，到南美洲和俄罗斯更长（25—35天左右），而且，物流还存在时效投递不稳定的问题，收货时间波动很大，有时7天收到，有时20天收到。除了物流时间之外，物流执行成本（包括运输、订单处理、仓储、收发货和退换货等成本）已成为电子商务企业除销货成本外的最大支出。以当当网为例，其2010年前9个月毛利润率为22%，其中营销费用、技术费用和一般管理费合计占总销售收入的9.3%，但仅"物流执行成本"一项就占到总销

售收入的13%,致使公司前三个季度(加上其他业务收益后)净利润率仅为1%。

(3) 通关结汇难。随着跨境贸易逐渐向小批量碎片化发展,除了B2C企业外,小额贸易B2B企业同样面临通关的问题。由于小额B2B和B2C跨境贸易电子商务与一般出口贸易存在差异,在出口过程中存在难以快速通关、规范结汇、享受退税等问题。虽然目前国家针对跨境电商零售出口提出可"清单核放、汇总申报"的通关模式,但该政策仅适用B2C企业,大量从事小额B2B的外贸中小企业仍存在通关困难的问题。在进口过程中,存在以非法进口渠道逃避海关监管,以及进口商品品质难以鉴别,消费者权益得不到保障等问题。

(4) 跨境电商人才缺失。目前快速增长的电子商务需求和人才缺乏之间的矛盾,已经在很大程度上制约了跨境电商企业的进一步发展。2015年阿里研究院联合对外经济贸易大学国际商务研究中心发布的《中国跨境电商人才研究报告》显示,85.9%的企业认为跨境电商人才缺口严重存在,并且小企业对电子商务专业人才需求相对较多,更倾向于招聘具有复合型知识和技能的专科人才。跨境电商人才需要兼具外贸人才和电商人才的"功力",企业很难从外部直接招聘到复合型人才。跨境电商人才严重稀缺,甚至在跨境电商产业领域更是"一将难求",人才的匮乏是限制中国跨境电商行业发展的最关键的因素。复合型跨境电商人才的培养是跨境电商行业发展的迫切需求。

(四) 跨境电商行业的发展趋势

1. 交易特征:产品品类和销售市场更加多元化

从销售产品品类看,跨境电商企业销售的产品品类从服装服饰、3C电子、计算机及配件、家居园艺、珠宝、汽车配件、食品药品等便捷运输产品向家居、汽车等大型产品扩展。eBay数据显示,eBay平台上增速最快的三大品类依次为:家居园艺、汽配和时尚,且71%的大卖家计划扩充现有产品品类,64%的大卖家计划延伸到其他产品线。不断拓展销售品类成为跨境电商企业业务扩张的重要手段。品类的不断拓展,不仅使得"中国产品"和全球消费者的日常生活联系得更加紧密,而且有助于跨境电商企业抓住最具消费力的全球跨境网购群体。从销售目标市场看,以美国、英国、德国、澳大利亚为代表的成熟市场,由于跨境网购观念普及、消费习惯成熟、商业文明规范程度较高、物流配套设施完善等优势,在未来仍是跨境电商零售出口产业的主要目标市场,且将持续保持快速增长。与此同时,不断崛起的新兴市场正成为跨境电商零售出口产业的新动力。俄罗斯、巴西、印度等国家的本土电商企业并不发达,消费需求旺盛,中国制造的产品物美价廉,在这些国家的市场上优势巨大。大量企业也在拓展东南亚市场,印度尼西亚是东南亚人口最多的国家,位居全球人口第四位,具有巨大的消费潜力。目前,eBay、亚马逊、日本乐天等电商平台巨头都开始进入该国市场。此外,在中东欧、拉丁美洲、中东和非洲等地区,电子商务的渗透率依然较低,有望在未来获得较大突破。

2. 交易结构:B2C占比提升,B2B和B2C协同发展

随着物流、金融、互联网等国际贸易基础设施的改善和新技术的出现,国际贸易的形态也在不断演化。其显著的变化之一是,产品从工厂到消费者的通路越来越多元化,跨境电商B2C这种业务模式逐渐受到企业重视,近两年出现了爆发式增长,究其原因,主要是因为跨境电商B2C具有一些明显的优势:

(1) 利润空间大。相较于传统跨境模式,B2C模式可以跳过传统贸易的所有中间环节,打造从工厂到产品的最短路径,从而赚取高额利润。

(2) 有利于树立品牌形象。有利于国内不再满足做代工的工贸型企业和中国品牌利用跨境电商试水"走出去"战略,熟悉和适应海外市场,将中国制造、中国设计的产品带向全球,开辟新的战线。

(3) 把握市场需求。直接面对终端消费者,有利于更好地把握市场需求,为客户提供个性化的定制服务。

(4) 市场广阔。与传统产品和市场单一的大额贸易相比,小额的B2C贸易更为灵活,产品销售不受地域限制,可以面向全球200多个国家和地区,有效降低单一市场竞争压力,市场空间巨大。

跨境B2C的发展对中国制造出口企业来说无疑为其扩展新业务提供了新的可能性。但需要注意的是,B2C存在订单量小且不稳定的缺点,无法满足制造企业规模化生产的要求。此外,与境内B2C相比,境外B2C市场都会有市场需求周期性明显、营销推广费用较高、用户获取难度较大等诸多问题,跨境电商B2C类企业与境外本土购物网站的竞争也是不可避免的。另外,B2B作为全球贸易的主流,在可以预见的未来仍然会是中国企业开拓海外市场的最重要模式,而B2C作为拉近与消费者距离的有效手段,对中国企业打响品牌、实现弯道超车,也将具有非常重要的作用。B2B和B2C作为两种既有区别又有联系的业务模式,互补远远大于竞争,两者都能成为开拓海外市场的利器。

随着物流、互联网技术的发展及利好政策的陆续发布,阻碍跨境电商B2C发展的一些因素正在消减,B2C在整体市场中的份额将进一步提升。但B2B作为全球贸易的主流,未来仍然会是中国企业开拓海外市场的最重要模式,B2B和B2C将会协同发展。

3. 交易渠道：移动端成为跨境电商发展的重要推动力

移动技术的进步使线上与线下商务之间的界限逐渐模糊，以互联、无缝、多屏为核心的"全渠道"购物方式将快速发展。首先，从B2C方面看，移动购物使消费者能够随时、随地、随心购物，极大地拉动了市场需求，增加了跨境零售出口电商企业的机会。其次，从B2B方面看，全球贸易小额、碎片化发展的趋势明显，移动可以让跨国交易无缝完成，卖家随时随地做生意。白天卖家可以在仓库或工厂用手机上传产品图片，实现立时销售；晚上卖家可以回复询盘、接收订单。基于移动端做媒介，买卖双方的沟通变得非常便捷。

2014年中国总体网民规模达到6.5亿人，同比增长5.0%，互联网普及率为47.9%。其中，移动网民规模为5.6亿人，同比增长11.3%，移动网民在整体网民中占比为85.5%，如图4所示。另外，艾瑞《2015年中国网络经济年度监测报告简版》显示，2014年中国网络经济市场规模为8706.2亿元。其中，PC网络经济规模为6477.3亿元，同比增长32.0%；移动网络经济规模为2228.9亿元，同比增长119.9%。可见，移动网络经济增速远远高于PC网络经济。截至2014年6月，我国网民上网设备中，手机使用率达83.4%，首次超越传统的PC使用率（80.9%）。敦煌网移动端的访问量占到全平台访问量的42%，敦煌网移动端订单数同比增长215%。知名跨境电商兰亭集势认为移动端是拉动营收的主要动力，在移动端采用多App发展战略；2014年第二季度移动订单数量占

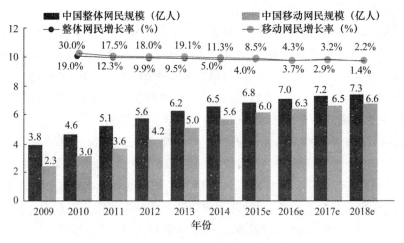

图4　2009—2018年中国整体网民及移动网民规模

资料来源：艾瑞《2015年中国网络经济年度监测报告简版》。

订单总量的28.2%,比去年同期高11.4个百分点。网民对手机电子商务类、休闲娱乐类、信息获取类、交流沟通类等应用的使用率都在快速增长,移动互联网带动整体互联网各类应用的发展,未来移动端和PC端两个平台将深度融合,组合式采购。

移动跨境电商的发展情况跟各国的互联网发展情况相关。对于美国之类的发达市场,互联网发展进程完备,跨境电商从PC到移动端的发展有很大的存量空间。而在一些新兴市场,其整体电商的发展水平可能是中国几年前的水平,比如说像俄罗斯和东南亚、非洲的一些国家,大量用户不需要进入PC端跨境电商市场,直接进入移动跨境电商市场,它们是未来移动跨境电商发展的巨大的增量市场。

4. 产业生态:生态更为完善,各环节协同发展

跨境电子商务涵盖实物流、信息流、资金流、单证流。随着跨境电子商务经济的不断发展,软件公司、代运营公司、在线支付、物流公司等配套企业都开始围绕跨境电商企业进行集聚;服务内容涵盖网店装修、图片翻译描述、网站运营、营销、物流、退换货、金融服务、质检、保险等内容;整个行业生态体系越来越健全,分工更清晰,并逐渐呈现出生态化的特征。目前,我国跨境电商服务业已经初具规模,有力地推动了跨境电商行业的快速发展。

从物流方面看,为适应跨境电商的需求,兼顾成本、速度、安全,甚至包含更多售后内容的物流服务产品应运而生,大量提供一体化服务的物流整合商也开始出现,如以海外仓储为核心的跨境电子商务全程物流服务商已经出现,递四方、出口易等企业都强化了对物流和供应链的整合,在海外建立了物流仓储。通常小额跨境物流配送需要15—30天的时间,而通过对不同卖家需求的不同货运方式组合,这一配送时间已经大大缩短;此外,海外仓储建设的逐步完善更将提升卖家在国际贸易中的竞争地位。

从金融服务方面看,国家外汇管理局向国内17家第三方支付机构授予了跨境电子商务外汇支付业务试点牌照,使得支付结算方式更加多元化,推动外贸电商发展。针对交易过程,跨境电商平台eBay与太平洋保险、中银保险针对平台卖家推出跨境交易保险产品。

从互联网金融方面看,一些金融机构如中国银行、平安金科等向跨境电商企业提供无抵押的信用贷款,解决中小企业融资难的问题。

除此之外,代运营服务、营销服务等公司也大量涌现,整个行业的产业系统更为完善,配套服务设施更为健全。

跨境电商的发展不仅仅需要一个电商平台,它的上游需要信息技术的引

领,下游需要快递物流的支撑,只有信息流、资金流、物流三位一体地支撑到位,跨境电商才能颠覆传统商业模式,实现迅速增长。

二、"一带一路"与跨境电商的发展

(一)"一带一路"或成为跨境电商的爆发新引擎

1. 国家高度重视跨境电商行业发展

习近平主席2014年2月出任中央网络安全和信息化小组组长,提出建设网络强国战略目标;5月,考察郑州跨境贸易电子商务服务试点项目,希望郑州"买全球""卖全球";8月,在中央全面深化改革领导小组会议上提出强化互联网思维;11月,致信世界互联网大会,希望与会嘉宾集思广益、凝聚共识、贡献创见,推动互联网更好地造福人类。

李克强总理2015年3月在《政府工作报告》中提出,要从战略高度推动出口升级,扩大跨境电子商务试点,鼓励电子商务创新发展。4月1日,主持召开国务院常务会议,确定加快发展电子商务的措施,培育经济新动力。其中,推进网络购物、网络化制造和经营管理、跨境电子商务等新业态成长是重要内容。11月,考察浙江义乌、杭州期间提出电子商务将成为发展的发动机,并强调要扎实推进跨境电子商务综合试验。

另外,国务院副总理汪洋2013年12月在京东调研,称电商是经济发展的重要引擎。

2. "一带一路"背景下,各项措施密集发布,为跨境电商的快速发展提供政策支持

2013年9月和10月,中国国家主席习近平在出访中亚和东南亚国家期间,先后提出共建"丝绸之路经济带"和"21世纪海上丝绸之路"(以下简称"一带一路")的重大倡议。2013年8月29日,商务部等部门出台《关于实施支持跨境电子商务零售出口有关政策的意见》对跨境电商提出具体的支持政策,其中包括对电子商务出口经营主体的分类、建立适应电子商务出口的新型海关监管模式并进行专项统计、建立相适应的检验监管模式、支持企业正常收结汇、鼓励银行机构和支付机构为跨境电子商务提供支付服务、实施相适应的税收政策,以及建立电子商务出口信用体系等。这是国家第一次将跨境电商提高到国家政

策扶持的高度。2014年第一季度，国务院颁布了《关于支持外贸稳定增长的若干意见》，首次明确出台跨境电子商务贸易便利化措施。

此后，为进一步促进跨境电商发展，国家出台了多个针对跨境电商的关、检、税、汇等监管政策与仓储、物流及支付等配套服务政策，如表1所示。

表1 关于跨境电商的政策（部分）

法律法规	发布时间	发布单位	主要内容
《跨境贸易人民币结算试点管理办法实施细则》	2010年9月15日	中国人民银行	启动郑州、上海、重庆、杭州、宁波等5个城市为跨境贸易电子商务服务试点城市。
《第三方电子商务交易平台服务规范》	2011年4月12日	商务部	规范第三方电子商务交易平台的经营活动，保护企业和消费者合法权益，营造公平、诚信的交易环境，保障交易安全。
《关于利用电子商务平台开展对外贸易的若干意见》	2012年3月12日	商务部	明确要为电子商务平台开展对外贸易提供政策支持，鼓励电子商务平台通过自建或合作方式，努力提供优质高效的支付、物流、报关、金融、保险等配套服务，实现"一站式"贸易。
《支付机构跨境电子商务外汇支付业务试点指导意见》	2013年2月1日	国家外汇管理局	便利机构、个人通过互联网进行电子商务交易，规范支付机构跨境互联网支付业务发展，防范互联网渠道跨境资金流动风险。
《网络发票管理2013年办法》	2013年3月7日	国家税务总局	为加强普通发票管理，保障国家税收收入，规范网络发票的开具和使用。
《关于实施支持跨境电子商务零售出口有关政策意见的通知》	2013年8月21日	国务院办公厅	在现行管理体制、政策、法规及现有环境条件已无法满足跨境电商市场需求的背景下，提出了6项具体施，主要集中在海关、检验检疫、税务和收付汇等方面。
《关于跨境电子商务零售出口税收政策的通知》	2014年1月1日	财政部、国家税务总局	对跨境电子商务零售出口有关税收优惠政策予以明确。
《网络交易管理2014年办法》	2014年1月26日	国家工商行政管理总局	明确了网络商品交易的形式和范围，对消费者退货行为、第三方交易平台的信息审查和登记、网络商品交易中的"信用评价""推广"等行为做了明确规定。

(续表)

法律法规	发布时间	发布单位	主要内容
《国家税务总局关于外贸综合服务企业出口货物退（免）税有关问题的公告》	2014年2月27日	国家税务总局	为进一步发挥外贸综合服务企业提供出口服务的优势，支持中小企业更加有效地开拓国际市场，对有关出口货物的退（免）税事项进行公告。
《关于支持外贸稳定增长的若干意见》	2014年5月20日		提出激发市场活力、提振外贸企业信心、促进进出口平稳增长的16条举措，并明确提出进一步加强进口，出台跨境电子商务贸易便利化措施。

资料来源：作者自编。

2015年以来，国家对跨境电商的扶持力度越来越大，5月，国务院接连发布《关于大力发展电子商务加快培育经济新动力的意见》和《关于加快培育外贸竞争新优势的若干意见》；6月，出台了《关于促进跨境电子商务健康快速发展的指导意见》（以下简称《意见》），它被看作新形势下促进跨境电子商务加快发展的指导性文件。《意见》明确了跨境电子商务的主要发展目标，特别是提出要培育一批公共平台、外贸综合服务企业和自建平台，并鼓励国内企业与境外电子商务企业强强联合。同时，《意见》提出了五个方面的支持措施。一是优化海关监管措施。二是完善检验检疫监管政策措施。三是明确规范进出口税收政策，继续落实现行跨境电子商务零售出口税收政策，按照有利于拉动国内消费、公平竞争、促进发展和加强进口税收管理的原则，制定跨境电子商务零售进口税收政策。四是完善电子商务支付结算管理，稳妥推进支付机构跨境外汇支付业务试点，鼓励境内银行、支付机构依法合规地开展跨境电子支付业务。五是提供财政金融支持。对跨境电子商务企业"走出去"等重点项目给予必要的资金支持，为跨境电子商务提供适合的信用保险服务，向跨境电子商务外贸综合服务企业提供有效的融资、保险支持。

电子商务是2015年国家提出的"互联网+"行动计划的一项重要内容，也是核心内容之一。未来中国将积极发起或参与国际电子商务交流合作，简化境内电子商务企业海外上市审批流程和境外直接投资外汇登记手续，鼓励电子商务领域的跨境人民币直接投资。中国政府正积极发展面向"一带一路"沿线国家或地区的电子商务合作，建立政府、企业、专家等各个层面的对话机制。"一带一路"的全面铺开，以及各个自贸区的加紧建设，为近年来中国外贸链条上日益活跃的跨境电商提供了新一轮的发展机遇。

（二）跨境电商将开创一条"空中丝绸之路"，助力"陆海空"一体化新丝绸之路的发展模式

1. 跨境电商有助于转变中国贸易从注重出口向注重进口转变，同时实现"全球买"与"全球卖"

过去中国作为世界工厂，发挥了中国制造能力；现在要发挥的是中国消费能力。2014年中国海关公布进口总额为12万亿元人民币，业内预测跨境进口消费约1万亿元人民币，仅占总体的8%，可见中国扩大消费进口的潜力是巨大的。

举一个例子，2014年阿里巴巴做了全球化的"双十一"，当天有211个国家和地区的消费者上线。一旦通路被打通，一方面全球消费会顺势发展起来，另一方面可以看到中国消费者强大的购买力。仅仅美国COSTCO通过天猫国际，在"双十一"卖给中国消费者的坚果和蔓越莓干就达到300吨。它最初是在中国台湾备货，以便快速发货到中国大陆，最后发现中国台湾的备货不够卖，又从日本、韩国以及美国本土调货过来。跨境电商把中国消费者需要的国外优质商品通过网络建立连接，其实是给很多国外优质商家建立一个与中国市场连接的机会。

另外，中国的消费者力量正在崛起。虽然中国人均收入和人均消费水平还不高，但是今天中国已经有2亿中产阶层，未来10年之内这一阶层的人口将发展到5亿。而这个数字可能相当于美国、英国、法国这三个国家的人口总和。这样庞大的有消费能力的人群，为跨境电商的进口消费提供了坚实的群众基础。

2. 跨境电商有助于中国从注重促进本国贸易到注重促进全球贸易的转变

过去，中国更多构建的是以中国为中心的外贸布局；现在，我们正在逐步转向推动全球贸易的网状布局，努力服务于世界各地不同的贸易连接，在全球建立网状的贸易服务体系。我们可以看到，中国提出的"一带一路"建设的思想和贸易规划都充分体现了从发展双边贸易到推动全球贸易的思考。

作为中国对外贸易新模式的跨境电商，可以建立一个包括交易、金融、物流、技术、服务、数据平台的电商网状基础设施，通过网络资源整合，服务于全球贸易。比如，阿里巴巴集团通过跟圆通和俄罗斯邮政的合作，开通了中美、中澳、中韩等多条线路，在广州、宁波等多个地方开展了保税模式，并与海外数十个物流公司开展了合作优化物流路线。

3. 跨境电商的发展促进我国产业结构转型升级

跨境电商对我国产业结构的影响，主要体现在以下几个方面：

(1) 跨境电商直接促进我国现代服务业发展。从电子商务服务业来看，物流配送、电子支付、电子认证、IT 服务、数据挖掘、网络营销、客服外包、即时通信等几乎都属于现代服务业的内容。即使是最为传统原始的快递、物流配送，无论是从电商平台企业自身搭建的物流系统还是第三方物流来看，也都建立在信息技术业务系统之上，不仅商品本身已经基于二维码、条形码进行了物品编码，而且可以在电商平台实时查询、跟踪商品的流通过程，并通过 POS 机或者事先在线通过网络银行或第三方电子支付平台进行支付。毫无疑问，这些现代服务业将随着跨境电商的发展而不断壮大，在整个服务业中的比重也将不断提高。

(2) 跨境电商将加速传统产业创新发展，电子商务经济正在促进传统制造业的各个阶段发生变革。首先，跨境电商经济使得制造业的研发呈现出全球化的发展趋势。电商平台让全国甚至是全球同类产品同台亮相，性价比成为网上购物者做出购买决策的重要因素。制造业企业必须根据电子商务行情跟踪国内、国际市场产业发展趋势，并进行内部产品研发、设计、制造，从而推进企业能够根据国际市场变化不断调整产品生产方向与行业选择。其次，跨境电商促进企业内部信息化转型，升级"两化融合"。多年以来，企业投入大量资金建设内部管理信息系统、生产制造业务流程管理系统等，这些虽然能够提升企业生产制造的整体技术水平，但是同信息化之前相比，企业与市场供求关系并没有发生显著的变化，企业与市场的联系仍然不够紧密，甚至存在着"企业虽然投入大量 IT 投资却难以获得更好的经济效益"的情况，这就是所谓的"索洛悖论"。企业内部信息系统接入电子商务平台之后，企业的生产制造和产品产量进一步与市场联系在一起，此时市场才算真正地在引导企业的发展方向。特别是基于电商平台所提供的大数据分析工具，企业能够及时地根据市场行情变化生产为消费者量身定做的产品，从而拉动企业的柔性制造进程。电子商务化是企业信息化的"最后一公里"，电子商务化将进一步深化企业信息化发展进程，推动"两化融合"的纵深发展，并从根本上扭转当前产能过剩的困境。最后，跨境电商促进产业链的优化组合。电子商务（尤其是 B2B）将进一步促进上下游企业之间的供求关系，围绕最终产品的生产制造而在整个产业链上优化重组，从而促进产业分工，加速产业集聚，优化资源配置效率。这也是当前我国电子商务园区发展的方向。

(3) 电子商务优化产业组织结构，改善产业发展环境。当前，我国的 B2B 模式正在转向 B2C 模式，同时大型企业的综合自营类网站逐渐向第三方平台发展。在一个大规模的网络平台中,各类规模体量不同的企业都被置于同一市场竞争环境之下,中小型公司能够与集团化、规模化的大公司在同等市场竞争条件下进行比量,因此,一些传统行业(如金融、保险行业等)所固有的垄断局面就将因为电子商务的进一步发展而被打破。近来有关余额宝挑战银行业的现象即是这种趋势的具体体现。

2015年6月10日,李克强总理在国务院常务会议上提到,继续促进跨境电商健康发展,即实施"互联网+外贸""优进优出"策略,也是倒逼国内企业的转型升级。假如有越来越多高端的、优质的进口商品出现在国内市场,让中国消费者有更多选择,其实中国制造企业更应该思考如何利用转型升级重新找到机会,找到未来发展的方向。

4. 跨境电商的发展有助于提高企业参与国际贸易的竞争力,为打造国际品牌提供新契机

中小制造企业通过跨境贸易电子商务向海外进行直销,其产品的利润率可以由原来大宗采购下的5%—10%提高到30%—40%。跨境电子商务的相关服务平台能够提供贸易、金融、外语等专业服务,使过去复杂、专业的国际贸易变得简化、透明。当前我国许多企业,特别是中小企业尽管所生产产品的质量、性能优异,但品牌并不为国外消费者所认可。跨境电子商务能够有效打破渠道垄断,为我国企业创建品牌、提升品牌的知名度提供有效途径。

5. 跨境电商为企业通过创新做强做大提供有力平台,助力大众创业、万众创新

举一个例子,开拓海外市场一直是福建省德化县陶瓷企业的工作重点。近年来,受欧美经济放缓等影响,传统外贸销售订单大量萎缩,跨境电子商务成为德化县陶瓷企业开拓海外市场的重要渠道。截至2014年上半年,全县获得"输美日用陶瓷生产厂认证"企业共86家,位居全国陶瓷产区第二位;全县有100多家企业开展跨境电子商务。

与此同时,全县约有30%的外销企业借助电子商务"转战"国内市场。在2013年"双十一"活动中,德化共有7家陶瓷企业进驻天猫"双十一"大促家居分会场,当天订单量达4万多单,销售额达1 050万元,其中有5家企业当天销售额突破百万元。

电子商务在帮助德化企业开拓市场的同时,也促进了德化陶瓷产品创新。以前,全县外贸企业的产品大多是西洋小工艺瓷,且以国外节庆产品为主,样式相对固定。而网购产品要有个性和创意,比较时尚,这促使企业更加重视产品

创新,丰富产品类型。2013年全县企业开发的新产品数量相当于2012年的2倍,达4万多件。

此外,跨境电商中的国际供应链综合管理服务商,运用先进的技术和供应链管理理念,专业整合各环节资源,可以为掌握核心技术的创业人员提供资金、工厂、进出口等一系列配套服务,短期内将技术转化为生产力,实现该类人员的创业理想。

6. 跨境电商的发展有助于实现人民币国际化

我国发布的外贸数据显示,2014年进出口额为26万亿元人民币,其中有1/5已经直接用人民币结算了。而网上是跨境电商贷款、结算等应用场景,支付宝2014年在支付数额上超过了全球第二大的支付公司。跨境电商建立了在全球都可以得到普遍应用的支付工具和支付平台,也为人民币成为跨境电商结算货币打下了很好的基础。最后,"一带一路"贯通中亚、南亚、东南亚、西亚等地区,连接亚太和欧洲两大经济圈,是世界上跨度最大、最具发展潜力的经济合作带。当前"一带一路"沿线国家或地区普遍处于经济发展的上升期,与我国企业开展互利合作、扩大经贸合作的前景广阔。在"一带一路"的大环境下,通过跨境电子商务网络平台和跨境电子商务产业交易链的建设,实现各国或地区的跨境自由贸易,"陆海空"一体化的新丝绸之路发展模式,更符合现代贸易发展的需求。

三、福建自贸区跨境电商的发展现状及对策思考

福建是古代海上丝绸之路的重要起点,从唐宋到明清再到近代,福建都是海上丝绸之路最重要的参与者与见证者。宋元时期,泉州港被誉为"东方第一大港";明代前期,郑和从福州开洋远航,七下西洋;明代中后期,漳州月港是当时中国最大的对外贸易港口;近代,在五口通商中,福州、厦门占了其中两席。

福建又是侨务大省,东盟十国的闽籍侨胞超过1 000万人。东南亚闽籍侨胞实力雄厚,部分国家的华人掌握着当地的经济命脉。"世界华商500强"中闽籍侨商占1/3,大都来自东南亚;印度尼西亚华人富豪前9名中,闽籍华人占6名。目前,福建省与泰国、新加坡、澳大利亚、马来西亚等国的经贸往来频繁,今后,这些国家的产品均可通过跨境电商的创新业务模式,经福建向全国销售,提高福建自贸区在全国的竞争力。

同时,福建还是连接台湾的重要通道。福建作为21世纪海上丝绸之路核

心区,具有历史优势、区位优势和人文优势,有望在明确分工、加快对外通道建设、搭建商贸物流平台、深化多元贸易往来、提升产业合作水平、加强海洋开发合作、推动人文交流融合、聚合港澳台侨资源等方面发挥先导作用,对"一带一路"的建设与发展具有举足轻重的作用。

2015年3月24日,中共中央政治局审议通过《中国(福建)自由贸易试验区总体方案》。3月28日,国家发改委、外交部、商务部联合发布《推动共建丝绸之路经济带和21世纪海上丝绸之路的愿景与行动》(简称《愿景与行动》)。这份对外称愿景、对内称规划的文件,在第六章"中国各地方开放态势"中,福建被定位为"21世纪海上丝绸之路核心区"。至此,福建既是自贸区,又是海上丝绸之路核心区,是两大战略的汇合点。4月8日,中国政府网发布《国务院关于印发中国(福建)自由贸易试验区总体方案的通知》,明确了福建自贸区的战略定位:立足两岸、服务全国、面向世界,要建设成为制度创新的试验田、深化两岸经济合作的示范区和建设21世纪海上丝绸之路的核心区。

但是,目前福建省对外贸易还是以传统方式为主,交易环节多,交易费用高,交易双方信息交流不畅,严重阻碍外向型经济发展;而当前方兴未艾的跨境电子商务是对传统国际贸易模式颠覆性的创新,它在优化贸易流程、节省交易成本、提高贸易效率、增加贸易机会等诸多方面具有传统贸易方式无可比拟的优势。在福建省外贸发展疲软的形势下,可以加快福建省跨境电商的发展,充分发挥跨境电商在福建省对外经济发展中生力军的作用。

(一)福建跨境电商发展的促进因素

1. 具有先行先试的政策优势

在政策的大力扶持以及强大的消费市场支撑下,我国跨境电商正处于茁壮成长期,国内四大自贸区的建立也给跨境电商的成长提供了越来越多的便利。近来,国家不断出台跨境电商扶持政策,而四大自贸区也跟随国家层面的步伐积极跟进、细化针对跨境电商的便利措施。

配合2013年8月国家商务部等部委出台的《关于实施支持跨境电子商务零售出口有关政策的意见》,2013年11月19日,福建省人民政府办公厅(闽政办〔2013〕136号)转发《福建省跨境贸易电子商务工作实施方案》。该方案分为创新电子商务零售出口海关监管模式、简化电子商务出口检验模式、支持电子商务出口企业办理跨境贸易人民币结算或正常收结汇、落实电子商务出口企业退税政策、开发建设公共信息平台、完善交易后物流配送服务、扩大对外招商、建设海峡两岸跨境电子商务示范区、增强工作合力等9个部分;重点提出建设海峡两岸跨境电子商务示范区，不断深化闽台电子商务合作，率先引进一批在台湾有影响力的电商企业，开展跨境网络零售业务，设立区域采购配送中心、研发中心、物流运筹中心，逐步形成海峡两岸电子商务产业链。

2014年6月，福建省政府出台《关于进一步加快电子商务发展的若干意见》后，位居省内外贸进出口前三位的厦门、泉州、福州三地，都进行了电子商务中长期发展的规划，其中对电子商务产业园建设进行了重点布局。同年9月，福建最大的电子商务产业园——福州电子商务产业园启动建设。该产业园总投资预计超10亿元人民币，占地面积248亩，建筑面积35万平方米，拟在2016年投入使用，而跨境电商是该园区的主推项目。

根据《福州市电子商务发展中长期规划(2014—2020)》，到2018年，福州力争在福州新区之马尾、长乐、福清等区(市)重点打造3个功能各异、错位竞争、年交易额超百亿元的电商产业集聚区。而福建另一个重要城市厦门，2015年也在规划以两岸贸易中心总部及象屿保税区监管仓库为载体的跨境电商园区，该园区中的电子商务与物流产业园启动区域达95万平方米。同时，与苏南、温州齐名的中国民营经济大市泉州，也以当地产业为特色，在各县域加速建设电子商务产业基地，包括鲤城区泉州网商创业园区、丰泽区领SHOW天地电子商务基地、晋江洪山工业园区休闲体育用品电子商务基地、石狮服装城纺织服装行业电子商务产业基地、南安石材电子商务基地、南安水暖建材电子商务基地等。

自福建自贸区揭牌以来，福州海关立足海关事权，突出对台优势，充分发挥改革创新精神，已推出21项简化通关手续、提高贸易便利化的创新举措，涵盖了通关、征管、保税、闽台合作、企业服务等方面，富有鲜明的福建特色。其中，"先验放后报关""台商协会总担保""简化《关于建立更紧密经贸关系的安排》(CEPA)及《海峡两岸经济合作框架协议》(ECFA)原产地证书提交需求""开展闽台海运快件""放宽优惠贸易安排项下海运集装箱货物直接运输判定标准""建立对台原产地证书核查机制"等6项措施，经国际著名咨询服务机构毕马威评估为全国首创。

2015年7月7日，厦门海关隶属的象屿海关与厦门自贸试验片区电子口岸有限公司、中国建设银行股份有限公司厦门市分行签订合作备忘录，标志着保税区内保税展示交易内销货物电子化分段担保业务正式启动。实行电子化分段担保后，保税展示交易企业可通过与海关信息系统联网，按销售情况实时计缴税款保证金，集中报关后再将保证金一次性退还。这种担保方式更符合电子商务的发展趋势，通过将线上销售系统与海关联网，便可实现企业按实际销售情况缴纳保证金，大大减少了企业的资金占用，充沛的流动资金可以有效推动企业的发展壮大。

　　福建自贸区平潭片区积极探索引进人才参与平潭管理和建设,首批聘用了6名台湾专业人才,力求实现两岸"共同规划,共同开发,共同经营,共同管理,共同受益"。此外,平潭片区在ECFA框架下,对台开放了建筑、规划、医疗、旅游等行业,目前已有18名台湾建筑师、82名台湾技师和10名台湾导游在平潭备案或执业。未来平潭将根据自贸区建设对人才的需求,继续聘用各类台湾专才来平潭工作,并吸引更多的台湾团队和人才来平潭工作、创业,为自贸区建设提供人才支持和智力保障。

　　此外,福建自贸区积极拓展闽台金融合作,已有24家台湾银行与16家大陆银行签订了人民币代理清算协议,累计清算资金达357亿元人民币。

　　2. 互联网设施建设较为完善,发展跨境电商信息化基础好

　　中国电子信息产业发展研究院发布的《2014年中国信息化与工业化融合发展水平评估报告》显示,2014年福建省省域网出口带宽指数为76.19,高于全国的63.42;固定带宽普及率指数为95.34,高于全国的63.42;移动电话普及率指数为73.93,高于全国的63.75;互联网普及率指数为77.42,高于全国的62.31。该报告指出,福建省的两化融合基础环境明显优于全国平均水平,主要是因为福建的网络基础设施建设水平、宽带网络基础设施覆盖率均明显高于全国平均水平,中小企业信息化服务平台数量较多,政府对两化融合的资金支持力度较大,企业普遍重视信息化建设,等等。

　　3. 轻纺工业和电子信息等产业较为发达,为跨境电商提供了较好的生产基地

　　改革开放以来,福建省产业投资的第一个阶段是在20世纪80年代,福州、厦门和泉州等沿海地区凭借低成本的劳动力、原材料及税收优惠,承接来自港澳台地区以及东南亚国家的产业转移,主要以劳动密集型的轻纺工业为主,以出口导向为其市场指向。到了20世纪90年代中期,福建省的产业承接重点转向了电子信息产业;至此,积累了较好的轻纺工业和电子信息产业基础;另外,凭借拥有晋江、石狮、莆田、厦门等中国最主要的运动鞋服生产基地,福建卖家在运动用品类产品上具有相当丰富的货源采购和出口优势,福建省跨境电商业务发展十分迅猛。

　　2015年5月11日,在福建县域电子商务峰会上,阿里研究院根据"阿里巴巴电子商务发展指数(aEDI)"形成2014年中国"电商百佳县"榜单,其中,石狮位列全国第二位。从省级层面来看,"电商百佳县"广泛分布在全国17个省

（市、自治区），主要集中在浙江、福建和江苏三省，合计占71%；其中，福建有16个"电商百佳县"，名列第二，如表2所示。从城市层面来看，"电商百佳县"广泛分布在全国47个地级城市，其中，泉州有7个"电商百佳县"，名列第一，如表3所示。

表2　2014年各省（市、自治区）"电商百佳县"数量　　　　　　　单位：个

省区	数量	省区	数量
浙江	41	河南	1
福建	16	黑龙江	1
江苏	14	吉林	1
河北	6	山西	1
广东	4	天津	1
山东	4	西藏	1
湖南	3	新疆	1
广西	2	云南	1
四川	2		

资料来源：阿里研究院，http://www.aliresearch.com。

表3　2014年"电商百佳县"数量前十位城市

城市	数量	城市	数量
泉州	7	宁波	5
金华	6	苏州	4
台州	6	福州	3
温州	6	杭州	3
嘉兴	5	绍兴	3
丽水	5		

资料来源：阿里研究院，http://www.aliresearch.com。

4. 具有区位交通优势、较好的物流基础和良好的对台贸易基础

近年来，福建综合交通运输网络不断完善，经济腹地逐步拓宽，特别是"十一五"以来，福建围绕"大港口、大通道、大物流"的建设目标全面推进交通基础建设，交通运输网络不断完善，基本完成了打通公路、铁路、航空、水运的通道任务，打通了福建对外交往的各条经脉，境内路段基本实现高等级化；服务中西部地区发展的综合通道功能日益显现，形成了全方位、跨领域、多层次扩大对外开放的"桥头堡"，有助于福建与台湾更大区域的互利合作开放、产业对接和经济融合。同时，经过多年发展，福建物流网点较为齐全，具有物流便捷的优势。以晋江、厦门等运动鞋服生产基地为例，厦门港和晋江陆地港互相配合，联合整合

了厦门、漳州和泉州的运输资源,为该区域卖家提供了物流运输新通道,形成了面向全球的货物运输配送网络。

值得一提的是,为贯彻落实"一带一路"和自贸区两大战略,厦门市一直着力打造一条向西连接欧亚大陆的物流大通道,积极拓展区域合作空间,以增强区域竞争力。2014年11月21日,在厦门举办的海峡物流节开幕式上,厦门开通中欧、中亚班列的筹备工作正式启动。中欧班列将由海沧铁路公司场站始发,经成都至波兰罗兹,全程运行时间15日以内。中亚班列则由厦门直达中亚,全程运行时间5日。这两个每周一列的班列开通以后,厦门货物运抵欧洲、中亚国家的时间,相较传统铁路运输将缩短一半,运输成本降低40%左右;相较传统海运模式,运输时间将缩短一半。这意味着厦门成为"一带一路"的重要节点,投资环境、物流与港口中转服务将有质的飞跃。

凭借着福建对台的地理位置,作为省会城市的福州也吸引了大批的大中型台湾企业来此投资建厂,且福建具有发展对台小额贸易的基础,加之ECFA的签署、两岸经贸关系的日渐升温等都为福建发展对台电子商务贸易奠定了基础。目前,福建自贸区与阿里巴巴集团下的团购网站"聚划算"的战略合作刚刚启动。通过电商平台,台湾水果可实现跨境预售、快速到达;大陆居民不出境就可享受台湾名医的服务、享用台湾医疗设备,跨境游手续也日益简化。两岸跨境电商合作,既能提高交易效率、降低贸易成本,还提升了消费体验,为扩大闽台货物和服务往来增添了动力。

(二)福建跨境电商发展存在的问题

1. 政策优势短期内尚未有效转化为产业发展优势

2013年12月,上海自贸区在五个试点城市中率先推出了以地方政府为主导、企业化运行的公共交易平台"跨境通",接着郑州"万国优品"、宁波"跨境购"、杭州"跨境一步达"等纷纷测试上线。而作为福建跨境贸易电商试点城市的平潭,其地处东南沿海,腹地面积小,加上地理位置处于两岸对立时期的前沿阵地,过去未受到重视与扶持,导致产业基础较为薄弱,经济增速较为缓慢、文化发展相对滞后、人才储备相对不足。诚如《平潭综合实验区总体发展规划》所指出的,平潭发展还面临着一些困难,如经济发展基础比较薄弱、产业支撑能力不足等;同时,赋予的跨境贸易电子商务试点城市的政策,存在经验、技术储备、人才队伍等方面的不足,尚未有效转化为产业发展优势;属于福建的跨境电商平台尚未正式建立。

2. 信息支撑平台缺失

搭建两岸贸易便利化信息服务平台,实现两岸跨境电子商务流、通关、结算等数据的快速交换是发展两岸跨境电子商务的基本支撑条件。虽然厦门市政府已在规划建设第四方物流平台(以两岸贸易便利化信息服务平台为抓手项目),但由于参与的股东单位、政府部门对运营模式存在分歧,导致项目难以推进,从而影响了两岸跨境电子商务的发展。

3. 通关、物流仍是福建跨境电子商务交易的瓶颈

跨境电商与国内电商相比,对物流的要求更高,目前福建省在支持跨境电商的基础设施上还存在较多问题。例如,泉州还没有现成的物流集散中心,一件衣服从石狮出发,需要先发往上海或杭州这些具有物流集散中心的城市,这就需要花费2天左右的时间,然后再通过国际物流才能发到国外。这样运送时间往往要超过5天,影响了欧美客户的消费体验。同时,也增加了物流成本,不利于中小企业的发展。

在政策及实施层面,虽然配合国家密集出台的扶持跨境电商的政策,福建也密切跟进出台了各项政策、方法,着力改善通关方式、提高通关效率。但是,在具体操作过程中还发现种种障碍,现列举几点台湾物流业提出的问题:

(1)两岸运输业者(船公司)向海关申报之舱单(Cargo Manifest)不能互相联机传输,因此台湾出口货物到达厦门,必须等船公司传送舱单给海关,货物才能办理通关作业,影响货物通关时效,尤其生鲜货物等不得。

(2)台湾出口舱单至大陆资料可能被更改,大陆海关不相信进口舱单之真实性,加强了报单查验、查价,严格管控货物流通作业,致使通关时间太长。

(3)大陆关务作业尚未全面实现无纸化,影响货物通关时效。

(4)两岸检验检疫单位尚未取得共识,未制定共同标准,造成出口地取得检验合格证,进口地仍需再检验,甚或检验无法通过的情形。

(5)台湾出口产证都由民间团体核发,到大陆口岸,进口通关被质疑,造成很大困扰。

(6)检验单位将正本产地证明留置,以致进口商没有产证提供给海关,无法依照ECFA规定通关,享受免税。

(7)检验仓库与海关监管仓库分置不同地点,既造成物流成本增加,也影响货物通关时效。

另外,电子商务较之传统商务模式的优势在于信息流、物流、资金流利用的高效性和便捷性。作为整个产业链中的上下两环,线上商品交易与线下货物配

送的发展必须相辅相成。对于对接台湾的福建自贸区,畅通电子商务流通的物流通路十分重要。厦门与台湾之间的快速海运路程只有 4 小时左右,成本仅为空运的 60%,单程载量为 737 货机的 10 倍,是最为经济、高效、低廉的理想快件运输方式;但由于种种原因,目前海关总署尚未正式同意将海运快件纳入现有快件监管方式。这些因素在一定程度上制约了两岸跨境电商的飞速发展。

电子商务产业和其他产业一样,需要龙头企业的带动,福建虽然也出现了很多电子商务企业,但是数量少,规模也不够大,缺乏较为大型的在全国有普遍影响力的电子商务网站;同时,电子商务高级人才匮乏。从福建目前的情况来看,电商产业链各领域专业队伍和人才相对缺失,供需不平衡,尚未形成适应跨境电商发展的产业链和产业体系。

(三)促进福建跨境电商发展的对策建议

1. 结合福建在产业、资源、环境、政策、区位等方面的优势,提升生产质量,向品牌化方向发展

一方面,经过多年的发展,福建已经在茶叶、电机、陶瓷、石化、纺织服装、鞋业、装备制造、建筑建材等行业建立了一定规模的产业集群,今后应鼓励更多的品牌企业和制造业的优势企业进入跨境网络零售市场,改变"中国制造"产品低质低价的形象,引导"中国制造"转向"中国智造""中国创造"。另一方面,鼓励福建跨境电商网络零售平台向国际一流服务商看齐,比拼服务和商品质量,并帮助中小企业创建自主品牌,通过提升产品质量和用户体验,做好品牌维护和网络推广,提升品牌形象和利润率,使跨境网络零售平台成为国外消费者了解福建优质品牌的窗口,成为福建制造走向世界的重要途径。

在国家建设"一带一路"的战略大背景下,跨境电商服务平台以网络互联的方式,畅通福建省与海上丝绸之路沿线国家或地区的贸易往来,并促进供应链整合,让更多的海外零售商同国内生产制造商直接达成交易,将产品输送出去。这不仅能够缓解生产企业库存压力大等问题,还有助于制造业加快转型升级,提高在国际市场上的竞争力。

2. 政府要加强引导诚信经营,大力推进信用体系建设,构建市场安全保障体系

电子商务是基于网络虚拟性、平台开放性和交易自由性的新商业模式,由此产生的各方信用不确定的问题已经成为电子商务发展中的桎梏。《2014 年上半年中国网购安全报告》指出,2014 年上半年,360 网购先赔服务共收到用户有效理赔申请 22 664 例,其中,网络欺诈类理赔申请 12 801 例,报案总金额为

2 545万余元,人均损失1 988元,人均损失较2013年增长37.2%。相比国内电子商务交易,跨境电子商务的信用建设更需要完善。一方面,跨境电子商务普遍存在着产品假冒伪劣、服务低质或不到位、侵犯知识产权、交易欺诈甚至诈骗等诚信问题;另一方面,现有信用标示、信用体制未能适应跨地区、跨文化的复杂交易环境的需要。从这个意义上说,跨境电子商务信用体系建设是一项跨境系统工程,需要各国政府及相关机构的协调配合,制定行业规范、完善认证体系,以及寻求在法律框架下的信用制度安排。

近年来,福建陆续实施了出口信用保险、电子商务出口信用体系建设,利用第三方检验鉴定机构进行产品质量安全的合格评定,支持福建跨境电商业务快速发展。下一步,要积极引导福建出口中小企业的信用建设,制定区域性行业规范,通过建设信用公共服务平台、跨境电商诚信平台、法律机构和信用评价机构等提供相关信用服务,加强市场监督管理力度,及时评估监督管理效果,营造公平竞争的市场环境。

3. 培育跨境电子商务产业链

随着进口B2C领域的快速发展和海关监管改革的进一步深化,未来跨境电商将由单一的信息提供平台转向涵盖交易支持、在线物流、在线支付、售后服务、信用体系和纠纷处理等整合服务的综合性交易平台。相应地,跨境电商产业链也将进行从平台到营销、从支付到物流的纵深优化。

支持有实力的企业在跨境电子商务主要出口市场,特别是海上丝绸之路沿线国家或地区设立海外仓和服务网点,搭建以海外仓为支点的目的国配送辐射网点,为跨境电子商务企业提供一站式的贸易、仓储、配送和售后等服务。

建设海峡两岸跨境电子商务示范区,设立区域采购配送中心、研发中心、物流运筹中心,逐步形成两岸电子商务产业链;构造一条"空中丝绸之路",整合构建"物流仓储、支付结算及互联网金融、大型电商、资金融通、产业综合服务"五大功能性平台;培育跨境电子商务全产业链条,加快福建跨境电子商务的创新发展、跨越发展;积极推动跨境电子商务与福建具有比较优势的产业的深度融合,打造具有鲜明海西特色的、面向全产业链的跨境电子商务产业基地,为海西区发展跨境电子商务探索新路、积累经验。

4. 海峡两岸开展"特区"对"特区"的深化合作,加强与台湾跨境电子商务领域的合作

当前,台湾正在规划建设以"六海一空"为核心的自由经济示范区,并提出重点发展十大新兴产业和十大现代服务业;在自由经济示范区产业规划中,又

突出智慧运筹、国际医疗、农业加值、产业合作等四项优势产业作为优先示范产业,并希望与大陆合作。

而厦门在新一代信息技术、对台经贸、国际贸易、金融服务、现代物流、服务贸易等方面,也具有雄厚的产业基础。在"一带一路"的总体布局下,可以利用 ECFA 优势及各项自由化松绑措施,选定互补产业项目合作,促进两岸产业融合,进一步发挥"特区"(福建自贸区)和"特区"(台湾自由经济示范区)的合作,为跨境电商的发展提供深度融合的基础。

5. 加快跨境电商人才建设,培育跨境电商服务企业

跨境电子商务贸易在快速发展的同时,逐渐暴露出综合型外贸人才缺口严重等问题。为此,应大力推行校企合作。校企合作办学能够保证跨境电商有更为广阔的实践空间、更为真实的实践平台。在合作过程中,校企双方联合制订人才培养方案,共建实践设施、设备与技术;企业方植入前沿实践课程、提供企业讲师并辅助高校培训认证师资;学校依托自身的企业资源开展大量的第二课堂活动、真实化企业业务实践和实习项目。

为紧跟互联网时代的高速发展,高职院校可以将一些互联网企业引入学校,定制化培养人才,将学生交给实战讲师和项目经理。同时,学校可以创建"理论教学 + 技能教学 + 项目外包式教学 + 企业实习 + 自主就业(自主创业)"相结合的人才培养模式,确保学生与社会无缝对接,满足企业对跨境电商人才的需要。

电子商务行业协会是跨境电商人才标准的主要制定者和参与者,所以行业协会要充分发挥政府、学校、企业、行业合作中的作用,及时反馈市场对跨境电商人才的需求情况,不断参与修订和完善学校的人才培养方案,同时了解电子商务行业的基本动态,建立电子商务行业人才信息库,将电子商务专业学生纳入信息库,充分发挥行业协会在政府、学校、企业间的纽带作用。

而政府,一方面可以鼓励校企、院企合作办学,推进跨境电商专业技术人才培训,或鼓励高校根据发展需要和办学能力增设与跨境电商相关的专业及课程,扶持建立电子商务培训机构,建立一批跨境电商实训基地;另一方面要加快引进全国范围的大量成熟人才。政府应该专门制定一个跨境电商人才引进扶持政策,或者在目前的人才引进政策中对跨境电子商务行业人才予以专项扶持。

目前大多数传统企业包括一些中小电商企业都不太了解如何开展跨境电子商务,有必要培育一批既懂电子商务又懂对外贸易,集报关、退税、国际物流、海外仓储、汇兑服务于一体的跨境电子商务服务企业,为有意愿开展跨境电子

商务活动的传统企业提供培训；或者，针对企业及其产品帮助制定相应的跨境销售策略，通过 eBay、亚马逊、速卖通等主流外贸电子商务平台销售产品；或者，帮助其在海外平台销售注册账号，开展海外分销，提供海外法律与财务咨询、海外售后支持、国际运输、全球仓储等全方位的跨境贸易电子商务解决方案，引导与扶持企业开展跨境电子商务。政府应鼓励企业自建跨境贸易电子商务交易平台，根据通过平台实现的进出口额，结合其为经济、社会做出的贡献，对符合条件的平台建设项目给予一定额度的资金支持。

6. 完善海关监督、检验检疫、物流等支持系统，建立两岸快速、高效的绿色通道

在物流、通关环节，自贸区应立足实际，创新电子商务零售出口海关监管模式、简化电子商务出口检验模式。针对目前与台湾的物流通关环节所存在的问题，提出以下几点建议：

（1）在 ECFA 架构下，展开会商，制定《海峡两岸农产品检疫、检验作业规定》，确定检验、检疫共同标准及法规（包括：动植物防疫检疫、动物传染病防治、食品卫生管理、农产品残留农药安全容许量标准、农产品生产及验证管理等），建立检验、检疫合格证相互查询与认证机制，检验、检疫标准作业程序等，并予以公告实施。

（2）在两岸主要港口建立冷链物流系统，并增加开放两岸农、渔、畜产品与冷链货物进出口通关口岸，除厦门、天津外，还可以增加平潭、上海、台州等港口。

（3）厦门作为两岸农产品（包括冷链货物及食品等）绿色通道试点口岸，要与台湾尽快建立两岸信息平台，报关单证与检验、检疫及产地证明要无纸化。

（4）建立两岸农产品、渔产品、畜产品、食品合约、生产履历认证及货物运送封条完整的稽查机制（如使用 RFID 电子封条），尽早实现关务作业无纸化和绿色通关便捷化。

7. 成立行业性协会组织，搭建企业与政府之间的桥梁

为助推跨境电子商务行业健康、有序地发展，建议由省商务厅牵头和指导，行业龙头共同参与，成立省级跨境电子商务行业协会。行业内既可以互通、分享物流、仓储等跨境电商全产业链各环节的资源和服务，又可聚集声音并带头呼吁、提出更多有效的跨境电商政策，广泛宣传、贯彻落实各项政策，还可通过大型高峰论坛、学术研讨会、交流座谈会、跨境电商培训、市场考察等多种形式为行业和会员提供更多的服务，帮助企业快速健康地成长。

另外，福建省跨境电子商务园区的建设，可参照义乌"一区多园"的跨境电商发展模式，以跨境电商通关平台为依托，鼓励支持各县(市、区)根据各自的产业发展特点，合理布局、准确定位、突出特色。按照"政府引导、企业投资、市场运作"的原则统筹规划跨境电子商务园区建设，培育多个产业链完整、配套齐全且集聚效应明显的跨境电商园区，对于入住园区的企业和跨境电商服务商给予大力扶持，形成良好的跨境电子商务生态圈。

需要注意的是，跨境电商在给消费者带来便利的同时，也暗含着大量的疫情疫病、质量安全等风险，从而给政府相关职能部门的执法把关带来冲击，部分商品不仅产品质量不能保障，也给国门安全带来极大隐患。如何有效防控跨境电商带来的风险，是福建省各级政府监管部门急需破解的新课题。

初步建议是建立创新监管新模式，即积极开发跨境电子商务检验检疫监管信息化系统，试行"集中仓储、联网申报、前移检验、有效监管"的检验检疫监管新模式。以政府为主导，开发跨境贸易电子商务平台为公共平台，根据"源头可追溯、过程可监控、流向可追踪"的原则建立质量安全信息流，根据"前端放开、中间可控、后续抽检"的原则建立质量安全监管流，在公共平台上扩展检验检疫监督管理前伸、后延、中转、外联、应急等功能。同时，应充分运用法律赋予的职责，将监管重心转移到涉及安全、卫生、健康、环保的项目上，维护公共利益、国家安全。检验检疫部门对跨境电子商务平台在售商品，应进行监督抽查，并定期发布抽查结果。对于检验检疫不合格的商品，责令立即下架、暂停进口和销售，并根据情况进行整改或召回。同时，应充分利用好 WTO 规则，积极在跨境电商领域与主要贸易国家或地区建立监管互认制度。建立执法互助的市场治理现代化体系。对内依托信息共享平台，政府各相关监管部门进行网上联合执法；对外通过信息互换机制，交换执法信息，共同打击进出口假冒伪劣产品。

总之，对于跨境电商这支在福建省对外经济中异军突起的队伍，相关管理部门一方面要因地制宜，为其迅速发展提供有利的政策环境；另一方面，在支持中要注意加强监管，引导跨境电商健康发展，使之在发展中规范、规范中发展，为福建的经济发展助力，为国家"一带一路"战略的推进实施构建一条有力的"空中之路"。

专题九

生产性服务业对海西区经济发展的作用

服务业在国民经济中扮演着重要的角色;服务业的发展程度反映了该国产业结构水平与国民经济发展水平,已经成为衡量一国经济的重要指标。2013年,中国经济结构发生了具有历史意义的重大变化,即第三产业比例首次超过第二产业比例,成为中国第一大产业。《2014年国民经济和社会发展统计公报》显示,2014年,第三产业占GDP比重为48.2%,第二产业占GDP比重为42.6%;第三产业增加值增长8.1%,快于第二产业的7.3%和第一产业的4.1%。可见,服务业将成为新常态下中国经济增长的新动力,与第二产业共同推动经济的增长。

服务业可以分为两个部分:生活性服务业与生产性服务业。生产性服务指那些被其他商品和服务的生产者用作中间投入的服务。相应地,生产性服务业指生产性服务企业的集合体。由于生产性服务业与其他产业之间存在紧密的联系,因而它对其他产业和一国经济有着特殊的作用。

目前,对于生产性服务业的认识还没有像对其他产业的研究那样成熟,对生产性服务业内涵的界定也各不相同,主要有以下观点:Machlup(1962)最早提出生产性服务业必须是知识产出产业;Grubel 和 Walker(1989)认为,生产性服务业的产出中不仅包含知识资本,还包含大量的人力资本;Noyelle 和 Stan-back(1984)指出,生产性服务业是中间的投入而非最终的产出;Byers 和 Lindahl

(1996)进一步指出,生产性服务业是主要提供专业性、科学性和技术性服务的产业;Juleff(1996)认为,生产性服务业是依靠制造部门并为其提供服务的产业;Coffer(2000)强调了生产性服务业的作用,认为生产性服务业扮演着一个中间连接的重要角色,用来生产其他的产品或服务,是一种中间性投入产业;钟韵、闫小培(2005)提出,生产性服务业不是直接面向消费者个体,而是为生产、商务活动和政府管理提供服务。总结以上成果,可以发现生产性服务业主要有两大特征:第一,它是一种中间需求性服务业;第二,它往往表现为知识密集型、技术密集型或资金密集型。

从外延角度看,生产性服务包括:资源分配和与流通相关的活动(如金融业、猎头、培训等);产品和流程的设计及与创新相关的活动(如研发、设计、工程等);与生产组织和管理本身相关的活动(如信息咨询、信息处理、财务、法律服务等);与生产本身相关的活动(如质量控制、维持运转、后勤等);与产品的推广和配销相关的活动(如运输、市场营销、广告等)。相对于直接满足最终需求的消费者服务业来说,生产性服务业具有如下三个显著特征:第一,它的无形产出体现为"产业结构的软化";第二,它的产出是中间服务而非最终服务,体现为被服务企业的生产成本;第三,它能够把大量的人力资本和知识资本引入到商品与服务的生产过程中,是现代产业发展中竞争力的基本源泉。

由于到目前为止,生产性服务业没有一个绝对权威的、统一的定义,因此我们根据《国务院关于加快发展生产性服务业促进产业结构调整升级的指导意见》(国发〔2014〕26号)和《国务院关于印发服务业发展"十二五"规划的通知》(国发〔2012〕62号)的要求,再参照大多数文献常用的做法,从服务业中选取统计资料中的如下子行业作为生产性服务业来进行研究,它们是:交通运输、仓储业和邮政业,信息传输、计算机服务和软件业,批发和零售业,金融业,房地产业,租赁和商务服务业,科学研究、技术服务和地质勘查业科学研究事业。

一、海西区生产性服务业与经济发展现状

(一)海西区生产性服务业与经济发展的整体状况

海西区地处我国东南沿海地区,其经济发展水平位居全国前列,对外开放程度高,对外经济贸易往来深受国际经济变化的影响。2009年5月,国务院常务会议讨论并通过《关于支持福建省加快建设海峡西岸经济区的若干意见》;

2011年3月,国务院正式批准《海峡西岸经济区发展规划》。

海西区包括如下地区:丽水、梅州、上饶、温州、汕头、衢州、福州、厦门、莆田、泉州、漳州、龙岩、三明、南平、宁德、抚州、赣州、潮州、揭阳、鹰潭。我们选取2008—2013年的数据对海西区生产性服务业与经济发展的状况进行分析。由于其中的抚州、赣州、潮州、揭阳、鹰潭五个地区关于生产性服务业的统计数据无法获取,而且这五个地区的GDP、服务业产值占整个海西区的GDP、服务业整体产值的比重较小(分别为14.35%和12.09%),也就是说,排除这五个地区外,其他可得数据地区的GDP、服务业产值之和占海西区整体的比重大于85%;另外,根据2014年的数据计算得出这五个地区的GDP、服务业产值占整个海西区的比重为14.99%和12.52%,仍然未超过15%,所以,分析数据不包括这五个地区。考虑了相关行业统计数据的可获得性,我们选取了在生产性服务业中所占比重最大的主要细分行业数据进行进一步分析,数据来源于海西区各地区的统计年鉴。

近年来海西区生产性服务业持续快速增长,从图1、图2可以得知,2008—2013年,海西区生产性服务业产值从3 800多亿元增长到7 700多亿元,增长了近3 900亿元,其间的增长速度虽然有所波动,但是每年均保持着10个百分点以上的增长率,其平均增长率为15.01%,远高于该地区同期的GDP、第三产业的增长率。可以说海西区生产性服务业近年来整体发展情况可观,对该地区整体经济的增长起到了重要的作用。

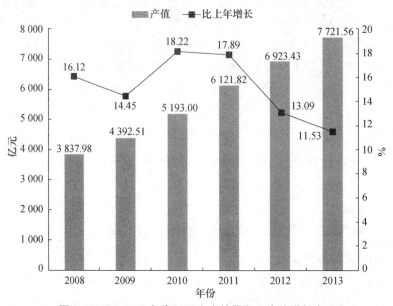

图1　2008—2013年海西区生产性服务业产值增长水平

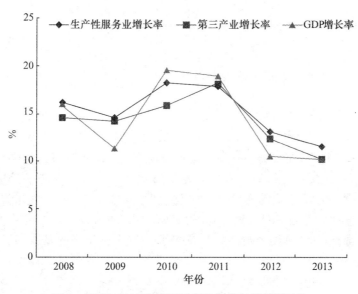

图 2　2008—2013 年海西区各经济指标增长率对比

海西区生产性服务业对该地区整体经济发展的作用在不断增加。如图 3 所示,一方面,2008—2013 年生产性服务业占该地区第三产业的比重保持在 60% 左右,各个年份占比相差不大,但却呈现出逐年上升的趋势。可见海西区生产性服务业在第三产业中的地位突出,对第三产业的增长起到了稳定的、不

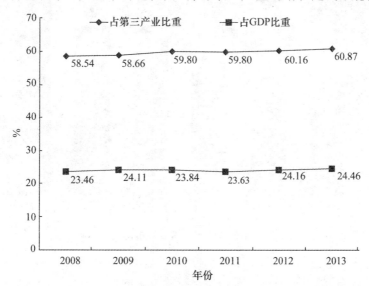

图 3　2008—2013 年海西区生产性服务业对第三产业、GDP 的贡献

断增加的作用。另一方面,2008—2013年生产性服务业占该地区GDP的比重维持在二十几个百分点,各个年份占比相差不大,也呈现出逐年上升的趋势。从生产性服务业对整体经济发展的作用,以及在GDP中占比呈上升的趋势,可以说明其对地区经济发展的重要作用。

(二)海西区五市的生产性服务业发展现状

海西区的几个龙头城市:福州、厦门、泉州、温州、汕头,它们的生产性服务业在2008—2013年都保持着逐年持续增长的势头。2009年5月国务院常务会议讨论并通过《关于支持福建省加快建设海峡西岸经济区的若干意见》,以及2011年3月国务院正式批准《海峡西岸经济区发展规划》以后的几年时间里,海西区生产性服务业保持着良好的发展势态。作为海西区五大龙头城市的福州、厦门、泉州、汕头和温州的生产性服务业均取得了良好的发展,其增长幅度都将近翻倍。其中,福州和泉州的生产性服务业产值排名靠前;温州和厦门的产值居中,并且与福州和泉州之间的差距不是很大;而汕头产值的绝对数量远低于福州、厦门、泉州、温州四地的产值。这可能是由于每个城市的具体情况不同,各自的生产性服务业产值规模不一样,但是如图4所示,近年来这五大龙头城市的生产性服务业的产值都实现了大幅度的增长。

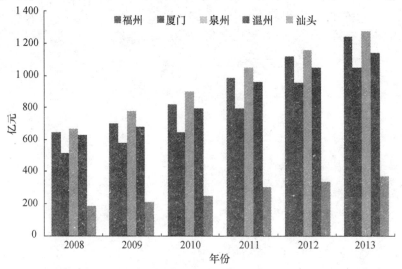

图4　2008—2013年海西区五个主要城市的生产性服务业产值

总的来说,海西区的生产性服务业,无论是从整体上看,还是从其中的龙头城市的情况看,2008—2013年都保持了持续快速的增长,对第三产业和GDP的增长起到了越来越重要的作用。

二、海西区主体——福建省生产性服务业与经济发展

在地理区位上,福建省与浙江、江西、广东三省相邻,北接浙江、西接江西、南接广东,在海上与台湾隔海相望,处于整个海西地理区域的中心;在人文方面,福建省是著名的侨乡,而且与台湾居民有很深厚的历史渊源和民间交往关系。福建省在交通、港口、对台交往等方面都有得天独厚的优势,所以,整个福建省的经济发展状况对海西区具有非常重要的意义。鉴于此,我们接下来利用历年《福建省统计年鉴》的统计数据,从福建省的生产性服务业创造的产值、解决就业的情况以及产业结构和产业关联角度来深入透彻地分析其在整体经济生产中的地位与发展水平。

(一) 整体概况

从产值方面来看,2008—2013 年,福建省的生产性服务业占第三产业的比重保持在 67% 左右,平均值为 67.32%,不同年份的占比几乎没有波动,对第三产业的增长保持着稳定的贡献,是第三产业增长的主要来源。而同期福建省的生产性服务业占 GDP 的比重保持在 26% 左右,平均值为 26.78%,不同年份的占比几乎没有波动,对 GDP 的增长也保持着稳定的贡献,如图 5 所示。

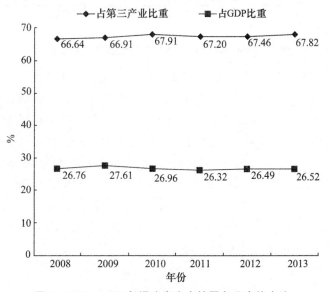

图 5　2008—2013 年福建省生产性服务业产值占比

从就业方面来看,2008—2013 年福建省生产性服务业就业占第三产业就业的比重逐年增长,从 28.62% 增加到 35.17%,平均值为 31.62%。而同期福建省生产性服务业就业占全省总就业的比重平稳增长,从 10.37% 增加到 12.65%,平均值为 10.94%。从就业所占比重来看,福建省生产性服务业对就业的贡献呈现出增加的趋势,如图 6 所示。

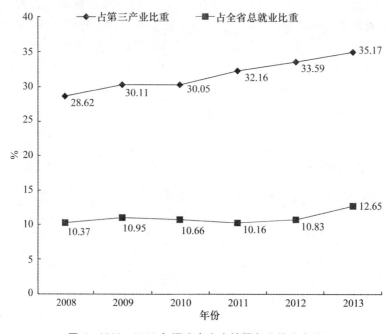

图 6　2008—2013 年福建省生产性服务业就业占比

从产值和就业两个方面来看,2008—2013 年福建省生产性服务业就业占第三产业就业的比重平均值为 31.62%,其产值占第三产业产值的比重平均值为 67.32%,用较少的劳动力生产了更多的产出,说明福建省生产性服务业的生产效率高于其他服务业行业。而同期福建省生产性服务业就业占全省总就业的比重平均值为 10.94%,其产值占全省 GDP 的比重平均值为 26.78%。从生产性服务业产值比重与就业人数比重的比较可见,福建省生产性服务业的产值占第三产业产值及全省生产总值的比重远高于其就业人数占第三产业及全省总就业的比重,生产性服务业以较少的从业人员创造出了较大的产值。综上所述,福建省生产性服务业是效率较高的行业。

（二）细分行业分析

生产性服务业包含若干个细分子行业，除了总量上的增长，细分子行业也有不小的增长。2008—2013 年，福建省房地产业产值从 506.98 亿元增加到 1 216.76 亿元，是增幅最大的产业，增长 2.40 倍；增幅第二的是金融业，产值从 497.65 亿元增加到 1 174.59 亿元，增长 2.36 倍；增幅第三的是批发和零售业，产值从 897.32 亿元增加到 1 789.88 亿元，增长 1.99 倍；增幅第四的是交通运输、仓储和邮政业，产值从 703.72 亿元增加到 1 176.19 亿元，增长 1.67 倍；增幅第五的是信息传输、计算机服务和软件业，产值从 290.64 亿元增加到 412.94 亿元，增长 1.42 倍。

由于每个子行业产业属性的不同，各自在服务业中所占的比重也是不一样的。如图 7 所示，不同细分行业对第三产业产值增长的贡献是不一样的。其中就主要的细分行业来看，2008—2013 年福建省的批发和零售业产值占第三产业的比重最大，一直保持在第一位，各年数据平稳，年平均值为 21.39%。计算机服务和软件业产值占第三产业的比重最小，年平均值为 5.72%，并且有下降的趋势。交通运输、仓储和邮政业，金融业，房地产业产值占第三产业的比重居

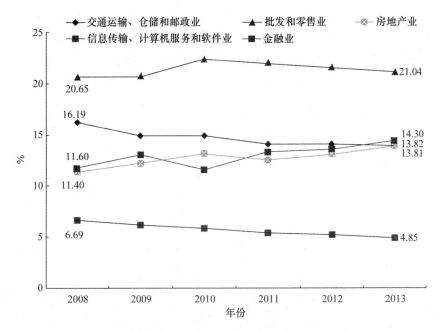

图 7　2008—2013 年福建省生产性服务业主要细分行业产值占第三产业比重

中,各年都保持在百分之十几;但是交通运输、仓储和邮政业占比有下降的趋势,而金融业和房地产业有小幅波动上升的趋势,到2013年这三个细分产业对第三产业产值的贡献基本上持平。由此可知,生产性服务业的产业结构中传统子行业占主导地位,现代新兴子行业占次要地位。

生产性服务业子行业的就业变化情况如下:2008—2013年,批发和零售业就业人数从11.93万人增加到24.14万人,是增幅最大的产业,增长1.02倍;增幅第二的是房地产业,就业人数从6.87万人增加到11.86万人,增长1.73倍;增幅第三的是信息传输、计算机服务和软件业,就业人数从3.41万人增加到5.27万人,增长0.55倍;增幅第四的是交通运输、仓储和邮政业,就业人数从14.65万人增加到18.49万人,增长0.26倍;增幅第五的是金融业,就业人数从8.91万人增加到10.5万人,增长0.18倍。

不同细分子行业对第三产业就业的作用也不一样。如图8所示,2008—2013年除了批发和零售业的就业所占比重有大幅度的变化之外,其余子行业的就业占比比较稳定。从2011年开始批发和零售业的就业占比开始大幅度上升,从2010年的7.81%增长到2011年的10.87%,到2012年达到高点12.41%,成为占比最高的行业。其他几个子行业中,交通运输、仓储和邮政业

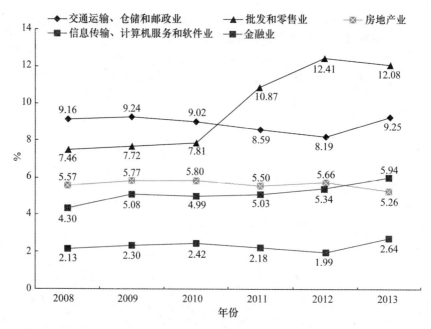

图8 2008—2013年福建省生产性服务业主要细分行业就业占第三产业比重

占比一直最高,除 2011 年、2012 年有小幅下降外,其他年份均保持平稳。计算机服务和软件业占比最低,历年数据平稳。金融业和房地产业占比居中,到 2013 年房地产业占比超过金融业。从就业在各个细分子行业中的分布情况来看,福建省生产性服务业的从业人员主要集中在传统行业,而新兴行业的就业占比较小。

总的来说,近年来福建省的生产性服务业保持了稳定的发展,没有大幅度的波动,生产性服务业运行平稳。

从细分子行业来看,不同行业在产值比重和就业比重上存在差异,对经济的作用各不相同。为了更好地比较各细分子行业贡献的差异,得到更加准确的经济信息,在这里我们使用了比较劳动生产率这一指标。

比较劳动生产率是衡量某行业劳动力投入产出的相对效率的指标,可用来反映生产性服务业的行业结构效益。其定义如下:

比较劳动生产率 = 产业 GDP 的相对比重/就业的相对比重[①]

根据历年《福建省统计年鉴》数据进行计算,我们得到福建省 2013 年生产性服务业细分行业的比较劳动生产率的数据,如表 1 所示。

表 1　2013 年福建省生产性服务业细分行业比较劳动生产率

	2013 年比较劳动生产率
第三产业	1.09
交通运输、仓储和邮政业	1.62
信息传输、计算机服务和软件业	2.00
批发和零售业	1.89
金融业	2.85
房地产业	2.62

2013 年,在福建省的生产性服务业中,每个细分子行业的比较劳动生产率均高于第三产业的比较劳动生产率 1.09,说明生产性服务业用较少的劳动力生产了更多的产出,为第三产业创造了更多的产出,在第三产业中占有重要的地位。从表 1 中可以看出,金融业(2.85)、房地产业(2.62)与信息传输、计算机服务和软件业(2.00)的比较劳动生产率高于批发和零售业(1.89)与交通运输、仓储和邮政业(1.62)的比较劳动生产率。

通过比较近年来各个细分子行业的产值占第三产业的比重,批发和零售业

---

① 此处相对比重为相对全省 GDP 及全省总就业比重。

的比重远远高于金融业、房地产业与信息传输、计算机服务和软件业的比重,交通运输、仓储和邮政业的比重也排在金融业、房地产业与信息传输、计算机服务和软件业的前面。这说明福建省生产性服务业中传统的、效率低的细分行业占主要地位,对产值贡献大而效率高的细分行业占次要地位,对产值贡献小。因此,福建省服务业的产业结构仍然偏向于传统产业,需要大力发展新兴的、先进的现代服务业。

三、福建省生产性服务业投入产出分析

(一) 生产性服务业的投入产出情况

利用投入产出表,我们可以分析生产性服务业的产出规模、发展速度以及与其他产业的关联性质等内容。我们对福建省 2010 年投入产出表进行分析,选择相关指标来反映生产性服务业的现状和特征,涉及的指标主要有:

(1) 中间需求率 h_i

它反映某一产业部门的产品有多少作为其他产业所需求的原料,其计算公式为:

$$h_i = \frac{\sum_{j=1}^{n} x_{ij}}{\sum_{j=1}^{n} x_{ij} + Y_i}$$

式中,$\sum_{j=1}^{n} x_{ij}$、Y_i 分别表示国民经济各行业对第 i 产业的中间需求和最终需求。某一产业的中间需求率越高,说明该产业越具有原料产业的性质,其发展更多地依靠中间需求;而中间需求率越低,则说明该产业的发展更多地依靠最终需求。

(2) 中间投入率 f_j

它表示某一产业部门在其生产过程中的中间投入与总投入的比例关系,其计算公式为:

$$f_j = \frac{\sum_{i=1}^{n} x_{ij}}{\sum_{i=1}^{n} x_{ij} + N_j}$$

式中，$\sum_{i=1}^{n} x_{ij}$、N_j 分别表示国民经济中第 j 产业的中间投入和增加值。某一产业的中间投入率越高，说明该产业的附加值率越低，该产业就是"低附加值、高带动能力"的产业；反之，则是"高附加值、低带动能力"的产业。

我们对福建省的这些指标进行了测算，具体指标值如表 2 所示。

表 2 2010 年福建省生产性服务业中间需求率和中间投入率

行业	生产性服务业中间需求率	生产性服务业中间投入率
交通运输及仓储业	0.77	0.56
邮政业	0.84	0.64
信息传输、计算机服务和软件业	0.11	0.43
批发和零售业	0.59	0.29
金融业	0.67	0.23
房地产业	0.19	0.13
租赁和商务服务业	0.68	0.55
综合技术服务业	0.74	0.48

依据对中间投入率定义的理解，我们以 0.5 为界将行业具体分成两类：

第一类是中间投入率小于 0.5 的行业，此类都属于"高附加值、低带动型"的行业，主要包括信息传输、计算机服务和软件业，金融业，批发和零售业，房地产业，综合技术服务业。

第二类是中间投入率大于 0.5 的行业，此类都属于"低附加值、高带动型"的行业，主要包括交通运输及仓储业、邮政业、租赁和商务服务业。

可以得出，金融业、交通运输及仓储业、邮政业、批发和零售业、综合技术服务业、租赁和商务服务业的中间需求率高，说明这些产业具有原料产业的性质，其发展更多地依靠中间需求；而房地产业与信息传输、计算机服务和软件业的中间需求率低，说明这些产业的发展更多地依靠最终需求。

综合以上两个指标，福建省生产性服务业的细分子行业多数属于"高附加值、低带动型"，具有原料产业的性质，产业的发展更多地依靠中间需求。

（二）生产性服务业与制造业的关联分析

我们从福建省 2010 年投入产出表中选取了 16 个制造行业：食品制造及烟草加工业，纺织业，纺织服装鞋帽皮革羽绒及其制品业，木材加工及家具制造业，造纸印刷及文教体育用品制造业，石油加工、炼焦及核燃料加工业，化学工业，非金属矿物制品业，金属冶炼及压延加工业，金属制品业，通用、专用设备制造业,交通运输设备制造业,电气机械及器材制造业,通信设备、计算机及其他电子设备制造业,仪器仪表及文化办公用机械制造业,工艺品及其他制造业。然后,计算这 16 个制造行业在生产过程中使用了多少服务业,以考察制造业与服务业之间的融合发展程度。我们把服务业分为两个层次:所有服务业和生产性服务业。

从表 3 中的数据可以得知,生产性服务业使用系数与所有服务业使用系数相差很小。从生产性服务业占所有服务业的比例可以得知,各个制造行业生产过程中所使用的服务业几乎都是生产性服务业。这说明生产性服务业与制造业的融合在服务业中占据绝对地位。生产性服务业通过与制造业的互动来推动第三产业的发展。

表 3 制造业生产过程中对服务业的使用情况

	生产性服务业使用系数	所有服务业使用系数	生产性服务业占所有服务业比例
食品制造及烟草加工业	0.064	0.066	97.03%
纺织业	0.105	0.110	95.88%
纺织服装鞋帽皮革羽绒及其制品业	0.106	0.117	90.48%
木材加工及家具制造业	0.099	0.117	84.73%
造纸印刷及文教体育用品制造业	0.144	0.150	96.07%
石油加工、炼焦及核燃料加工业	0.179	0.189	95.05%
化学工业	0.109	0.115	94.68%
非金属矿物制品业	0.118	0.124	94.81%
金属冶炼及压延加工业	0.154	0.160	95.86%
金属制品业	0.169	0.181	93.69%
通用、专用设备制造业	0.125	0.137	90.89%
交通运输设备制造业	0.116	0.124	93.41%
电气机械及器材制造业	0.134	0.141	94.50%
通信设备、计算机及其他电子设备制造业	0.153	0.159	96.00%
仪器仪表及文化办公用机械制造业	0.133	0.137	97.05%
工艺品及其他制造业	0.124	0.128	96.90%

从行业角度看,有 4 个制造行业使用外部生产性服务业比重超过 15%,分别是:石油加工、炼焦及核燃料加工业,金属冶炼及压延加工业,金属制品业,通信设备、计算机及其他电子设备制造业;有 10 个制造行业使用外部生产性服务业比重在 10%—15% 之间,分别是:纺织业,纺织服装鞋帽皮革羽绒及其制品

业,造纸印刷及文教体育用品制造业,化学工业,非金属矿物制品业,通用、专用设备制造业,交通运输设备制造业,电气机械及器材制造业,工艺品及其他制造业;有2个制造行业使用外部生产性服务业比重低于10%,分别是:食品制造及烟草加工业、木材加工及家具制造业。这说明工艺流程越复杂的制造行业使用的生产性服务业越多。

这些制造业行业在生产过程中需要的生产性服务投入占总投入的比重接近甚至超过10%,足以说明生产性服务业对制造业的重要性。生产性服务业的发展程度和水平会对制造业的生产产生不可忽视的作用。

(三) 生产性服务业感应度、影响力分析

测量生产性服务业与其他产业和整体经济的互动性,需要运用产业关联指标,其中,感应度系数和影响力系数是两个最能全面体现互动特征的分析工具。

任意一个产业的生产活动必然影响和受影响于其他产业的生产活动。感应度系数表示如果各个部门都增加生产一个单位的最终产品,某一产业部门受此感应而产生的需求影响程度。影响力系数反映了某一产业部门最终需求增加一个单位时对各供应部门的需求波及程度。

在计算感应度时,通常用 S_i 表示第 i 个部门的感应度系数,A_{ij} 表示里昂惕夫逆矩阵 $(I-A)^{-1}$ 中的第 i 行第 j 列的系数。其基本公式为:

$$S_i = \frac{\frac{1}{n}\sum_{j=1}^{n} A_{ij}}{\frac{1}{n^2}\sum_{i=1}^{n}\sum_{j=1}^{n} A_{ji}} \quad (i,j = 1,2,\cdots,n)$$

一般来讲,当 $S_i > 1$ 时,表明各部门的生产使第 i 个部门受到的感应影响高于国民经济的平均感应程度;S_i 越大,第 i 个部门受到的需求引力越大。

通常用 T_i 表示影响力系数,其基本公式为:

$$T_i = \frac{\frac{1}{n}\sum_{j=1}^{n} A_{ij}}{\frac{1}{n^2}\sum_{j=1}^{n}\sum_{j=1}^{n} A_{ji}} \quad (i,j = 1,2,\cdots,n)$$

同理,当 $T_i > 1$,表明第 i 部门生产对国民经济的影响程度超过各部门影响力的平均水平;T_i 越大,对各部门产出的拉动作用越大。由于影响力系数是从消耗部门出发,追溯最终需求变动对各部门产生的波及影响,因此,该指标也反映产业 i 与各个后续生产部门的联系程度。

接下来，我们利用 2010 年福建省投入产出表数据计算出了生产性服务业的感应度系数和影响力系数，具体见表 4。

表 4 生产性服务业感应度系数和影响力系数

	感应度系数	影响力系数
交通运输及仓储业	2.39	0.95
邮政业	0.45	1.01
信息传输、计算机服务和软件业	0.47	0.84
批发和零售业	1.60	0.65
金融业	1.30	0.57
房地产业	0.64	0.51
租赁和商务服务业	0.78	0.89
综合技术服务业	0.46	0.89

生产性服务业感应度系数大于 1 的行业有交通运输及仓储业、批发和零售业、金融业，说明这三个生产性服务业为服务业中的基础性行业，对国民经济的感应需求强烈。从行业分布看，交通运输及仓储业、批发和零售业以及金融业的感应度系数位列生产性服务业前三位；结合历年的产值和就业数据，这三个行业的比重也是排在前三位，因此它们是福建省生产性服务业中发展最好的行业。影响力系数大于 1 的只有邮政业，说明这个行业对国民经济其他行业的拉动作用显著。而其他生产性服务业的感应度和影响力都小于 1，对经济的推动作用有限。

交通运输及仓储业、批发和零售业这两个劳动密集型生产性服务业行业的感应度系数位居前列，这说明劳动密集型的分工体系在生产性服务业中仍然处于主导地位。在新兴生产性服务业中，没有影响力系数大于 1 的行业，但租赁和商务服务业、综合技术服务业的影响力系数都接近 1，说明新兴生产性服务业对行业的推动作用正在逐步凸显，应加大扶持力度，做大做强行业规模，更好地为第二产业提供产业升级的支持和动力。

四、结论与建议

通过上述分析，福建省生产性服务业获得了可观的发展，无论是从产值还是从就业方面都取得了成就；同时，福建省生产性服务业对第三产业的发展和整体经济的增长也起到了重要作用，并且呈现出向上的趋势。在取得大幅度增

长和快速发展的同时,福建省生产性服务业在以下三个方面也面临着相应的问题:

在结构上,生产性服务业偏向于传统行业,新兴行业比重较小。

在产值和就业上,在生产性服务业的分布结构中传统子行业占主导地位,现代新兴子行业占次要地位;在各个细分子行业就业分布方面,福建省生产性服务业的从业人员主要集中在传统行业,而新兴行业的就业比重较小。

在效率上,效率低的子行业比重高于效率高的子行业。福建省生产性服务业中传统的、效率低的细分行业占主要地位,对产值贡献大;而新兴的、效率高的细分行业占次要地位,对产值贡献小。

在产业关联上,前向、后向产业关联不强。生产性服务业各子行业影响力系数均比较小,可见其行业的后向关联程度不高,不能对其他产业起到很强的拉动作用;生产性服务业各子行业感应度系数只有3个子行业超过了1,其他子行业均小于1,可见对其前向产业关联不强,没有很好地对其他行业起到推动作用。而且,相关的新兴行业比如信息传输、计算机服务和软件业,综合技术服务业,金融业等行业与其他行业的关联性不强。

国务院《关于加快发展生产性服务业促进产业结构调整升级的指导意见》要求,要以产业转型升级需求为导向,引导企业进一步打破"大而全""小而全"的格局,分离和外包非核心业务,向价值链高端延伸,促进中国产业逐步由生产制造型向生产服务型转变。一是鼓励企业向产业价值链高端发展;二是推进农业生产和工业制造现代化;三是加快生产制造与信息技术服务融合。现阶段中国生产性服务业重点发展研发设计、第三方物流、融资租赁、信息技术服务、节能环保服务、检验检测认证、电子商务、商务咨询、服务外包、售后服务、人力资源服务和品牌建设。今后福建省生产性服务业发展的主要任务为:大力发展基础型生产性服务业;加大对新兴生产性服务业的扶持;提升中心城市的服务设施建设和聚集能力;促进工业生产流程再造和优化;大力培养生产性服务业急需的高端人才和创新团队。为尽快实现上述任务,当前可从以下几个方面入手:

(1) 加大对生产性服务业的政策扶持力度

进一步推进服务行业价格体制改革,完善价格政策,使生产性服务业逐步实现与工业用电、用水、用气基本同价,以降低服务业的正常运营成本。

加快对交通、电信、金融等垄断性服务业的改革开放步伐,降低市场准入门槛,通过市场主体的多元化引入竞争机制,加快推进生产性服务业的资源配置由以政府为主向以市场为主的转变,以扩大有效的市场供给,满足福建省经济健康发展对生产性服务业日益扩大的需求。

（2）强化生产性服务业领域的自主创新能力

强化技术创新的政策支持，尤其应重视对金融服务业、咨询服务业、研发设计、第三方物流、人力资源服务和品牌建设、信息、计算机及软件业等知识密集型和科技含量较高的关键领域，以及薄弱环节发展的支持力度，并扶持建立生产性服务业引导基金，用于重大科技服务机构建设项目的拨款、贷款贴息。

（3）大力发展基础型生产性服务业

交通运输和仓储业、金融业是生产性服务业的主要行业，应该大力推进物流园区和港区建设，整合物流资源，在化工化纤、纺织服装、通信设备和计算机等产业聚集区提升物流仓储配运的软硬件支持，加强地区物流扩展的影响力。

（4）促进工业生产流程再造和优化

通过流程再造和优化，保留其核心、高效的业务，把非核心、非高效不具备比较优势的业务外包，既可以引导生产性服务业市场需求的扩大，也为制造业的转型升级提供了条件。

（5）引导产业集群内的企业开展协作

通过组建行业协会、产业联盟、构建企业优势资源信息共享平台等方式，促进服务企业之间、服务企业与制造企业之间开展多种形式的有效合作，充分发挥龙头企业的辐射带动作用，实现资源有效的互补互促、融合发展，促进生产性服务业规模的形成和特色的推广。

（6）重视服务业人才教育与就业培训

借鉴先进国家和地区的经验，多渠道培养专业人才和领军人才。因此，必须改变轻视职业教育的做法，建立新的机制和办学模式；继续完善院校与企事业单位人才培养的合作机制，实行根据企事业用人需求进行培训的新模式，保持人才资源供给与需求在结构等方面的基本平衡，避免人力智力资源的浪费；出台相应的政策措施，引进高端人才、领军人才，留住高素质人才。

专题十

厦门自贸片区文化创意产业发展

一、厦门文化创意产业发展概况

　　文化创意产业是在 21 世纪信息技术飞速发展下,以消费精神文化娱乐需求为基础,以高科技为支撑,以网络等新传播方式为主导,以文化艺术与经济的全面结合为特征的跨国、跨行业、跨部门、跨领域重组或创建的新型产业集群。厦门的城市特质,恰好十分有利于吸引创新、创意和创业人才,有利于以创新、创意为特征的文化创意产业的发展。《海峡西岸经济区发展规划》提出,深化文化体制改革,加强文化基础设施建设,推动文化大发展,把海峡西岸经济区建设成为全国重要的文化产业基地。从目前来看,厦门市文化创意产业发展有着很大的提升空间。

(一) 文化创意产业发展初具规模

　　首先,厦门文化产业增加值逐年上升,居全国前列。按照国家统计局的统计口径,2011 年年末,全市从事文化产业单位 10 877 个,比上年增加 2 420 个,实现主营收入 739.49 亿元,拥有资产 697.63 亿元,吸纳就业人员 13.82 万人;2012 年年末,全市从事文化产业单位 11 214 个,实现主营收入 859.48 亿元,吸纳就业人员 20.23 万人；实现增加值 217.03 亿元，同比增长 20.1%。截至 2014 年上半年，全市文化创意产业实现主营业务收入 387.82 亿元；拥有资产 827.72 亿元；吸纳就业人员 20.52 万人；实现增加值 107.55 亿元，同比增长 9.2%，占 GDP 的比重已达到 7.9%，呈现良好的发展态势。

其次，支柱产业地位初步确立。2011 年、2012 年厦门市文化创意产业占 GDP 的比重分别为 7.1% 和 7.7%。

（二）文化产业市场发展潜力巨大

厦门市人均 GDP 在 2011 年突破 10 000 美元大关，按照国际上的产业转型发展经验和精神文化产品消费规律，文化创意产业将迎来更大的发展机遇。文化消费市场将进入快速增长的阶段，文化产业发展的契机已摆在面前。经过 30 多年的高速增长，2014 年厦门市人均 GDP（按常住人口）已经达到 14 135 美元，进入工业化后期的后半阶段。在较快增长的同时，经济结构不合理的问题也日益突出，如第二产业比重高、对出口依赖严重、第三产业发展相对滞后、支柱产业规模小、产业技术水平偏低等。同时，厦门经济外向度高，金融危机造成的美国、日本、欧盟等出口市场需求萎缩和发达国家贸易保护主义的抬头，将对厦门的对外贸易产生长期的不利影响。文化产业是新兴的朝阳产业，具有消耗少、低污染、高附加值、渗透性强等特点，有助于推动传统产业向现代产业转变，有利于促进经济发展方式的加快转变，完全符合区域产业升级的趋势和需要。

（三）公共文化服务体系文化感召力增强

厦门市的公共文化服务体系框架基本形成，"文化惠民"措施成果显著，文明城市建设硕果累累，文化感召力增强，一定程度上推动了市民的文化消费需求。

"十一五"期间，厦门市文化基础设施建设大规模提速，一批重点标志性的文化设施均已建成并投入使用，包括厦门文化艺术中心、厦门小白鹭艺术中心、厦门歌剧院（海峡艺术交流中心）、厦门闽南戏曲艺术剧院、厦门少儿图书馆、厦门漆艺展示中心等。同时，还建成闽南文化园、石文化园等一批主题文化公园。此外，还加大农村基层和城市社区文化活动场所的建设力度，努力构筑"15 分钟文化圈"基层公共文化设施网络，力争实现 90% 的社区居民步行 15 分钟内就能到达最近的社区文化场馆。

在新一轮跨越式发展中，厦门已发展成为社会和谐进步的现代化港口风景旅游城市和海峡西岸重要的中心城市，长期拥有"全国文明城市""全国科教兴市先进城市""国家卫生城市""双拥城市""国家园林城市""国家环境保护模范城市""中国优秀旅游城市""中国最佳人居环境奖城市""国际花园城市""联合国人居奖城市"等众多荣誉称号,位列"中国城市和谐发展指数"第二名,民众幸福指数高。

二、厦门文化创意产业发展面临的问题

(一)厦门市文化产业的发展与城市发展尚不协调

根据中国社会科学院《2014年城市竞争力蓝皮书》,厦门城市综合竞争力排名第17位,而其中的文化竞争力排名第28位。这二者存在极大的不对称,将极大地影响厦门的城市软实力,降低厦门进一步发展的潜力。

(二)文化服务业有待于进一步优化

近年来,从厦门文化产业内部结构看,文化服务业所占比重有了较大提高,基本上与文化产品制造业所占比重持平,达到44%,但与上海文化服务业占文化产业增加值的比重已超过60%相比,还有一定的差距,文化产业内部结构仍有待进一步优化。

(三)文化创新能力不足

发展文化产业的关键是创新性、创造性,提高文化生产力的核心问题就是不断提高文化生产的原创性。事实证明,文化产业高速发展的关键带动力量在于内容创造性的增量部分。城市创新能力的高低影响着文化产业内部构成和发展速度。在同类城市比较中,可以看到厦门市文化创新能力的差距。在15个副省级城市中,厦门市的经济结构与南京、杭州、宁波、深圳等地较为相似,都是工业发达、第二产业比重高、农业占GDP的比重相对较低;但是,文化产业结构比重与它们相差甚远,杭州、深圳等地核心层所占比例比厦门市高出20个百分点。这说明厦门市文化创新能力相对落后,高附加值的新兴文化产业突破的速度、效率都低于许多同类城市。文化创新能力的不足,制约了厦门市文化产业的发展水平,使得真正能够体现一个城市文化创新能力的内容产业(如出版、影视制作、音像等)发展较慢,而文化制造业、文化旅游业等与创造性相关较弱的产业成为厦门市发展文化产业的主要推动力。应当看到,国内文化产业以及

内容产业发达城市的产品的扩张势必不断挤压厦门市文化内容产业的发展空间,最终可能导致厦门市文化产业的低水平发展。

(四) 文化产业发展所需人才匮乏,人才机制不健全

目前,相当多的人对文化产业的属性和规律没有完全把握,对文化创意产业更是知之甚少。文化产业理念和知识技能的匮乏,严重阻碍了文化经济的发展。而理论研究队伍中复合型人才极少,大多数成员知识结构不合理、学科规范缺乏、视野狭窄,对文化产业规律的探讨不深入,做表面文章的多,在知识储备上难以摆脱偏见与成见。

创意产业最缺乏的是人才和氛围。其中,急需两大类人才:一是既通晓创意产业内容又擅长经营管理的管理者;二是灵感迸发、创意迭现的创作者。而"氛围"是指创立一套激励全民创意的机制与评判标准。目前厦门市无论是专门人才还是全民意识都严重匮乏。

培养文化产业人才的机制尚不成熟,人才宽容度不够。厦门是一个美丽的岛城,有自身的优势和后天形成的优越感,但也造成"岛民意识"的通病:自我感觉良好,缺少多元性的包容度。在老一代的鼓浪屿人中,由于当时殖民文化的包容性和多元性,造就了一大批大师级的音乐人才,如殷承宗、许斐平等钢琴大师。通过他们的演出及获奖,推出了厦门鼓浪屿"钢琴之岛"的文化名片。而近三十年来,厦门再未出现一流的音乐人才。为什么呢?正是缺少对文化人才的宽容度,缺少吸引人才的机制。比如四川音乐学院教授但昭义,曾经主动联系厦门,希望落脚厦门,为厦门培养更多的钢琴人才,但因住房问题未能解决,被深圳市政府"猎走"。而他培养了新一代在国际大赛中获金奖的李云迪、陈萨。这是值得我们反思和检讨的。正如业内艺术教育家所说:若厦门照此现状,三十年后都出不了像李云迪这样的优秀知名人才。

(五) 政府文化服务及体制创新不足

目前厦门市涉及文化产业的管理部门多达五六个,各自为政,缺乏统筹协调机制,且管理力量都很单薄,有些部门只管市场,不管产业发展,因此十分不利于文化产业的整体快速推进。而发展园区的规划都比较粗糙,千篇一律;关于文化创意产业的政策还处在各自分散进行独立创新的阶段。同时,公共文化服务体系的产品供给能力有限。文化资源的整合传播最直接的就是为市民所熟悉和津津乐道,而厦门市的许多文化资源并没有很好地在市内营销,市民不了解,文化的认同感很弱。公共文化服务体系是文化产品传播最基本的内部渠

道,而目前厦门公共文化产品的供给元素不够多元化,尚未满足居民的多元化需求。

厦门是海西区中心城市,承担着与台湾制造业和文化产业对接的重任,目前虽然有"五缘"的优势,但是产业却没有实现真正的对接。而昆山和东莞在电子行业与台湾已形成完全的对接和产业链。政府对于产业对接必须在战略和战术细节上做好研究。比如,戴尔落户厦门,其产业链不配套,上游的显示器、机箱和处理器等都要通过东莞和苏州采购,不但增加了成本,还降低了效率,又无法在本土形成产业链,无法体现产业竞争力。

三、自贸区带来的机遇

尽管厦门市文化产业发展面临自身的劣势,但机遇却是空前的。2009年《文化产业振兴规划》的出台,已将文化产业的发展提上战略高度,厦台"五缘"对接,海西建设的潮流,加之金融危机导致文化需求进一步扩大,文化体制改革紧锣密鼓地进行,都使得厦门市文化产业面临巨大的发展契机。自贸区的获批更是一个极大的利好消息。

2014年7月,福建自由贸易试验区(下称"自贸区")的申请被提上议程。经过近五个月的翘首期盼,2014年12月28日,全国人民代表大会常务委员会正式发布《关于授权国务院在中国(广东)自由贸易试验区、中国(天津)自由贸易试验区、中国(福建)自由贸易试验区以及中国(上海)自由贸易试验区扩展区域暂时调整有关法律规定的行政审批的决定》,结束了外界的种种猜测。自此,福建成功搭上了这列"自贸区"发展快车。2015年4月21日,福建自贸区福州、厦门、平潭三大片区同步揭牌,厦门片区43.78平方公里(含象屿保税区0.6平方公里、象屿保税物流园区0.7平方公里、厦门海沧保税港区9.51平方公里),将重点建设两岸新兴产业和现代服务业合作示范区、东南国际航运中心、两岸区域性金融服务中心和两岸贸易中心。

厦门片区的获批,将开启制度的阀门,释放区域内各个行业的运行空间,对我国经济结构调整、经济增长方式转变具有重大的启示意义。尽管一些细则还没有出台,但从长远看,厦门片区的成立犹如东风送暖,给本地及周边地区文化创意产业将带来重大的发展机遇。

（一）知识产权制度完善的机遇

创意产业的核心是创意和创新，是个人基于其独特创意所产生的一种智力成果，而知识产权正是主体依法对其创造性智力成果所享有的垄断权利。创意产业和知识产权的关系可谓息息相关。在厦门片区的总体规划中，明确指出要健全法制保障，根据试点内容，按照法律规定程序，调整实施有关法律、行政法规和国务院部分文件规定。支持厦门发挥经济特区立法权的优势，建立与试点要求相适应的自贸区政策法规体系。因此，自贸区的建立将是厦门完善地方文化创业产业著作权、专利权、技术秘密等自主知识产权的绝佳机会。

（二）金融制度创新的机遇

福建自贸区的定位之一，就是建设成为深化两岸经济合作的示范区。在厦门片区整体规划中，已指出要扩大金融领域开放，推动金融体制创新、产品创新和管理创新，扩大金融服务范围，建立自贸区金融改革创新与两岸区域性金融服务中心建设的联动机制。这包括推进金融业开放创新、扩大两岸金融合作、拓展金融服务功能。

自贸区的金融制度创新主要体现在：一是实行更加便利的对台跨境人民币业务政策，支持台湾地区银行向自贸区内企业或项目发放跨境人民币贷款，支持自贸区内银行机构与台湾同业开展跨境人民币借款等。二是实行更加优惠的对台外债宏观审慎管理制度，对自贸区内台湾金融机构向母行（公司）借用中长期外债实行外债指标单列，并按余额进行管理等。三是实行更加开放的对台金融市场开放措施，允许台资金融机构以人民币合格境外机构投资者方式投资自贸区内资本市场，放宽台资金融机构入驻自贸区的条件和门槛，积极推进自贸区两岸特色金融创新。

自贸区的设立，将为厦门带来金融准入、金融开放、投融资渠道畅通等的制度创新，有利于解决民营小型文化企业一直存在的投融资问题，推动厦门文化创意产业的进一步发展。

（三）人才引进的机遇

人才是文化创意产业中的关键性因素。而目前厦门文化产业发展所需人才匮乏，人才机制亦不健全。此次自贸区的设立，一方面将为厦门引进海内外高端专业人才提供良好的契机，另一方面也将促使厦门更加科学地培育本土人才，使厦门文化创意产业以知识技术为核心驱动力获得长远发展。在负面清单管理背景下,厦门片区有着较为灵活的政策空间去扶持文化创意产业人才培养和文化创意产业人才引进。

(四) 文化产品进出口的机遇

厦门片区在税制上有独特的优势,《中国(福建)自由贸易试验区产业发展规划》指出要充分落实好自贸区及厦门市深化两岸交流合作综合配套改革方案等各项政策。抓紧落实现有相关税收政策,上海自贸区已经试点的税收政策原则上可以在福建自贸区试点,其中促进贸易的选择性征收关税、其他相关进出口税收等政策在自贸区内海关特殊监管区域内试点。在符合税制改革方向和国际惯例,以及不导致利润转移和税基侵蚀的前提下,积极研究完善和实施适应境外股权投资和离岸业务发展的税收政策。这就为两岸文化产品的交流带来了得天独厚的条件。

台湾在文化创意领域有着丰富的经验,称文化创意为制造业服务化。但是目前在出版、影视、动漫、游戏等方面,台湾的文化创意产品还无法被视作"内版",受到外资配额限制,并且审批程序烦琐、耗时长,产品通过审批上映时,已无利可图,制约了两岸文化创意产业的发展。福建自贸区若能在知识产权保护、简化审批流程等方面先行一步,必将抢得发展先机。

四、相关政策建议

(一) 推进文化创意产业集群建设

首先,推进文化创意产业集群建设,建设一批功能定位准确、高起点、规模化和代表未来发展方向,具备研发、投资、孵化、制作、培训、交易等功能的文化产业基地和文化创意产业园,形成富有特色和经济效益的文化产业聚集区。

其次,充分利用城区老工业区搬迁改造腾退土地,发展文化创意和设计服务产业。对利用城市中心的老厂房、旧仓库、传统文化街区等存量房产资源和历史建筑进行保护性改造与开发,建设文化创意和设计服务企业集中区的,给予一定的优惠和税收补助。尤其要重视现代产业研发和创新基地的建设,孵化新兴文化产业企业,并尽快培育一批骨干文化企业,积极引进一批国内外知名的或大型文化企业,引领和推动整个文化产业的发展。

再次,注重整合两岸文化创意资源,设立厦门海峡两岸文化创意产业对接试验区。厦门台湾文化创意产业园是自贸区的核心项目,重点引进创意设计、动漫、影视、演艺、娱乐、民俗、工艺美术、创意教育培训等台湾优势文化创意产业项目,形成一个对海峡西岸经济区文化产业具有强烈示范和带动作用的龙头项目和园区。

最后,强化"前店后厂"思路,对接自贸区内外文化创意产业。借鉴台湾自由经济示范区的成功经验,在厦门自贸片区内加强对文化创意产品和台湾文化创意产业的引进与输入,将一些生产功能放到厦门岛内的非自贸片区内,延伸自贸片区作用的地理空间范围。

(二)强化金融创新,破解文化创意产业投融资瓶颈

首先,推行更加便利的境外人民币业务。例如,允许台资金融机构以人民币合格境外机构投资者方式投资自贸区内文化创意产业。

其次,加强对文化创意产业的投融资财政支持。促进文化创意产业项目与金融资本的融合对接,进一步发挥财政资金对文化创意产业的引导作用,采取贷款贴息、项目补贴、政府重点采购和后期奖励等方式,加以鼓励。

(三)加大力度创造人才辈出、人尽其用的人才支撑体系

首先,建立文化人才培育体系。厦门片区应通过制度创新,支持高等院校设立文化创意相关专业,建立产学研一体的人才培训基地,为文化创意产业培养和输送专业人才;加强与国外教育机构的合作交流,开办文化创意产业经营管理人才培训班,逐步建立起教育培训和岗位实践相结合的文化创意人才培养机制。

其次,强化优秀人才的引进。例如,抓好高端经济与策划人才、高端创意人才的认定和引进工作,吸引高级文化创意人才来厦门发展;编制并发布《厦门市文化创意产业人才开发目录》,会同有关部门研究制定文化创意产业领域高级人才奖励的条件、标准和范围,为吸引文化创意产业人才营造良好的政策环境。

最后,为文化创意人才提供优越的创业环境。例如,鼓励海外高层次留学人才来厦门创业工作,对文化创意企业引进外国专家优先给予立项、经费资助等方面的支持。

五、完善法规,保障文化创意产业知识产权

首先,政府应完善我国现行的知识产权保护法律体系,加强对中小规模创意企业的扶持及公共服务;同时,针对创意产业中不同的行业,有针对性地健全知识产权保护体系,健全创新、创意和设计激励机制,完善有利于创意和设计发展的产权制度,加强数据保护,加大对侵权行为的惩处力度。

其次,政府应建立并完善专利申请优先审查通道和知识产权快速登记通道,鼓励金融机构参与知识产权专业评估运作,对拥有商标权、专利权、版权等核心知识产权的文化创意原创内容的生产企业,简化知识产权登记手续,便利抵押登记流程,加大抵押融资贴息支持力度;完善知识产权入股、分红等形式的激励机制和管理制度,促进知识产权的合理有效流通。

专题十一

发展海西区文化产业对于推进"一带一路"战略的意义

一、"一带一路"内在的文化意蕴

"一带一路"指"丝绸之路经济带"和"21世纪海上丝绸之路",是中国领导人审时度势提出的战略构想和重大决策,对于中国拓展发展空间及实现中华民族的复兴具有深远意义。那么,应该如何理解"一带一路"战略呢?尽管"一带一路"这一缩略语容易引起人们直观的想象,但是不能仅将其理解为较为狭隘的或具体的地理概念和仅有道路交通乃至纯商贸的意味,而首先应理解为一种理念或一种文化。

历史上的古丝绸之路曾经促进了中西文化的交流,是相关国家的和平交往之路、共同富裕之路和文化交汇融合之路。在相互贸易、互通有无的过程中,众多民族的相互亲和、多种宗教的彼此交织,成为连接异质文明的重要纽带,换句话说,它已经是一种富有历史积淀的文化现象。当前,和平与发展仍是世界各国交往的主流,而且国际关系也不仅包含经济内容,而是要在互利互惠、开放有序的文化战略指引下,加强区域国家之间的人文领域的开放合作。

"一带一路"概念的提出,不仅表达了中国与世界持续开展经济合作的意愿,而且具有包容性和文化内涵。推进"一带一路"战略,可以实现相关国家和地区政策沟通、设施联通、贸易畅通、资金融通、民心相通。可见,丝绸之路精神的核心是和平、友好、开放和包容;也可以说,"一带一路"的主线是经济合作和人文交流,目的是合作共赢、打造利益共同体。新丝绸之路的建设,标志着东西方两大文明在此再度交汇,而文明的交流互鉴,是推动人类文明进步和世界和平与发展的重要动力。大国兴衰的历史证明:唯有一个大国自身保持不断创新的活力,率先提出和实践全球性的议题,引领全人类发展的价值观念和方向,才能吸引广泛的盟友,这就是国家文化软实力的精髓。因此,"一带一路"战略构想蕴含着巨大的文化价值。

中国经过了三十多年的改革开放,从一个被隔绝于全球经济体系之外的发展中国家,一跃成为全球第二大经济体、第一贸易大国,体现了与西方现代化模式不同的另一种成功模式。中国一再表明,走向伟大复兴的根本道路是和平发展,和平是中国道路的旗帜,发展是中国道路的本质,科学是中国道路的思想方法。在这个伟大过程中,中国不仅要实现经济的强盛,而且要通过文化外交、文化交流、文化贸易,在全球传播中国的价值观和现代化理念。

"一带一路"沿线国家和地区的社会制度、宗教信仰、文化传统、经济体制、法律制度、开放程度等方面各有差异,与此相联系的不同的价值判断、行为习惯、市场规则,在一定程度上影响着经济合作的深广维度和进程时序。面对不同的社会制度在意识形态方面的差异,我国的跨国企业应当自觉地把问题提高到企业文化建设层面,尊重对方的政治立场和道路选择,不强求、不干涉,平等自主、和平共处,为投资贸易经济合作创造和谐安定的社会环境。面对不同的宗教信仰,必须尊重不同宗教信仰民族的价值判断、审美观念和行为习惯,在合作摸式、投资贸易、产品设计和工作日程安排等方面做出切合实际的调整。面对不同的市场开放程度,不可急于求成,欲速则不达,必须静待时日同时主动沟通为双边和多边的政策、法律对接创造条件。面对不同的文化传统,应该加强文化交流互动,增进了解和互信,互相学习对方文化的精髓和特质,共享文化的厚重深邃和丰富多彩;应该直面文化差异,奉行求同存异,善于发现和汲取不同的文化智慧,在互利共赢的合作基础上寻求文化的契合点,以文化的多样性融合,促双边或多边的市场对接、机制对接、产能对接。

作为海上丝绸之路核心区的海西区,要发展文化产业,就应依托国家推动"一带一路"战略的历史性机遇,提升海西区乃至全国在全球文化产业的价值链、文化资源的供应链、文化品牌的服务链中的地位,在全球范围内提供大量的文化产品和文化服务,可以扩大我国向国际社会投射的文化正能量。所以,推进"一带一路"战略,从文化产业发展寻求"破题",是一种远见卓识。

二、"一带一路"背景下海西区文化产业的优势

从全球范围看,当前文化产业和创意经济的发展,已经显示出集约化、规模化、区域性分布的趋势。它们并非在各个地区均衡分布,而是集中在文化、科技、金融结合度高,综合实力强,法律制度完善,市场体系发达,全球化联系密切,有一定区位优势的地区。

从区域资源传承看,丝绸之路作为古老的东西方文化交流桥梁和商贸通道,沿线旅游资源丰富,文化遗存多样,在国际上的品牌影响力也很强。这些丰厚的历史遗存、人文遗产都将成为"一带一路"建设中宝贵的文化资源,从文艺创作、文化旅游、人文教育等多个角度给人们带来全新的体验。

亚太文化创意产业协会曾采用文化支持度、文化内涵度、文化融合度、文化创造力、文化发展力、文化影响力等6个指标,从两岸城市中选出42个具有较强文化创意竞争力的城市,其中东部地区拥有32个(占76%),中部地区拥有6个(占14%),西部地区拥有4个(占10%)。可见,东部地区城市具有绝对的优势。

具体来说,独特的地理位置造就海西区文化贸易的独特优势。海西区地处东南沿海,是以福建为主体,面对台湾,邻近港澳,范围涵盖台湾海峡西岸,与珠江三角洲和长江三角洲两个经济区衔接,包括浙江南部、广东北部和江西部分地区,共有20个城市。这一地区与台湾以及东南亚更有地缘近、血缘亲、文缘深、商缘广、法缘久的"五缘"优势。得天独厚的地理位置为海西区文化贸易提供了优越的先天条件,创造了诸多机遇,不仅为两岸经贸合作发展提供了广阔的空间,更增添了海西区发展文化贸易的自信。此外,广东和浙江两省是我国经济最发达的省份,这无疑是海西区发展文化贸易的另一个有利条件。

对外开放是海西区的又一大优势。海西区有许多中国最早开放的城市,如温州、福州、汕头、厦门等,其中福州和厦门是中国近现代最早开放的港口。改革开放后,厦门被中央定为经济特区。这些开放城市既有开展对外贸易的经验,又有进行对内协作的网络,开展文化贸易必然将为其带来巨大的经济效益。福建省更有国家级的保税区、保税港区等,也必然将为其带来大量贸易活动。目前海西区海陆空交通网络基本形成,有浙江梅州、广东汕头、福建厦门、福州

长乐等数个机场,已开通至香港、马尼拉、曼谷等国内、国际共几十条航线。其中,厦门机场是全国第五大口岸机场,位居全国十大吞吐量空港之列。除此之外,海西区有多个国家级港口,开辟了多条国内、国际集装箱运输航线,在全国前20名吞吐量港口中占居4席,这为其文化贸易发展创造了良好条件。

海西区特有的文化也是其开展文化贸易的一大优势。海西区拥有诸多人文景观和文化遗产,如昙石山文化、闽南文化、客家文化等。作为海西区主体的福建省更是拥有深厚的文化底蕴和历史资源,厦门、漳州、泉州是国务院首批公布的历史文化名城。泉州更是古代"海上丝绸之路"的起点,早在唐代便已是中国对外贸易的主要港口之一。省会福州为构建"和谐福州"打造出城市文化名片,如寿山石、三坊七巷等充满了文化色彩和历史气息。此外,福建更是人才辈出,出了许多对中国历史有重大影响的杰出人才,如民族英雄郑成功、林则徐,教育家朱熹,文学家冰心等历史文化名人。丰富的历史文化资源是开展文化贸易的沃土,使海西区在开展文化贸易时更具有说服力,也更有吸引力。福建还拥有无数秀丽的风景名胜,如武夷山自然保护区、厦门鼓浪屿、湄州岛妈祖文化、永定土楼、泉州老君岩像等。丰富的旅游资源可以发挥以旅游业带动贸易发展的功能,这是海西区文化资源的又一大优势。

最后,遍布世界各地尤其是东南亚的闽籍华人华侨,也是借助文化产业和文化贸易发展推进"一带一路"战略的人脉资源优势。福建省侨务办公室主任杨辉表示,2015年,福建省侨办将探索成立"世界福建侨商总会"。[1] 对于庞大的福建海外华人华侨群体,杨辉概括了五个方面的特点:一是人数众多、分布广泛。据最新统计,福建省现有闽籍华人华侨1580万人,分布在188个国家和地区,以亚洲、北美洲和欧洲为主;东南亚地区占78%,有1200多万人;其中,居前五位的国家是马来西亚、印度尼西亚、菲律宾、新加坡,然后就是美国。福建省内按地市分布,前三位是:泉州,有900万人,占60%左右;福州,有259万人,约占17%,漳州,有97万人,约占6%。此外,祖籍福建的港澳同胞有124万人,归侨侨眷及港澳出国人员的眷属有653万人,改革开放以后出国定居的新华侨华人有110万人。二是闽籍海外侨胞实力雄厚、人才辈出。闽籍侨胞中有许多"四有人士",就是政治上有地位、经济上有实力、学术上有造诣、社会上有影响的人士,尤其在东南亚国家中他们具有举足轻重的地位和作用。近几年的"福布斯富豪榜"显示,"世界华商500强"当中闽商大概占1/10。三是闽籍侨胞恋祖爱乡,是爱国爱乡、海纳百川、乐善好施、敢拼会赢的福建精神的典型代表。

---

[1] http://www.chinanews.com/zgqj/2014/05-28/6219672.shtml。

据不完全统计,改革开放以来,侨胞在福建省的捐赠额达到242亿元人民币;近几年,闽籍侨胞每年资助公益事业的金额都在7亿—10亿元,2010年更是达到12.93亿元。四是闽籍社团众多,影响广泛。统计显示,目前海外闽籍社团有1 900多个,分布在47个国家和地区,其中由侨务部门掌握的重点社团有404个,社团活动已由传统的联谊、互助转向商贸、科技、教育和文化等领域,影响力越来越大。闽籍侨胞成为驻外使领馆在西方主要国家的重要依托力量。五是新侨胞崛起,后劲凸显。改革开放以后,福建省留学人员已有100多万人,纷纷在当地的商界、科技界有所建树,社交能力比较强,有活力,事业发展得比较快,一大批已经崭露头角,融入西方的主流社会。

表1 世界主要国家闽籍华人华侨分布(1986—1990年)

国别	总人口(万人)	华人华侨数(万人)	占总人口比例(%)	闽籍华人华侨数(万人)	占华人华侨比例(%)
印度尼西亚	166 866.20	600.00	3.60	330.00	55.00
马来西亚	1 609.00	509.70	32.00	229.40	45.00
新加坡	258.80	192.80	74.50	86.76	45.00
泰国	5 265.40	465.00	8.30	37.20	8.00
菲律宾	5 600.40	110.00	5.60	99.00	90.00
文莱	25.00	4.35	17.40	1.31	30.00
缅甸	3 210.20	71.00	2.20	28.40	40.00
越南	6 121.80	96.17	1.57	19.23	20.00
老挝	370.30	1.00	0.37	0.20	20.00
柬埔寨	746.90	30.00	4.00	6.00	20.00
东南亚各国小计	190 074.00	2080.02	11.00	849.24	40.83
日本	12 000.00	13.98	0.08	1.40	10.00
美国	23 000.00	164.60	0.72	16.50	10.00
加拿大	2 544.00	60.00	2.40	2.40	4.00
澳大利亚	1 511.00	23.90	1.58	2.39	10.00
法国	5 299.00	16.50	0.31	2.50	15.00
英国	5 692.00	28.00	0.27	1.69	7.00
其他国家		120.2979		27.15	22.50
合计		2 507.8794		876.39	34.95

资料来源:《福建侨报》,http://www.66163.com/Fujian_w/news/fjqb/990903/2_5.html。

三、以文化产业发展和文化贸易促进"一带一路"的意义

国际文化贸易是指国际间文化产品与服务的输入和输出的贸易方式。随着全球化进程加快,文化贸易在国际贸易中所占比重越来越大;再者,由于经济发展及人们生活水平的提高,全球社会对文化产品和服务的需求大大增加,国际文化贸易显示出强劲的发展态势。当前文化贸易在国际贸易中扮演重要角色,其作用主要体现在以下几个方面:

1. 有助于区域经济的稳定发展

文化贸易对区域文化的形成有重要意义,有助于加强区域间的文化交流,形成共同的文化意识,进而减少贸易壁垒,加速区域经济一体化进程。

2. 有助于提升一国竞争力

从世界范围看,文化消费在日常生活中的地位日益提高,文化产业在国民经济中所占的比例也越来越大。一国在国际文化贸易中的地位不仅仅是纯粹的经济意义上的贸易问题,还反映了一国本土文化在世界范围内的传播和与其他国家进行文化交流的状况。近年来,世界各个国家都大力扶持文化产品和服务的出口,扩大本国文化影响力,文化贸易已经成为现代贸易竞争的新领域,是各国经济发展的重点。此外,当今世界,一个成功的国家其内在的文化向心力不可或缺,而具有竞争力的地区必定有着发达的文化产业。

3. 有助于服务性企业开拓市场,提高其产品的附加值

服务性企业发展文化贸易是企业开拓国际市场的要求。企业大力开展文化贸易,除了提高产品附加值、增加企业利润以外,还能宣传企业文化,从而有利于企业以文化征服消费者,塑造良好的企业形象,从根本上增强企业的国际竞争力。

有研究表明,中国"一带一路"战略,具有类似第二次地理大发现的深远意义。它包括了"一带一路"和"两廊"(从中国新疆喀什连接巴基斯坦瓜达尔港到阿拉伯海的走廊、从中国云南连接中南半岛交通网经未来的泰国克拉大运河直通印度洋的走廊)的大战略框架,使丝绸之路经济带和海上丝绸之路相互连通,形成一个巨大的地缘平行四边形。该战略覆盖40多个国家和地区,总人口超过40亿人,经济总量超过20万亿美元。

随着这一战略的实施,中国将扭转由于近代的积贫积弱,遭受外强割疆裂

土、失去东北方向出海口的地缘灾难;推动中西部地区成为直通欧亚大陆、连接太平洋和印度洋、海陆兼备的大枢纽;充分发挥中国作为全球经济增长的动力作用,让欧、亚、非、澳诸多地区的人民,依托一个互联互通的地缘经济合作网络,共享发展的成果。如何适应全球文化跨界发展趋势,增进文化认同的自觉,增进文化凝聚力的有效建构,把民族文化的多样性与人类共同的价值准则结合起来,走文明对话与和谐发展之路,是丝绸之路文化融合发展核心价值之所在。适应国家"一带一路"战略,发展多样化的文化产业区域模式,是加强我国文化地缘战略的重要举措。

就企业层面而言,中国企业"走出去"需要了解当地文化,文化贸易可以为对外投资积累经验。跨国企业文化生态是指企业在异国他乡投资贸易过程中,长期形成的相对稳定的价值取向、经营理念、管理制度、行为规范等规定性的存在状态。中国跨国企业在"一带一路"沿线国家或地区投资或开展贸易,必然会受到不同民族文化的影响,而不同民族的文化都经历了各自独特的历史形成过程,因而呈现出各自一体、色彩斑斓、形态各异的文化生态。我国跨国企业当以开放包容的文化理念汲取不同文化的精华,滋养自身企业文化的生命,使之焕发旺盛的活力和强健的市场适应力,促进企业双边和多边合作氛围的融洽和美,以及经贸往来的深度发展。

四、海西区文化产业促进"一带一路"战略的措施构想

1. 顺应形势,寻求文化产业发展机遇

用文化的方式丰富"一带一路"的内涵,可以扩大"一带一路"的影响。同时,"一带一路"战略也为海西区文化产业发展带来了新机遇,具体如下:

一是深化高层文化互访。配合文化部组织好文化中国、欢乐春节、国家年等大型对外文化活动,办好用好海外中国文化中心、孔子学院,拓展交流交往领域;加大对"一带一路"周边国家和地区政商学艺各界名流的公关力度。

二是双向开展文化交流。利用文教融合通道,引导和鼓励福建留学生、出境游客、华人华侨积极参与海外所在地的文化活动和公共事务,做中华文化和福建文化的传播者、践行者。

三是合作举办文化活动。通过互办、联办、合办影视节、艺术节等国际性的文化活动,推动区域间、市民间的文化交流;利用美术、演艺、影视、动漫等艺术形式,开展"一带一路"主题系列展示、展览、展演活动。

四是共同发展文化贸易,推动更多文化产品和服务走出去。要鼓励国有龙头文化企业提高跨国经营管理能力,支持更多有实力的民营企业从事文化贸易,引导文化骨干企业到中亚、西亚、南亚、东欧等地区的发展中国家拓展文化贸易空间,推动双边和多边国际文化贸易发展。要广泛集聚国内外对外贸易资源,加强文化出口平台和渠道建设,进一步拓展国际营销网络,完善海外网点布局,推动海西区自主文化产品更多地进入国际市场。

五是文化资源互通共享。一方面,要加强与沿线各地的交流合作,共同对沿途的市场、资源、产业进行深度挖掘;另一方面,要充分发挥海西区文化底蕴深厚、文化资源开放、文化环境包容等独特优势,尤其要利用海西区在文科、文教、文金、文旅等相关行业融合发展方面取得的经验成果,在文化"走出去、请进来"中,通过援助、互补、合作等多种形式与沿途区域共同推动"一带一路"文化建设,实现文化资源在更多领域、更广泛空间的互助、共建与共享。

2. 找准着力点,挖掘文化产业发展潜力

此外,海西区本身的文化产业要继续做大做强。为此,发展文化产业必须把握三大要素:设计科学的定位,把握好人无我有、人有我优的差异化角色;进行目标的取舍,在发展替代性产业的过程中,选择最能发挥优势的文化产业领域;推动要素的配置,重点吸引优质资本、知识型人才等的集聚。具体来说,应加强文化产业与制造业的关联[①],促进文化产业化和产业文化化,特别是制造业与文化的融合,在同一区域内达成文化推广共识[②],继续深化闽台文化产业合作。

第一,要以本土文化产业为动力源头,形成投射中国文化影响力的"近中远"三重辐射带,即我国的周边邻国、一带一路的联通地区,以及北美、非洲和拉美等地区。要大力发展各种文化合资、合作的产业项目,采用"中国故事、世界表述"和"世界内容、中国创意"等生产与传播形式。

第二,要扩大我国的对外投资,特别是拓展电子信息类文化出口市场。我

---

① 我们曾运用福建省投入产出表,采用投入产出法,从产业关联、产业波及来反映福建文化产业的关联效应。结果表明,文化产业在福建省还处于起步阶段,文化消费在总消费中的比重还比较小,但是文化产业具有较强的辐射效应,可以带动相关产业的发展。

② 2014年10月,海西区20个城市(实验区)在厦门共同签署了《非物质文化遗产保护合作协议》。协议签署后,这20个城市(实验区)的文化部门将共同整合文化资源,打造一批地域特色明显、在国内外具有较大影响力的文化品牌,并重点保护发展闽南文化、客家文化、妈祖文化、潮汕文化、畲族文化、道教文化、临川文化、吴越文化、闽都文化、陈靖姑文化、朱子文化、红色文化等特色文化,深入推进文化生态保护区建设,积极探索科学合理的建设模式和整体性保护方式。详见 http://finance.chinanews.com/cj/2014/12-29/6920037.shtml。

国从2013年开始成为全球第三大对外投资国，2014年我国共实现全行业对外投资1 160亿美元，如果加上第三地融资再投资，对外贸易规模据估计应该在1 400亿美元左右，这意味着2014年我国实际上已经成为全球的资本净输出国。随着对外文化投资的扩大，我国文化出口产品也在不断优化结构。2014年，我国自主研发网络游戏产品在海外销售收入达到30.76亿美元，同比增长69.02%。其中，客户端类游戏占总出口网游数量比重达27.7%，网页游戏比重达30.9%，移动类游戏比重达41.4%；实际销售收入12.73亿美元，同比增长高达366.39%，显示了我国网络文化产品出口的广阔前景。

第三，要制定示范性规则，推广由中国创造的文化产业新业态。中国创新型的文化产业规则、模式、技术和平台，具有率先探索和示范的意义，是可以被各国共享的文化公共产品和财富。如上海、深圳两地的文化产权交易所开展的文化金融服务，被国际专业人士称为"中国在文化与金融的结合方面具有开创性的模式"，要把这些经验向海外推广，进一步发展中国（海外）文化产权交易所等新形态。

第四，吸取各国文化资源，丰富我国向世界投放的文化产品。世界大国都把掌握各国语言作为其扩大文化软实力的战略性资源。要在我国长三角、珠三角、东北地区、北部湾、海峡西岸等城市群，建立多层次的文化贸易语言服务基地，全面提高我国跨文化贸易的能力。

第五，要注意利用华人华侨的桥梁作用，为"一带一路"战略实施多做释疑增信的工作。动员华人华侨以其资本和智力参与"一带一路"建设。

3. 拓展文化贸易思路，融入全球文化贸易格局

针对全球文化贸易规则和格局的深刻变化，要尽快树立我国发展对外文化贸易的综合优势，还要形成"大文化外贸"的总体思路和工作框架。具体情况如下：

一是要推动我国由文化货品出口为主向货品、服务、技术、资本、管理输出相结合转变，整合发改委、国资委、商务部、文化部、科技部、海关等方面的力量，联合颁布新版的《对外文化贸易发展指导目录》，在全国逐步制定和实施大框架的对外文化贸易统计指标，涵盖目前分别采用的海关、商务部、文化部等多项统计指标体系，以动员相关领域的社会力量共同参与实施。

二是推动我国对外文化贸易的竞争优势由价格和劳动力优势为主向技术、品牌、质量、服务为核心的综合竞争优势转变，让建设创新大国的优势逐步在对外文化贸易领域获得体现；以移动互联网、云计算、大数据、自媒体等为代表的信息技术推动文化产业和文化贸易的融合。

三是推动我国对外文化贸易的路径由注重货品开发向设计研发、会展演艺、投资院线、并购项目、技术服务、广播电视对外工程承包、翻译制作、项目原创等多样化路径转变。

四是推动我国文化外贸的营商环境由政策引导为主向制度规范、全面服务和营造法治化国际化营商环境转变。

五是推动我国的对外文化贸易角色,从积极适应国际经贸规则为主,向主动参与国际文化贸易规则制定转变,特别是在一系列技术更新和发展迅猛但发达国家尚未形成显著优势的前沿领域,突破技术上和规则上的难点及重点,体现国际文化贸易规则领域的"中国首倡"和"中国规则"。

专题十二

海西区资源依赖度与经济增长分析

海西区东与台湾地区一水相隔,北承长三角,南接珠三角,地理位置优越,具有良好的经济发展基础和广阔的发展前景。自 2009 年 5 月国务院颁布《关于支持福建省加快建设海峡西岸经济区的若干意见》之后,海西区发展战略从地方发展战略上升为国家发展战略,从而使得海西区与长三角、珠三角、环渤海等经济区一道成为我国沿海经济带的重要组成部分。然而,海西区产业结构层次偏低,第三产业不发达,且作为缺油贫煤的地区,对石化、煤炭资源依赖性较大。随着经济的快速增长,能源消费量不断上升,特别是近几年,海西区工业化和城镇化进程加快,重工业部门(如钢铁、机械、化工、水泥等)发展迅速,能源供求矛盾更加突出。毋庸置疑,经济增长需要一定的能源基础做支撑,但是对资源的过度依赖反而会限制经济的发展,即产生"资源诅咒"现象。

本专题基于对相关文献的回顾,以海西区 20 个设区市为研究对象,对资源要素,尤其是能源消费在海西区经济社会发展中所起的作用,即是否存在"资源诅咒"现象进行分析。一方面,拓展了对于资源诅咒存在性命题的研究,避免全国和省域层次研究中总体数据掩盖地区内部差异的缺陷;另一方面,在新一轮区域经济整合过程中,由于海西区的特殊区位及其战略重要性,对海西区的发展问题进行深入研究具有重要的现实意义和战略意义。

一、文献综述

20世纪50年代之前,经济学理论一般认为良好的自然资源禀赋,尤其是丰富的矿产资源是工业化起步的基础和经济增长的引擎。一些国家的发展历程恰恰对此给出了很好的证明,比如美国和加拿大。但是第二次世界大战以来,基于大部分资源导向型经济增长模式的失败以及很多资源贫乏的国家和地区却取得了令人瞩目的发展成果的事实,自然资源对区域经济增长具有绝对促进作用的传统观点逐渐被颠覆。比如,一些自然资源丰裕的国家(如委内瑞拉、塞拉利昂、赞比亚等)的经济表现不及自然资源缺乏得多的国家和地区(如日本、中国台湾、中国香港等)。80年代中期以来,新的内生增长理论对索洛增长理论的"趋同过程"和"赶超假说"提出了质疑,大量的实证研究开始比较各国经济增长速度的差异。1993年英国经济学家Auty在研究矿产经济发展问题时首次提出了资源诅咒(Resource Curse)概念,即"丰裕的资源对一些国家的经济增长并不是充分的有利条件,反而是一种限制",并将"丰富资源并不能有效地促进经济增长"这一悖论总结为资源诅咒假说。此后,Sachs & Warner(1995,1997,2001)连续发表了三篇文章,对"资源诅咒"这一假说进行了开创性的实证检验。在Sachs & Warner之后,又有一批针对"资源诅咒"的研究成果相继发表。例如,跨国层面(Gylfason,2001a,2001b;Papyrakis & Gerlagh,2004;Gylfason and Zoega,2006;徐康宁、邵军,2006;Collier & Goderis,2009;Daniele Vittorio,2011)和一国内部区域层面(徐康宁、王剑,2006;胡援成、肖德勇,2007;Papyrakis & Gerlagh,2007;邵帅、齐中英,2008;邵帅、杨莉莉,2010;James & Aadland,2011)的研究为资源诅咒假说提供了经验支持。国内学者以某个省(市、自治区)为研究对象,如山西、新疆、内蒙古等,基本都得出了所研究的省(市、自治区)存在资源诅咒效应的结果。

然而,在许多学者对资源诅咒命题提出肯定性论断的同时,学术界对此也不乏一些批评性的声音。虽然遭遇资源诅咒问题的国家和地区普遍存在,但事实上,仍存在一些表现为祝福而不是诅咒的例子。如博茨瓦纳、智利、马来西亚(Rose,2001)、挪威(Wright & Czelusta,2007),以及我国山东省(徐康宁、韩剑,2005)。G. A. Davis(1995)是最早提出资源诅咒不存在观点的学者。他把22个矿产资源型经济体看作一个整体,并与其他57个非矿产资源型国家作为一个整体进行经济绩效对比后发现,矿产资源经济体作为一个整体并不存在资源诅咒。持有这种观点的学者还有 Manzano et al.（2007）、Lederman & Maloney（2012）、Lkhagva Gerelmaa & KojiKotani（2013）。方颖等（2011）通过分析我国95个地级及以上城市的横截面数据，表明自然资源的丰裕程度与经济增长之间并无显著的负相关关系，资源诅咒假说在我国城市层面上不成立。

还有学者持"资源诅咒"条件存在论的观点，认为"资源诅咒"并不是一个规律性命题，它的产生要有一定条件，选取不同的控制变量和使用不同的研究方法会导致不同的结论。持该观点的代表者有 Ding & Field（2005）、Sala-I-Martin & Subramanian（2003）、Cerny & Filer（2007）、Wen & King（2009）、J. A. Robinson et al.（2011）。如 Cerny & Filer（2007）使用初级产品出口比重进行实证分析时得到的结果表明资源诅咒效应是存在的，但当使用人均初级产品出口量进行分析时，资源诅咒效应却消失了。

综上所述，资源诅咒命题的支持者们受到的挑战主要来自三个方面的问题：自然资源相关度量指标选取的合理性、解释变量的内生性问题、事实性反驳。对于第一个问题，目前学界的看法已经逐渐明确和趋同。通过清楚地界定和区分自然资源丰裕度与自然资源依赖度的含义及度量指标，比如将自然资源丰裕度的度量指标分为地均资源储量、人均资源储量和绝对资源储量三种形式，而自然资源依赖度主要体现在资源型产业在区域经济中所具有的地位高低，故应由相对指标如初级产品出口比重、初级产品部门产值比重等指标来度量。邵帅和杨莉莉（2010）对此做出了较为系统的解答：丰裕的自然资源本身对经济增长具有积极影响，但自然资源丰裕的地区往往更倾向于优先发展资源型产业，从而更易于步入资源依赖型经济发展道路，而对资源型产业的过度依赖是导致资源诅咒发生的根源。第二个问题着眼于解释变量（如资源依赖、制度质量、开放度等）存在潜在的内生性，认为这些变量在一定程度上内生于经济发展和制度因素，不应将其视为外生变量引入回归模型。此外，现有研究还存在因遗漏变量而产生的内生性问题。第三个问题事实性反驳，即指存在资源型经济发展的成功例证。

本专题选取海西区作为研究对象，与传统"资源诅咒"命题的研究视角有所不同，因为海西区常规能源资源缺乏，能源供给缺口大，外购依存度高。而且在过去的11年中，海西区第二产业在 GDP 中的比重经历了持续增长、平稳发展，并于2011年达到了历史的最高点52.35%；在能源消费结构中，工业耗能占七成，海西区经济发展对能源需求的依赖性不断增大。我们选取了以福州、温州和抚州三座具有代表性的城市为例，其产业结构变动情况如表1所示。这就决定了海西区的发展是建立在资源贫乏基础上的资源高度依赖型经济增长模式,有必要对能源的依赖是否产生"资源诅咒"现象进行验证。

表1 2005—2011年福州、温州、抚州各产业增加值占GDP比重   单位:%

城市	产业结构	2005	2006	2007	2008	2009	2010	2011
福州	第一产业占GDP比重	11.84	11.20	10.34	10.28	9.28	9.05	8.7
	第二产业占GDP比重	47.00	46.06	46.48	47.45	42.56	44.88	45.8
	第三产业占GDP比重	41.16	42.13	43.17	42.16	48.15	46.06	45.5
温州	第一产业占GDP比重	4.07	3.57	3.16	3.16	3.17	3.20	3.16
	第二产业占GDP比重	54.30	54.78	54.21	53.08	52.00	52.43	51.51
	第三产业占GDP比重	41.63	41.66	42.63	43.76	44.82	44.37	45.34
抚州	第一产业占GDP比重	26.79	23.82	21.77	21.92	21.72	19.02	18.44
	第二产业占GDP比重	40.40	44.30	46.73	47.45	47.28	49.91	53.28
	第三产业占GDP比重	32.81	31.88	31.50	30.64	31.00	31.06	28.28

资料来源:根据2005—2012年《福州市统计年鉴》《温州市统计年鉴》《抚州市统计年鉴》相关数据计算。

对于上述第一个问题,我们采用单位GDP能耗来表示资源依赖度。单位GDP能耗表示创造一个单位的生产总值所需要消耗的能源量,是一国或地区发展阶段、经济结构、能源结构、设备技术工艺和管理水平等多种因素形成的能耗水平与经济产出的比例关系。它可从投入和产出的宏观比较来反映一个国家或地区的能源经济效率,体现了经济增长对能源的消耗程度。

采用面板模型的分析方法,是因为考虑到横截面数据模型存在以下问题而难以保证分析结果的稳健性:其一,横截面数据模型暗含着自然资源对经济发展的效应不随时间变化的假设,故难以捕捉动态经济效应。其二,横截面数据模型难以对不随时间变化的个体异质性(如发展战略、政策及自然条件等)予以控制,而这些异质性很可能对资源开发活动和经济发展绩效同时产生影响(Aslaksen,2010;Cavalcanti et al.,2011)。而具有较高自由度和较低共线性的面板数据模型恰恰可以通过相关技术方法,很好地控制个体异质性并反映变量的动态调整过程(Hsiao,2003)。而且我们通过尽可能多地加入控制变量,来避免因遗漏变量所带来的潜在内生性问题。

二、海西区资源依赖度现状

近年来,海西区致力于能源多元化战略的实践,在能源开发与利用规模上取得了较快的进展。一方面,通过西气东输、西电东送等工程的建设,将西部或东北亚的资源延伸至海峡西岸;另一方面,布局核电、风电、水电、太阳能等领域。以福建省为例,从电源结构上看,福建省发电形式趋于多元化,截至2010年年末,各类发电形式如燃煤发电、水电、天然气发电、风电及其他新能源发电占比分别为54.6%、31.9%、11.1%、2.4%,是除三峡沿岸与西南地区以外,水电规模最大的省份之一。截至2010年年末,福建省一次能源消费结构中煤炭占比为57.5%、石油占比为24.6%、天然气占比为3.4%、水电占比为11.9%、其他占比为2.6%。值得注意的是,2015年,随着西气东输项目通道大规模延伸至海西区,福建省天然气消费规模将从2010年年末的3.4%增长至7.3%,年均增长率将达到24.6%。同时,由于宁德核电、福清核电的建设,福建省的核电规模在一次能源结构中的比重也将上涨至9.8%,而风电太阳能等可再生能源比重也将达到2.4%。

尽管海西区煤炭消费比重在下降、油品燃料比重在增长,但目前仍有近2/3的原煤由外地调入。能源消费品种相对单一,结构性矛盾突出,以煤为主的能源消费格局没有发生根本性的转变。仍以福建省为例,"十二五"期间,福建省一次能源消费规模将以年均7.6%的速度增长。截至2015年年末,福建省一次能源消费量将可能达到1.4亿吨标准煤。其中,煤炭、石油的年均消费量分别增长7%和8%,预计将占到2015年一次能源总消费量的52.2%和20.6%。因此,这种严重依赖能源消耗的发展模式,其经济增长的可持续性值得探究。

三、研究方法与数据来源

(一)模型设定

为了考察资源依赖度对地区经济增长的影响,根据 Kormendi & Meguire(1985)、Grier & Tullock(1989)、Barro(1991)、Sachs & Warner(1995,1997)等的经验分析文献,我们建立如下基本回归模型:

$$G_t^i = \alpha_0 + \alpha_1 \ln(\text{GDP}_{t-1}^i) + \alpha_2 \text{ND}_t^i + \alpha_3 Z_t^i + \varepsilon_t^i \tag{1}$$

在回归模型(1)中，i、t 分别表示各截面单位和年份；被解释变量 G_t 表示经济增长率；$\ln(\text{GDP}_{t-1})$ 表示滞后一期 GDP 的自然对数，将其作为一个基本控制变量引入增长模型，通过对各截面单位的初始经济状态差异予以控制，削弱经济发展惯性对分析结果产生干扰，也能够检验新古典经济增长理论中的条件收敛假说；ND 表示资源依赖度；Z 表示将要引入模型的其他控制变量所组成的向量集，包括制造业发展(MD)、物质资本投资(FI)、人力资本水平(HC)、科技创新水平(Tec)、私营经济发展(PE)、对外开放程度(OP)、表示制度质量的政府干预程度(GI)。这些变量不但包含一般经济增长理论中的所有重要因素，也基本囊括了目前已被提出的资源诅咒的各种传导机制变量。因此，本专题所构建的经济增长模型如下：

$$\begin{aligned} G_t^i = &\alpha_0 + \alpha_1 \ln(\text{GDP}_{t-1}^i) + \alpha_2 \text{ND}_t^i + \beta_1 \text{MD}_t^i + \beta_2 \text{FI}_t^i \\ &+ \beta_3 \text{HC}_t^i + \beta_4 \text{Tec}_t^i + \beta_5 \text{PE}_t^i + \beta_6 \text{OP}_t^i + \beta_7 \text{GI}_t^i + \varepsilon_t^i \end{aligned} \tag{2}$$

其中：

G_t^i 表示 i 市 t 年的经济增长速度，用 2005—2013 年各市人均 GDP 年均增长率来表示，单位为%。

GDP_{t-1}^i 表示 i 市滞后一期的 GDP，单位为十亿元。

ND_t^i 表示 i 市 t 年的资源依赖程度，用单位 GDP 能耗来表示，单位为吨标准煤/万元。

MD_t^i 表示 i 市 t 年的制造业发展，用制造业从业人数占总从业人数的比重来表示，单位为%。

FI_t^i 表示 i 市 t 年的物质资本投资，用 2005—2013 年各市固定资产投资总额占 GDP 的比重来表示，单位为%。

HC_t^i 表示 i 市 t 年的人力资本水平，用 2005—2013 年各市高等学校在校生人数占总人口数的比重来表示，单位为%。

Tec_t^i 表示 i 市 t 年的科技创新水平，用 2005—2013 年各市专利授权数增长率来表示，单位为%。

PE_t^i 表示 i 市 t 年的个体和私营经济发展，用 2005—2013 年各市城镇个体和私营从业人数占总从业人数的比重来表示，单位为%。

OP_t^i 表示 i 市 t 年的对外开放度水平，用 2005—2013 年各市实际使用外商直接投资额占 GDP 的比重和贸易余额占 GDP 的比重来表示，单位为%。

GI_t^i 表示 i 市 t 年的政府干预程度，用 2005—2013 年各市财政支出占 GDP

的比重来表示,单位为%。

ε_t^i 为随机扰动项, α_0 为常数项, α_1、α_2、β_1、β_2、β_3、β_4、β_5、β_6、β_7 分别为各自变量的系数。

(二) 变量解释

本专题根据经验分析文献,建立回归模型(2),并对核心变量和控制变量进行解释。

1. 核心变量

在回规模型(2)中,主要考察能源依赖程度对经济增长的影响,即 ND 的系数 α_2。经典研究文献通常使用初级产品的出口额占 GDP 比重(Sachs & Warner,1995)、初级产品部门的从业人员比重(Gylfason,1999)、初级产品部门产值比重(Papyrakis & Gerlagh,2004a,2007)、五大能源工业的总产值占工业总产值的比重(邵帅、齐中英,2008)、采矿业从业人数占全部从业人数的比重(邵帅、杨莉莉,2010)等作为资源依赖度的衡量指标。因为海西区属于能源贫乏地区,而占经济主导地位的第二产业,尤其是制造业,对能源消费需求大,故严重依赖外购获得,从而能源产值比重、采矿业从业人数比重、初级产品出口比重等指标对于本专题的分析不再适合,因此采用单位 GDP 能耗来衡量。如果 $\alpha_2 > 0$,说明该地区 GDP 增长率随着单位 GDP 能源消费总量的增加而增加,即能源消耗的相对增加对经济增长起正向作用;如果 $\alpha_2 < 0$,说明该地区经济的增长速度反而因能源消费总量的相对增加而下降,产生了"资源诅咒"现象。

2. 控制变量

在资源诅咒的传导机制研究中,制造业萎缩引发的"荷兰病"(Sachs & Warner,1995,1999a;Gillis et al. ,1996;Gylfason,2000,2001a)、投资减少(Herbertsson et al. ,1999)、科研和教育水平下降(Murphy,Shleifer and Vishny,1991;Gylfason,Herbertsson and Zoega,1999)、制度弱化滋生腐败(Gray & Kaufmann,1998;Leite & Weidmann,1999;Torvik,2002;Murshed,2011)等都是重要的影响因素,概括起来即为荷兰病、投资挤出、教育挤出、研发挤出等经济上的挤出效应和寻租、腐败、产权不清等制度上的弱化效应等。故我们选取制造业发展(MD)、物质资本投资(FI)、人力资本水平(HC)、科技创新水平(Tec)、私营经济发展(PE)、对外开放程度(OP)以及表示制度质量的政府干预程度(GI)作为回归模型(2)的控制变量。

(三) 数据来源

本专题使用的数据主要来源于海西区 20 个城市 2005—2013 年的统计年鉴和中国经济数据库,部分数据来源于各市年鉴以及国民经济和社会发展统计公报、《中国区域经济统计年鉴》《福建经济与社会统计年鉴》等。需要说明的是,相关统计资料中对于单位 GDP 能耗的报告分为 "2005—2010 年按 2005 年 GDP 可比价计算" 和 "2011—2013 年按 2010 年 GDP 可比价计算" 两种统计口径。因此本专题通过对给出的 2010 年数据与 2011 年单位 GDP 能耗和增长率数据进行换算,将口径统一为按 2005 年 GDP 可比价计算。另外,外商直接投资和贸易余额根据当年年均汇率换算为人民币,单位为百万元。

四、资源诅咒存在性和传导机制分析

本专题运用以上方法,使用 2005—2013 年海西区各市地区生产总值、制造业发展、物质资本投资、人力资本水平、科技创新水平、私营经济发展、对外开放程度以及表示制度质量的政府干预程度等指标,建立面板数据回归模型,分析海西区的资源诅咒效应及其传导途径。

(一) 计量结果

面板数据回归方法主要包括固定效应模型和随机效应模型,对于模型究竟选择哪种方式,一般根据豪斯曼检验值进行选择。根据模型 (2) 的回归结果,可以发现,p 值为 0.1005,故应该使用随机效应模型,如表 2 所示。

表 2 两种回归模型的选择

因变量 G	固定效应	随机效应	豪斯曼检验
截距	24.05483	17.74058	—
	(0.000)	(0.000)	
ND	−0.0198933	−0.0466428	—
	(0.934)	(0.820)	
GDP_{t-1}	−3.363984	−1.272302	—
	(0.000)	(0.000)	

(续表)

因变量 G	固定效应	随机效应	豪斯曼检验
FIr	0.0417906	0.0317409	—
	(0.007)	(0.004)	
MDr	0.0812342	0.1162319	—
	(0.119)	(0.001)	
Tec$r$	0.0009861	0.0014921	—
	(0.750)	(0.628)	
HCr	-0.3103417	-0.0627602	—
	(0.451)	(0.738)	
PEr	-0.0137165	-0.0419782	—
	(0.636)	(0.079)	
GIr	0.0945778	-0.1135368	—
	(0.431)	(0.016)	
TBr	-0.0080267	0.0016528	—
	(0.338)	(0.821)	
FDIr	-0.146812	0.1183272	—
	(0.521)	(0.360)	
R^2	0.2805	0.2318	—
F($p-$)	0.0000	0.0000	—
Prob > chi2	—	—	0.1005
观测值	180	180	180
组	20	20	20

注:括号内为 p 值;变量名后缀 r 表示经比率化处理后的变量。

对该模型进行检验,发现存在异方差、截面相关和序列一阶自相关等问题,故对其分别进行稳健性估计、OLS 估计和 FGLS 估计,以对上述问题进行调整。相应得到具有稳健性标准差的模型Ⅰ、与调整序列相关的模型Ⅱ、与调整异方差和截面相关的模型Ⅲ(OLS 估计)以及模型Ⅳ(FGLS 估计)。回归结果如表 3 所示。

表 3 模型Ⅰ—模型Ⅳ面板数据回归结果

因变量 G	模型Ⅰ	模型Ⅱ	模型Ⅲ	模型Ⅳ
截距	17.74058***	17.101***	17.097***	17.329***
ND	-0.0466428*	-0.076	-0.107	-0.056

(续表)

因变量 G	模型 Ⅰ	模型 Ⅱ	模型 Ⅲ	模型 Ⅳ
GDP_{t-1}	-1.4487093***	-1.137***	-1.082**	-1.086***
FIr	0.0317409***	0.031**	0.031***	0.033***
MDr	0.1162319***	0.112*	0.098**	0.098**
Tec$r$	0.0014921	0.000	0.001	-0.001
HCr	-0.0627602*	-0.137	-0.093	0.057
PEr	-0.0419782	-0.035	-0.046*	-0.061***
GIr	-0.1135368	-0.126**	-0.129***	-0.143***
TBr	0.0016528	0.005	0.008	0.010
FDIr	0.1183272	0.190	0.219**	0.212***
R^2	0.2318	0.389	0.285	—
$F(p-)$	0.0000	0.0000	0.0000	0.0000

注：***、**和*分别表示1%、5%和10%的显著水平；变量名后缀r表示经比率化处理后的变量。

(二) 实证结果分析

由表3可见,模型Ⅱ、模型Ⅲ拟合效果明显好于模型Ⅰ,而且模型Ⅲ中变量显著性相对高些。模型Ⅱ、模型Ⅲ和模型Ⅳ中变量 ND 的系数均为负,但不显著。变量 GDP_{t-1} 的系数均小于零,且均在5%水平上显著,验证了新古典经济增长理论中的条件收敛假说。其他控制变量如 FIr(固定资产投资占比)、MDr(制造业从业人数占比)、PEr(私营经济占比)、FDIr(实际使用外商直接投资占比)和 GIr(政府干预程度)分别在不同显著性水平上显著,而剩余变量如 Tec$r$(专利授权增长率)、HCr(高等学校在校生人数占比)和 TBr(贸易余额占比)没有通过显著性检验。

值得注意的是,FIr 和 MDr 的系数均为正,而且都显著,即并没有发生对物质资本的挤出和"荷兰病"效应。这是因为本专题的研究对象为能源贫乏地区,其资源依赖度不是一般意义上对采掘业等资源型产业的依赖程度,而是对能源的依赖。从这个角度看,经济发展对能源消耗的依赖产生挤出全社会固定资产投资和"掠夺"制造业投入要素从而引发"荷兰病"效应的可能性不大。因此,下面重点介绍其他变量对于资源诅咒效应发生的作用机理。

1. 资源诅咒效应

在上述四个模型中,资源依赖度与经济增长率均负相关,表明单位 GDP 能耗的增加带来海西区经济增长率的下降,即单位 GDP 能耗的下降对经济增长具有促进作用。通过数据可知,海西区 20 个设区市 2005—2013 年单位 GDP 能耗增长率均为负,只是下降程度有所不同。现以海西区沿海五大核心城市福州、厦门、泉州、温州、汕头为例,其单位 GDP 能耗降低率如表 4 所示。

表 4　2006—2013 年海西区五大核心城市单位 GDP 能耗降低率　　单位:%

城市能耗降低率	年份							
	2006	2007	2008	2009	2010	2011	2012	2013
福州	-1.88	-1.60	-4.71	-3.10	-2.78	-3.56	-4.03	-2.70
厦门	-2.18	-2.72	-2.73	-3.38	-1.76	-3.11	-2.72	-1.90
泉州	-2.70	-3.48	-3.44	-2.41	-2.40	-4.58	-3.68	-4.75
温州	-3.81	-4.30	-5.20	-4.60	-4.80	-4.50	-5.77	-4.08
汕头	-4.38	-2.12	-2.54	-3.85	-3.19	-3.44	-4.48	-3.99

资料来源:各市统计年鉴。

这说明,海西区通过提高能源使用效率在一定程度上避免了"资源诅咒"效应。由于系数并不显著,这种降低单位 GDP 能耗促进经济增长的基础并不牢固。以福建省为例,其 2009 年单位 GDP 能耗为 0.644 吨标准煤/万元,降低率为 3.81%,低于全国平均水平(5.236%),并且只有海南(2.81%)、新疆(1.53%)两个省(区)的单位 GDP 能耗降低率位于其后。2011 年福建省单位 GDP 能耗降低率为 3.29%,高于内蒙古(2.51%)、浙江(3.07%)、江西(3.08%)、云南(3.22%)、甘肃(2.51%)等省(区),但其能源利用效率仍然很低。因此,海西区依赖能源消耗的粗放型增长模式不具有可持续性,极易遭受"资源诅咒"的负面影响。

2. 对外开放程度的影响

四个模型中对外开放度指标的系数均为正,且模型Ⅲ和模型Ⅳ中变量的系数均显著。FDI 对经济增长的影响方向,取决于其对资本扩张的推动作用和对本土技术提升的削弱效应这两种相反力量的综合作用效果。回归方程中的系数为正,表明前者处于上风。表 5 为 2007—2011 年海西区 20 个城市实际利用外资总额及其增长情况。从表中可以看出,2007—2011 年海西区实际利用外资总额在全国的占比较平稳,约在 9.2% 左右,平稳的外资注入已经成为海西区经济发展的一大动力。

表 5　2007—2011 年海西区实际利用外资情况　　　　　单位:亿美元

年份 \ 地区	海西区	全国	海西区增长率(%)	海西区占比(%)
2007	71.84	747.68	—	9.6
2008	86.72	923.95	20.7	9.4
2009	87.22	900.33	0.6	9.7
2010	92.16	1 057.34	5.7	8.7
2011	99.71	1 160.11	8.6	8.6
年均	—	—	8.9	9.2

资料来源:《海峡西岸经济区发展报告 2013》。

变量 TB 表示贸易余额占 GDP 的比重,从回归结果来看,其系数偏小,表明对外贸易对于海西经济区发展的推动作用不大。这一点可从以下几个方面来解释:(1) 从贸易规模来看,从 2010 年开始,经济比较发达的福州市、厦门市、泉州市和温州市进出口总额都超过 100 亿美元,而经济相对落后的一些城市①进出口总额甚至没能突破 20 亿美元。② (2) 从贸易依存度来看,除厦门市外,大多数城市对外贸易依存度不高。厦门市的出口依存度特别高,一般在 1 以上,2010 年约为 1.37;其进口依存度也比较高,多年保持在 0.61—0.84。2010 年福州、泉州、温州、汕头的出口依存度分别为 0.42、0.19、0.4 和 0.33,其进口依存度分别为 0.21、0.07、0.07 和 0.16。而南平、龙岩、梅州、上饶、抚州和赣州的出口依存度与进口依存度几年来都没有超过 0.1,外贸依存度较低。(3) 在对外贸易的商品结构上,低附加值的劳动密集型工业品和农副产品比重较大。虽然其工业制成品比重远远超过了初级产品,但是仍以中低技术的"机械运输设备"和"杂项制品"为主,而高新技术产品的比重仍比较低,且出口范围狭窄。以机电产品和高新技术产品为例,作为福建省进出口主要产品的机电产品出口比重和进口比重呈下降趋势,出口比重 2007 年为 44.98%,2008 年提高到 47.15%,随后逐年下降,2011 年降至 36.82%;进口比重从 2007 年的 52.07%下降到 2011 年的 37.66%。(4) 高新技术也是主要的进出口商品,出口总额从 2007 年的 98.04 亿美元增至 2011 年的 137.36 亿美元,年均增长率为 8.8%;进口总额从 2007 年的 55.69 亿美元增至 2011 年的 126.78 亿美元,年均增长率为 22.83%,增速强劲。但 2011 年,高新技术出口比重和进口比重较其他年份下

---

① 经济相对落后的城市,包括:三明市、南平市、龙岩市、宁德市、丽水市、衢州市、梅州市、上饶市、抚州市和赣州市。
② 引自《海峡西岸经济区发展报告 2012》。

降明显。(5)其他因素。如出口市场过于集中、贸易摩擦多、自主品牌少等都使得海西经济区外贸竞争力不强,对经济发展的贡献度较低。

3. 政府干预程度的影响

本专题将财政支出占GDP的比值作为制度质量的衡量指标,从检验结果可以看出,GI在四个模型中的系数均为负,且模型Ⅲ和模型Ⅳ中变量的系数在1%的水平上显著。作为海西区经济发展的主体,长期以来,福建省财政支出水平与经济总量、财政收入水平反差大,财政支出水平偏低。从国家公共投资政策来看,国家公共投资方面的历史欠账成为福建发展的制约瓶颈。新中国成立以来,国家历次重大规划都没有把福建纳入其中,工业、交通基础设施投入偏低,既没有重大工业项目布点,更缺少公路、铁路、港口建设方面的投入,基础建设投入不足成为福建经济发展的软肋。从图1可以看出,海西区的财政支出占比在三大经济区中起点最低,只是近些年才开始有了大幅提升。

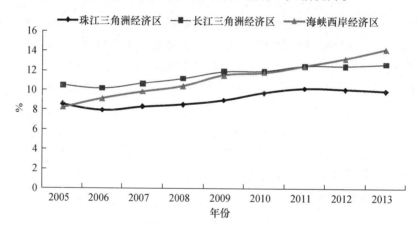

图1　2005—2013年三大经济区财政支出占地区生产总值比重
资料来源:根据中国经济数据库相关数据计算所得。

从图2可知,福建省科教文卫支出在财政支出中占比较大且相对平稳,多年来保持在30%左右,而交通运输等基本建设投资支出占比多在10%以下,社会保障与就业、工业商业金融等事务支出占比也较低。虽然近些年财政支出增速较快,但由于多年来基础设施底子薄,科教文卫事业支出和基本建设支出对经济增长的影响均存在较长的滞后性,财政支出对经济的拉动效应没有完全显现,故政府应在加大财政支出力度的同时,兼顾财政支出效益,充分发挥财政支出对于促进经济增长的带动作用。

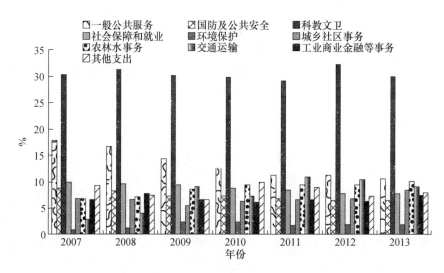

图 2　2007—2013 年福建省财政支出构成
资料来源:《福建省统计年鉴》。

4. 人力资本的影响

在模型 Ⅰ 至模型 Ⅲ 的回归结果中,人力资本 HC 的回归系数为负,且主要模型的系数均不显著。林喜庆、焦慧卿(2012)在海西区科技人力资源竞争力的研究中,将海西区与其他六个沿海经济区[①]进行比较,得出海西区科技人力资源现实竞争力、潜在竞争力、综合竞争力均排名第五位,处于中下游水平。而本专题所选择的变量为高等在校生人数占比,属于潜在竞争力指标下的培养能力指标项。这说明,海西区的科技人力资源竞争力相对偏弱,这与海西区的经济、科技和教育发展水平相吻合。

究其原因,可以从以下四个方面来解释:(1) 产业结构不合理,人才结构偏离大。第一产业产出低,劳动力转出压力大,人力资本相对偏低;第二产业工业化低附加值,就业吸纳能力弱,制造业专门人才缺乏;第三产业水平低,就业潜力尚未发挥,金融、软件、信息传输以及计算机服务等生产性服务业从业人员较为紧缺。(2) 地区及部门分布不平衡,地域间人才分布严重失衡,制约了全省社会经济的发展。(3) 教育水平低,高校数量较少,且整体办学水平、知名度的排名均比较靠后,不利于人才的引进。(4) 高级人才缺乏,人才产出率低。以上因素共同作用,引发了经由人力资本途径而产生的"资源诅咒"效应。

---

① 六个经济区分别是京津冀经济区、长江三角洲经济区、珠江三角洲经济区、北部湾经济区、山东半岛经济区和辽东半岛经济区。

5. 私营经济的影响

在四个模型的回归结果中,私营经济 PE 的系数均为负,且模型Ⅳ中该变量的系数在1%的水平上显著。一般认为,作为市场主体之一的私营经济对加快市场化进程、提高经济运行效率具有重要作用。而且浙江、广东、福建是我国私营个体经济最发达的省份,私营个体经济已经成为推动三省经济社会发展的重要力量。以福建省为例,2011年福建省的固定资产投资中各种不同经济成分投资占比分别是:国有经济27.35%、包含股份制经济和混合所有制经济的其他类型经济成分35.26%、个体和私营经济23.37%、外商和港澳台商投资11.32%、集体经济2.35%。然而,本专题选取的衡量指标为城镇私营和个体从业人数占总从业人数的比重,因此,从就业这个角度来说,个体和私营经济的就业人数还没有达到促进经济增长的临界值。仍以福建省为例,2007—2013年福建省按产业分城镇私营和个体从业人员占比与相应年份按产业分地区生产总值构成情况如图3所示。

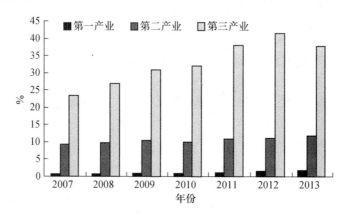

图3 2007—2011年福建省按产业分城镇私营和个体从业人员占比
资料来源:《福建省统计年鉴》。

由图3和图4可以看出,福建省产值贡献最大的第二产业中私营和个体企业从业人员占比仅为10%左右,虽然第三产业相比第一产业和第二产业的从业人员占比高出很多,但其绝对比重多在40%以下。

作为企业家精神的替代变量,全社会从业人数中城镇私营和个体从业人数的多少会受到社会投资环境、投资项目发展潜力等因素的影响。海西区民间资本的利用率不是很理想,最主要的是缺乏资本投入的有效机制。本地的市场环境对资本的吸引力不足,导致资本被搁置在银行里无法有效运转,以及相当一部分资本外移到其他地区寻求投资机会。这一难题很大程度上源于海西区自

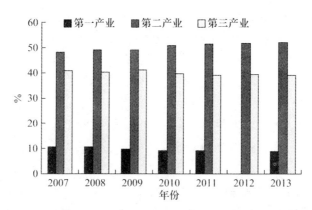

图 4 2007—2013 年福建省按产业分地区生产总值构成

资料来源:《福建省统计年鉴》。

身的资源禀赋、环境特点,以及长期以来过度依赖第二产业的发展模式,从而挤出了私营经济发展的机会与空间。

6. 科技创新水平的影响

上述四个模型中 Tecr 的系数均不显著,而且数值接近于零,这说明海西区的自主创新产出能力整体较差,没有起到促进经济增长的作用。林季红、刘莹(2013)将海西区自主创新能力分为四个评价模块,分别是自主创新投入能力、自主创新支撑能力、自主创新管理能力和自主创新产出能力。本专题的专利授权增长率指标属于自主创新产出能力的范畴,根据其研究结果,在自主创新产出能力方面,厦门最好,其次是福州、泉州、温州、汕头。除此之外,其他各市这四项能力的评价均为"差"。可见,海西区将近 3/4 的地区自主创新投入和产出能力都较差。这说明,海西区对于创新的投入和重视程度有所欠缺,资源被投入到其他领域从而挤出了自主创新能力的发展。

五、结论与政策建议

本专题以现有研究文献为基础,使用 2005—2013 年海西区 20 个城市近 9 年的统计数据,构建面板数据回归模型,分析了海西区的能源依赖对经济增长的影响,即资源诅咒是否存在的命题,以及该效应的传导机制。得出如下结论:

通过对回归结果的分析,发现存在经由政府干预、人力资本、个体和私营经济发展以及科技创新等途径产生的"资源诅咒"效应,但是这些因素并没有造成实际后果,即海西区对能源的依赖以及将资源集中投资于高能耗产值比重大的行业并没有引发"资源诅咒"现象。原因在于,对能源使用效率的提高,表现为单位GDP能耗的下降,对经济增长的推动作用要大于对教育和研发等经济上的挤出效应,净效应是对能源的依赖促进了经济的增长。然而,由于海西区相对于全国其他省份和地区而言,能源使用效率处于下游水平,所以,应在提高能源利用效率方面有所突破,并兼顾提高人力资本水平、增强自主创新产出能力、促进私营经济发展,从而提高政府财政支出效益。根据本专题的分析,给出如下政策建议:

第一,鉴于海西区存在能源供求矛盾突出、对外依存性大、能源消费结构不合理、能源消费品种相对单一等难题,除了建立相应的能源储备制度,还应该大力发展新能源,这对于建立稳定、可靠、安全的能源保障体系,优化能源的供销结构,加快推进海西区建设具有重要意义。因此,可以首先推动能源供应向多元化、低碳化和基地化方向发展。以电力建设为中心,提升清洁能源比重,推进能源结构优化调整,多渠道开拓资源,提高能源保障能力;加快建设能力强、成本低、多方位的能源运输大通道,努力建立由商业储备、企业储备以及国家战略储备相结合的海峡西岸能源储备体系。其次,增强海陆油气运输能力。重点建设沿海铁路、龙厦铁路、向莆铁路和一批疏港铁路支线,辅之以陆路通道,作为保障基本供给和引进国外能源的便捷通道,进而形成连通海港口与全国铁路干线网的能源运输大通道。① 最后,利用比较丰富的可再生能源,优先开发风能和生物质能,兼顾太阳能、地热能、潮汐能等品种。把风能发展纳入政府能源建设计划,制定优惠税收、电价补贴等政策,通过增加资金渠道和投资力度,推进沿海风电规模化开发;推广发展农村生物质发电、种植能源作物和能源植物,为新型农村实现能源产业化发展做好储备;加快太阳能和海洋能的研究开发力度,完善相应配套设施建设。

第二,海西区应该加快产业转型升级步伐,以此吸引区域外人才。目前海峡两岸正积极开展产业合作,政府要引导海峡西岸在积极对接台湾制造业的同时,大力发展电子信息、装备制造等产业,支持信息、医药、生物、新材料、新能源、海洋等领域的应用基础研究,为了给这些产业提供足够的资源,劳动密集型产业应逐步从沿海内迁,实现由东部沿海向西部内陆的浸润式升级,带动海西区的协调全面发展。根据产业发展趋势,确立人才需求结构,以此制定人才开

---

① 参照《海峡西岸经济区发展规划》,详见 http://www.fjdpc.gov.cn/show.aspx?ctlgid=684135&id=47034。

发引进战略,主动谋划和优化产业人才资源结构,即要加大投入培养新产业的研发、应用型人才,引进区域自身不能满足的人才。企业要摒弃产业发展的惯性和惰性,积极主动发现人才、激励人才、引进人才,谋求经济增长方式的转变,从而带动区域产业结构的转型升级,这进一步又会吸引大量高素质人才,从而促进产业的新一轮发展,促进人才与产业共同良性发展。根据已有关于外商直接投资技术溢出效应文献的研究成果,与 FDI 单独作用下的技术溢出效应不同,在人力资本与 FDI 相结合的情况下,FDI 技术溢出对经济增长具有一定的促进作用。也就是说,吸引高科技和管理人才,加大人力资本投资力度,其好处还在于构建发挥外资技术溢出效应的消化机制和创新机制。高素质的科技、管理人才既是人力资本的重要组成部分,又是吸收外资技术溢出效应最主要的人力资源群体,通过更好地消化吸收外资技术溢出效应,实现海西区产业的加速创新和升级。

第三,整体上海西区的经济规模、投资力度正不断扩大,经济效益稳步提升,但仍存在制造业的区域发展不平衡、"重型不重"、制造业在国际产业链中处于低附加值环节等问题。具体体现为:无论是规模以上制造业企业数、工业总产值还是利润总额,福州、厦门、泉州制造业的产业规模和经济效益远远高于其他地区;资本、技术密集型的装备制造业不具备竞争优势,装备制造业总产值占工业总产值的比重为 24.3%,低于全国平均水平;制造业中传统产业比重仍然很大,多数产业仍处于产业链低端,且对资源的依赖性强,高污染、高能耗的行业依然占据制造业很大的比重,交通运输设备制造业等优势产业盈利能力不强。对此,一方面,应大力推动技术革新,改变制造业的粗放发展,适时地调整制造业结构和相关政策,消除不利于制造业进一步升级的体制机制因素;另一方面,海西区制造业应根据自身产业优势集中发展具有竞争优势的产业,从而更好地调整产业结构;同时,扶持战略型新兴产业,其作为提升制造业整体竞争力的重要环节,通过融入其他产业生产过程,可以带来产业效率的飞速发展。

第四,民营经济和民间资本在海西区经济发展中占据着重要地位。福建是中国民营经济发展最早的地区,20 世纪 90 年代民营经济在福建社会经济中已占据重要地位。2013 年,民营经济占福建经济总量的 67.2%,福建民营企业纳税百强共缴纳税收 179 亿元,主要分布在泉州、厦门和福州,可见民营经济对海西区的重要性。而民营经济需要与其相适应的金融体系满足其资本需求,民营企业通常以中小企业为主,由于信息不对称等因素,一直存在中小企业融资难的问题。中小企业普遍难以从现有的金融体系中获得融资,尤其从银行获取资金,加之民间资本雄厚,导致民间借贷规模庞大。鉴于海西区金融业的发展现状,除了挖掘内部资源潜力,还需要通过吸收外部资源,特别是通过与台湾的金融合作来获得发展,并且要引入外部机制和外部人才来完善海西区自身的金融体制。可采取的措施有:(1)为解决海西区内中小企业面临的融资难问题,应该着力发展草根金融。首先是建立数量众多的草根金融机构。按照"大机构对大客户,中机构对中客户,小机构对小客户,微机构对微客户"的理念,重点建设以小、微金融机构为主的草根金融机构体系。其次要创新多样化的草根金融技术产品,包括:创新完善间接融资金融产品;延伸构建多层次资本市场,拓展小型企业直接融资渠道;积极探索发展中小型融资担保机构,发展多样化的农业保险。再次是建设中央、地方两级草根金融监管体系。按照"分层次、多方式"的理念,建设"两级(央、地)监管,三层(央、省、市和省、市、县)操作"的草根金融监管体系。最后是继续加强政策扶持,包括财税优惠政策、准入和货币信贷政策等。(2)拓展海西区对台金融机构合作的路径,可以借鉴日本的主办银行制。海西区中小规模的股份制企业、私营企业和个体工商户可与台资金融机构建立长期的合作伙伴关系,建立广泛的信息系统和服务网络,获得相应的资金支持和保险服务,以及财务、生产投资、证券投资、信息咨询等服务。

第五,提升对外开放水平,充分发挥海西区改革开放先行先试的优势。本专题研究发现,对外开放度对经济增长具有明显的促进作用。海西区自建立以来,一直以"提升对外开放水平,增创改革开放新优势"作为其未来发展的规划和目标,其独特的区位优势和政策优势也极大地促进了海西区的快速发展。但与珠三角、长三角相比,海西区对外开放度最低,而且存在外商直接投资结构不合理现象。因此,要进一步增强政府的服务功能,加强对外资流向的引导,加大对农业、传统服务业和现代服务业的资金支持力度,优化利用外资结构。加强第一产业的引资力度,加大对农业基础设施的改造,引进高效安全的农业生产技术,生产绿色农产品,打造生态农业,发展休闲农业,打造具有海西区特色的农业产业。同时,引导外资进入第三产业,包括批发业、零售业、住宿业、餐饮业、水利、环境和公共设施管理业,以及交通运输、仓储和邮政业等传统服务业;在信息传输、计算机服务和软件业、金融业、科学研究、技术服务和地质勘察业、商务服务业等现代服务业中更加注重外资企业与本土企业的交流合作,引资的同时引进技术,学习先进的管理理念和服务理念,实现海西区服务业的全面发展。即使是作为海西区引资力度最大的第二产业,仍存在一些问题。许贵福(2014)在海西区全要素生产率研究中指出,外商在海西区的投资主要是利用这一地区的土地环境资源、廉价劳动力及当地政府给予外资企业政策上的优惠。因此,外资企业的资金主要投向劳动密集型和资源高能耗型的加工业,而对一些高技术性、资金密集型行业(如机电、器材制造、电子科技及通信设备制造业)投入资金较少。因此,要注重以优惠政策吸引投资规模大、科技水平高、辐射带动能力强的外资项目,真正做到合理有效利用外资,提升外资利用效率;同时,打造海峡两岸区域合作的新平台,实现海西区经济的飞速发展。

  总之,作为对台贸易的桥头堡,福建自贸区的获批意味着海西区将迎来再一次腾飞的契机。同时,作为海上丝绸之路的重要发源地,福建正加紧制定融入"一带一路"建设的总体规划和行动方案。自贸区加上"一带一路"建设将助力海西区经济实现跨越式发展。

参考文献

上 篇

专题一 自贸区下的海西区经济社会综合发展指数与发展策略研究

[1] 国家统计局(2005—2014),《中国统计年鉴》,北京:中国统计出版社。

[2] 张玉哲、郑正喜(2013),"海西经济区经济社会发展评价指标体系的构建",《厦门大学学报(哲学社会科学版)》,(6)。

[3] 海西区各地统计局(2005—2014),海西各地区统计年鉴。

[4] 海西区各地统计局(2005—2014),海西各地区统计公报。

[5] 中国经济数据库,http://ceicdata.securities.com/cdmWeb/。

[6] 阎慈琳(1998),"关于用主成分分析做综合评价的若干问题",《数理统计与管理》,(2)。

[7] 王会通等(2015),"福建自贸区促进两岸经济发展的作用探究",《经济研究导刊》,(19)。

[8] 张良强、李乃正(2015),"福建自贸区背景下闽台产业合作策略探讨",《海峡科学》,(5)。

[9] 周汉民(2015),"我国四大自贸区的共性分析、战略定位和政策建议",《国际商务研究》,(7)。

专题二　福建自由贸易试验区建设进展、影响及对策建议

[1] 国务院(2015),《中国(福建)自由贸易试验区总体方案》,《关于印发中国(福建)自由贸易试验区总体方案的通知》(国发〔2015〕20号)。

[2] 东朝晖(2015),"搭建自贸试验平台促进现代航运服务业发展",《中国港口》,(3)。

[3] 黄小满(2015),"福建自贸试验区背景下加强两岸服务贸易合作的思考",《海峡科学》,(5)。

[4] 林建松(2015),"福建自由贸易试验区新思维及闽台产经合作发展展望",《海峡科学》,(5)。

[5] 林晓伟(2015),"福建自贸试验区建设现状及战略思考",《国际贸易》,(1)。

[6] 罗芳(2014),"中国(上海)自贸试验区对金融服务业发展的促进作用",《财税金融》,(15)。

[7] 单玉丽(2015a),"福建自贸试验区的战略定位",《学术评论》,(1)。

[8] 单玉丽(2015b),"福建自贸试验区——两岸特色经济合作新模式",《财经报道》,(3)。

[9] 王子晖(2013),"台商在大陆投资累计近1 100亿美元",http://news.xinhuanet.com/fortune/2013-09/08/c_117278329.htm。

[10] 肖本华(2015),"上海自贸试验区金融服务业对外开放研究",《上海金融学院学报》,(5)。

[11] 杨志蓉(2015),"福建自贸试验区离岸金融发展探索——借鉴上海自贸试验区离岸金融建设经验",《海峡科学》,(5)。

[12] 张良强(2015),"福建自贸试验区背景下闽台产业合作策略探讨",《海峡科学》,(5)。

[13] 宗合(2015),"福建自贸试验区揭牌运作,深化两岸经济合作",《福建轻纺》,(4)。

专题三　福建自由贸易试验区之基础设施:现状、问题及对策

[1] 周雅珍、伍世代、付佳(2012),"福建省高速公路网合理布局研究",《吉林师范大学学报(自然科学版)》,(1)。

[2] 郭光照、孙章(2006),"海峡西岸经济区城市带轨道交通规划方案研究",《城市轨道交通研究》,(11)。

[3] 陈金富、罗锋华(2007),"海峡西岸经济区交通能源设施的发展现状与发展布局",《海峡西岸经济区发展报告》,社会科学文献出版社。

[4] 林学斌、黄垠瑜、陈明(2007),"福建铁路网建设进展报告",《海峡科学》,(1)。

[5] 林国庆、林馨(2010),"福建能源状况与电能产业发展战略探讨",《福建电力与电工》,(9)。

[6] 刘叶志(2006),"资源约束下的福建能源战略",《发展研究》,(8)。

[7] 李小稳、黄灿灿(2011),"福建省科技创新现状及对策分析",《科技创业月刊》,(3)。

[8] 王明唐(2008),"福建省自主创新能力的现状与对策研究",《科技和产业》,(10)。

专题四　福建自由贸易试验区厦门片区境外人民币回流问题探析

［1］顾苏海、陈丽郦（2014），"上海自贸区人民币回流机制建设研究",经济视角,（7）。
［2］王丙莉、梁睿、韩冰（2014），"离岸人民币回流途径、影响及对策",《经济视角》,（8）。
［3］王晓东（2014），"建立在港人民币回流机制探讨",《对外经济事务》,（5）。
［4］李华青（2011），"人民币回流问题研究",《区域金融研究》,（5）。

专题五　厦门建设对台金融合作发展示范基地的研究

［1］马君潞、刘学新（2014），"自贸区建设中的金融开放与政策推广",《现代管理科学》,（4）。
［2］曹小衡、柳晓明（2014），"人民币国际化视角下两岸金融合作探讨",《台湾研究》,（2）。
［3］焦武（2013），"上海自贸区金融创新与资本账户开放",《上海金融学院学报》,（6）。
［4］陈福生、郑鸣（2011），"厦门建设两岸金融中心的比较分析与对策",《海峡金融》,（12）。
［5］陈树（2010），"两岸资本市场之竞合与展望",《证券柜台》,（2）。
［6］洪永淼、陈石（2009），"两岸资本市场整合与监管",《证券公会季刊》,（4）。
［7］郑鸣、黄光晓（2009），"两岸证券市场整合与监管探讨",《亚太经济》,（2）。
［8］郑鸣、肖健、沈菲（2009），"海峡两岸货币清算机制设计与效应分析",《台湾研究》,（2）。
［9］邓丽娟（2008），"海峡两岸金融往来的困境及其突破探讨",《台湾研究》,（1）。

专题六　福建自由贸易试验区人民币资本项目可兑换研究

［1］Peter J. Quirk and Owen Evans. Capital Account Convertibility: Review of Experience and Implications for IMF Policies. IMF Occasional Paper No. 131, Washington D. C., 1995.
［2］Philipp Hartmann. *Currency Competition and Foreign Exchange Markets*: *The Dollar*, *the Yen and the Euro*. Cambridge University Press, 1998.
［3］Jeffrey Frankel. Historical Precedents for Internationalization of the RMB. The Council on Foreign Relations, Inc., 2011, 11.
［4］单玉丽（2015），"福建自贸区的战略定位",《学术评论》,（1）。
［5］周嘉琳（2015），"上海自贸区成立背景下人民币资本项目的开放与风险防范",《时代金融》,（9）。
［6］杨如芳（2015），"人民币资本项目下可兑换与外汇储备关系研究",《经济师》,（4）。
［7］宗和（2015），"福建自贸区揭牌运作深化两岸经济合作",《福建轻纺》,（4）。
［8］刘忠珏、江振龙、万文忠（2015），"福建自贸区的建立对两岸经贸关系的影响",《现代商业》,（11）。
［9］杨志蓉、李科（2015），"福建自贸区离岸金融发展探索",《海峡科学》,（5）。
［10］赵大平（2015），"人民币资本项目开放模型及其在上海自贸区的实践",《世界经济研究》,（6）。

[11] 方友熙(2015),"论'一带一路'下的福建自由贸易试验区发展战略",《福建论坛(人文社会科学版)》,(6)。

[12] 施琍娅(2015),"自贸区跨境资金宏观审慎管理框架",《中国金融》,(11)。

专题七 厦门自贸片区对台金融政策创新路径研究

[1] 黄微(2013),"香港寻求跨境贷款新机遇",《沪港经济》,(12)。

[2] 王大贤,"构建境外人民币回流机制箭在弦上",《上海证券报》,2012年2月29日。

[3] 曹金玲,"海外对冲基金有望境内募资",《第一财经日报》,2012年3月3日。

[4] 杨洋、李文杰,"全国政协委员、北京银行董事长闫冰竹建议:拓宽境外人民币回流渠道加快人民币国际化进程",《金融时报》,2012年3月8日。

[5] 马婧妤,"大陆考虑对台增加1000亿元额度试点RQFII",《上海证券报》,2013年1月30日。

[6] 李光磊,"两岸将进行资本市场多项相互开放新合作",《金融时报》,2013年1月30日。

[7] 马翠莲,"上海银行完成全国首单RQFLP业务",《金融时报》,2013年8月16日。

[8] 周萃,"银监会:支持中外资银行入区经营发展",《金融时报》,2013年9月30日。

[9] 廉丹,"台湾银行业布局大陆突破长三角区域",《经济日报》,2013年10月28日。

专题八 支持福建自由贸易试验区厦门片区发展的财税金融对策研究

[1] 对外经济贸易大学国际经济研究院课题组(2010),《中国自贸区战略:周边是首要》,北京:对外经济贸易大学出版社。

[2] 上海财经大学自由贸易区研究院(2015),《全球自贸区发展研究及借鉴》,上海:上海人民出版社。

[3] 孙元欣(2015),《中国自由贸易试验区发展研究报告》,上海:上海人民出版社。

[4] 上海金融学院(2015),《发展中的自贸区金融创新与改革研究》,北京:中国财政经济出版社。

[5] 陈文成(2015),《自由贸易账户论:中国(上海)自由贸易试验区金融改革的理论与实践》,上海:格致出版社。

[6] 上海财经大学自由贸易区研究院(2014),《赢在自贸区:寻找改革红利时代的财富与机遇》,北京:北京大学出版社。

[7] 肖林、马海倩(2014),《国家试验——中国(上海)自由贸易试验区制度设计》,上海:上海人民出版社。

[8] 中国(福建)自由贸易试验区厦门片区管委会(2015),《中国(福建)自由贸易试验区厦门片区法律法规规章与政策资料汇编》,内部资料。

专题九　福建在"21世纪海上丝绸之路"战略中的金融对策

[1] 洪燕君(2015),"浅谈福建港口如何在新一轮的机遇中发挥更大的作用",《时代金融》,(6)。

[2] 李向阳(2015),"深入理解和把握'一带一路'建设",《时事报告》,(6)。

[3] 林文生、黄端、林坚强、陈俊艺(2015),"福建建设21世纪海上丝绸之路核心区的研究报告",《发展研究》,(6)。

[4] 王敏、柴青山、王勇、刘瑞娜、周巧云、贾钰哲、张莉莉(2015),"'一带一路'战略实施与国际金融支持战略构想",《国际贸易》,(4)。

[5] 吴国培、杨少芬、赵晓斐等(2014),"福建金融业融入'21世纪海上丝绸之路'建设研究",《福建金融》,(10)。

[6] 杨长岩、李春玉、宋科进、余静等(2015),"2014年福建省经济金融运行分析报告",《福建金融》,(2)。

[7] 易诚(2014),"进一步加强与'一带一路'国家的金融合作",《甘肃金融》,(4)。

[8] 张春宇(2015),"建设海上丝绸之路,推进海洋经济'走出去'",《中国远洋航务》,(3)。

[9] 郑智敬、徐伟(2015),"福建港口加快融入'海上丝绸之路'建设步伐",《中国港口》,(1)。

[10]《福建省"十二五"金融业发展专项规划》(全文),http://www.fujian.gov.cn/zwgk/ghxx/zxgh/201106/t20110615_366477.htm。

[11]《中国(福建)自由贸易实验区产业发展规划(2015—2019)》(全文),http://www.fujian.gov.cn/zwgk/zxwj/szfwj/201508/t20150827_1057039.htm。

专题十　与台湾对接的福建自由贸易试验区境外人民币资金流动与金融商品规划

[1]《中华人民共和国外资企业法实施细则》。

[2]《关于实施〈合格境外机构投资者境内证券投资管理办法〉有关问题的通知》。

[3]《基金管理公司、证券公司人民币合格境外机构投资者境内证券投资试点办法》。

[4]《关于金融支持中国(上海)自由贸易试验区建设的意见》。

[5]《中国(上海)自由贸易实验区分账核算业务实施细则》。

[6]《中国(上海)自由贸易实验区分账核算业务风险审慎管理细则》。

[7]《银行对客户办理人民币与外汇衍生产品业务管理规定(境内)》。

[8]《信贷资产证券化试点管理办法》。

专题十一　福建省融入"一带一路"投资合作研究

[1] 刘赐贵(2014),"发展海洋合作伙伴关系,推进21世纪海上丝绸之路建设的若干思考",《国际问题研究》,(4)。

[2] 李建建、陈燕(2006),"福建—东盟双向投资前瞻",《亚太经济》,(2)。

[3] 周宏芸(2006),"论中国企业跨国并购与绿地投资的选择",《特区经济》,(12)。
[4] 唐帆、陶红军(2009),"CAFTA条件下福建对东盟贸易竞争力分析——以东盟四国菲律宾、泰国、马来西亚、新加坡为例",《福建农林大学学报》,(12)。
[5] 庞晓东(2010),"我国企业对外投资和合作方式创新研究",《商业时代》,(3)。
[6] 袁小平、李叶芳(2010),"泛珠江三角区域贸易与投资分析",《华南师范大学学报》,(4)。
[7] 杨林、何春霞、陈芸(2008),"泛珠江三角区域金融合作的策略",《粤港澳市场与价格》,(8)。
[8] 何军明(2011),"厦门市与东盟国家的经贸合作",《东南亚纵横》,(2)。
[9] 钟巧花、林宏达(2014),"福建商务厅:拓展福建与'一带一路'沿线国家经贸合作",http://fujian.people.com.cn/n/2014/0708/c337006-21610401.html,2015年5月2日访问。
[10] 陈琦(2014),"重庆可作为丝绸之路经济带新起点",http://cq.people.com.cn/news/201488/201488238285677396.htm,2015年5月5日访问。
[11] 赵岗(2014),"'一带一路'融资创新需引入公私合作伙伴关系机制",http://news.ifeng.com/a/20141010/42172570_0.shtml,2015年5月10日访问。

下 篇

专题一 福建自由贸易试验区国际化营商环境的建设与评估研究

[1] 龚柏华(2014),"国际化和法治化视野下的上海自贸区营商环境建设",《学术月刊》,(1)。
[2] 肖林、马海倩(2014),《国家试验——中国(上海)自由贸易试验区制度设计》,上海:上海人民出版社。
[3] 世界银行(2015),《全球营商环境报告2015》,世界银行网站。

专题二 "21世纪海上丝绸之路"视角下福建省三大港口发展导向

[1] 真虹(2005),"第四代港口的概念及其推行方式",《交通运输工程学报》,(4)。
[2] 孙光圻、刘洋(2010),"第四代港口对中国港口建设的启示",《中国港湾建设》,(10)。
[3] 俞宏生(2008),"构建港口服务供应链,提高港口物流效率",《港口科技》,(5)。
[4] 真虹(2010),《第四代港口其经营管理模式研究》,上海:上海交通大学出版社。
[5] 杜凯(2006),"从第四代港口谈如何发展我国港口经济",《天津商学院学报》,(4)。
[6] 王岳峰、刘伟(2008),"厦门港发展方向策略研究",《中国航海》,(3)。
[7] 刘桂云、真虹(2007),"柔性化港口的概念和内涵",《中国航海》,(3)。
[8] 潘丽、严屹(2009),"港口经济发展推动港口信息化建设",《现代电信科技》,(7)。

[9] 张兴祥、郑晓佳(2014),"港口效率评价及比较——以福建省三大港口为例",《厦门特区党校学报》,(2)。

[10] 罗萍(2009),"浅析我国沿海港口发展趋势",《综合运输》,(12)。

[11] 黄俏梅(2011),"基于供应链的厦门港发展战略",《水运管理》,(9)。

[12] 张兴祥、谢晨炘(2013),"海峡西岸三大港口与城市经济发展协调度评价",《发展研究》,(8)。

[13] 张兴祥、纪尚伯(2014),"福建省三大港口与城市发展互动关系的实证分析",《发展研究》,(5)。

[14] 毕超(2009),"浅析第四代港口特征及我国沿海港口发展思考",《市场周刊》,(4)。

[15] 赵克(2010),"第四代港口物流链的特点与趋势",《综合运输》,(9)。

专题三 "一带一路"背景下海西区旅游业发展研究

[1] 谢新暎、郑立文(2012),"海峡西岸经济区旅游业发展空间差异与协调发展机制研究",《中南林业科技大学学报》,(6)。

[2] 石培华、李成军(2012),"我国旅游人才队伍建设的问题与对策思考",《旅游科学》,(1)。

[3] 陆林、朱申莲(2013),"杭州城市旅游品牌的演化机理及优化",《地理研究》,(3)。

[4] 沙爱霞、陈忠祥(2013),"宁夏沙漠旅游开发研究",《宁夏大学学报》,(1)。

专题四 福建自由贸易试验区下的闽台经贸合作

[1] 林晓伟、李非(2015),"福建自贸区建设现状及战略思考",《国际贸易》,(1)。

[2] 丁昶(2015),"福建自贸区的建立对两岸经贸合作的影响分析",《江西理工大学学报》,(4)。

[3] 单玉丽(2011),"福建战略性新兴产业发展与闽台合作五大策略",《福建论坛·人文社会科学版》,(10)。

[4] 单玉丽(2015),"福建自贸区:两岸特色经济合作新模式",《两岸关系》,(3)。

[5] 陈捷(2014),"闽台服务贸易发展比较及合作基础分析",《现代台湾研究》,(3)。

[6] 林建松(2015),"福建自贸区战略下的闽台经贸合作与协同发展",《海峡科学》,(5)。

[7] 潘健(2013),"21世纪以来闽台贸易综述",《闽台经贸》,(3)。

专题五 利用自贸区建立福建省医疗旅游中心之研究

[1] Health Tourism 2.0. World Health Tourism Congress. Retrieved on 2007-04-13.

[2] Milicaz, B., Karla, R. B. *Medical Tourism in Developing Country*. New York: Palgrave Macmillan, 2007:21-138.

[3] Atkinson, W. The Amazing (Medical Tourism) Race, http://search.proquest.com/docview/822958832?accountid = 30605, 2011-10-20.

[4] Keckley, P. H., Coughlin, S. *Survey of Health Care Consumers Global Report:Key Findings, Strategic Implications*. Washington: Deloitte Center for Health Solutions, 2011.

[5] Sharon Reier. Medical Tourism:Border Hopping for Cheaper and Faster Care Gains Converts. *International Herald Tribune*, 2004-04-24.

[6] Smith, P. C., Forgione D. Global Outsourcing of Healthcare: A Medical Tourism Model. *Journal of Information Technology Case and Application Research*, 2007,9(3):19-30.

[7] Moghimehfar, F. ,Hossein, M. , Nasr-esfahani. Decisive factors in Medical Tourism Destination Choice:A Case Study of Isfahan, Iran and Fertility Treatment. *Tourism Management*, 2011,(5):1-4.

[8] Connell, J. Medical Tourism:Sea, Sun, Sand and Surgery. *Tourism Management*, 2006, 27(6):1093-1100.

[9] Ramírez A. B. Patients without Borders: The Emergence of Medical Tourism. *International Journal of Health Services*,2007, 37(1):193-198.

[10] Bies, W., Zacharia, L. Medical Tourism:Outsourcing Sugery. *Mathematical and Computer Modelling*,2007,46(7—8):1144-1159.

[11] Lautier, M. Export of Health Service from Developing Countries:The Case of Tunisia. *Social Science & Medicine*,2008,67:101-110.

[12] Keckley, P., Underwood H. *Medical Tourism: Consumers In Search of Value*. Washington, D. C. : Deloitte Center for Health Solutions,2007.

[13] Cohen, I. G. Medical Tourism: The View from Ten Thousand Feet. *The Hastings Center Report*, 2010,40(2):2-11.

专题六 福建省境内公司负债融资现状与效率研究

[1] Farrell, M. J. The Measurement of Productive Efficiency. *Journal of Royal Statistical Society*, 1957,120:253-281.

[2] Banker, R. D., Charnes, A., Cooper, W. W. Some Models for Estimating Technical and Scale Inefficiencies in Data Envelopment Analysis. *Management Science*,1984,(30):1078-1092.

[3] Charnes,A. ,Cooper, W. W. , Rhodes,E. Measuring the Efficiency of Decision Making Units. *European Journal of Operational Research*,1978,2:429-444.

[4] Andersen,P. ,Petersen,N. C. A Procedure for Ranking Efficiency Units in Data Envelopment Analysis. *Management Science*,1993,39(10):1261-1264.

[5] 曾康霖(1993),"怎样看待直接融资与间接融资",《金融研究》,(10)。

[6] 宋文兵(1998),"关于融资方式需要澄清的几个问题",《金融研究》,(1)。

[7] 肖劲、马亚军(2004),"企业融资效率及理论分析框架",《财经科学》,(5)。

[8] 胡红桂(2010),"基于 DEA 的集群与非集群中小企业融资效率比较实证研究",《金融经济》,(12)。

[9] 高山(2010),"基于 DEA 方法的科技型中小企业融资效率研究",《会计之友》,(3)。
[10] 邓超、魏惠文(2013),"基于 DEA 方法的我国环保企业融资效率评价分析",《中南大学学报》,(5)。
[11] 丁岳维、郝晓春(2013),"上市银行对中小企业融资效率的实证研究",《财会月刊》,(9)。
[12] 初立苹(2013),"我国财产保险公司融资效率的 DEA 比较分析",《保险研究》,(4)。

专题七 福建自由贸易试验区金融服务支持中小企业研究

[1] 李玉洁(2014),"金融改革视角下的中国(上海)自贸区试验区法律制度建设与发展模式选择",《商》,(14)。
[2] 冯维江(2015),"试析美欧日自贸区战略及对中国的启示",《亚太经济》,(1)。
[3] 胡海峰、金允景(2014),"全面提升金融服务实体经济质量和水平",《河北经贸大学学报》,(5)。
[4] 厦门市地税局课题组(2015),"我国自贸区发展策略选择与税收政策构想",《福建论坛》,(1)。
[5] 张晓朴、朱太辉(2014),"金融体系与实体经济关系的反思",《国际金融研究》,(3)。
[6] 闫海洲、郑爽、黄诗晖、王安颖、赵星印(2014),"国际离岸金融市场发展对上海自贸区建设的借鉴意义",《上海经济研究》,(10)。
[7] 燕小青(2013),"民间资本、产业资本转化与实体经济发展",《齐鲁学刊》,(5)。
[8] 陆岷峰(2013),"金融支持实体经济发展的有效性分析",《金融理论与教学》,(4)。
[9] 何黎明(2015),"自贸区下物流与供应链发展新趋势",《铁路采购与物流》,(4)。

专题八 "一带一路"下福建自由贸易试验区跨境电商的发展

[1] 艾瑞咨询集团(2014),《中国跨境电商行业研究报告简版》,http://www.iresearch.com.cn。
[2] 艾瑞咨询集团(2015),《中国网络经济年度监测报告简版》,http://www.iresearch.com.cn。
[3] 中国电子商务研究中心(2015),《2014 年度中国电子商务市场数据监测报告》,http://www.100EC.cn。
[4] 阿里研究院(2015),《全球跨境 B2C 电商市场展望》,http://www.aliresearch.com。
[5] 中国电子信息产业发展研究院(2015),《2014 年中国信息化与工业化融合发展水平评估报告》,http://www.cnnic.net.cn/。
[6] 程宇、陈明森(2014),"福建跨境电子商务发展机遇与对策",《亚太经济》,(5)。
[7] 福建省人民政府发展研究中心课题组(2015),"加快推进福建省跨境电子商务发展对策建议",《发展研究》,(2)。
[8] 陈春(2015),"后金融危机背景下泉州中小服装企业跨境电商发展对策研究",《北京城市学院学报》,(1)。

专题九　生产性服务业对海西区经济发展的作用

[1] Machlup, F. *The Production and Distribution of Knowledge in the United States*. New Jersey：Princeton University Press,1962.

[2] Noyelle, T. J. , Stanback T. M. *The Economic Transformation of American Cities*. Totawa, NJ：Rowman & Allanheld,1984.

[3] Beyers, W. B. , Lindahl, D. P. Explaining the Demand for Producer Services：Is Cost-driven Externalization the Major Factor? Papers in Regional Science. 1996,75(1) .

[4] Juleff, L. E. Advanced Producer Services：Just a Service to Manu-facturing? *The Service Industries Journal*,1996,16(3)。

[5] Coffer, W. J. The Geographies of Producer Services. *Urban Geography*,2000,21(2)。

[6] 李江帆(2004),"国外生产服务业研究述评",《外国经济与管理》,(11)。

[7] 钟韵、闫小培(2005),"西方地理学界关于生产性服务业作用研究述评",《人文地理》,(3)。

[8] 吕政、刘勇、王钦(2006),"中国生产性服务业发展的战略选择",《中国工业经济》,(8)。

[9] 杨玉英(2010),"生产性服务业与经济发展关联性的经验分析",《经济学动态》,(11)。

[10] 刘北林(2008),"发展生产性服务业转变经济发展方式",《商业研究》,(9)。

[11] 刘志彪(2006),"发展现代生产者服务业与调整优化制造业结构",《南京大学学报》,(5)。

[12] 段炼(2014),"我国生产性服务业产业结构优化研究",《经济纵横》,(4)。

[13] 陈宪、黄建锋(2004),"分工、互动与融合：服务业与制造业关系演进的实证研究",《中国软科学》,(10)。

[14] 胡晓鹏、李庆科(2009),"生产性服务业与制造业共生关系研究——对苏、浙、沪投入产出表的动态比较",《数量经济技术经济研究》,(2)。

专题十　厦门自贸片区文化创意产业发展

[1] 李子才(2014),"厦门文化产业对经济发展的影响分析",《中国国情国力》,(9)。

[2] 陈顺龙(2008),"厦门市文化创意产业的思路",《发展研究》,(4)。

[3] 林榅荷、吕庆华(2014),"福建省创意园区空间分布特征及发展模式",《福建农林大学学报(哲学社会科学版)》,(4)。

[4] 刘迁(2014),"台湾文创产业发展的历史与经验",《唯实(现代管理)》,(10)。

专题十一　发展海西区文化产业对于推进"一带一路"战略的意义

[1] 施福平、唐丹妮(2014),"发挥上海在'一带一路'建设中的文化先发效应",《文化创新研究》,(5)。

[2] 李维明(2015),"'一带一路'背景下跨国企业文化生态建设",《文化视野》,(10)。

[3] 陈忠、林航(2011),"促进海西文化贸易发展对策探讨",《福州党校学报》,(2)。

[4] 杨雪星(2015),"21世纪海上丝绸之路核心区的对策思考",《福建金融》,(6)。

[5] 福建省人民政府发展研究中心课题组(2015),"福建建设21世纪海上丝绸之路核心区的研究报告",《发展研究》,(6)。

[6] 花建(2015),"'一带一路'战略下增强我国对外文化贸易新优势的思考",《中共浙江省委党校学报》,(4)。

[7] 熊俊莉(2013),"初析两岸文化创意产业的发展与合作",《台湾研究》,(6)。

[8] 王子昌(2015),"'一带一路'战略与华人华侨的逻辑连接",《东南亚研究》,(3)。

[9] 洪永淼(2013),《海峡西岸经济区发展报告2013》,北京:北京大学出版社。

[10] 罗钦文(2014),"新福建梦想照进现实",http://finance.chinanews.com/cj/2014/12-29/6920037.shtml。

专题十二 海西区资源依赖度与经济增长分析

[1] 邵帅、范美婷、杨莉莉(2013),"资源产业依赖如何影响经济发展效率",《管理世界》,(2)。

[2] 张新红、庄家花(2014),"海峡西岸经济区城市能源效率及其影响因素研究",《华侨大学学报》,(1)。

[3] 林喜庆、焦慧卿(2012),"海峡西岸经济区科技人力资源竞争力实证研究",《中国行政管理》,(6)。

[4] 杨凤玲、张向前(2011),"提升海峡西岸经济区人才竞争力研究",《科技管理研究》,(23)。

[5] 林季红、刘莹(2013),"海峡西岸经济区自主创新能力综合评价的实证研究",《科技管理研究》,(6)。

[6] 许贵福(2014),"基于海西经济区的全要素生产率研究及其实证分析",《通化师范学院院报》,(1)。

[7] 王宜强、王彬等(2011),"基于ESDA的福建省私营经济空间格局及其影响机制探析",《亚热带资源与环境学报》,(3)。

后　记

本课题是洪永淼教授主持的"中央高校基本科研业务费专项资金资助"（Supported by the Fundamental Research Funds for the Central Universities）（项目编号：20720140001）和教育部哲学社会科学发展报告资助项目（项目批准号：11JBGP006）"海峡西岸经济区发展研究报告"2015年的阶段性成果。2012年、2013年和2014年的阶段性成果《海峡西岸经济区发展研究报告2012》《海峡西岸经济区发展研究报告2013》《海峡西岸经济区发展研究报告2014》已由北京大学出版社出版。

在研究过程中，本课题得到了厦门大学社科处的大力支持，王亚南经济研究院科研秘书许有淑，课题组秘书处秘书、研究助理汪梦诗、张佳韬也为本课题付出了辛勤的汗水，在此一并致谢。

本课题的最后统稿工作由张传国教授、刘晔教授负责。各章内容的撰写具体分工如下：

前　言（刘晔、张传国）

上　篇

专题一：《自贸区下的海西区经济社会综合发展指数与发展策略研究》（张玉哲）

专题二：《福建自由贸易试验区建设进展、影响及对策建议》（杨权、郭瑞、陈露）

专题三:《福建自由贸易试验区之基础设施:现状、问题及对策》(黄立高、江永基)

专题四:《福建自由贸易试验区厦门片区境外人民币回流问题探析》(蔡伟毅、郑鸣)

专题五:《厦门建设对台金融合作发展示范基地的研究》(郑鸣、蔡伟毅、郑敏)

专题六:《福建自由贸易试验区人民币资本项目可兑换研究》(戴淑庚、刘秀达)

专题七:《厦门自贸片区对台金融政策创新路径研究》(王艺明)

专题八:《支持福建自由贸易试验区厦门片区发展的财税金融对策研究》(王艺明、刘晔)

专题九:《福建在"21世纪海上丝绸之路"战略中的金融对策》(任力、向宇、吴亚兰、章毅)

专题十:《与台湾对接的福建自由贸易试验区境外人民币资金流动与金融商品规划》(谢沛霖)

专题十一:《福建省融入"一带一路"投资合作研究》(徐宝林、王畅)

下　篇

专题一:《福建自由贸易试验区国际化营商环境的建设与评估研究》(徐宝林)

专题二:《"21世纪海上丝绸之路"视角下福建省三大港口发展导向》(张兴祥、郑晓佳、陈毓虹)

专题三:《"一带一路"背景下海西区旅游业发展研究》(张传国、夏文婷)

专题四:《福建自由贸易试验区下的闽台经贸合作》(陈焰、程静、魏志权)

专题五:《利用自贸区建立福建省医疗旅游中心之研究》(丁长发)

专题六:《福建省境内公司负债融资现状与效率研究》(黄娟娟)

专题七:《福建自由贸易试验区金融服务支持中小企业研究》(孙传旺 丁梦洁)

专题八:《"一带一路"下福建自由贸易试验区跨境电商的发展》(陈玲菊)

专题九:《生产性服务业对海西区经济发展的作用》(文娟)

专题十:《厦门自贸片区文化创意产业发展》(林细细)

专题十一:《发展海西区文化产业对于推进"一带一路"战略的意义》(赵建)

专题十二:《海西区资源依赖度与经济增长分析》(郑若娟)

后　记(刘晔、张传国)

课题组主要成员(以姓氏拼音为序):

蔡伟毅:厦门大学经济学院金融系助理教授,经济学博士

陈玲菊:闽江学院数学系副教授,厦门大学王亚南经济研究院访问学者

陈　焰:厦门大学经济学院国际经济与贸易系教授,经济学博士,现任厦门大学经济学院院长助理

戴淑庚:厦门大学经济学院金融系教授、博士生导师,经济学博士、博士后,现任厦门大学经济学院金融系国际金融教研室主任,曾任国家级龙岩经济技术开发区管理委员会副主任(挂职)

丁长发:厦门大学经济学院经济系副教授,经济学博士

洪永森:美国康奈尔大学 Ernest S. Liu 经济学与国际研究讲席教授、首批中央"千人计划"入选者、教育部首批人文社会科学"长江学者"讲座教授、博士生导师,美国加州大学圣地亚哥校区经济学博士,现任厦门大学经济学院、王亚南经济研究院院长

黄娟娟:厦门大学经济学院金融系副教授,管理学博士

江永基:厦门大学经济学院经济系助理教授,经济学博士

赖小琼:厦门大学经济学院经济系教授、博士生导师,经济学博士,现任厦门大学王亚南经济研究院副院长

林细细:厦门大学经济学院财政系副教授,经济学博士

刘　晔:厦门大学经济学院财政系教授,经济学博士,现任厦门大学经济学院财政系副系主任

任　力:厦门大学经济学院经济系教授,经济学博士、博士后

孙传旺:厦门大学经济学院中国能源经济研究中心副教授,经济学博士

王艺明:厦门大学经济学院财政系教授、博士生导师,经济学博士,现任厦门大学王亚南经济研究院院长助理、经济学院财政系副系主任

文　娟:厦门大学经济学院统计系助理教授,经济学博士

谢沛霖:厦门大学王亚南经济研究院助理教授,经济学博士

徐宝林:厦门大学经济学院金融系助理教授,经济学博士,厦门市商务局局长助理

许文彬:厦门大学经济学院金融系教授,经济学博士,现任厦门大学经济学院院长助理、金融系副系主任

杨　权:厦门大学经济学院国际经济与贸易系教授,经济学博士

张传国:厦门大学经济学院经济系教授,经济学博士、博士后

张兴祥:厦门大学经济学院经济系副教授,经济学博士,现任厦门大学劳动经济研究中心副主任

张玉哲:厦门大学经济学院统计系助理教授,经济学博士

赵　建:厦门大学经济学院经济系副教授,经济学博士,现任厦门大学经济学院经济系副系主任

郑　鸣:厦门大学经济学院金融系教授、博士生导师,经济学博士,现任厦门大学—新加坡管理大学中国资本市场研究中心副主任

郑若娟:厦门大学经济学院经济系教授,经济学博士,现任厦门大学企业社会责任与企业文化研究中心常务副主任